给孩子的
思维导图

超级记忆

陈　玢 主编
陈　玢 编著

北京燕山出版社

图书在版编目（CIP）数据

　　给孩子的思维导图 . 超级记忆 / 陈玢主编；陈玢编
著 . — 北京：北京燕山出版社，2023.2
　　ISBN 978-7-5402-6678-3

　　Ⅰ . ①给… Ⅱ . ①陈… Ⅲ . ①中小学生—记忆术
Ⅳ . ① G634

中国版本图书馆 CIP 数据核字（2022）第 180984 号

给孩子的思维导图·超级记忆

作　　者　陈　玢
责任编辑　王长民
文字编辑　赵满仓
封面设计　韩　立
出版发行　北京燕山出版社有限公司
社　　址　北京市西城区椿树街道琉璃厂西街 20 号
邮　　编　100052
电话传真　86-10-65240430（总编室）
印　　刷　河北松源印刷有限公司
开　　本　880mm×1230mm　1/32
总 字 数　610 千字
总 印 张　30
版　　次　2023 年 2 月第 1 版
印　　次　2023 年 2 月第 1 次印刷
定　　价　148.00 元（全 6 册）

发 行 部　010-58815874
传　　真　010-58815857

如果发现印装质量问题，影响阅读，请与印刷厂联系调换。

　　每一种进入大脑的信息，无论是感觉、记忆或是想法——包括文字、数字、代码、食物、香气、线条、颜色、意象、节奏、音符等，都可以成为一个思考中心，并由此中心向外发散出成千上万的关节点，每一个关节点代表与中心主题的一个联结，而每一个联结又可以成为另一个中心主题，再向外发散出成千上万的关节点，而这些关节点的联结可以视为个人记忆，也就是个人数据库。人类从一出生就开始累积这些庞大且复杂的数据库，在使用思维导图后，大脑的资料存储就变得简单明晰，更具效率，也更加轻松有趣。

　　众所周知，普通人在智商上并没有太大的差别。之所以在学习、工作中分出伯仲，原因就在于思维方式的不同。思维导图是彩色的，图文并重，这有助于开发人的智力；思维导图是发散性的，这有助于培养一个人的全面性思维与逻辑性；思维导图是工具性的，可以应用于生活的各个方面；思维导图充满想象，记录联想的过程，从而也激发更多创意。对于世界上的每一个人来说，思维导图的出现，都带来了一场深刻而广泛的思维革命。思维导图可以帮助人们更直接地接近和实现个人目标，更轻松地学习和记忆各类知识，更有效地支配生活，更高效地完成工作，更完美地规划自我。

本书融科学性、实用性、系统性、可读性于一体，用简明易懂的讲解和实用易学的思维导图，帮助广大学子挖掘思维潜能和记忆潜能，短时间内快速提升专注力，推动思维升级，快速解决学习中遇到的各类疑难问题，使学习更加轻松、更富成效。

知识就像大海，不懂方法的人跳下去，不是很快放弃，就是花了很大力气却徒劳无功，懂得方法的人则对这一切应对自如。通过本书，你将学会简单、快速、有效的学习方法，成为脑力更好的人。

目录

第三章 将记忆效果发挥到极致

第五章 对症下药，各科记忆法

第一章

学霸都在用的
记忆神器

第一节
右脑的记忆力是左脑的 100 万倍

关于记忆，也许有不少人误以为"死记硬背"同"记忆"是同一个道理，其实它们有着本质的区别。死记硬背是考试前夜那种临阵磨枪，实际只使用了大脑的左半部，而记忆才是动员右脑积极参与的合理方法。在提高记忆力方面，最好的一种方法是扩展大脑的记忆容量，即扩展大脑存储信息的空间。

有关研究也表明，在大脑容纳信息量和记忆能力方面，右脑是左脑的 100 万倍。

首先，右脑是图像的脑，它拥有卓越的形象能力和灵敏的听觉，人脑的大部分记忆，也是以模糊的图像存入右脑中的。

其次，按照大脑的分工，左脑追求记忆和理解，而右脑只要把知识信息大量地、机械地装到脑子里就可以了。右脑具有左脑所没有的快速大量记忆机能和快速自动处理机能，后一种机能使右脑快速地处理所获得的信息。

这是因为，人脑接收信息的方式一般有两种，即语言和图画。经过比较发现，用图画来记忆信息的效果远远超过语言。如果记忆同一事物时，能在语言的基础上加上图画这种手段，信息容量就会比只用语言时要增加很多，而且右脑本来就具有绘画认识能力、图形认识能力和形象思维能力。

如果将记忆内容描绘成图形或者绘画，而不是单纯的语言，就能通过最大限度动员右脑的这些功能，发挥出高于左脑的100万倍的能量。

另外，创造"心灵的图像"对于记忆很重要。

那么，如何才能操作这方面的记忆功能，并运用到日常生活中呢？

现在开始描述图像法中一些特殊的规则，来帮助你获得记忆的存盘。

¤ 图像要尽量清晰和具体

右脑所拥有的创造图像的力量，可以让我们"想象"出图像以加强记忆的存盘，而图像记忆正是运用了右脑的这一功能。所以，图像联想的第一个规则就是要创造具体而清晰的图像。

具体、清晰的图像是什么意思呢？比方我们来想象一个少年，

3

你的"少年图像"是一个模糊的人形，还是有血有肉、呼之欲出的真人呢？如果这个少年图像没有清楚的轮廓，没有足够的细节，那就像将金库密码写在沙滩上，海浪一来就不见踪影了。

下面，让我们来做几个"心灵的图像"的创作练习。

创造"苹果图像"。在创作之前，你先想想苹果的品种，然后想到苹果是红色、绿色或者黄色，再想一下这颗苹果的味道是偏甜还是偏酸。

创造一幅"百合花图像"。我们不要只满足于想象出一幅百合花的平面图片，而要练习立体地去想象这朵百合花，是白色还是粉色，是含苞待放还是娇艳盛开。

创造一幅"羊肉图像"。看到这个词你想到了什么样的羊肉呢？是烤全羊，是血淋淋的肉片，还是放在盘子里半生不熟的羊排？

创作一幅"出租车图像"。你想象一下出租车是崭新的德国奔驰，老旧的捷达，还是一阵黑烟（出租车已经开走了）？车牌是什么呢？出租车上有人吗？乘客是学生还是白领？

这些注重细节的图像都能强化记忆库的存盘，大家可以在平时多做这样的练习来加强对记忆的管理。

✿ 要学会抽象概念借用法

如果提到光，光应该是什么样的图像呢？这时候我们需要发挥联想的功能，并且借用适当的图像来达成目的。光可以是阳光、月光，也可以是由手电筒、日光灯、灯塔等发射出来的；美味的饮料可以是现榨的新鲜果蔬汁，也可以是香醇可口的卡布奇诺，还可以是酸酸甜甜的优酪乳；法律可以借用警察、法官、监狱、法槌等来表现。

¤ 时常做做"白日梦"

当我们的身体和精神在放松的时候，更有利于右脑对图像的创造，因为只有身心放松时，右脑才有能量创造特殊的图像。当我们无聊或空闲的时候，不妨多做做"白日梦"，我们在全身放松的状态下所做的"白日梦"，都是有图像的，那是我们用想象来创造的很清晰的图像。

¤ 通过感官强化图像

即我们熟知的五种重要的感官——视觉、听觉、触觉、嗅觉、味觉。

另外，夸张或幽默也是我们加强记忆的好方法。如果我们想到猫，可以想到名贵的波斯猫，想到它玩耍的样子。如果再给这只可爱的猫咪加点夸张或幽默的色彩呢？比如，可以把猫想象成日本卡通片中的机器猫，或者把猫想象成黑猫警长，猫会跟人讲话，猫会跳舞等。这些夸张或者幽默的元素都会让记忆变得生动逼真！

总之，图像具有非常强的记忆协助功能，右脑的图像思维能力是惊人的，调动右脑思维的积极性是科学思维的关键所在。

¤ 思维导图

当然，目前发挥右脑记忆功能的最好工具便是思维导图，因为它集图像、绘画、语言文字等众多功能于一身，具有不可替代的优势。

被称作天才的爱因斯坦也感慨地说:"当我思考问题时,不是用语言进行思考,而是用活动的跳跃的形象进行思考。当这种思考完成之后,我要花很大力气把它们转化成语言。"国际著名右脑开发专家七田真教授曾说过:"左脑记忆是一种'劣质记忆',不管记住什么很快就忘记了,右脑记忆则让人惊叹,它有'过目不忘'的本事。左脑与右脑的记忆力简直就是 1∶100 万,可惜的是一般人只会用左脑记忆!"

我们也可以这样认为,很多所谓的天才,往往更善于锻炼自己的左、右脑,而不是单独左脑或者右脑。每个人都应有意识地开发右脑形象思维和创新思维能力,提高记忆力。

第二节
记忆力好坏直接决定成绩高低

记忆力直接影响我们的学习能力，没有记忆，学习就无法进行。记忆方法和其中的技巧，是学生提高学习效率、提升学习成绩的关键因素，没有记忆提供的知识储备，没有掌握记忆的科学方法，学习不可能有高效率。现在学生的学习任务繁重，各种考试应接不暇，如果记不住知识，学习成绩可想而知，一考试头脑就一片空白，只能以失败告终。

如果我们把学习当作一场漫长的征途，那么记忆就像是交通工具，交通工具的速度直接关系到学习成绩的好坏，即它将直接决定学习效率的高低。

美国心理学家梅耶研究认为，学习者在外界刺激的作用下，首先产生注意，通过注意来选择与当前的学习任务有关的信息，忽视其他无关刺激，同时激活长时记忆中的相关的原有知识。新输入的信息进入短时记忆后，学习者找出新信息中所包含的各种内在联系，并与激活的原有的信息相联系。最后，被理解了的新知识进入长时记忆中储存起来。

简言之，新信息被学习者注意后，进入短时记忆，同时激活的长时记忆中的相关信息也进入短时记忆。具体地说，记忆在学习中的作用主要有以下三点。

✿ 新知识的学习依赖记忆

我们说，在学习新知识前，应该先复习旧知识，就是因为只有新旧知识相联系，才能更有效地记住新知识。忘记了有关的旧知识，却想学好新知识，那就如同想在空中建楼一样可笑。如果学习高中"电学"时，初中"电学"中的知识全都忘记了，那么高中的"电学"就很难学习下去。

✿ 记忆是思考的前提

面对问题，引起思考，力求加以解决，可是一旦离开了记忆，思考就无法进行，问题也自然解决不了。假如在做求证三角形全等的习题时，却把三角形全等的判定公式或定理给忘了，那就无法进行解题的思考。人们常说，概念是思维的细胞，有时思考不下去的原因是由于思考时把需要使用的概念和原理遗忘了。经过查找或请教又重新回忆起来之后，中断的思考过程就可以继续下去了。

✿ 记忆力影响学习效率

记忆力强的人，头脑中都会有一个知识的贮存库。在新的学习活动中，当需要某些知识时，则可随时取用，从而保证了新知识的学习和思考的迅速进行，节省了大量查找、复习、重新理解的时间，使学习的效率大大提高。

一个善于学习的人在阅读或写作时，很少翻查字典，做习题时，也很少翻书查找原理、定律、公式等，因为这些知识已牢牢地贮存在他的大脑中了，而且可以随时取用。不少人解题速度快的秘密在于，他们把常用的运算结果、常用的化学方程式的系数等已熟记在头脑中，因此，在解题时就不必在这些简单的运算上费时间了，从而可以把时间更多地用在思考问题上。由于记得牢固而准确，所以也就大大减少了临时运算造成的差错。

许多学习成绩差的人就是由于记忆缺乏。有科学研究表明，学习成绩差一些的人在记忆时会遇到两种问题：第一，与学习成绩优良的学生相比，学习成绩差的人在完成记忆任务上有困难。第二，学习成绩差的人的记忆问题可能是由于不能恰当地使用记忆策略。

尽管记忆是每个人都具有的一种学习能力，但科学有效的记忆方法并不是每一个学习者都能掌握的。一些学习者会根据课程的学习目的和要求，选择重点、难点，然后根据记忆对象的实际情况运用一些记忆方法进行科学记忆，并在自己的学习活动中总结出适合自己学习特点的方法，巩固学习效果，达到学有所成、学有所用。

第三节
学霸的秘密记忆神器

　　思维导图，最早就是一种记忆技巧。人脑对图像的加工记忆能力大约是文字的 1000 倍。如何更有效地把信息放进你的大脑，或是把信息从你的大脑中取出来？一幅思维导图是最简单的方法——这就是作为一种思维工具的思维导图所要做的工作。

　　在拓展大脑潜力方面，记忆术同样离不开想象和联想，并以想象和联想为基础，产生新的可记忆图像。

　　我们平时所谈到的创造性思维也是以想象和联想为基础。两者比较起来，记忆术是将两个事物联系起来从而重新创造出第三个图像，最终只是达到简单地记住某个东西的目的。

　　思维导图记忆术一个特别有用的应用是寻找"丢失"的记忆，比如你突然想不起来一个人的名字，忘记了把某个东西放到哪儿去了，等等。

　　在这种情况下，对于这个"丢失"的记忆，我们可以采用思维的联想力量。这时，我们可以让思维导图的中心空着，如果这个"丢失"的中心是一个人的名字的话，围绕在它周围的一些主要分支可能就是像性别、年龄、爱好、特长、外貌、声音、学校或职业，以及与对方见面的时间和地点，等等。

　　通过细致的罗列，我们会极大地提高大脑从记忆仓库里辨认出这个中心的可能性，从而轻易地确认这个对象。

据此，编者画了一幅简单的思维导图。

第四节
开拓思维的灵活性

灵活思维的好处是，当我们遇到难题时，可以多角度思考，善于发散思维和集中思维，一旦发现按某一常规思路不能快速达到目的时，能立即调整思维角度，以期加快思维过程。

激活思维的灵活性，可以从以下三方面入手。

¤ 培养迁移能力

迁移，是指一种学习对另一种学习的影响。我们更多地用到的是知识迁移能力，即将所学知识应用到新的情境，解决新问题时所体现出的一种素质和能力。形成知识的广泛迁移能力可以避免对知识的死记硬背，实现知识点之间的贯通理解和转换，有利于认识事件的本质和规律，构建知识结构网络，提高解决问题的灵活性和有效性。

思维的灵活性主要体现在解决问题时的迁移能力上，必须有意识地去培养自己的迁移能力，以灵活地解决学习中的一些问题。

语文学习中，常常能遇到写人物笑的片段，比如《葫芦僧判断葫芦案》中的"笑"，《红楼梦》第四十四回中每一个人的"笑"，《祝福》中祥林嫂的"三笑"，各自联系起来，分析比较，各自表现了人物的什么个性，同时揭示了什么主题，等等。

通过这种训练，可以使分析作品中人物的能力和写作中刻画人物的水平大大提高。

¤ 利用"一题多解"

这种方法在数学学习中经常使用。对"一题多解"的训练，是培养思维灵活的一种良好手段。这种训练能打通知识之间的内在联系，提高我们应用所学的基础知识与基本技能解决实际问题的能力，逐步学会举一反三的本领。

学会"一题多解"的思维方式，可以训练思维的灵活性，使自己在思考问题的起点、方向及数量关系的处理上，不拘泥于一种方式，而是根据需要和可能，随时调整和转换。

¤ 大量阅读不同体裁的文章

文章是作者进行创造性思维的成果。一篇文章的创造性，主要体现在它的构思和语言的运用上，体现在文章的思想观点和表达方式上。

不同体裁的文章，也各有各的特点，就是同一体裁的同一内容的文章，风格也是各异。

在阅读一篇优秀文章时，善于发现它们的不同，善于吸取它们各自的特点，对于训练自己的思维是有益的。

总之，多读各种不同的文章，既可以获得知识，又可以获得思维和写作的借鉴，可以从比较中学习到从不同角度观察事物、思考问题的方法，从而培养思维的灵活性。

培养思维的灵活性，要学会从不同的角度、不同的方向用多种方法来解决问题。要培养思维的灵活性，就要多动脑筋，加强学习，在实践中探索新思路、验证新方法，并及时总结、改进。由此，就一定能增强思维的灵活性，提高思维的应变能力。

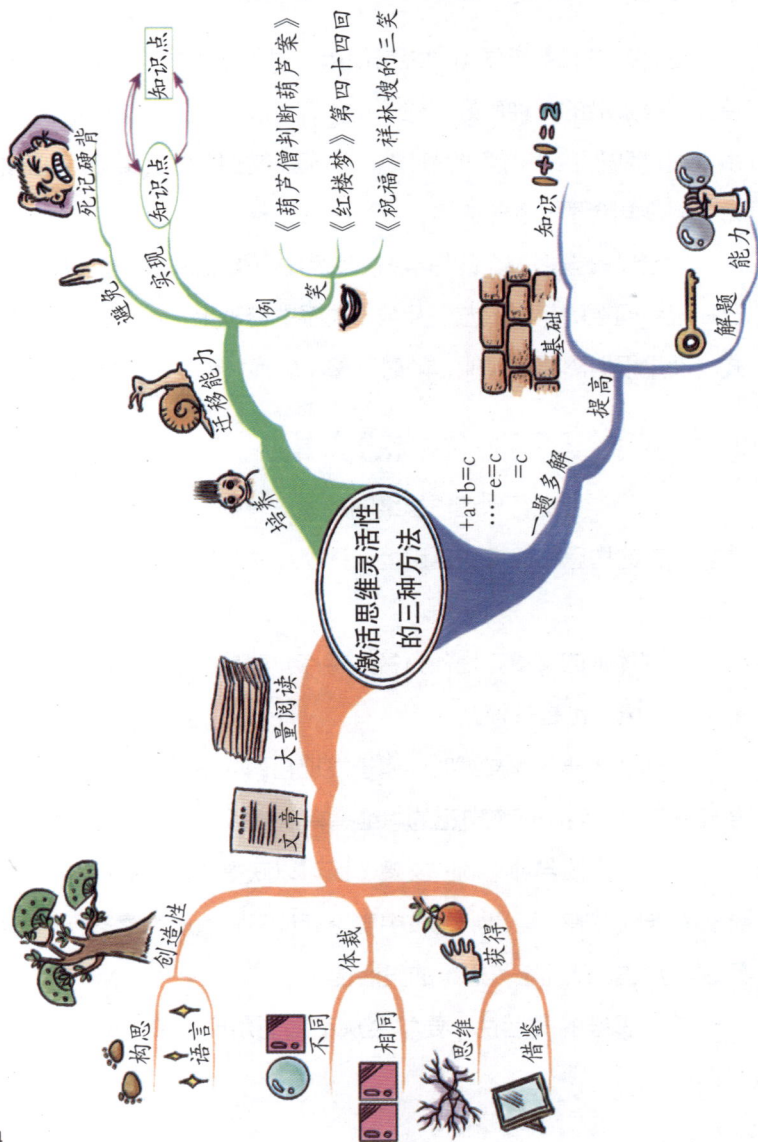

死记硬背

知识点

知识点

实现

避免

例

《葫芦僧判断葫芦案》《红楼梦》第四十四回《祝福》祥林嫂的三笑

笑

知识 1+1≥2

基础

解题

能力

提高

迁移能力

培养

+a+b=c
……e=c
=c
一题多解

激活思维灵活性的三种方法

大量阅读

文章

创造性

体裁

获得

构思

语言

不同

相同

思维

借鉴

第五节
制作专属思维导图

其实，绘制思维导图非常简单。思维导图就是一幅幅帮助你了解并掌握大脑工作原理的使用说明书。

思维导图就是借助文字将你的想法画出来，因为这样才更容易记忆。

绘制过程中，我们要用到颜色。因为思维导图在确定中央图像之后，有从中心发散出来的自然结构：它们都使用线条、符号、词汇和图像，遵循一套简单、基本、自然、易被大脑接受的规则。

颜色可以将一长串枯燥无味的信息变成丰富多彩的、便于记忆的、有高度组织性的图画，接近于大脑平时处理信息的方式。

✿ 绘制工具

（1）一张白纸；

（2）彩色水笔和铅笔数支；

（3）你的大脑；

（4）你的想象。

这些就是最基本的工具。当然在绘制过程中，你还可以拥有更适合自己习惯的绘图工具，比如成套的软芯笔、色彩明亮的涂色笔或者钢笔。

¤ 绘制步骤

东尼·博赞给我们提供了绘制思维导图的 7 个步骤，具体如下。

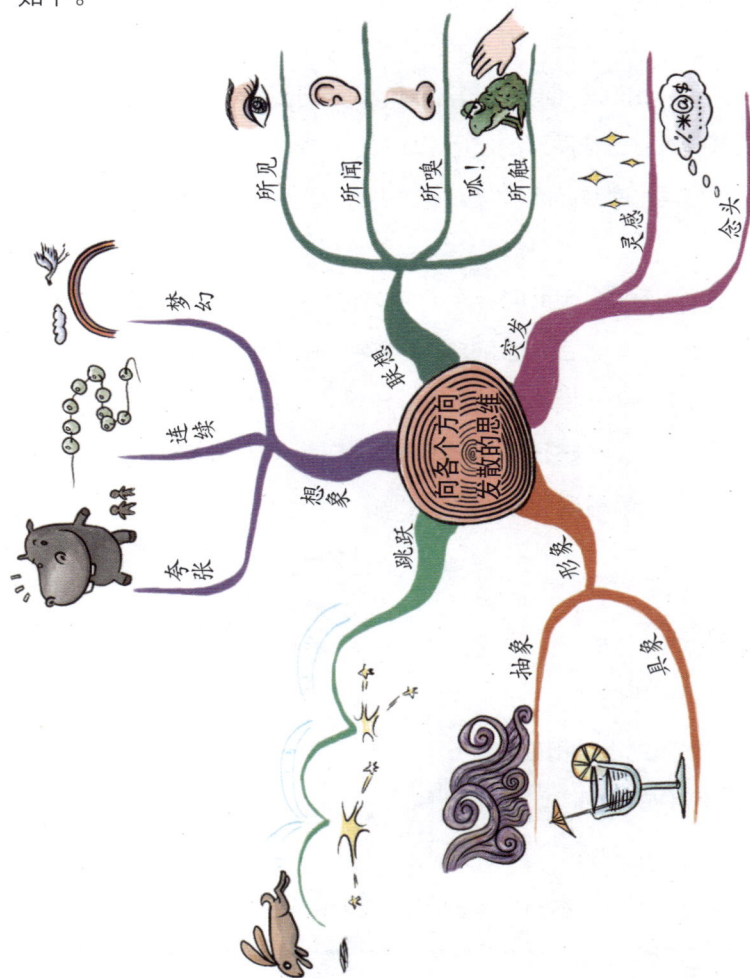

（1）从一张白纸的中心画图，周围留出足够的空白。从中心开始画图，可以使你的思维向各个方向自由发散，能更自由、更自然地表达你的思想。

（2）在白纸的中心用一幅图像或图画表达你的中心思想。因为一幅图画可以抵得上 1000 个词汇或者更多，图像不仅能刺激你的创造性思维，帮助你运用想象力，还能强化记忆。

（3）尽可能多地使用各种颜色。因为颜色和图像一样能让你的大脑兴奋。颜色能够给你的思维导图增添跳跃感和生命力，为你的创造性思维增添巨大的能量。此外，自由地使用颜色绘画本身也非常有趣！

（4）将中心图像和主要分支连接起来，然后把主要分支和二级分支连接起来，再把三级分支和二级分支连接起来，依此类推。

我们的大脑是通过联想来思维的。如果把分支连接起来，你会更容易地理解和记住许多东西。把主要分支连接起来，同时也创建了你思维的基本结构。

（5）让思维导图的分支自然弯曲，不要画成一条直线。曲线永远是美的，你的大脑会对直线感到厌烦。美丽的曲线和分支，就像大树的枝权一样吸引你的眼球。

（6）在每条线上使用一个关键词。所谓关键字，是表达核心意思的字或词，可以是名词或动词。关键字应该是具体的、有意义的，这样才有助于回忆。

单个的词语使思维导图更具有力量和灵活性。每个关键词就像大树的主要枝权，然后繁殖出更多与它自己相关的、互相联系的一系列次级枝杈。

当你使用单个关键词时，每一个词都更加自由，因此也更有助于新想法的产生。而短语和句子却容易扼杀这种火花。

（7）自始至终使用图形。思维导图上的每一个图形，就像中心图形一样，可以胜过千言万语。所以，如果你在思维导图上画出了 10 个图形，那么就相当于记了数万字的笔记！

✿ 绘制技巧

（1）把纸张横放，使宽度变大。在纸的中心，画出能够代表你心目中的主体形象的中心图像。

（2）再用水彩笔任意发挥你的思路。

（3）先从图形中心开始画，标出一些向四周放射出来的粗线条。每一条线都代表你的主体思想，尽量使用不同的颜色区分。

（4）在主要线条的每一个分支上，用大号字清楚地标上关键词，当你想到这个概念时，这些关键词立刻就会从大脑里跳出来。

（5）运用你的想象力，不断改进你的思维导图。

（6）在每一个关键词旁边，画一个能够代表它、解释它的图形。

（7）用联想来扩展这幅思维导图。对于每一个关键词，每一个人都会想到更多的词。比如你写下"橙子"这个词时，你可以想到颜色、果汁、维生素 C，等等。

（8）根据你联想到的事物，从每一个关键词上发散出更多的连线。连线的数量根据你的想象可以有无数条。

第二章

告别死记硬背，让思想起飞

第一节
勇敢地自由想象

　　"学习是件特别枯燥的事情。"在我们身边，很多人会抱怨学习无趣。

　　"写作文的时候我老觉得没有东西可写。"也有很多人抱怨写出的作文空洞无物。那么，在抱怨之前，请先问一问自己："我具有丰富的想象力吗？"

　　一个人，如果具有丰富的想象力。就拥有了联想的空间，这好比为学习找到了一种强大动力。想象力能把光明的未来展示在人们的面前，鼓舞人们以巨大的精力去从事创造性的学习。只有拥有丰富的想象力，我们的学习才会具有创造性，在学习的过程中，我们便会发现学习也是一种乐趣。

　　究竟怎样才能提高我们的想象力呢？这里有一些线索可以给你参考。

　　首先，我们要相信每个事物都可能成为其他所有的事物。在艺术家看来，每个事物都是其他所有的事物。艺术家的大脑是高度创造性的大脑，那里没有逾越不了的障碍，自由想象是学习者最好的朋友。

　　可这一点对很多人来说就很困难。首先是因为有的人不敢放开自己的思路，政治的题目就一定要从政治的角度来思考，历史的问题就绝对不能从地理的因素来考虑。这样的头脑是很难有所创造的。

另外，在学习过程中，不要把自己限制在自己的小世界里，应该勇敢地走出去，到野外去亲近自然，感受大自然的奇妙。

未来的世界一定是越来越重视想象力的世界，你可以对想象力做有针对性的训练。

☒ 积累丰富的感性形象

可以在社会实践中开阔视野，以扩大对自然界和人类社会各种形象的储备。社会调查、参观、游览、欣赏影视歌舞、读书，都可以扩大形象储备。

☒ 借用"蒙眬"想象

不少科学家善于在睡意蒙眬的状态下思考问题。运用蒙眬法，能发现事物之间的一些原来意想不到的相似点，从而触发想象和灵感。

☒ 融合想象与判断

合理的想象只有同准确的判断力一道才能发挥作用。丰富的想象力，既需思想活跃，又需判断正确。

☒ 练习比喻、类比和联想

比喻、类比是想象力的花朵。经常打比方，可使想象力活跃。读小说时，可以有意识地在关键时刻停下来，自己设想一下故事的多种发展趋向，然后比较小说的写法，从中受到启迪。看电视连续剧可逐集练习。

❁ 多做随意性想象

要先放开思想想象，然后再修改或删除不合适的地方，思想拘谨很难产生出色的想象。要知道，成功地运用你的想象力，引导自己去开发新鲜的领域，这种想象力往往能发挥重要的作用。人们可以借助逻辑上的变换，从已知推出未知，从现在导出将来。

我们可以做几个针对联想思维的小训练。

¤ 词语的连接

用下面的词语组织一段文字，要求必须包含所有的词语。

科学 月刊 稀少 聪明 天空 消息 手语 树木 符号 卵石 太阳 模式 间谍 玻璃 池水 橱窗 细胞 暴风雨 神经错乱 波状曲线

例文 1：她心神不定地坐在走廊的椅子上，随手翻着一本科学月刊，那是一种图片稀少但内容芜杂的刊物。她翻着，看到聪明、天空、消息、手语、树木、符号、卵石、太阳、模式、间谍、玻璃、池水、橱窗、暴风雨、波状曲线、细胞、神经错乱等一些乱七八糟的词语，就像一间杂货铺，尽情地展示着自己的存货。她把杂志扔到身旁，一时间，心里烦乱不堪，各种各样的感觉纷纷袭来。

例文 2：对于由神经错乱而引起的"联想狂"病症，康宁博士在一家科学月刊上有较为详尽的分析。博士指出，这是一种稀少的病症，可是病患却不容易治愈。患者往往自以为极端聪明，能发现常人所不能发现的情况。比方说他们可以从天空云彩的变幻得知电视台节目的预告，风吹过树木的摇摆是某种意义的手语，一处污斑往往是一个透露着征兆的符号……博士分析了一个病例，患者把卵石看成是太阳分裂后的碎块，并建立了一种如下的思维模式：猫就是间谍，玻璃是由池水的表层部分凝固而成，橱窗为暴风雨的侵袭提供支持，波状曲线是细胞。

例文 3：这突如其来的消息使她一时间神经错乱，平时喜欢阅读的科学月刊被胡乱地丢到地上。走近窗前，她看到树木上稀少的叶片，在太阳下闪烁着刺目的光，仿佛是一种预兆的符号，可惜以前她没有读懂。真弄不明白，像他这样的聪明人，怎么会是一个间谍？记得曾经一起讨论那些暴风雨的模式时，他似乎想透露什么，然而最终他只是望着当街的橱窗玻璃，那上面有一道奇怪的波状曲线。"池水里的卵石上有无数细胞。"他说。然后打了一个无聊的手语……

✿ 完成一篇文章

比如我们就写鹰。以鹰作为联想的中心，我们可以建立如下的联想：

（1）与鹰有关的事物：鹰巢、鹰画、鹰标本、鹰笛（猎人唤鹰的工具）、鹰架、鹰的训练步骤及注意事项……

（2）鹰本身的事物：鹰的食物（食谱）、鹰的卵及孵化、鹰眼、鹰爪、鹰的羽毛、鹰的鼻子以及耳朵、鹰的翅膀、鹰的飞翔能力……

（3）与鹰有关的一些概念："左牵黄，右擎苍……"（苏轼）、打猎、雄鹰展翅、大展宏图、猎猎大风、迅捷、搏兔捕蛇……

（4）与鹰有关的精神：拼搏到底、不怕挫折、信念坚定、勇于挑战、崇尚大自然、独来独往、无限自由……

苏联心理学家哥洛万斯和斯塔林茨曾用实验证明，任何两个概念词语都可以经过四五个阶段，建立起联想的关系。例如"木头"和"皮球"，是两个风马牛不相及的概念，但可以以联想为媒介，使它们发生联系：木头——树林——田野——足球场——皮球。又如"天空"和"茶"，天空——土地——水——喝——茶。因为每个词语可以同将近 10 个词直接发生联想关系。

　　形象思维是建立在形象联想的基础上的，先要使需要思考记忆的物品在脑子里形成清晰的形象，并将这一形象附着在一个容易回忆的联结点上。这样，只要想到所熟悉的联结点，便能立刻想起学习过的新东西。

　　依照形象思维而来的形象记忆是目前最合乎人类的右脑运作模式的记忆法，它可以让人瞬间记忆上千个电话号码，而且长时间不会忘记。

　　但是，当人们在利用语言作为思维的材料和物质外壳，不断促进意义记忆和抽象思维，促进了左脑功能的迅速发展，而这种发展又推动人的思维从低级到高级不断进步、完善，并越来越发挥出无比神奇作用的过程中，却犯了一个本不应犯的错误——逐渐忽视了形象记忆和形象思维的重要作用。

　　于是，人类越来越偏重于使用左脑的功能进行意义记忆和抽象思维了，而右脑的形象记忆和形象思维功能渐渐遭到不应有的冷落。其实，我们对右脑形象记忆的潜力还缺乏深刻的认识。

　　现在，让我们来做个小游戏，请在一分钟内记住下列东西：

　　风筝、铅笔、汽车、电饭锅、蜡烛、果酱。

　　怎么样，你感到费力吗？你记住了几项呢？其实，你完全可以轻而易举地记全这六项，只要你利用你的想象力。

你可以想象，你放着风筝，风筝在天上飞，这是一个什么样的风筝呢？是一个白色的风筝。忽然有一支铅笔，被抛了上去，把风筝刺了个大洞，于是风筝掉了下来。而铅笔也掉了下来，砸到了一辆汽车上，挡风玻璃也全破了。

后来，汽车只好放到一个大电饭锅里去，当汽车放入电饭锅时，汽车熔化了，变软了。后来，你拿着一根蜡烛，敲着电饭锅，当当当的声音，非常大声，而蜡烛被涂上了果酱。

现在回想一下：

风筝怎么了？被铅笔刺了个大洞。

铅笔怎么了？砸到了汽车。

汽车怎么了？被放到电饭锅里煮。

电饭锅怎么了？被蜡烛敲出了声音。

蜡烛怎么了？被涂上了果酱。

如果你再回想几次，就把这六项记起来了。

这个游戏说明：联结是形象记忆的关键。好的、生动的联结要求将新信息放在旧信息上，创造另一个生动的影像，将新信息放在长期记忆中，以荒谬、无意义的方式用动作将影像联结。

好的联结在回想时速度快，也不易忘记。一般而言，有声音的联结比没有声音的好，有颜色的联结比没有颜色的好，有变形的联结比没有变形的好，动态的比静态的好。

想象是形象记忆法常用的方式，当一种事物和另一种事物相类似时，往往会从这一事物引起对另一事物的联想。把记忆的材料与自己体验过的事物联结起来，记忆效果就好。

形象记忆是右脑的功能之一，加强形象记忆可促进形象思维的发展，在听音乐时可以听记旋律、记忆主题、默读乐谱、反复欣赏、活跃思维。

　　你还可以通过下面的方法训练自己的形象思维：

✿ 小人儿想象

　　做法如下：

　　（1）冥想、呼吸，使身心放松。

　　（2）暗示自己的身体逐渐变小，比米粒和沙子还小，变成了肉眼看不见的电子一般大小的小人儿，能进入任何地方。

　　（3）想象自己走进合着的书里面，看看书里面写的什么故事，画的什么样的画。

✿ 木棒想象

　　首先让身体处于一种紧张的状态，想象自己僵直得如同木棒一般，然后再逐渐松弛下来，放松身体。反复重复上述训练可以起到深化你的冥想能力的作用。

　　（1）在床上静卧，闭上双眼。按照自己的正常速度，重复进行三次深呼吸。

　　（2）然后重新恢复到正常呼吸状态，接下来想象自己的身体变成一根坚硬的木棒，感觉自己又仿佛变成了一座桥梁，在空中划出一道有韧性的弧线，如此重复。身体变得僵直、坚硬。

　　（3）感觉身体开始松弛、变软。

　　（4）再次僵直、变硬，变得越来越坚固。

（5）迅速恢复松弛、柔软的状态。

（6）再一次变得僵硬起来。

（7）身体重新松弛下来。下面重复进行三次深呼吸。在呼气的时候，努力进行更深层次的放松，感觉大脑处于一种冥想的出神状态，并逐渐上升至更高级别的层次。

（8）下面你从1数到10，在数数的过程中，想象你自己冥想的级别也在逐步提升，努力认真地想象自己冥想的级别在不断深化。

（9）下面开始数：

〈1、2〉，冥想的级别在逐渐深化；

〈3、4〉，进一步深化；

〈5、6〉，更进一步的深化；

〈7、8〉，更为深入的深化；

〈9、10〉，已进入较高层次的深化。

（10）接下来，开始进行颜色想象训练。一开始先想象自己面前30厘米处出现一个屏幕，然后想象屏幕上出现红、黄、绿等颜色。首先进行红色的想象，然后看到眼前出现红色。

（11）下面，红颜色消失，逐渐变成黄色。就这样想象下去。

（12）接下来，黄颜色消失，逐渐变成绿色。

（13）下面开始想象你自己家正门的样子，已经开始逐渐看清楚了吧，对，想得越细越好，直到完全可以清楚地看到为止。

（14）下面，打开房门，走进去，看看屋子里面是什么样的。

（15）现在可以清醒过来了。开始从10数到0，感觉自己心情舒畅地醒来。

如何训练形象思维

变形
颜色
声音
动态

联结点

形象联想

象想联

基础
训练
记住 60'
小游戏

风筝、铅笔、汽车、
电饭锅、蜡烛、果酱

2. 木棒想象
1. 小人儿想象

形象记忆
右脑
形象思维

促进

马克·吐温
图画
提示
演说

爱因斯坦
思维
培养
音乐

第三节
答案并不只有一个

死气沉沉的大脑毫无创造力可言，在学习过程中，若要保持大脑的兴奋，就要保持思维的活跃，而发散思维可以帮助大脑维持一个灵敏的状态。

几乎从启蒙那天开始，社会、家庭和学校便开始向学生灌输这样的思想：这个问题只有一个答案、不要标新立异、这是规矩，等等。当然，就做人的行为准则而言，遵循一定的道德规范是对的，正所谓"没有规矩，不成方圆"。然而，凡事都制定唯一的准则，这一做法是在扼杀创造力。

这种从多个角度观察同一问题的做法所体现的就是发散思维的运用。它是一种从不同的方向、不同的途径和不同的角度去设想的展开型思考方法，是从同一来源材料、从一个思维出发点探求多种不同答案的思维过程，它能使人产生大量的创造性设想，摆脱习惯性思维的束缚，使人们的思维趋于灵活多样。

比如一枚曲别针究竟有多少种用途？你能说出几种？10种？几十种？还是几百种？你可以来一场头脑风暴，看看自己能想到的极限是多少种——如果你想继续这个游戏的话，可能你到人生的最后一刻，都能找到曲别针特别的用途来。

请诸位动一动脑筋，打破框框，看谁能说出曲别针的更多种用途，看谁的创造性思维开发得好、多而奇特。

如果把曲别针的总体信息分解成重量、体积、长度、截面、弹性、直线、银白色等十多个要素。再把这些要素，用根标线连接起来，形成一根信息标。然后，再把与曲别针有关的人类实践活动要素相分析，连成信息标，最后形成信息反应场。

这时，现代思维之光，射入了这枚平常的曲别针，它马上变成了孙悟空手中神奇变幻的金箍棒。只需将信息反应场的坐标，不停地组切交合，通过两轴推出一系列曲别针在数学中的用途。例如，曲别针分别做成 1、2、3、4、5、6、7、8、9、0，再做成"＋－×÷"的符号，用来进行四则运算，运算出数量，就有 1000 万、1 亿……在音乐上可创作曲谱；曲别针可做成英、俄、希腊等外文字母，用来进行拼读；曲别针可以与硫酸反应生成氢气；可以用曲别针做指南针；可以把曲别针串起来导电；曲别针是由铁元素构成，铁与铜的化合是青铜，铁与不同比例的几十种金属元素分别化合，生成的化合物则是成千上万种……

实际上，曲别针的用途，几乎近于无穷！

要想提高自己的发散思维，我们不妨按照以下三个步骤来进行练习。

✿ 充分想象

人的想象力和思维能力是紧密相连的，在进行思维的过程中，一定要学会运用想象力，使自己尽快跳出原有的知识圈子，只有让思路不局限于一点，才能让思维更加开阔。

尽可能多地写出含有"人"字的成语

尽可能多地写出物体的用途

易拉罐　　水泥

训练

《明月几时有》

东坡酒

遭遇

政治制度

政敌王安石

苏门三位文豪

苏轼

例

角度多

方向

层次

如何提高发散思维

✿ 不要过分紧张

　　要想进行发散思维，必须拥有一个较好的思维环境，同时也应该保持较好的心情，这就要求我们在碰到问题的时

充分

想象

跳出

开阔

知识圈

不要 NO

大乱

过分 紧张

方寸

毫无助益

候不能过于紧张。紧张只能使人方寸大乱，于解决问题没有丝毫助益。

¤ 从不同角度发散思维

思考问题的时候不要从单一的角度进行，应该学会从不同角度、不同方向、不同层次进行，同时对自己所掌握的知识或经验进行重新组合、加工，只有这样才能找到更多解决问题的办法。

发散的角度越多，我们掌握的知识就越全面，思维就越灵活。在学习中，对于有新意、有深度的看法，我们应该大胆地提出来，和老师同学们一起探讨，从而激发全班学生的发散性思维。

对每个人来说，发散性思维是一种自然和几乎自动的思维方式，能给我们的学习和生活更多更大的帮助。

要强化自己的发散思维，就必须要不断进行思维训练，如：

► 训练 1：尽可能多地写出含有"人"字的成语

► 训练 2：尽可能多地写出有以下特征的事物

（1）能用于清洁的物品。

（2）能燃烧的液体。

► 训练 3：尽可能多地写出近义词

（1）美丽。

（2）飞翔。

► 训练 4：解释词语

（1）存亡绝续。

（2）功败垂成。

► 训练 5：尽可能多地列举下列物体的用途

（1）易拉罐。

（2）水泥。

有人常说："其实我都会，就是粗心做错了几道题。"乍听之下，好像他本来很聪明，不是不会做题，只是不太细心。但事实上，拿高分的人从来不粗心，他们从来不丢应得的分数。如果你真的聪明的话，就更应该重视每一个细节。

有人说："我是一个不拘小节的人。"殊不知，细节往往是解决问题的侧向突破口。老子说："天下难事，必作于易；天下大事，必作于细。"

而思维缜密是一个相对的概念，所谓"智者千虑，必有一失；愚者千虑，必有一得"，具体的思维过程很难描述清楚，但思维缜密的人都有一个良好的习惯，即大脑中都有一幅思维导图！

思维通常包括两个方向，一个是顺向，一个是逆向，缜密就一定要从事物的正反两个方面去思考问题。但无论是正向或者是逆向的思考，都需要一种发散的思维，就是把事物发展的每一种可能性，都尽量用思维导图的形式罗列出来，一一加以考虑，制定应对策略和解决方法。

缜密是一个思维训练的结果，就是要求我们在思考具体问题的过程中，首先要学会在正常思维的前提下，站在问题其他不同的方面，从各个角度看问题，比如说如何理解危机？拆分开来看，什么

区域

使用

分支

符号

配图

简笔

彩色

书写

黑色

A

关键词

准确

提炼

要点

36

图像

中央

中心

A4纸

书写

多色

最少

3色

 分支

连接

中央图像

曲线

连接

是危险？什么是机会？再进一步拆分视角，思考一下危险当中隐藏着什么机会？机会当中有什么样的危险？针对可能的方面进行层层扩展……把这些问题一一罗列出来，然后再从每一个点发散出去，用思维导图的形式，陈列所有相关要素，先分清主要矛盾和次要矛盾，再找到每一个矛盾的主要方面和次要方面，根据不同的权重分别加以解决。

最好的训练方式，就是通过书写和画思维导图的方式整理思路、形成方案。

第五节
学习要分清轻重缓急

考试的时候你是否经常不知道应该先做选择题还是先做计算题？

语文、英语、生物和数学作业同时放在面前，你是否知道应该先做哪一个？

你是否考虑过，在任何一门课上，你应该先认真听讲呢，还是先把黑板上的笔记抄下来呢？

其实，当你在思考这些问题、感叹时间不够用的时候，善于学习的人早已把自己的精力合理分配，正向学习的顶峰攀登。

当我们向优秀的人请教学习方法时，他们经常说："想一想，在平时的学习过程中，你是否总是贪多贪全，因此把精力浪费在芝麻小事上而忘记了最重要的内容呢？"

学习中，一些人总是贪多，总想一下子把所有的内容都学完学会，把所有的题都做完，把所有的课文都背下来，糟糕的是却不会预先安排时间，找到侧重点。这种片面追求面面俱到却抓不住学习重点的做法，结果往往是事倍功半。

只有我们知道什么是最重要的，抓住了关键，不把精力浪费在芝麻小事上，才能安排时间、集中时间、精力于一点，认准目标，将学习贯彻到底。

因为每个人的脑力有限，所以更需要合理地规划和安排。日常生活中，上网、玩游戏、交朋友都会牵扯大量精力，这时就需要提高自控能力，定好学习目标，争取贯彻到底。

对于我们每个人来说，只有正确把握要做的事情与时间之间的关系，才有可能把这些事情都处理好。

另外，应把每天要做的事情按照轻重缓急程度排列顺序：

第一类是重要而紧迫的事情，如考试、测验等；

第二类是紧迫但不重要的事情，如完成家庭作业等；

第三类是重要但不紧迫的事情，如提高阅读能力等；

第四类是既不重要也不紧迫的事情，如果时间不允许可以不做的事，比如逛街等。

如果能够按照这个顺序来安排学习任务，可以保证把重要的事情首先完成，把学习安排得井井有条。

如何分清轻重缓急

重要
- 紧急
  - 作业
    - 课程练习、论文
- 不紧急
  - 模拟考
  - 暑期课程
  - 人生规划

不重要
- 紧急
  - 晚上去电影院
  - 同学打电话邀请去玩
  - 去面单图书馆
- 不紧急
  - 天气好时去郊游

41

第六节
总结思维训练

　　一般来讲，事物之间是存在联系的，它们之间总有自己的规律存在。在记忆学习的时候如果能找到它们之间的规律，就能轻松地学习和提高。

　　善学者总是有意识地去寻找事物的规律，在分析规律的过程中

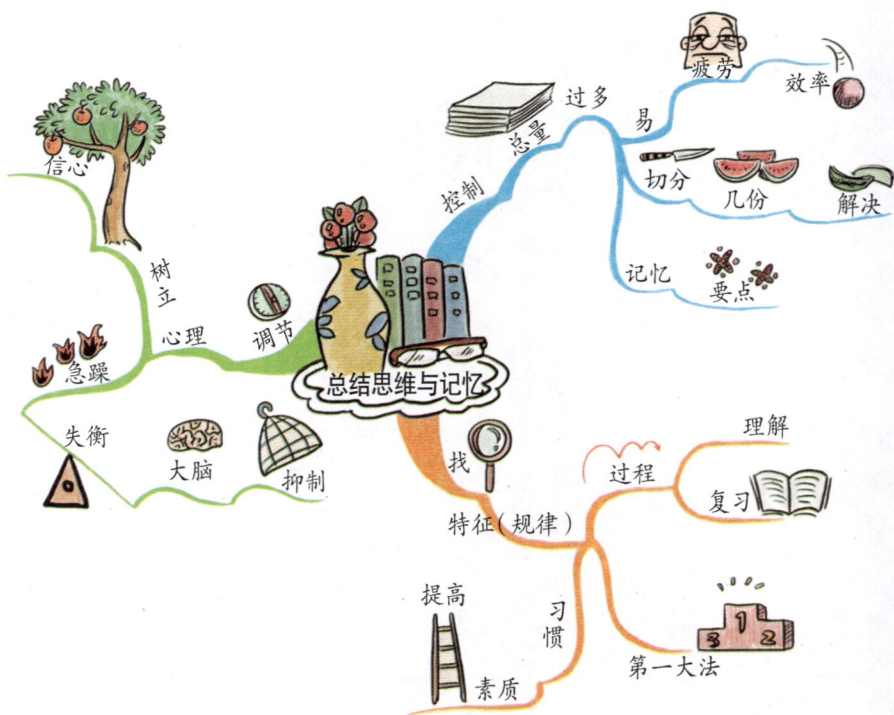

信心

树立　心理

急躁

失衡

大脑　调节　抑制

总结思维与记忆

控制

总量　过多

易　疲劳　效率

切分　几份　解决

记忆　要点

找

特征（规律）

过程　理解　复习

习惯　第一大法

提高　素质

不断加强理解，记忆起来就会容易得多。一个人学习成绩优秀，除了刻苦学习外，良好的学习习惯也起着决定性的作用。

记忆是掌握知识、运用知识、增强智力、创造发明的关键，所以提高我们的记忆力就显得尤为重要。那么，我们该怎样去遵循记忆规律、提高自己的记忆力呢？

¤ 一次记忆的材料不宜过多

应该控制好每一次记忆材料的总量，如果总量过多很容易产生大脑疲劳，使记忆效率下降。

正确的做法是，把量控制在一个范围，能让你一次完成记忆过程，记忆完成后，还觉得意犹未尽，有余力再从事其他科目的学习。如果需要背记的材料实在过多，也可以把它切分成几部分，每次解决其中一部分。

如果需要记大量的问答题，可以把每个要点用 1~2 个字概括，都写到一张纸上，对着题目回忆答案，想不起来再看提示。只要能正确回忆起所有要点，就在题目下面打钩，下次就可以跳过去了。这样，记忆的次数越多，需要记忆的内容就越少，你的自信心就可以在这个过程中逐渐增强。

¤ 要善于找"特征"

良好记忆习惯的养成非常有利于记忆力的提高。所以平时在学习中一定要努力寻找规律，细心挖掘其特征，通过理解来加深记忆。要知道，"找特征"的过程，正是最好的理解和复习的过程，更是加深印象的过程。

✿ 事先做好心理调节

记忆之前，必须先做好心理调节，树立起自信心，相信自己一定能掌握这些材料。千万不要在记忆之前怀疑自己，担心自己背不下来。记忆过程中也要控制好自己的心态，不能急躁，急躁会破坏心理平衡，使大脑出现抑制现象，让自己无法顺利完成记忆。

总之，只有学会科学用脑，认识并遵循记忆规律，我们的记忆效果才会事半功倍，对自己才会越来越有信心。

第三章

将记忆效果发挥到极致

第一节
超右脑照相记忆法

　　著名的右脑训练专家七田真博士曾对一些理科成绩只有 30 分左右的小学生进行了右脑记忆训练。所谓训练，就是这样一种游戏：摆上一些图片，让他们用语言将相邻的两张图片联想起来记忆，比如，石头上放着草莓，草莓被鞋踩烂了，等等。

　　这次训练的结果是这些只能考 30 分的小学生都能得 100 分。通过这次训练，七田真指出，和左脑的语言性记忆不同，右脑中具有另一种被称作"图像记忆"的记忆，这种记忆可以使只看过一次的事物像照片一样印在脑子里。一旦这种右脑记忆得到开发，那些不愿学习的人也可以立刻拥有出色记忆力，变得"聪明"起来。

　　同时，这个实验告诉我们，每个人自身都储备着这种照相记忆的能力，你需要做的是如何把它挖掘出来。

　　现在我们来测试一下你的视觉想象力。你能内视到颜色吗？或许你会说："噢！见鬼了，怎么会这样。"请赶快先闭上你的眼睛，内视一下自己眼前有一幅红色、黑色、白色、黄色、绿色、蓝色然后又是白色的电影银幕。

　　看到了吗？哪些颜色你觉得容易想象，哪些颜色你又觉得想象起来比较困难呢？还有，在哪些颜色上你需要用较长的时间？

请你再想象一下眼前有一个画家，他拿着一支画笔在一张画布上作画。这种想象能帮助你提高对颜色的记忆，如果你多练习几次就知道了。

当你有时间或想放松一下的时候，请经常重复做这一练习。你会发现一次比一次更容易地想象颜色了。当然你可以做做白日梦，从尽可能美好的、正面的图像开始，因为根据经验，正面的事物比较容易记在头脑里。

你可以回忆一下在过去的生活中，一幅让你感觉很美好的画面。例如，某个度假日、某种美丽的景色、你喜欢的电影中的某个场面，等等。请你尽可能努力地并且带颜色地内视这个画面，想象把你自己放进去，把这张画面的所有细节都描绘出来。在繁忙的一天中用几分钟闭上你的眼睛，在脑海里呈现一下这样美好的回忆，如此你必定会感到非常放松。

当然，照相记忆的一个基本前提是你需要把资料转化为清晰、生动的图像。清晰的图像就是要有足够多的细节，每个细节都要清晰。

比如，要在脑中想象"萝卜"的图像，你的"萝卜"是红的还是白的？叶子是什么颜色的？萝卜是沾满了泥还是洗得干干净净的呢？

图像轮廓越清楚，细节越清晰，图像在脑中留下的印象就越深刻，越不容易被遗忘。

再举个例子，比如想象"公共汽车"的图像，就要弄清楚你脑海中的公共汽车是崭新的还是又老又旧的？车有多高、多长？车身上有广告吗？车是静止的还是运动的？车上乘客很多很拥挤，还是人比较少宽宽松松？

生动的图像就是要充分利用各种感官，视觉、听觉、触觉、嗅觉、味觉，给图像赋予这些感官可以感受到的特征。

想象萝卜和公共汽车的图像时都用到了视觉效果。

在这两个例子中也可以用到其他几种感官效果。

在创造公共汽车的图像时，也可以想象：公共汽车的笛声是嘶哑还是清亮？如果是老旧的公共汽车，行驶起来是不是吱呀有声？在创造萝卜的图像时，可以想象一下：萝卜皮是光滑的还是粗糙的？生萝卜是不是有种幽幽的清香？如果咬一口，又会是一种什么味道呢？

经过上面的几个小训练之后，你关闭的右脑大门或许已经逐渐开启，但要想修炼成"一眼记住全像"的照相记忆，你还必须要进行下面的训练。

¤ 一心二用（5分钟）

"一心二用"训练就是锻炼左右手同时画图。拿出一根铅笔。左手画横线，右手画竖线，要两只手同时画。练习一分钟后，两手交换，左手画竖线，右手画横线。一分钟之后，再交换，反复练习，直到画出来的图形完美为止。这个练习能够强烈刺激右脑。

你画出来的图形还令自己满意吗？刚开始的时候画不好是很正常的，不要灰心，随着练习的次数越来越多，你会画得越来越好。

¤ 想象训练（5分钟）

我们都有这样的体会，记忆图像比记忆文字花费时间更少，也更不容易忘记。因此，在我们记忆文字时，也可以将其转化为图像，记忆起来就简单得多，记忆效果也更好了。

想象训练就是把目标记忆内容转化为图像，然后在图像与图像间创造动态联系，通过这些联系能很容易地记住目标记忆内容及其顺序。正如本书前面章节所讲，这种联系可以采用夸张、拟人等各种方式，图像细节越具体、清晰越好。但这种想象又不是漫无边际的，必须用一两句话就可以表达，否则就脱离记忆的目的了。

如现在有两个水杯、两只蘑菇，请设计一个场景，水杯和蘑菇是场景中的主体，你能想象出这个场景是什么样的吗？越奇特越好。

对于照相记忆，很多人不习惯把资料转化成图像，不过，只要能坚持不懈地训练就可以了。

超右脑照相记忆法

视觉想象力

一眼记住全篇

内视

电影银幕

红色
白色
绿色
黄色

左右手画圆

左右手交换

杂技

超人

第二节
进入右脑思维模式

我们的大脑主要由左、右脑组成，左脑负责语言逻辑及归纳，而右脑主要负责的是图形图像的处理记忆。所以右脑模式就是以图形图像为主导的思维模式。进入右脑模式以后是什么样子呢？

简单来说，就是在不受语言模式干扰的情况下可以更加清晰地感知图像，并忘却时间，而且整个记忆过程会很轻松并且快乐。和宗教或者瑜伽所追求的冥想状态有关，可以更深层次地感受事物的真相，不需要语言可以立体、多元化、直观地看到事物发生发展的来龙去脉，关键是可以增加图像记忆和在大脑中直接看到构思的图像。

想使用右脑记忆，人们应该怎样做呢？

由于左、右侧的活动与发展通常是不平衡的，往往右侧活动多于左侧活动，因此有必要加强左侧活动，以促进右脑功能。

在日常生活中我们尽可能多使用身体的左侧，也是很重要的。身体左侧多活动，右侧大脑就会发达。右侧大脑的功能增强，人的灵感、想象力就会增加。比如在使用小刀和剪子的时候用左手，拍照时用左眼，打电话时用左耳。

51

还可以见缝插针地锻炼左手。如果每天得在汽车上度过较长时间，可利用它锻炼身体左侧。

如用左手指勾住车把手，或手扶把手，让左脚单脚支撑站立。或将钱放在自己的衣服左口袋，上车后以左手取钱买票。有人设计一种方法：在左手食指和中指上套上一根橡皮筋，使之成为8字形，然后用拇指把橡皮筋移套到无名指上，仍使之保持8字形。

依此类推，再将橡皮筋套到小指上，如此反复多次，可有效地刺激右脑。此外，有意地让左手干右手习惯做的事，如写字、拿筷子、刷牙、梳头等。

这类方法中具有独特价值而值得提倡的还有手指刺激法。苏联著名教育家苏霍姆林斯基说："儿童的智慧在手指头上。"许多人让儿童从小练弹琴、打字、珠算等，这样双手的协调运动，会把大脑皮层中相应的神经细胞的活力激发起来。

还可以采用环球刺激法。尽量活动手指，促进右脑功能，是这类方法的目的。例如，每捏扁一次健身环需要10~15千克握力，五指捏握时，又能促进对手掌各穴位的刺激、按摩，使脑部供血通畅。

特别是左手捏握，对右脑起激发作用。有人数年坚持"随身带个圈（健身圈），有空就捏转，家中备副球，活动左右手"，确有健脑益智之效。此外，多用左、右手掌转捏核桃，作用也一样。

正如前文所说，使用右脑，全脑的能力随之增加，学习能力也会提高。

你可以尝试着在自己喜欢的书中选出20篇感兴趣的文章来，每一篇文章都是能读2~5分钟的，然后下决心开始练习右脑记忆，不间断坚持3~5个月，看看效果如何。

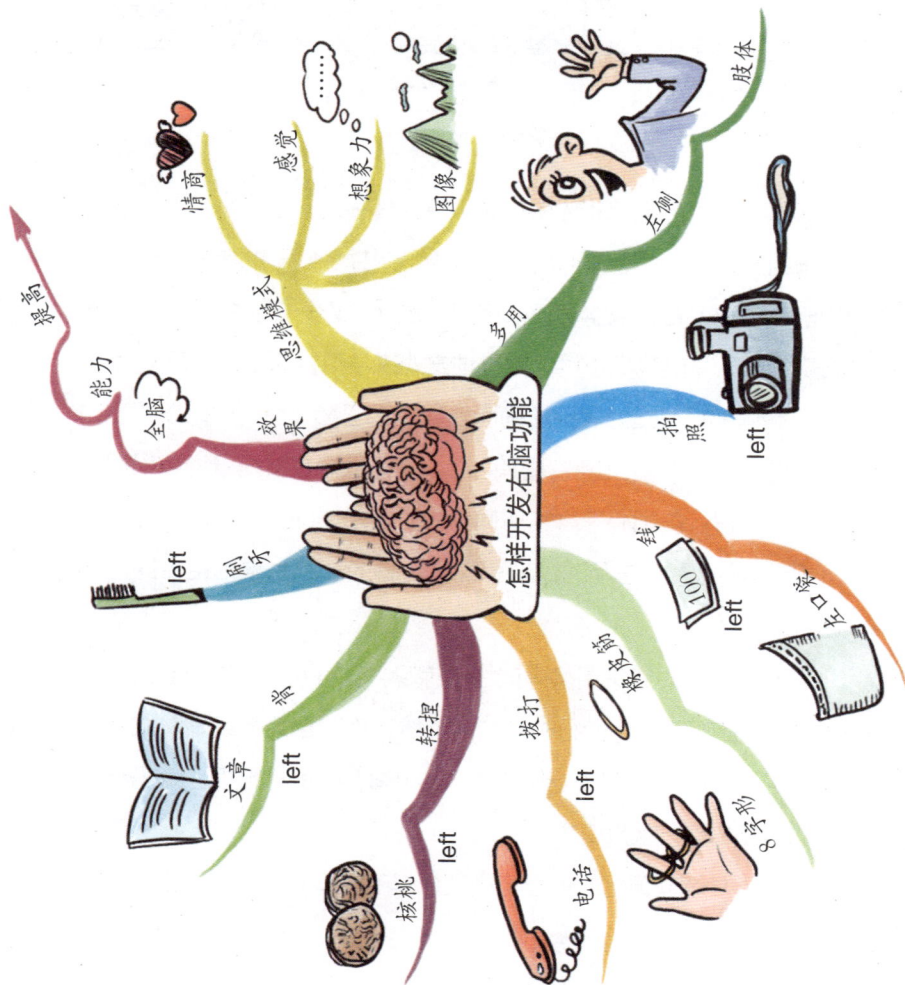

怎样开发右脑功能

提高　能力　全脑　效果　多用　思维模式　情商　感觉　想象力　图像　左侧　肢体

left　拍照　线　left　左眼

left　刷牙

损　left　文章　转捏　left　拨打　橡皮的　8字形

核桃　left　电话

53

给知识编码，加深记忆

红极一时的电视剧《潜伏》中有这样一段，地下党员余则成为了与组织联系，总是按时收听广播中给"勘探队"的信号，然后一边听一边记下各种数字，再破译成一段话。你一定觉得这样的沟通方式很酷，其实我们也可以用这种方式来学习，这就是编码记忆。

编码记忆是指为了更准确而且快速地记忆，我们可以按照事先编好的数字或其他固定的顺序记忆。编码记忆方法是研究者根据诺贝尔奖获得者美国心理学家斯佩里和麦伊尔斯的"人类左右脑机能分担论"，把人的左脑的逻辑思维与右脑的形象思维相结合的记忆方法。

反过来说，经常用编码记忆法练习，也有利于开发右脑的形象思维。其实早在 19 世纪时，威廉·斯托克就已经系统地总结了编码记忆法，并编写了《记忆力》，于 1881 年正式出版。编码记忆法的最基本点，就是编码。

所谓"编码记忆"就是把必须记忆的事情与相应数字相联系并进行记忆。

例如，我们可以把房间的事物编号如下：1——房门、2——地板、3——鞋柜、4——花瓶、5——日历、6——橱柜、7——壁橱。如果说"2"，马上回答"地板"；如果说"3"，马上回答"鞋柜"。这样将各部位的数字号码记住，再与其他应该记忆的事项进行联想。

开始先编 10 个左右的号码，先对脑子里浮现出的房间物品的形象进行编号。以后只要想起编号，就能马上想起房间内的各种事物，这只需要 5~10 分钟即可记下来。在反复练习过程中，对编码就能清楚地记忆了。

这样的练习进行得较熟练后，再增加 10 个左右。如果能做几个编码并进行记忆，就可以灵活应用了。你也可以把自己的身体各部位进行编码，这样对提高记忆力非常有效。

作为编码记忆法的基础，如前所述，就是把房间各部位编上号码，这就是记忆的"挂钩"。

请你把下述实例，用联想法联结起来，记忆一下这件事：1——飞机、2——书、3——橘子、4——富士山、5——舞蹈、6——果汁、7——棒球、8——悲伤、9——报纸、10——信。

先把这件事按前述编码法联结起来，再用联想的方法记忆。联想举例如下：

（1）房门和飞机：想象入口处被巨型飞机撞击或撞出火星。

（2）地板和书：想象地板上书在脱鞋。

（3）鞋柜和橘子：想象打开鞋柜后，无数橘子飞出来。

（4）花瓶和富士山：想象花瓶上长出富士山。

（5）日历和舞蹈：想象日历在跳舞。

（6）橱柜和果汁：想象装着果汁的大杯子里放的不是冰块，而是木柜。

（7）壁橱和棒球：想象棒球运动员把壁橱当成防护用具。

（8）画框和悲伤：画框掉下来砸了脑袋，最珍贵的画框摔坏了，因此而伤心流泪。

（9）海报和报纸：想象报纸代替海报贴在墙上。

（10）电视机和信：想象大信封上装有荧光屏，信封变成了电视机。

如按上述方法联想记忆，无论采取什么顺序都能马上回忆出来。

这个方法也能这样进行练习，先在纸上写出 1~20 的号码，让朋友说出各种事物，你写在号码下面，同时用联想法记忆。然后让朋友随意说出任何一个号码，如果回答正确，画一条线勾掉。

掌握了编码记忆的基本方法后，只要是身边的事物都可以编上号码进行记忆，把记忆内容回忆起来。

飞机
书
橘子
富士山

挂钩

沟通
破译
广播信号
《潜伏》

记忆的事情 编码

编码记忆法

人类记忆机能分别由右脑里和皮伊特斯

右脑形象思维
图画 卡片 情感 想象 印象

左脑抽象逻辑思维
逻辑 语言 数字 文字 推理 分析

第四节
夸张手法强化印象

开发右脑的方法有很多，荒谬联想记忆法就是其中的一种。我们知道，右脑主要以图像和心像进行思考，荒谬记忆法几乎完全建立在这种工作方式的基础之上，从所要记忆的一个项目尽可能荒谬地联想到其他事物。

✿ 荒谬记忆法

荒谬记忆法最直接的帮助是你可以用这种记忆法来记住你所学过的英语单词。例如，你用这种方法只需要看一遍英语单词，当你一边看这些单词，一边在头脑中进行荒谬的联想时，你会在极短的时间内记住近 20 个单词。

例如，记忆 legislate（**立法**）这个单词时，可先将该词分解成 leg、is、late 三个字母，然后把"legislate"记成"为腿（leg）立法，总是（is）太迟（late）"。这样荒谬的联想，以后我们就不容易忘记。关于学习科目的记忆方法，我们在后面章节中会提到。在这一节中，我们从最普通的例子说明荒谬联想记忆应如何操作。

该方法来源于古埃及人在《阿德·海莱谬》的记录。我们每天所见到的琐碎的、司空见惯的小事，一般情况下是记不住的。而听到或见到的那些稀奇的、意外的、低级趣味的、丑恶的或惊人的触犯法律的等异乎寻常的事情，却能长期记忆。因此，在我们身边经常听到、见到的事情，平时也不去注意它，然而，在少年时期所发生的一些事却记忆犹新。那些用相同的目光所看到的事物，那些平常的、司空见惯的事很容易从记忆中漏掉，而一反常态、违背常理的事情，却能永远铭记不忘。

✿ 荒谬记忆法的运用

以下是 20 个项目，只要应用荒谬记忆法，你将能够在一个短得令人吃惊的时间内按顺序记住它们：

地毯 纸张 瓶子 椅子 窗子 电话 香烟 钉子 鞋子 马车 钢笔 盘子 胡桃壳 打字机 麦克风 留声机 咖啡壶 砖 床 鱼

你要做的第一件事是，在心里想到一张第一个项目的图画"地毯"。你可以把它与你熟悉的事物联系起来。实际上，你要很快就看到任何一种地毯，还要看到你自己家里的地毯，或者想象你的朋友正在卷起你的地毯。

这些你熟悉的项目本身将作为你已记住的事物，你现在知道或者已经记住的事物是"地毯"这个项目。现在，你要记住的事物是第二个项目"纸张"。你必须将地毯与纸张相联想或相联系，联想必须尽可能地荒谬。例如，想象你家的地毯是纸做的，想象瓶子也是纸做的。

接下来，在床与鱼之间进行联想或将二者结合起来，你可以"看到"一条巨大的鱼睡在你的床上。

现在是鱼和椅子，一条巨大的鱼正坐在一把椅子上，或者一条大鱼被当作一把椅子用，你在钓鱼时正在钓的是椅子，而不是鱼。

　　椅子与窗子：看见你自己坐在一块玻璃上，而不是在一把椅子上，并感到扎得很痛。或者是你可以看到自己猛力地把椅子扔出关闭着的窗子，在进入下一幅图画之前先看到这幅图画。

　　窗子与电话：看见你自己在接电话，但是当你将话筒靠近你的耳朵时，你手里拿的不是电话而是一扇窗子。或者是你可以把窗户看成是一个大的电话拨号盘，你必须将拨号盘移开才能朝窗外看，你能看见自己将手伸向一扇玻璃窗去拿起话筒。

　　电话与香烟：你正在抽一部电话，而不是一支香烟，或者是你将一支大的香烟向耳朵凑过去对着它说话，而不是对着电话筒。或者你可以看见你自己拿起话筒来，一百万根香烟从话筒里飞出来打在你的脸上。

　　香烟与钉子：你正在抽一颗钉子，或你正把一支香烟而不是一颗钉子钉进墙里。

　　钉子与打字机：你在将一颗巨大的钉子钉进一台打字机，或者打字机上的所有键都是钉子。当你打字时，它们把你的手刺得很痛。

　　打字机与鞋子：看见你自己穿着打字机，而不是穿着鞋子，或是你用你的鞋子在打字，你也许想看看一只巨大的带键的鞋子是如何在上边打字的。

　　鞋子与麦克风：你穿着麦克风，而不是穿着鞋子。或者你在对着一只巨大的鞋子播音。

　　麦克风和钢笔：你用一个麦克风，而不是一支钢笔写字。或者你在对一支巨大的钢笔播音和讲话。

钢笔和收音机：你能看见一百万支钢笔喷出收音机。或是钢笔正在收音机里表演。或是在大钢笔上有一台收音机，你正在那上面收听节目。

收音机与盘子：把你的收音机看成是你厨房的盘子。或是看成你正在吃收音机里的东西，而不是盘子里的。或者你在吃盘子里的东西，并且当你在吃的时候，听盘子里的节目。

盘子与胡桃壳：看见你自己在咬一个胡桃壳，但是它在你的嘴里破裂了，因为那是一个盘子。或者想象用一个巨大的胡桃壳盛饭，而不是用一个盘子。

胡桃壳与马车：你能看见一个大胡桃壳驾驶一辆马车。或者看见你自己正驾驶一个大的胡桃壳，而不是一辆马车。

马车与咖啡壶：一只大的咖啡壶正驾驶一辆小马车。或者你正驾驶一把巨大的咖啡壶，而不是一辆小马车，你可以想象你的马车在炉子上，咖啡在里边过滤。

咖啡壶和砖块：看见你自己从一块砖中，而不是一把咖啡壶中倒出热气腾腾的咖啡。或者看见砖块，而不是咖啡从咖啡壶的壶嘴涌出。

这就对了！如果你的确在心中看了这些心视图画，你再按从"地毯"到"砖块"的顺序记 20 个项目就不会有问题了。当然，要多次解释这点比简简单单照这样做花的时间多得多。在进入下一个项目之前，只能用很短的时间再审视每一幅通过精神联想的画面。这种记忆法的奇妙是，一旦记住了这些荒谬的画面，项目就会在你的脑海中留下深刻的印象。

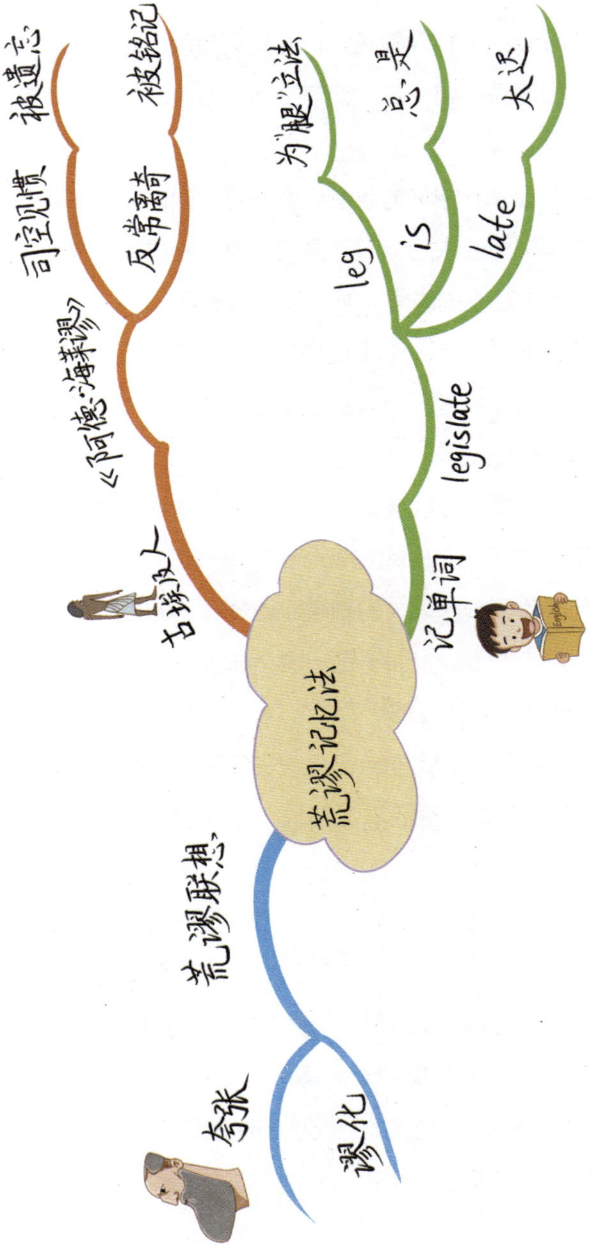

荒谬记忆法

记单词

legislate

leg 为"腿"立法
is 总是
late 太迟

《阿德·海报罗》

司空见惯 被遗忘
反常离奇 被铭记

古埃及人

荒谬联想

夸张
弱化

成功学大师拿破仑·希尔说，每个人都有巨大的创造力，关键在于你自己是否知道这一点。

在当今各国，创造力备受重视，被认为是跨世纪人才必备的素质之一。什么是创造力？创造力是个体对已有知识经验加工改造，从而找到解决问题的新途径，以新颖、独特、高效的方式解决问题的能力。人人都有创造力，创造力的强弱制约着、影响着记忆力的强弱，创造力越强，记忆的效率就越高，反之则低。

这是因为要有效记忆就必须要大胆地想象，而生动、夸张的想象需要我们拥有灵活的创造力，如果创造力也得到了很大的锻炼，记忆力自然会随着提升。

创造力有以下三个特征。

变通性：思维能随机应变，举一反三，不易受功能固着等心理定式的干扰，因此能产生超常的构想，提出新观念。

流畅性：反应既快又多，能够在较短的时间内表达出较多的观念。

独特性：对事物具有不寻常的独特见解。

我们可以通过以下几种方法激发创造力，从而增强记忆力。

¤ 问题激发原则

有些人经常接触大量的信息，但并没有把所接触的信息都存储在大脑里，这是因为他们的头脑里没有预置着要搞清或有待解决的问题。如果头脑里装着问题，大脑就处于非常敏感的状态，一旦接触信息，就会从中把对解决问题可能有用的信息抓住不放，从而加大了有效信息的输入量，这就是问题激发。

¤ 使信息活化

信息活化就是指这一信息越能同其他更多的信息进行联结，这一信息的活性就越强。储存在大脑里的信息活性越强，在思考过程中，就越容易将其进行重新联结和组合。促使信息有活性的主要措施有：

（1）打破原有信息之间的关联性。

（2）充分挖掘信息可能表现出的各种性质。

（3）尝试着将某一信息同其他信息建立各种联系。

¤ 信息触发

人脑是一个非常庞大而复杂的神经网络，每一次的信息存储、调用、加工、联结、组合，都促使这种神经在一定程度上发生了变化。变化的结果使原来不太畅通的神经通道变得畅通一些，本来没有发生联结的神经细胞突触联结了起来，这样一来，神经网络就变得复杂，神经元之间的联系就更广泛，大脑也就更好使。

同时，当某些神经元受信息的刺激后，它会以电冲动的形式向四周传递，引起与之相联结的神经元的兴奋和冲动，这种连锁反应，在脑皮质里形成了大面积的活动区域。

可见，"人只有在大量的、高档的信息传递场中，才能使自己的智力获得形成、发展和被开发利用"。经常不断地用各种各样的信息去刺激大脑，促进创造性思维的发展和提高，这就是信息触发原理。

总之，创造力不同于智力，创造力包含了许多智力因素。一个创造力强的人，必须是一个善于打破记忆常规的人，并且是一个有着丰富的想象力、敏锐的观察力、深刻的思考力的人。而所有这些特质，都是提升记忆力所必需的，毋庸置疑，创造力已经成为创造非凡记忆力的本源和根基。

对于如何激活自己的创造力，你可以加上自己的思考，试着画出一幅个性思维导图来。

大胆想象

创造力特性
独特
流畅
变通

问题激发
脑袋装"装"问题
有效输入

打破旧联结
新特质
重组

信息活化

信息触发
大量输入
促进创新

第六节
神奇比喻降低理解难度

比喻记忆法就是运用修辞中的比喻方法，使抽象的事物转化成具体的事物，从而符合右脑的形象记忆能力，达到提高记忆效率的目的。人们写文章、说话时总爱打比方，因为生动贴切的比喻不但能使语言和内容显得新鲜有趣，而且能引发人们的联想和思索，并且容易加深记忆。

✿ 变未知为已知

例如，孟繁兴在《地震与地震考古》中讲到地球内部结构时曾以"鸡蛋"作比："地球内部大致分为地壳、地幔和地核三大部分。整个地球，打个比方，它就像一个鸡蛋，地壳好比是鸡蛋壳，地幔好比是蛋白，地核好比是蛋黄。"这样，把那些尚未了解的知识与已有的知识经验联系起来，人们便容易理解和掌握。

再如，沿海地区刮台风，内地绝大多数人只是耳闻，未曾目睹，而读了诗人郭小川的诗歌《战台风》后，便有身临其境之感。"烟雾迷茫，好像十万发炮弹同时炸林园；黑云乱翻，好像十万只乌鸦同时抢麦田"；"风声凄厉，仿佛一群群狂徒呼天抢地咒人间；雷声呜咽，仿佛一群群恶狼狂嚎猛吼闹青山"；"大雨哗哗，犹如千百个地主老爷一齐挥皮鞭；雷电闪闪，犹如千百个衙役腿子一齐抖锁链"。

¤ 变平淡为生动

例如，朱自清在《荷塘月色》中写到花儿的美时这么说："层层的叶子中间，零星地点缀着些白花，有袅娜地开着的，有羞涩地打着朵儿的，正如一粒粒的明珠，又如碧天里的星星。"

¤ 变深奥为浅显

东汉学者王充说："何以为辩，喻深以浅。何以为智，喻难以易。"就是说应该用浅显的话来说明深奥的道理，用易懂的事例来说明难懂的问题。

运用比喻，还可以帮助我们很快记住枯燥的概念公式。例如，有人讲述生物学中的自由结合规律时，用篮球赛来做比喻加以说明：赛球时，同队队员必须相互分离，不能互跟。这好比同源染色体上的等位基因，在形成 F1 配子时，伴随着同源染色体分开而相互分离，体现了分离规律。赛球时，两队队员之间，可以随机自由跟人。这又好比 F1 配子形成基因类型时，位于非同源染色体上的非等位基因之间，则机会均等地自由组合，即体现了自由组合规律。篮球赛人所共知，把枯燥的公式比作篮球赛，自然就容易记住了。

¤ 变抽象为具体

将抽象事物比作具体事物可以加深记忆效果。如地理课上的气旋可以比成水中旋涡。某老师在教聋哑学校学生计算机时，用比喻来介绍"文件名""目录""路径"等概念，将"文件"和"文件名"形象地比作练习本和在练习本封面上写姓名、科目等；把文字输入称为"做作业"。各年级老师办公室就像是"目录"；如果学校是"根目录"的话，校长要查看作业，先到办公室通知教师，教师到教室通知学生，学生出示相应的作业，这样的顺序就是"路径"。这样的形象比喻，会使学生觉得所学的内容形象、生动，从而增强记忆效果。

又如，唐代诗人贺知章的《咏柳》诗：

> 碧玉妆成一树高，万条垂下绿丝绦。
> 不知细叶谁裁出，二月春风似剪刀。

春风的形象并不鲜明，可是把它比作剪刀就具体形象了。使人马上领悟到柳树碧、柳枝绿、柳叶细，都是春风的功劳。于是，这首诗便记住了。

蛋壳

地壳
地幔
地核

蛋白

蛋黄

炮弹齐炸

地壳
地幔
地核

地球

《战台风》

烟雾

黑云

风声

雷声

狂徒咒人间

恶狼狂嚎

变未知为已知

比喻记忆法

变深奥为浅显

自由结合规律

篮球赛

分离规律

队员不互跟

结合规律

自由跟人

70

变平淡为生动

《荷塘月色》

层层叶子

白花

打朵儿

明珠·星星
水中旋涡

气旋

变抽象为具体

计算机

文件名

姓名

各级办公室

目录

文字输入

写作业

《咏柳》

春风

剪刀

柳树碧

柳枝绿

柳叶细

第七节
另类思维深化记忆

"零"是什么，是一个很有趣味性的创造性思维开发训练活动。"零"或"O"是尽人皆知的一种最简单的文字符号。这里，除了数字表意功能以外，请你发挥创造性想象力，静心苦想一番，看看"O"到底是什么，你一共能想出多少种，想得越多越好，一般不应少于 30 种。

为了使你能尽快地进入角色，现作如下提示：有人说这是零，有人说这是脑袋，有人说这是地球，有人说这是宇宙。几何教师说"是圆"，英语老师说"是英文字母 O"，化学老师讲"是氧元素符号"，美术老师讲"画的是一个蛋"。幼儿园的小朋友们认为"是面包圈""是铁环""是项链""是孙悟空头上的金箍""是杯子""是叔叔脸上的小麻坑"……

另类思维就是能对事物做出多种多样的解释。

之所以说另类思维创造记忆天才，是因为所谓"天才"的思维方式和普通人的传统思维方式是不同的。一般记忆天才的思维主要有以下几个方面。

✿ 思维的多角度

记忆天才往往会发现某个他人没有采取过的新角度。这样培养了他的观察力和想象力，同时也能培养思维能力。通过对事物多角度的观察，在对问题认识得不断深入中，就记住了要记住的内容。

大画家达·芬奇认为，为了获得有关某个问题的构成的知识，首先要学会如何从许多不同的角度重新构建这个问题。他觉得，他看待某个问题的第一种角度太偏向于自己看待事物的通常方式，他就会不停地从一个角度转向另一个角度，重新构建这个问题。他对问题的理解和记忆就随着视角的每一次转换而逐渐加深。

¤ 善用形象思维

伽利略用图表形象地体现出自己的思想，从而在科学上取得了革命性的突破。天才们一旦具备了某种起码的文字能力，似乎就会在视觉和空间方面形成某种技能，使他们得以通过不同途径灵活地展现知识。当爱因斯坦对一个问题做过全面的思考后，他往往会发现，用尽可能多的方式（包括图表）表达思考对象是必要的。他的思想是非常直观的，他运用直观和空间的方式思考，而不用沿着纯数学和文字的推理方式思考。爱因斯坦认为，文字和数字在他的思维过程中发挥的作用并不重要。

¤ 天才设法在事物之间建立联系

如果说天才身上突出体现了一种特殊的思想风格，那就是把不同的对象放在一起进行比较的能力。这种在没有关联的事物之间建立关联的能力使他们能很快记住别人记不住的东西。德国化学家弗里德里·凯库勒梦到一条蛇咬住自己的尾巴，从而联想到苯分子的环状结构。

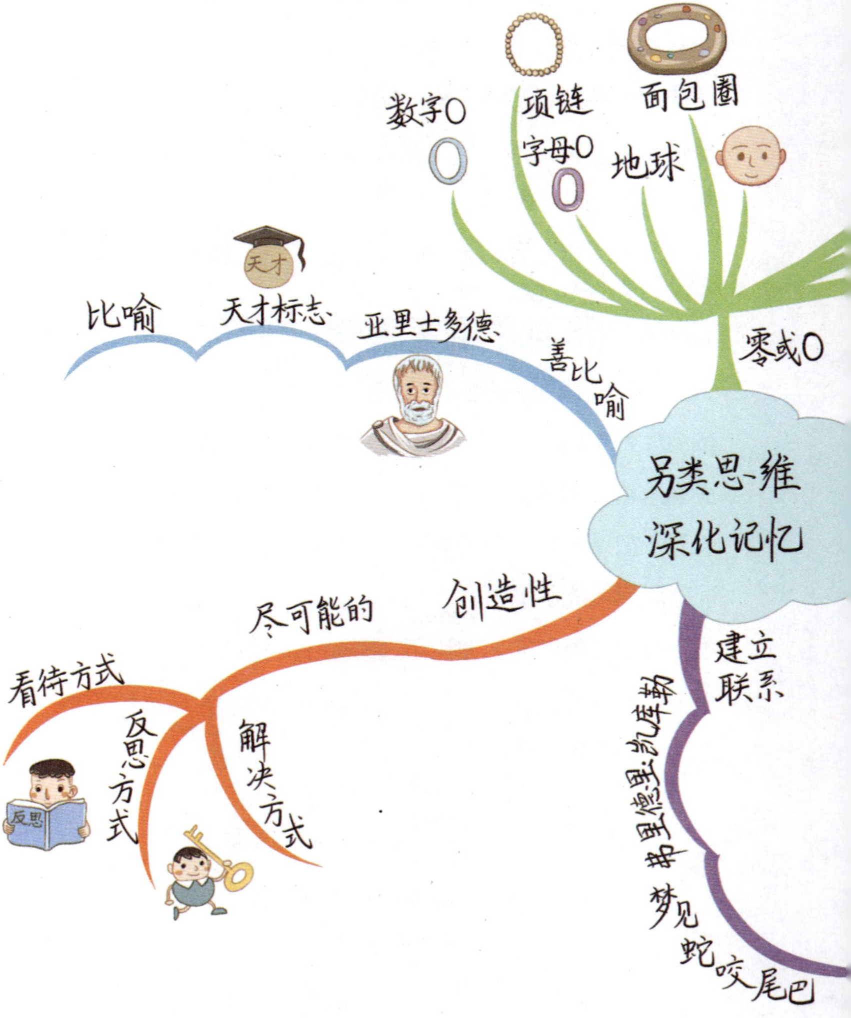

数字O
项链
字母O
面包圈
地球
零或O

比喻
天才标志
亚里士多德
善比喻

另类思维
深化记忆

创造性
尽可能的

看待方式
反思方式
解决方式

建立联系

梦见
蛇咬尾巴

铁环

氧元素

水杯

伽俐略

图表形象

形象思维

爱因斯坦

尽可能多的方式

多角度

达·芬奇

想象

观察

切换

重构

"苯"分子结构

¤ 天才善于比喻

亚里士多德把比喻看作天才的一个标志。他认为,那些能够在两种不同类事物之间发现相似之处并把它们联系起来的人具有特殊的才能。如果相异的东西从某种角度看上去确实是相似的,那么,它们从其他角度看上去可能也是相似的。这种思维能力加快了记忆的速度。

¤ 创造性思维

我们的思维方式通常是复制性的,即以过去遇到的相似问题为基础。

相比之下,天才的思维则是创造性的。遇到问题的时候,他们会问:"能有多少种方式看待这个问题?""怎么反思这些方法?""有多少种解决问题的方法?"他们常常能对问题提出多种解决方法,而有些方法是非传统的,甚至可能是奇特的。

运用创造性思维,你就会找到尽可能多的可供选择的记忆方法。

诺贝尔奖获得者理查德·费因曼在遇到难题的时候总会萌发出新的思考方法。他觉得,自己成为天才的秘密就是不理会过去的思想家们如何思考问题,而是创造出新的思考方法。你如果不理会过去的人如何记忆,而是创造新的记忆方法,那你总有一天也会成为记忆天才。

左右脑分工理论告诉我们，运用左脑，过于理性；运用右脑，又容易流于滥情。从 IQ（学习智能指数）到 EQ（心的智能指数），便是左脑型教育沿革的结果；而将"超个人"这种所谓的超常现象，由心理学的层面转向学术方面的研究，更代表了人们有意再度探索全脑能力的决心。

若能持续地进行右脑训练，进而将左脑与右脑好好地、平衡地加以开发，则记忆就有了双管齐下的可能：由右脑承担形象思维的任务，左脑承担逻辑思维的重任，左右脑协调，以全脑来控制记忆过程，自然会取得出人意料的高效率。

发挥大脑右半球记忆和储存形象材料的功能，使大脑左右两半球在记忆时，都共同发挥作用，使大脑主动去运用它本身所独有的"右脑记忆形象材料的效果远远好于左脑记忆抽象材料的效果"这一规律。这样实践的效果，理所当然地会使人的记忆效率事半功倍，实现提升记忆力的目的。

¤ 使左右半脑交叉活动

交叉记忆是指记忆过程中，有意识地交叉变换记忆内容，特别是交叉记忆那些侧重于形象思维与侧重于抽象逻辑思维的不同质的学习材料，以使大脑较全面地发挥作用。记忆中，还可以利用一些相辅相成的手段使大脑两半球同时开展活动。

✿ 进行全脑锻炼

全脑锻炼是指在记忆中，要注意使大脑得到全面锻炼。大脑皮层在机能上有精细的分工，但其功能的发挥和提高还要靠后天的刺激和锻炼。由于大脑皮层上有多种机能中枢，要使这些中枢的机能都发展到较高水平，就应在用脑时注意使大脑得到全面的锻炼。

比如在记忆语言时，由于大脑皮层有 4 个有关语言的中枢：说话中枢、书写中枢、听话中枢和阅读中枢，所以为了使这些中枢的机能都得到锻炼，就应当在记忆时把说、写、听、读这几种方式结合起来，或同时进行这几种方式的记忆。

我们以学习语言为例，说明如何左右脑并用。为了学会一门语言，一方面必须掌握足够的词汇，另一方面必须能自动地把单词组成句子。词汇和句子都必须机械记忆，如果你的记忆变成推理性的或逻辑性的记忆，你就失去了讲一种外语所必需的流畅，进行阅读时，成了一字字地翻译了。这种翻译式的分析阅读是左脑的功能，结果是越读越慢，理解也就更难，全靠死记某个外语单词相应的汉语意义是什么来分析。

发挥左右脑功能并用的办法学语言是用语言思维，例如，学英语单词"bed"时，应该在头脑中浮现出"床"的形象来，而不是去记"床"这个字。为什么学习本国语言容易呢？因为从小学习就是从实物形象入手。说到"暖水袋"，谁都会立刻想起暖水袋的形象来，而不是浮现出"暖水袋"三个字形来，说到动作你就会浮现出相应的动作来，所以学得容易。我们学习外语时，如能让文字变成图画，在你眼前浮现出形象来，这就需要右脑起作用了。每个句子给你一个整体的形象，根据这个形象，通过上下文来判断，理解得就更透了。教育学、心理学领域的很多研究结果也显示，充分利用左右脑来处理多种信息对学习才是最有效的。

关于左右脑并用，保加利亚的教育家洛扎诺夫创造的被称为"超级记忆法"的记忆方法最具有代表性。这种方法的表现形式中最引人注目的步骤之一，是在记忆外语的同时，播放与记忆内容毫无关系的动听的音乐。洛扎诺夫解释说，听音乐要用右脑，右脑是管形象思维的，学语言用左脑，左脑是管逻辑思维的。他认为，大脑的两半球并用比只用一半要好得多。

左右脑并用
全脑锻炼

右脑
形象思维

左脑
逻辑思维

文字转
图像

暖水袋

bed

πr^2
$E = mc^2$
$a^2 + b^2 = c^2$

第四章

画出来的
高清记忆

第一节
高效课堂是重中之重

高效的学习者听课都有一个特点，那就是"听课要听细节"，具体可见下图。

旧知识

新知识

观图

联系旧知识

开头结尾

本节重点

大家注意了！

这一点很重要

这两个容易混淆

这是不常见的错误

最后……

提示

精华

总结

纠错

避免

犯同样的错

提纲挈领

笔记

复习

因果

关联

解题思路

板书

听懂

明确

理解

内在联系

带着问题

提高注意力

轻松

学会质疑

积极思考

听课的8个细节

由图可知，有效听课的 8 个具体细节为：

¤ 留意开头和结尾

老师在讲课时，开头一般是概括上节课的要点，指出本节课要讲的内容，把旧知识联系起来的环节，要仔细听清。老师在每节课结束前，一般会有一个小结，这也是听课的重点所在。

¤ 留意老师讲课中的提示

我们在听课中，经常能听到老师提示大家"大家注意了""这一点很重要""这两个容易混淆""这是不常见的错误""这些内容说明""最后"等字眼，这些词句往往暗示着讲课中的要点，应该给予足够的重视。

¤ 学会带着问题听课

善于学习的人几乎都有一个好习惯，即他们善于带着问题去听课。听课不是照搬老师的讲课内容，而应积极思考，学会质疑，解决困惑。带着问题去听课可以提高注意力，可以在听课的时候有所选择，大脑也不容易感到疲劳，不仅听课效率高而且会更轻松。

¤ 留意教师讲解的要点

听课过程中，我们应该留意老师事先在备课中准备的纲要是什么，上课时，老师是怎样围绕这个提纲进行讲解的。我们在力求抓住它、听懂它、理解它的同时，还可以通过听讲、练习、问答、看课本、看板书等途径，边听边明确要点和纲要，弄懂知识的内在联系。

¤ 留心老师分析问题的思路

各学科知识之间都有前因后果、上关下联的逻辑关系，有时可以相互推理，思路互通。

这些现象在理科中表现得比较明显，比如一个定理、一条定律、一道习题，都有具体的思维方法，我们用心留意老师分析问题的思路和方法，仔细揣摩，就能轻松获得灵活的思维能力，越学越出色。

¤ 留意板书归纳和反复强调之处

不言而喻，反复强调的地方往往是重要的或难以理解的内容，板书归纳不仅重要，而且具有提纲挈领的作用。要注意在听清讲解、看清板书的基础上思考、记忆，并且做好笔记，便于以后重点复习。

¤ 留心老师如何纠错

每个人都有做错题的时候，当老师在为同学纠错的时候，不管是你做错的题或者是别人做错的题，你都应该留心。如果你能对这些容易做错的题保持足够的警惕，那么以后就能有效地避免犯同样的错误，千万不要以为别人做错的题与你无关。

¤ 留意老师对知识点的概括和总结

几乎每个老师都会在上完一堂课或讲过某些知识点之后进行概括和总结，这些总结是课堂知识的精华，也是考试的重点，应该好好理解和掌握。

第二节
思维导图笔记提升记忆效率

我们从上学第一天开始，爸爸妈妈就为我们准备好了笔记本，告诉我们上课要养成记笔记的好习惯。但是从来没有人告诉我们，具体怎样记笔记，怎样记笔记才是最科学合理的。几乎可以说，世界上 99% 的人记笔记都是一个模式，那就是依靠文字、直线、数字和次序。如果在课堂上，甚至直接把老师写在黑板上的内容照搬下来。

我们也从来没有想过，这种记笔记的方式有什么不妥。但实际上，它的缺陷就是，这种记笔记方式不是一套完整的工具，它仅仅体现了你左脑的功能，却没有体现右脑的功能，因为右脑可以让我们感受到节奏、颜色、空间等。

我们习惯的那种笔记，很少用到彩色，一般我们习惯了只用黑墨水、蓝墨水或者铅笔去书写。有些人很多年也只用一种颜色记笔记、写作业。现在回头看看，一种颜色的笔记真是单调极了，而且还封锁了我们大脑中无穷的创造力。

另外，这种直线型笔记仅仅是对老师课堂内容的机械的不完全的复制，相互之间没有关联、没有重点；而且很多学生忙于记录，没有时间真正地去思考，久而久之，就养成了记忆知识而不是思考知识的习惯，容易形成思维惰性。

也可以说，这种传统的记笔记方式，只利用了我们一半的大脑，同时，照字面意义去理解笔记内容，我们的智能被减了一半。

这种颜色单一的笔记，容易对我们的大脑产生负面影响，比如，容易走神；逃避问题；转移注意力；大脑空白；做白日梦；昏昏欲睡。

相比较传统笔记埋没了关键词、不易记忆、笔记枯燥、浪费时间、不能有效刺激大脑、阻碍大脑做出联想等诸多缺陷，思维导图笔记就是一种最佳的思维方式，它运用丰富的色彩和图像，可以充分反映出空间感、维度和联想能力，能彻底解放我们的创造力。

思维导图记笔记的方式可以对我们的记忆和学习产生巨大的影响，比如：

记忆相关的词可以节省50%到95%的时间；

读相关的词可节省90%左右的时间；

复习思维导图笔记可节省90%时间；

可集中精力于真正的问题；

让重要的关键词更为显眼；

关键词可灵活组合，改善创造力和记忆力；

易于在关键词之间产生清晰合适的联想；

画图过程中，会有更多新的发现和新的思想产生；

……

大脑不断地利用其皮层技巧，越来越清醒，越来越愿意接受新事物。

其实，做思维导图笔记的步骤和上一篇所讲到的如何"让一本书变成一张纸的思维导图"步骤差不多。

在记笔记的过程中，我们可以一边听讲，一边画一幅思维导图，并在讲解者进行的时候找出一些基本概念，做成一个大概的框架。也可以在听完讲解以后，编辑并修正你的思维导图笔记，从而在修订的过程中，让信息产生更广泛的意义，因而也加强了你对它的理解。

不管你是个学生，还是一个需要不断充电的上班族，思维导图都可以利用其所具有的图像性、可联想性和易沟通性使你能够有效促进学习计划的展开，帮助你提高学习效率。

今天的学生，学习压力比以往任何时候都要大，很多学生每天早上一睁开眼睛，就看到张贴在床头的英文单词和突击目标；早上匆匆忙忙赶到学校后，各科老师像走马灯似的在学生们的眼前晃悠，这些老师好像生怕自己抢不到给学生上课的时间。

学校一天紧张的学习结束后，学生们还要上晚自习，晚自习结束后，回到家一般都比较晚了。于是，有不少同学抱怨，已经搞不清这大千世界的无数种色彩都藏哪里去了，怎么满本的笔记都是黑黑白白、蓝蓝白白或是蓝黑加白的世界呢！

无论是英语单词，还是诗词古文、公式定理……充斥了大脑的每一个角落。甚至有些学生感觉自己突然老化衰退了；有的学生说，自己刚刚想要做但还没有做的事情，现在已经想不起来了；有的一想到明天那些左一项、右一项的学习任务，头脑都要炸了，最后干脆来了个"死机"——大脑里的屏幕变成一片空白。

面对这些学习压力，如果运用思维导图来制订学习计划，也许事情就会是另一个样子。

运用思维导图可以进行学习规划，比如订立学年计划、学期计划、月计划、周计划，具体到订立每天的学习计划。它可以让学习者随时了解学习情况，跟进学习进度，灵活运用学习方法，并且可以根据实际情况需要随时做出相应调整，从而做到合理安排时间，提高学习效率。

有一个中学生接触思维导图之前，学习成绩不理想，学习目标不明确，每天虽然忙得焦头烂额，但成绩一直提升不上去。后来，经过一段时间思维导图的学习之后，发现受益很多，成绩在稳步上升。

下面就是这位中学生利用思维导图制订的学习计划，他围绕学习中心，画出了四个学习分支，并据此进一步发散。

大致步骤如下：

（1）确定关键词：在白纸中心写出，最好用图表示。

（2）分支一：首先进行自我分析，包括学习特点、学习现状等。

（3）分支二：学习目标方面，主要考虑目标要适当、明确、具体。

（4）分支三：时间安排方面，考虑科学性，突出重点，脑体结合，文理交替，有机动时间。

（5）分支四：其他方面注意事项以及必要的补充、说明等。

一个好的学习计划是实现学习目标的前期保障，一个完善的成熟的学习计划能提高学习效率，减少时间浪费，甚至直接提升自信心。

如果你在学习方面也有不满意的地方，不妨试着绘制一幅思维导图，绘好以后，把它贴在显眼的位置，然后执行下去。

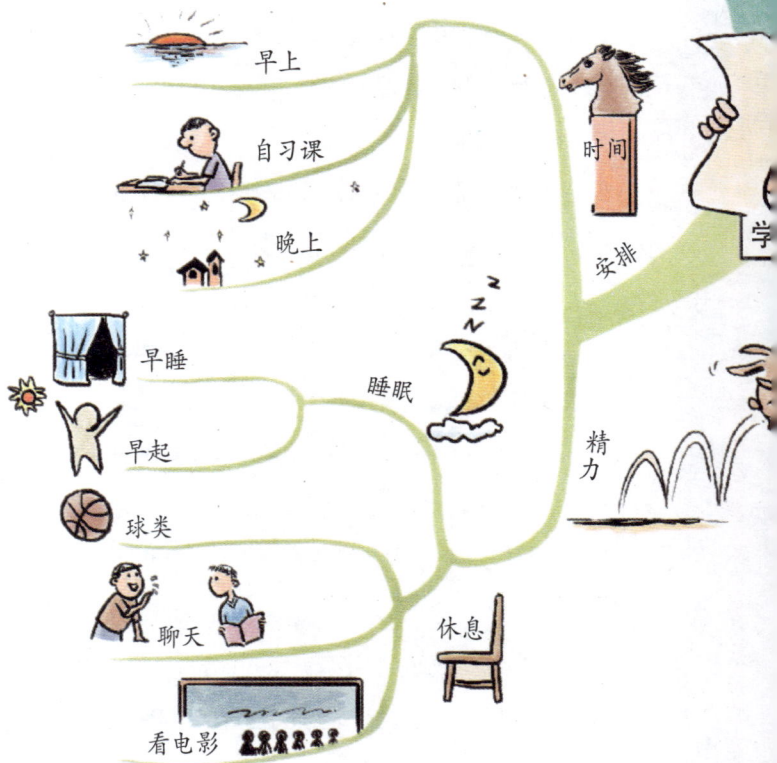

多问

谦虚

思考

独立

坚持   毅力

愉快   情绪

心态

早上

自习课

晚上

时间

安排

学

早睡

早起   睡眠

球类

精力

聊天

休息

看电影

特点

数学　基础

语文　古文

英语　写作

其他　不错 ★★★★

自我分析

排名

班内　前20名

年级　前100名

全市　400名↓

目标

期限　4月1日

本学期

科目

数学　基础 知识

英文　单词　作文

语文　唐诗

第四节
做好作业巩固记忆成果

　　每一个善于学习的人在做作业时，都有自己的心得体会，一般而言，需要注意六个方面。

¤ 作业要工整、简明、条理清楚

　　平时做作业时，应当养成良好的习惯。工整、简明、条理清楚的作业可以反映一个人一丝不苟的学习态度，可以避免出现不必要的差错，有利于检查时查找；另外，复习时看起来也方便；老师批阅起来可以快得多。

¤ 作业要保存好

　　可以按照知识系统，定期将作业分门别类地保存起来，放进卷宗或公文袋中，到复习时可随手拿来参看。作业是学生平时辛勤劳动的成果，不注意保存好，就等于把自己的劳动果实白白丢掉了。

¤ 作业要独立完成

　　每一个高效的善学者都会自己独立完成作业。做作业的目的是巩固、提高和扩展所学知识，培养分析问题和解决问题的能力。课堂作业和家庭作业都是学习过程中必不可少的重要环节。如果不是自己独立完成作业，就难以发现学习中的薄弱环节和不足之处，容易养成依赖心理和投机取巧的坏毛病，当必须自己思考和解决问题时，就会不知从何下手。

✿ 作业不拖沓

善学者从不会为每天大堆大堆的作业感到头疼。如果一个学生每天作业拖沓，那就糟了。整天都在应付作业，玩的时间被挤掉了，生活和学习就会变得既劳累又无乐趣。

✿ 切忌模仿做题

有一些学生喜欢模仿做题，所谓模仿做题就是指在做题过程中机械地套用老师的解题方法、解题格式，或者机械地套用公式、套用自己以前的解题经验，对做题过程所想到的、所写出的每一句话或者每一步心理活动过程都不明确。总的来说，只是模仿做题对我们益处不大。

✿ 不搞题海战术

事实上，很多优等生都不是通过题海战术培养出来的。无论在学校还是在家里，经常见到有些同学超负荷地做练习题，漫无边际、毫无目的。大量的练习题只会让我们思维混乱，晕头转向，难以应付。做习题应当有所选择。实际上，教科书上的作业练习和老师补充的练习，加上各级教学主管部门的各种复习材料，已足够学生的习题量了，根本不需要再去到处搜寻。

教科书

老师补充

各级复习材料

选择

题海战术

不要

方法

机械套用

忌

格式

$a^2+b^2=c^2$ 公式

不拖沓

作业时间

玩的时间

A B

如

避免出错

条理清楚

1.
2.
3.

卷面

工整

简明

方便复习

批阅快

好作业

保存

分类

知识系统

公文袋

方便查找

独立

完成

巩固

知识

培养

能力

95

第五节
及时复习对抗遗忘

✿ 及时进行第一次复习

很多人都有这样的经验，对于刚刚学习过的知识，越早复习记忆越深刻。无论是在课堂上以各种机会和形式进行复习巩固，还是课后的精读、归纳整理、总结概括、研习例题、多做练习等，都是及时复习的好做法。当天学的知识，要当天复习好。要明白，修复总比重建倒塌了的房子省事得多。

✿ 尝试运用回忆

在课后试着把老师所讲的内容回忆一遍，如果记得不清可以随时翻看课本，然后再回忆。如此反复几次之后，才能把提纲编写得准确、完整。这种方法可以加强记忆和理解。

✿ 多种感官参与复习

手、耳、口、脑、眼并用的情况下可以增强复习效果，不仅适用于文科类的学习与记忆，同样适合于理科。

✿ 围绕概念，追根溯源

要紧紧围绕概念、公式、法则、定理、定律复习思考它们是怎么形成与推导出来的，能应用到哪些方面，它们需要什么条件，有无其他说明或证明方法，它们与哪些知识有联系……通过追根溯源，牢固掌握知识。

¤ 复习要有自己的思路

通过一课、一节、一章的复习，把自己的想法、思路写成小结，列出表来，或者用提纲摘要的方法把前后知识贯穿起来，形成一个完整的知识网。

¤ 遇到问题要先思考

遇到问题先思考有利于集中注意力、强化记忆、提高学习效率。每次复习时先把上次的内容回忆一下，不仅保持了学习的连贯性，引起对学过知识的回想，而且可以加深记忆的连续性和牢固性。

¤ 复习中要适当做些题

可以围绕复习的中心来选题、做题。在解题前，要先回忆一下过去做过的有关习题的解题思路，在此基础上再做题。做题的目的是检查自己的复习效果，加深对已学知识的理解，培养解决问题的能力。

¤ 制作一张"知识网"

每科知识之间都有关联，如果孤立地去看所学的知识，很难理解透彻，如果能把知识点放在一张"知识网"中去看待，那样就很

引析

比较

复习

交叉

方法

总结

技巧

知识网

11 种

容易

理解和记忆

做题

先思考

检查

保持

分式运算

复习

100

初中

效果

分数运算

小学

有针对性

自测

精读

总结

练习

及时复习

回忆

运用

感官

手
耳
口
脑
眼

围绕

概念

推导

应用

思路

列表

联系

提纲

学习的

连贯性

方法

容易理解和记忆。比如，初中代数重点"分式的运算"，如果联系到小学学过的"分数运算"就能容易搞清楚彼此的联系。

¤ 运用"方法"和"技巧"

在复习过程中，要注意总结用过的"方法"和"技巧"，主要体现在思维方法和分析解决问题的思路上，这种思路和方法有可能出现在课本中，也可能是老师的点拨。

¤ 交叉复习方法

在复习阶段，可以找一些涉及不同部分知识的综合应用题，交替学习同一科目内的不同部分，通过比较分析，可以加深自己对知识的理解和应用能力。

¤ 随时自测，时刻认清自己

自我测验既是一种复习方法，也是我们学习主动性的表现。在学习中养成随时对自己进行自我检测的好习惯，会清楚地明白自己好在哪里，差在哪里，随时有针对性地进行重点复习，以达到事半功倍的效果。

在学习过程中，每一个学习者都会面临记忆的难题，在这里，我们介绍一个记忆七大法则，以便我们更好地提高记忆力，获得高分。

✿ 利用情景进行记忆

这种方法是当人们需要记忆很多信息和事物，并且这些信息和事物相互之间没有联系的时候，可以运用自己的联想，把这些故事和信息变成一段简单有趣的小故事，来帮助人们记忆的一种方法。

比如说，人们要记忆"棒棒糖、狂奔、喜欢、足球、绊倒、汽车、啤酒、警察、哥哥、惊醒"这些词语，就可以编出一个小故事来对这些词语进行情景记忆。

有一天，小明拿着一根棒棒糖走在黑夜之中的马路上，突然从路边蹿出来一条狗，并且直接向小明狂奔了过来，小明很害怕，心想这条狗不会是喜欢上自己了吧，可是自己的内心接受不了啊，于是他掉头就跑。可是跑着跑着，突然被一个足球绊倒。小明站起来继续跑，可是这时候却发现狗已经开着汽车追了上来。小明见跑不过，于是停下来，掏出一瓶啤酒对追上来的狗说："你先喝点儿酒歇歇，我继续跑，一会儿你再追。"于是他继续向前跑。过了一会儿，他突然看见了一个警察站在路上，于是跑上去对警察说："后面有一条狗酒驾。"于是警察把狗抓了起来。这个时候狗才有机会对小明说："我是你失散多年的亲哥哥啊！"于是，小明从梦中惊醒了。

从结果上看，人们要记忆的词语都被编到了这个故事当中，如果把这个故事背诵熟练，那么人们所需要记忆的词语就全部都能记住了。

✿ 利用联想进行记忆

联想是大脑的基本思维方式，一旦你知道了这个奥秘，并知道如何使用它，那么，你的记忆能力就会得到很大的提高。

我们的大脑中有上千亿个神经细胞，这些神经细胞与其他神经细胞连接在一起，组成了一个非常复杂而精密的神经回路。包含在这个回路内的神经细胞的接触点达到 1000 万亿个。突触的结合又形成了各种各样的神经回路，记忆就被储存在神经回路中，这些突触经过长期的牢固结合，传递效率将会提高，使人具有很强的记忆力。

联想和记忆有着密切的关系，联想是最重要的记忆法之一。例如，有时候很熟悉的外语单词，到用的时候一下子就想不起来了，可是这个单词在书本上的什么位置却清晰记得，这样我们就可以想一下这个单词前面是什么词、后面是什么词，这样持续地联想，往往对想起这个单词有很大的帮助。因为这个单词与前面的单词、后面的单词位置很接近，所以在空间上建立起了一种联想。

¤ 运用视觉和听觉进行记忆

每个人都有适合自己的记忆方法。视觉记忆力是指对来自视觉通道的信息的输入、编码、存储和提取，即个体对视觉经验的识记、保持和再现的能力。

相对视觉而言，听觉更加有效。由耳朵将听到的声音传到大脑知觉神经，再传到记忆中枢，这在记忆学领域中叫"延时反馈效应"。比如，只看过歌词就想记下来是非常困难的，但要是配合节奏唱的话，就很快能够记下来，比起视觉的记忆，听觉的记忆更容易留在心中。

¤ 使用理解记忆

为了使我们记住的东西更深刻，我们可以把自己记住的东西讲给身边的人听，这是一种比视觉和听觉更有效的记忆方法。

但同时要注意，如果自己没有清楚地理解，就不能很好地向别人解释，也就很难能深刻地记下来。所以首先理解你要记忆的内容很关键。

我们对事物的理解越深刻，事物就越容易被记忆，保存的时间也越长。我们理解事物主要是理解事物的内部关系和规律，在理解的基础上进行分析和综合，并且与大脑中的其他经验、信息和资料建立一定的牢固联系，所以才不容易遗忘。

¤ 及时有效地复习

有一句谚语叫"重复乃记忆之母"，只要复习，就会很好地记住需要记住的东西。不过，有些人不论重复多少遍都记不住要记住的东西，每个人的遗忘周期也不一样，一般是在一个月之内。这跟记忆的方法有关，只要改变一下方法就会获得另一种效果。

我们的大脑也很有意思，它必须需要充足的睡眠才能保持更好的记忆力。有关实验证明，比起彻夜用功、废寝忘食，睡眠更能保持记忆。睡眠能保持记忆，防止遗忘，主要原因是因为在睡眠中，大脑会对刚接收的信息进行归纳、整理、编码、存储，同时睡眠期间进入大脑的外界刺激显著减少。我们应该抓紧睡前的宝贵时间，学习和记忆那些比较重要的材料。

不过，既不应睡得太晚，更不能把书本当作催眠曲。有些学习者在考试前进行突击复习，通宵不眠，更是得不偿失。

✿ 持续不断地进行记忆努力

有人认为，随着年龄的增长，我们的记忆力会逐渐减退，其实，这是一种错误的认识。

记忆力之所以会减退，与本人对事物的热情减弱，失去了对未知事物的求知欲有很大的关系。对一个善于学习的人来说，记忆时最重要的是要有理解事物背后的道理和规律的兴趣。一个有求知欲的人即便上了年纪，他的记忆力也不会衰退，反而会更加旺盛。

要想提高自己的记忆力，需要不断地锻炼和练习，进行有意识地记忆。比如可以对身边的事物进行有意识的提问，多问几个"为什么"，从而加深印象，提升记忆能力。

✿ 及时供给正确的"大脑食物"

葡萄糖——大脑在思考的时候会消耗大脑中的葡萄糖。实验证明，缺乏葡萄糖会影响大脑的思考和记忆能力。新鲜水果和蔬菜、谷类、豆类含有丰富的葡萄糖。

维生素——对于学习者而言，维生素 A、维生素 B_1，以及维生素 C 对保护良好的记忆，减轻脑部疲劳非常有益，学生及脑力劳动者应注意及时补充。富含维生素 A 的食物有动物的肝脏、鱼类、海产品、奶油和鸡蛋等动物性食物；富含维生素 B_1 的食物较多，如面粉、玉米、豆类、西红柿、辣椒、梨、苹果、哈密瓜等；富含维生素 C 的食物一般是新鲜的蔬菜水果，如苹果、鲜枣、橘子、西红柿、土豆、甘薯等。

胆碱和卵磷脂——科学实验证明，一个人在考试前约一个半小时进食富含胆碱和卵磷脂的食物，可使发挥得更好。胆碱含量丰富的食物有：大麦芽、花生、鸡蛋、小牛肝、全麦粉、大米、鳟鱼、薄壳山核桃等；富含卵磷脂的食物有蛋黄、大豆、鱼类、芝麻、蘑菇、山药、黑木耳、谷类、动物肝脏、玉米油、葵花籽等。

蛋白质——蛋白质是构成大脑的基本物质之一，鱼是补充蛋白质的最好、最重要的健脑食品。蛋白质中的酪氨酸和色氨酸也对大脑起着重要作用。在海产品、豆类、禽类、肉类中含有大量酪氨酸，这是主要的大脑刺激物质。

矿物质——矿物质是调节大脑生理机能的重要物质，一定的矿物质也是活跃大脑的必要元素。钠、锌、镁、钾、铁、钙、硒、铜可以减轻记忆退化和神经系统的衰老，增强系统对自由基的抵抗力。许多水果、蔬菜都含有丰富的矿物质。

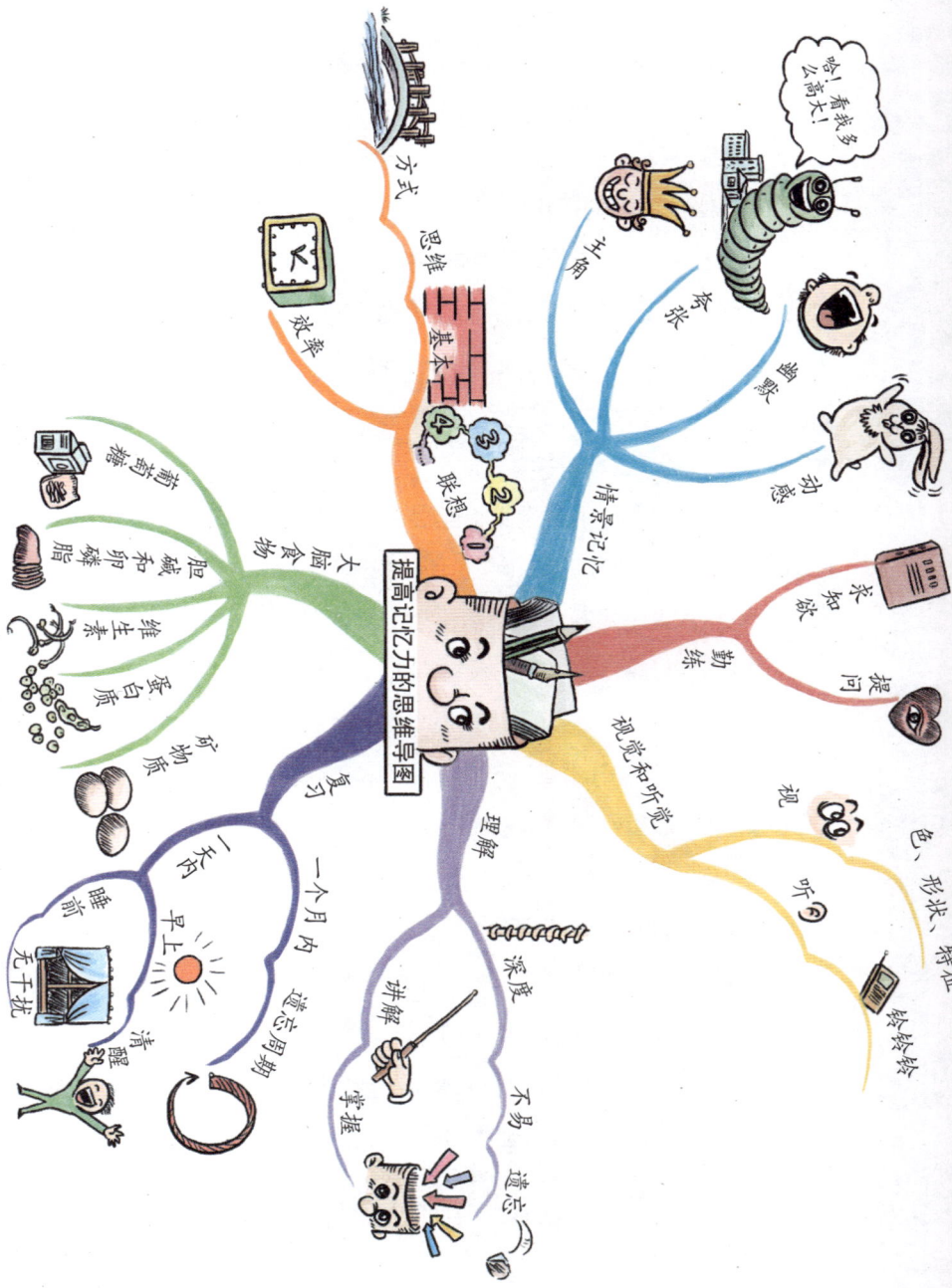

哈！看我多么高大！

提高记忆力的思维导图

思维
方式
效率

基本
功

联想
4
3
2
1

情景记忆
夸张
幽默
动感

大脑食物
维生素
蛋白质
矿物质
脂肪
碘和卵磷脂
高葡萄糖

求知欲
勤练
提问
视
听
色、形状、特征
轻轻松

视觉和听觉
理解
深度
不易遗忘
讲解
学握

复习
遗忘周期
一个月内
早上
一天内
睡前
清醒
无干扰

106

第五章

对症下药，
各科记忆法

英语：背单词不再是苦差事

很多人在学习英语的过程中遇到的最大的问题就是记不住单词。这在很大程度上影响了对英语的学习兴趣，英语成绩自然上不去。我们下面来简单介绍几种单词记忆的方法，这些方法你可以用思维导图的形式总结下来。

¤ 谐音法

利用英语单词发音的谐音进行记忆是一个很好的方法。由于英语是拼音文字，看到一个单词可以很容易地猜到它的发音，听到一个单词的发音也可以很容易地想到它的拼写。所以，如果谐音法使用得当，可以真正做到过目不忘。

如英语里的 2 和 to，4 和 for。

quaff *n./v.* 痛饮，畅饮。记法：quaff 音"夸父"→夸父追日，渴极痛饮。

hyphen *n.* 连字号"–"。记法：hyphen 音"还分"→还分着呢，快用连字号连起来吧。

shudder *n./v.* 发抖，战栗。记法：shudder 音"吓得"→吓得发抖。

不过，像其他的方法一样，谐音法只适用于一部分单词，切忌滥用和牵强。将谐音用于记忆英文单词并加以系统化是一个尝试。

本书在前面已经讲过：谐音法的要点在于由谐音产生的词或词组（短语）必须和词语的词义之间存在一种平滑的联系。用谐音法记忆英语单词时同样要遵循这个要点。

¤ 音像法

我们这里所说的音像法就是利用录音和音频等手段进行记忆的方法。该方法在记住单词的同时还可以训练和提高听力，印证以前在课堂上或书本里学到的各种语言现象等。

¤ 分类法

把单词简单地分成食品、花卉等，中等的难度可分成政治、经济、外交、文化、教育、旅游、环保等类，难一些的分类是科技、国防、医疗卫生、人权和生物化学等。

这些分类是根据你运用的难度决定的。古人云："举一纲而万目张"，就是有了记忆线索，也就有了记忆的保证。

简单的举例，比如大学一、二、三、四年级学生分别是 freshman、sophomore、junior、senior student，本科生 undergraduate，研究生 postgraduate，博士 doctor，大学生 college graduates，大专生 polytechnic college graduates，中专生 secondary school graduates，小学毕业生 elementary school graduates，夜校 night school，电大 television university，函授 correspondence course，短训班 short-term class，速成班 crash course，补习班 remedial class，扫盲班 literacy class，这么背下来，是不是简单了很多？而且有了比较和分类自然就有了记忆线索。

✿ 听说读写结合法

听说读写结合记忆的依据是我们前面所讲到的多种感官结合记忆法。我们可以把所有要背的资料通过电脑录制到自己的 MP3 里去，根据原文可以录中文，也可以录英文，发音尽量标准，放录音的时候，一定要手写下来。具体做法是：

第一次听写放一个句子，要求每个句子、每个单词都写下来；以后的第二、第三次听写要求听一句话，只记主谓宾和数字等（口译笔记的初步），每听一段原文，暂停写下自己的笔记，然后自己根据笔记翻译出来；再以后几次只要听就可以了，放更长的句子，只根据记忆口述翻译就可以了。这个锻炼很有意思，能把你以前的学习实战化，而且能发现自己发音不准确的地方，能听到自己的声

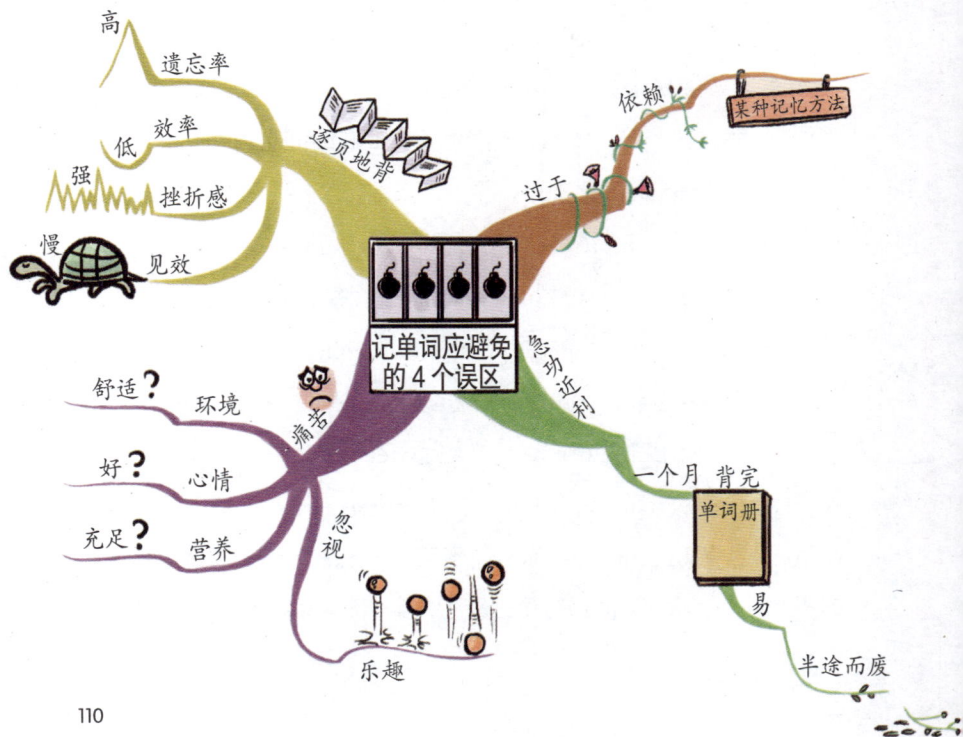

高
遗忘率
低 效率
强 挫折感
慢 见效

遂页地背

依赖
某种记忆方法
过于

记单词应避免的 4 个误区

舒适？ 环境
好？ 心情
充足？ 营养

痛苦

忽视

乐趣

急功近利

一个月 背完
单词册

易

半途而废

音，知道自己是否有这样或那样的问题有待解决。

学英语，记单词，应该走出几个误区：

过于依赖某一种记忆方法

现在书店里的那些词汇书都在强调自己方法的好处，包治所有词汇。其实这都是片面的，有的单词用词根词缀记忆好用；有的看单词的外观，然后发挥你的形象思维就记下了；有的单词通过把读音汉化就过目不忘。所以千万不要迷信某一种记忆方法。

急功近利

不要奢望一个月内背下一本词汇书。也有同学背了三天，最多坚持一个星期就没信心了。强烈的挫折感打败了你，接下来就没有动静了。所以要循序渐进，哪怕一天背两个单词，坚持下去就很可观。

把背单词当作痛苦

有些人背单词前要刻意选择舒适的环境，这里不能背，那里不能背。一边背单词一边考虑中午吃点什么补充脑力。其实，你的担心是多余的。背单词是挑战大脑极限的乐事，要学会享受它才对。

一页一页地背

有些同学觉得这页单词没背下，就不再往前翻。其实这样做效率非常低，遗忘率也高，挫折感强，见效也慢。

背单词就是重复记忆的过程，错开了时间去记忆单词，可能会多看几个单词，然后以一个长的时间周期去重复，这样达到了重复记忆的目的，减少大脑的厌倦。

第二节
语文：“朗读并背诵全文”

　　语文是青少年必修的基础学科。语文学习的一个重要环节就是记忆。中学阶段是人的记忆发展的黄金时期，如果在学习语文的过程中，青少年能够结合自身的年龄特点，抓住记忆规律，按照科学的记忆方法，必然会取得更好的学习效果。

　　下面简单介绍几种记忆语文知识的方法。

✿ 画面记忆法

　　背诵古诗时，我们可以先认真揣摩诗歌的意境，将它幻化成一幅形象鲜明的画面，就能将作品的内容深刻地贮存在脑中。例如，读李白的《望庐山瀑布》时，可以根据诗意幻想出如下画面：山上云雾缭绕，太阳照耀下的庐山香炉峰好似冒着紫色的云烟。远处的瀑布从上飞流而下，水花四溅，犹如银河从天上落下来。记住了这个壮观的画面，再细细体会，也就相当深刻地记住了这首诗。

✿ 联想记忆法

　　这是按所要记忆内容的内在联系和某些特点进行分类和联结记忆的一种方法。

　　举一个简单的例子。例如，若想记住文学作品和作者的名字，我们可以做这样的联想：

有一天，莫泊桑拾到一串《项链》，巴尔扎克认为是《守财奴》的，都德说是自己在突出《柏林之围》时丢失的，果戈理说是《钦差大臣》的，契诃夫则认定是《装在套子里的人》的。最后，大家去请高尔基裁决，高尔基判定说，你们说的这些失主都是男的，而男人是不用这东西的，所以，真正的失主是《母亲》。这样一编排，就把高中课本中的大部分外国小说名及其作者联结在一起了，复习时就如同欣赏一组轻快流畅的世界名曲一样，于轻松愉悦中不知不觉就牢记了下来。

✖ 口诀记忆法

汉字结构部件中的"臣"在常用汉字中出现的只有"颐""姬""熙"3个。有人便把它们组编成两句绕口令："颐和园演蔡文姬，熙熙攘攘真拥挤。"只要背出这个绕口令，不仅不会混淆这些带"臣"的字，而且其余带"臣"的汉字，也不会误写。

✖ 对比记忆

汉字中有些字形体相似，读音相近，容易混淆，因此有必要加以归纳，通过对比来辨别和记忆。为了增强记忆效果，可将联想记忆法和口诀记忆法也纳入其中。实为对比、归纳、谐音、联想、口诀五法并用。

（1）巳（sì）满，已（yǐ）半，己（jǐ）张口。其中"巳"与4同音，已与1谐音，"己"与"几"同音，顺序为满、半、张对应4、1、几。

（2）用火烧（shāo），用水浇（jiāo），用丝绕（rào），用手挠（náo）；靠人是侥（jiǎo）幸，食足才富饶（ráo），日出为拂晓（xiǎo），女子更妖娆（ráo）。

（3）用手拾掇（duō），用丝点缀（zhuì），辍（chuò）学开车，啜（chuò）泣噘嘴。

（4）输赢（yíng）贝当钱，螺蠃（luǒ）虫相关，羸（léi）弱羊肉补，嬴（yíng）姓母系传。

（5）乱言遭贬谪（zhé），嘀（dí）咕用口说，子女为嫡（dí）系，鸣镝（dí）金属做。

（6）中念衷（zhōng），口念哀（āi），中字倒下念作衰（shuāi）。

（7）言午许（xǔ），木午杵（chǔ），有心人，读作忤（仵）（wǔ）。

（8）横戌（xū）点戍（shù）不点戊（wù），戎（róng）字交叉要记住。

（9）用心去追悼（dào），手拿容易掉（diào），棹（zhào）桨划木船，私名为绰（chuò）号。

（10）点撇仔细辨（biàn），争辩（biàn）靠语言，花瓣（bàn）结黄瓜，青丝扎小辫（biàn）儿。

✿ 荒谬记忆法

比如在背诵《夜宿山寺》这首诗时，大部分同学要花 5 分钟才能把它背出来，可有一位同学只花了一分钟就背出来了，而且丝毫不差，这是什么原因呢？是不是这位同学聪明过人呢？

在同学们疑惑时，他说出了背诵的窍门：这首诗有四句话，只要记住两个词："高手""高人"，并产生这样的联想：住在山寺上的人是一位"高手"，当然又是一位"高人"。背诵时，由每个词再想想每句诗，连起来就马上背诵出来了。看来，这位同学已经学会用奇特联想法来记忆了。

语文有时需要背诵大段大段的文字。背诵时，应先了解全段文字的大意，再把全段文字按意思分成若干相对独立的层。每层选出一些中心词来，用这些中心词联结周围一定量的句子。回忆时，以中心词把句子带出来，达到快速记忆的效果。

✿ 记忆故事

人们具有听故事、记故事和再向别人讲故事的能力。很久以前，这是我们了解故事的唯一途径。这些故事被一代一代地传讲下去。与记忆相比，我们今天更依赖于书籍。尽管大多数人都知道一些故事，但也许是我们孩提时读过的一些故事书或者是影片中的情节。虽说每个人心中都有一本小说并不一定是事实，但大多数人至少可以讲一个故事。

记忆故事就像往大脑里写书吗？若是这样，故事本身是否有意义就无关紧要：我们仍然可以把它记在心里的故事书中，并把它读出来。将下面的故事读给你的朋友听，然后叫他在不回查文本的情况下将它回忆起来。

如果气球爆炸了，爆炸声不会传很远，因为每个人都离气球爆炸的楼层很远。关闭的窗户也阻止了声音的传播，因为大多数大楼都密封得很好。由于整个表演依赖于持续供电，电线断了就会出问

烧（shāo） 用火

浇（jiāo） 用水

绕（rào） 用丝

挠（náo） 用手

对比

《夜宿山寺》
危楼高百尺，手可摘星辰。
不敢高声语，恐惊天上人。

荒谬

语文知识记忆法

口诀

故事 文字 图解

绕口令

颐和园演蔡文姬
熙熙攘攘真拥挤

记忆4点 记忆8点

116

《望庐山瀑布》

画面　李白

联想　莫泊桑　拾到　一串《项链》

巴尔扎克　认为　是《守财奴》的

都德　自己弄丢的　突出《柏林之围》时

果戈理　　《钦差大臣》

契诃夫　认定　《装在套子里的人》

高尔基　判定　　失主是《母亲》

题。当然可能会有人喊，但人的声音传得不远。乐器的琴弦也可能会断，这样就没有伴音。很明显，解决这一问题的最好办法是缩短距离。如果面对面地交流，出现的问题将会降到最少。

被试者不回头查看就很难记住这个故事。研究人员约翰·布兰福德和玛西亚·约翰逊发现，通常被试者只能记住故事中的3~4件事情。这个故事没什么意义，因此很难记。现在将故事图解给你的朋友看，同时，你把故事再读一遍。这次故事就有了更多的意义。布兰福德和约翰逊发现，看了图解的人能记住故事中的8件事情，这大约是未见过图解的人所记住事情的2倍。这表明，记忆故事，图解比文字更容易让人记住。

第三节
数学：思维工具铺就学霸之路

　　学习数学重在理解，但一些基本的知识，还是要能记住，用时才能忆起。所以记忆是学生掌握数学知识，深化和运用数学知识的必要过程。因此，如何克服遗忘，以最科学省力的方法记忆数学知识，对开发学生智力、培养学生能力，有着重要的意义。

　　理解是记忆的前提和基础。尤其是数学，下面介绍几种在理解的前提下行之有效的记忆方法。

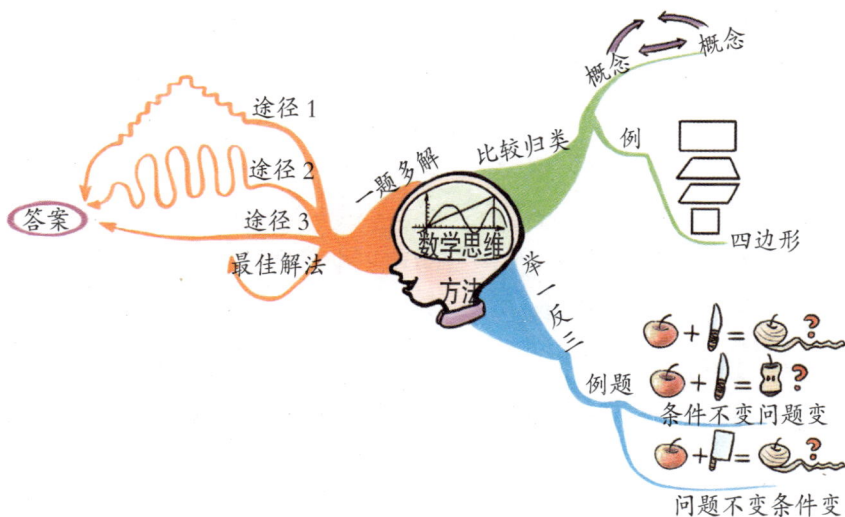

途径1
途径2
途径3
最佳解法
答案
一题多解
比较归类
概念 ⇄ 概念
例
四边形
数学思维方法
举一反三
例题
条件不变问题变
问题不变条件变

学好数学，要注重逻辑性训练，掌握正确的数学思维方法。在这里，主要有以下几种思维方法：

✿ 比较归类法

这种方法要求我们对于相互关联的概念，学会从不同的角度进行比较，找出它们之间的相同点和不同点。例如，平行四边形、长方形、正方形、梯形，它们都是四边形，但又各有特点。在做习题的过程中，还可以将习题分类归档，总结出解这一类问题的方法和规律，从而使得练习可以少量而高效。

✿ 举一反三法

平时注重课本中的例题，例题反映了对于知识掌握最主要、最基本的要求。对例题分析和解答后，应注意发挥例题以点带面的功能，有意识地在例题的基础上进一步变化，可以尝试从条件不变问题变和问题不变条件变两个角度来变换例题，以达到举一反三的目的。

✿ 一题多解法

每一道数学题，都可以尝试运用多种解题方法，在平时做题的过程中，不应仅满足于掌握一种方法，应该多思考，寻找出一道题更多的解答方法。一题多解的方法有助于培养我们沿着不同的途径去思考问题的好习惯，由此可产生多种解题思路。同时，通过"一题多解"，我们还能找出新颖独特的"最佳解法"。

¤ 口诀记忆法

将数学知识编成押韵的顺口溜，既生动形象，又印象深刻不易遗忘。例如，圆的辅助线画法："圆的辅助线，规律记中间；弦与弦心距，亲密紧相连；两圆相切，公切线；两圆相交，公交弦；遇切点，作半径，圆与圆，心相连；遇直径，作直角，直角相对（共弦）点共圆。"又如，"线段和角"一章可编成：

> 四个性质五种角，还有余角和补角；
>
> 两点距离一点中，角平分线不放松；
>
> 两种比较与度量，角的换算不能忘；
>
> 角的概念两种分，三线特征顺着跟。

其中四个性质是直线基本性质、线段公理、补角性质和余角性质；五种角指平角、周角、直角、锐角和钝角；两点距离一点中，指两点间的距离和线段的中点；两种比较是线段和角的比较，三线是指直线、射线、线段。

¤ 联想记忆法

联想是感受到的新事物与记忆中的事物联系起来，形成一种新的暂时的联系。主要有接近联想、对比联想、相似联想等。特别是对某些无意义的材料，通过人为的联想、用有意义的材料作为记忆的线索，效果十分明显。如用"山间一寺一壶酒……"来记忆圆周率"3.14159……"等。

第四节
化学：快速提分的记忆法宝

✿ 简化记忆法

　　化学需要记忆的内容多而复杂，同学们在处理时易东扯西拉，记不全面。克服它的有效方法是：先进行基本的理解，通过几个关键的字或词组成一句话，或分几个要点，或列表来简化记忆。这是记忆化学实验的主要步骤的有效方法。例如，用六个字组成："一点、二通、三加热"，这一句话概括氢气还原氧化铜的关键步骤及注意事项，大大减少了记忆量。在研究氧气化学性质时，同学们可把所有现象综合起来分析、归纳得出如下记忆要点：

　　（1）燃烧是否有火；

　　（2）燃烧的产物如何确定；

　　（3）所有燃烧实验均放热。

　　抓住这几点就大大减少了记忆量。氧气、氢气的实验室制法，同学们第一次接触，新奇但很陌生，不易掌握，可分如下几个步骤简化记忆。

　　（1）原理（用什么药品制取该气体）；

　　（2）装置；

　　（3）收集方法；

（4）如何鉴别。

如此记忆，既简单明了，又对以后学习其他气体制取有帮助。

¤ 趣味记忆法

为了分散难点，提高兴趣，要采用趣味记忆法来记忆有关的化学知识。例如，氢气还原氧化铜实验操作要诀："氢气早出晚归，酒精灯迟到早退。前者颠倒要爆炸，后者颠倒要氧化。"

针对需要记忆的化学知识利用音韵编成歌诀，融知识性与趣味性于一体，读起来朗朗上口，易记易诵。如从细口瓶中向试管中倾倒液体的操作歌诀："掌向标签三指握，两口相对视线落。""三指握"是指持试管时用拇指、食指、中指握紧试管；"视线落"是指倾倒液体时要观察试管内的液体量，以防倾倒过多。

¤ 顺口溜记忆法

初中化学中有不少知识容量大、记忆难、又常用，但很适合编顺口溜方法来记忆。

例如，学习化合价与化学式的联系时可记为"一排顺序二标价、绝对价数来交叉，偶然角码要约简，写好式子要检查"。再如，刚开始学元素符号时可这样记忆：碳、氢、氧、氮、氯、硫、磷；钾、钙、钠、镁、铝、铁、锌；溴、碘、锰、钡、铜、硅、银；氦、氖、氩、氟、铂和金。记忆化合价也是同学们比较伤脑筋的问题，也可编这样的顺口溜：钾、钠、银、氢＋1价；钙、镁、钡、锌＋2价；氧、硫—2价；铝＋3价。

这样主要元素的化合价就记清楚了。

¤ 分类记忆法

对所学知识进行系统分类，抓住特征。例如，记各种酸的性质时，首先归类，记住酸的通性，加上常见的几种酸的特点，就能知道酸的化学性质。

¤ 对比记忆法

对新旧知识中具有相似性和对立性的有关知识进行比较，找出异同点。

¤ 联想记忆法

把性质相同、相近、相反的事物特征进行比较，记住它们之间的区别联系，再回忆时，只要想到一个，便可联想到其他。例如，记酸、碱、盐的溶解性规律，不要孤立地记忆，要扩大联想。

把一些化学实验或概念可以用联想的方法进行记忆。在学习化学过程中应抓住问题特征，如记忆氢气、碳、一氧化碳还原氧化铜的实验过程可用实验联想，对比联想；再如将单质与化合物两个概念放在一起来记忆："由同（不同）种元素组成的纯净物叫作单质（化合物）。"

¤ 关键词记忆法

这是记忆概念的有效方法之一，在理解基础上找出概念中几个关键字或词来记忆整个概念。例如，能改变其他物质的化学反应速度（一变）而本身的质量和化学性质在化学反应前后都不变（二不变）这一催化剂的内涵可用"一变二不变"几个关键字来记忆。

✿ 形象记忆法

借助于形象生动的比喻，把那些难记的概念形象化，用直观形象去记忆。如核外电子的排布规律是："能量低的电子通常在离核较近的地方出现的机会多，能量高的电子通常在离核较远的地方出现的机会多。"这个问题是比较抽象的，不是一下子就可以理解的。

相似性

对立性

新知识、

旧知识

对比记忆法

"一变二不变" 举例 关键词记忆

扩大联想 区别

联系 联想记忆

核外电子 举例 形象记忆

化学
快速提分

分类记忆

性质 特征 归类

简化忆忆　举例　化学实验　一点
二通
三加热

顺口溜　举例　化合价　元素符号

趣味记忆　口诀　举例　氢气还原氧化铜
从细口瓶向
试管中倒液体

127

第五节
时政：记忆方法提高效率

✿ 谚语记忆法

谚语记忆法就是运用民间的谚语说明一个道理的记忆方法。

采用这种记忆方法的好处是：

（1）可激发自己的学习兴趣，促进学习的积极性，变厌学为爱学，变被动学习为主动学习。

（2）可拓宽自己的思路，提高自己思维的灵活性。

（3）能培养自己一种好的学习习惯，通过刻苦钻研，从而在学习过程中克服一个个难题。

采用这种记忆法应注意以下几点：

（1）谚语与原理联系要自然，千万不能生造谚语，勉强凑合。

（2）谚语所说明的原理要注意准确性，千万不能乱搭配，不然就会谬误流传。

（3）谚语应是所熟悉的，这样才能便于自己的记忆。

例如，"无风不起浪""城门失火，殃及池鱼"……说明事物之间是相互联系的，是唯物辩证法的联系观点。

✪ 自问自答法

自己当教师提问，自己又作为学生对所提问题进行回答的方法，称为自问自答法。

在学习过程中，对一些最基本的问题就可以用自问自答法进行。例如：

问：商品的两个基本属性是什么？

答：是使用价值和价值。

问：货币的本质是什么？它的两个基本职能是什么？

答：货币的本质是一般等价物。价值尺度、流通手段是它的两个基本职能。

自问自答法不仅可以用于基本概念和基本原理的学习中，对于一些较复杂的知识的学习也可用此法进行，而且效果也很好。

✪ 举一反三法

在学习过程中，对某个问题进行重复学习以达到记忆的目的的方法称为举一反三法。

举一反三的记忆方法并不是说对同一问题简单重复 2~4 次，而是指对同一类问题从不同的角度，反复进行学习、练习、讨论，这样才能使我们较牢固地掌握知识，思维也较开阔，才能学得活、学得好、记得牢。

如对商品这一概念的理解，我们运用举一反三法，真正掌握了任何商品都是劳动产品，但只有用于交换的劳动产品才是商品；商品的价值是凝结在商品中无差异的人类劳动，如 1 件衣服能和

3斤大米交换，是因为它们的价值是相等的。千差万别的商品之所以能够交换，是因为它们都有价值，有价值的物品一定有使用价值……如此从多种角度反复进行，就能牢固地掌握商品的基本概念及与它相关的一些因素，使我们真正获得知识，吸取精华。

✪ 厘清层次法

要善于把所学习的基本概念和原理进行分析，找出每一个层次的主要意思，这样就便于我们熟记了。

例如，我们学习"法律"这一基本概念，用厘清层次法就较为科学。这个概念我们可以分解成这么几个部分：

（1）它是反映统治阶级的意志，维护统治阶级的根本利益的（法律不维护被统治阶级的利益）。

（2）由国家制定或认可的（没有这一点，就不能称其为法律）。

（3）用国家强制力的特殊的行为规则（国家通过法庭、监狱、军队来保证执行）。

采用这种厘清层次的方法，不仅便于熟记这一概念，而且也不易忘记。

✪ 规律记忆法

这种学习方法就是要我们在学习中，注意找到事物的规律，以帮助我们牢记。在基本原理的熟记中，这种学习方法可谓是最佳方法。

例如，我们根据对立统一规律就能熟记：内因和外因、主要矛盾和次要矛盾、矛盾的主要方面和次要方面、矛盾的特殊性和普遍性、量变和质变、新事物和旧事物等都会在一定的条件下互相转化。

规律性记忆法能以最少的时间熟记最多的知识。在政治课的学习中，如果能把上面介绍的 5 种学习方法融会贯通，交替使用，无疑对提高学习效果是有积极意义的。

¤ 首尾印象记忆法

要特别留意学习过程的中间阶段，因为大脑更倾向于记忆事情的开头和结尾。

在简单实验中，这一自然倾向性是显而易见的。自己试一试。给朋友一个有 20 个化学名称的表单，让他去记尽可能多的词。当你随后提问时，留意忘却的词，看有多少是处在表单的中间位置。

将化学中应记忆的基础知识总结出来，写在笔记本上，使自己的记忆目标明确、条理清楚，便于及时复习。

开头

结尾　　首尾印象

规律记忆　　时政
　　　　　　记忆法

举例

辩证

内因VS外因

新事物VS旧事物　　厘清
　　　　　　　　　层次

主次矛盾　　量变VS质变　　举例

统治阶级意志

宪法 国家制定　　法律

强制性

谚语

好处
　　激发兴趣
　　拓展思路
　　培养习惯

注意
　　自然
　　准确
　　方便

自问自答　举例　商品　属性
　　　　　　　　　　　　　　　使用价值
　　　　　　　　　　　　　　　价值
　　　　　　货币　本质　一般等价物

举一反三　举例
　　　　　劳动产品　商品
　　　　　　　　　　　交换价值

第六节
历史：没有想象的那么难

　　很多同学会对历史课产生浓厚的兴趣，因为它的内容纵贯古今、横跨中外，涉及经济、政治、军事、文化和科学技术等各个领域的发展和演变。但也由于历史内容繁杂，时间跨度大，记起来有一定的困难，所以很多人都有一种"爱上课，怕考试"的心理。这里介绍几种记忆历史知识的方法，帮助青少年克服这种困难，较快地掌握历史知识。

✿ 归类记忆法

　　采取归类记忆法记忆历史，使知识条理化、系统化，不仅便于记忆，而且还能培养自己的归纳能力。这种方法一般用于历史总复习效果最好。

　　我们可以按以下两种线索进行归类：

（1）按不同时间的同类事件归纳

　　比如，我国古代 8 项著名的水利工程、近代前期西方列强连续发动的 5 次大规模侵华战争、20 世纪 30 年代日本侵略中国制造的 5 次事变、新航路开辟过程中的 4 次重大远航、"二战"中同盟国首脑召开的 4 次国际会议，等等。

（2）把同一时间的不同事件进行归纳

例如，1927年：上海工人第三次武装起义、"四一二"反革命政变、李大钊被害、"马日事变"、"七一五"反革命政变、"宁汉合流"、南昌起义、"八七"会议、秋收起义、井冈山革命根据地的建立、广州起义。

归类记忆法既有利于牢固记忆历史基础知识，又有利于加深理解历史发展的全貌和实质。

✿ 比较记忆法

历史上有很多经常发生的性质相同的事件，如农民战争、政治改革、不平等条约等。这些事件有很多相似的地方，在记忆的时候，中学生很容易把它们互相混淆。

这时候采取比较记忆是最好的方法。比较可以明显地揭示出历史事件彼此之间的相同点和不同点，突出它们各自的特征，便于记忆。

但是，比较不能简单草率，要从各个方面、各个角度去细心进行，尤其重要的是要注意搜求同中之异和异中之同。例如，中国的抗日战争期间，国共两党的抗战路线比较；郑和下西洋与新航路的开辟的比较；德、意统一的相同与不同的比较；对两次世界大战的起因、性质、规模、影响等进行比较；中国与西欧资本主义萌芽的对比；中国近代三次革命高潮的异同，等等。

用比较法记忆历史知识，既能牢固记忆，又能加深理解，一举两得。

¤ 歌谣记忆法

一些历史基础知识适合用歌谣记忆法记忆。例如，记忆中国工农红军长征路线："湘江、乌江到遵义，四渡赤水抛追敌，金沙彝区大渡河，雪山草地到吴起。"中国朝代歌："夏商西周继，春秋战国承；秦汉后新汉，三国西东晋；对峙南北朝，隋唐大一统；五代和十国，辽宋并夏金；元明清三朝，统一疆土定。"

应当注意的是，编写的歌谣，形式必须简短齐整，内容必须准确全面，语言力求生动活泼。

¤ 图表记忆法

图表记忆法的特点是借助图表加强记忆的直观效果，调动视觉功能去启发想象力，达到增强记忆的目的。

秦、唐、元、明、清的疆域四至，可画直角坐标系。又如隋朝大运河图示，太平天国革命运动过程图示，中国工农红军长征过程图示，等等。

¤ 巧用数字记忆法

历史年代久远，几乎每年都有不同的大事发生。如果要对历史有一个全面的了解，就必须记住年代。但历史年代本身枯燥乏味，难于记忆。有些历史年代，如封建王朝的起止年代，只能死记硬背。但也有些历史年代，可以采用一些好的方法。

（1）抓住年代本身的特征记忆

比如，蒙古灭金，1234 年，四个数字按自然数顺序排列。马克思诞生，1818 年，两个 18。

（2）抓重大事件时间间隔记忆

比如，第一次国内革命战争失败，1927 年；卢沟桥事变，1937 年；中国人民解放军转入反攻，1947 年。三者相隔都是 10 年。

（3）抓重大历史事件的因果关系记年代

比如，1917 年十月革命，革命制止战争，1918 年第一次世界大战结束；巴黎和会拒绝中国的正义要求，成为 1919 年五四运动的导火线；五四运动把新文化运动推向新阶段，传播马克思主义成为主流，1920 年共产主义小组出现；马克思主义同工人运动相结合，1921 年中国共产党诞生。

（4）概括为一二三四五六来记

比如，隋朝的大运河的主要知识点：一条贯通南北的交通大动脉；用了 200 万人开凿，全长两千多公里；三点，中心点是洛阳、东北到涿郡、东南到余杭；四段是永济渠、通济渠、邗沟和江南河；连接五条河：海河、黄河、淮河、长江和钱塘江；经六省：冀、鲁、豫、皖、苏、浙。

✿ 分时段记忆法

比如，"二战"后民族解放运动，分为三个时期，第一时期时间为 1945 年至 20 世纪 50 年代中，第二时期为 20 世纪 50 年代中至 20 世纪 60 年代末，第三时期为 20 世纪 70 年代初至现在。

背景

经过

结果

影响

举例

《警世钟》《猛回头》陈天华

举例

规律

荒谬

举例

历史知识
记忆法

1945至20C中

20C中至20C 60S

20C 70S至今

"二战"后

举例

分时段

歌谣

举例

朝代歌

长征歌谣

视觉想象力

加强记忆

图表

坐标系

归类

不同时间
同类事 —— 举例 —— 8项水利工程
                        5次侵华
                        4次远航

同一时间
不同事 —— 举例 —— 1927年 —— 四一二
                              马日事变
                              七一五 井冈山根据地
                              两次合流 八七会议
                              南昌起义

比较

同中求异
异中求同 —— 举例 —— 国共抗战路线
                    德意统一
                    两次世界大战
                    中国三次革命高潮

巧用数字

年代特征 —— 蒙灭金1234年
            马克思1818年
            国内革命1927
            七七事变1937
            解放军反攻1947年

时间间隔 —— 十月革命
            "一战"

因果关系

一二三四五六 —— 一条动脉
                200万人开凿
                三点城市
                四渠
                五河
                六省
                五四 —— 共产主义小组 共产党

139

将其概括为三个数，即 10、15、20 多；因是"二战"后民族解放运动，记住"二战"结束于 1945 年，那么按 10、15、20 多三个数字一排，就可牢固记住每个时期的时间了。

✪ 规律记忆法

历史发展有其规律性。提示历史发展的规律，能帮助记忆。例如，重大历史事件，我们都可以从背景、经过、结果、影响等方面进行分析比较，找出规律。例如，资产阶级革命爆发的原因虽然很多，但其根源无非是腐朽的封建政权严重地阻碍了资本主义的发展。

✪ 荒谬记忆法

想法越奇特，记忆越深刻。例如，民主革命思想家陈天华有两部著作——《猛回头》《警世钟》，记法为一边想"一个叫陈天华的人猛回头撞响了警世钟"，一边做转头动作，同时发出钟声响。

第七节
物理：学好物理有妙招

物理记忆主要以理解为主，在理解的基础上我们在这里简单介绍几种物理记忆方法。

✿ 观察记忆法

物理是一门实验科学，物理实验具有生动直观的特点，通过物理实验可加深对物理概念的理解和记忆。例如，观察水的沸腾。

（1）观察水沸腾发生的部位和剧烈程度可以看到，沸腾时水中发生剧烈的汽化现象，形成大量的气泡，气泡上升、变大，到水面破裂开来，里面的水蒸气散发到空气中，就是说，沸腾是在液体内部和表面同时进行的剧烈的汽化现象。

（2）对比观察沸腾前后物理现象的区别。沸腾前，液体内部形成气泡并在上升过程中逐渐变小，以至于未到液面就消失了；沸腾时，气泡在上升过程中逐渐变大，达到液面后破裂。

（3）通过对数据定量分析，可以得出沸腾条件：①沸腾只在一定的温度下发生，液体沸腾时的温度叫沸点；②液体沸腾需要吸热。以上两个条件缺一不可。

✿ 比较记忆法

把不同的物理概念、物理规律，特别是容易混淆的物理知识，进行对比分析，并把握住它们的异同点，从而进行记忆的方法叫作比较记忆法。例如，对蒸发和沸腾两个概念可以从发生部位、温度条件、剧烈程度、液化温度变化等方面进行对比记忆。又如，串联电路和并联电路，可以从电路图、特点、规律等方面进行记忆。

¤ 图示记忆法

物理知识并不是孤立的，而是有着必然的联系，用一些线段或有箭头的线段把物理概念、规律联系起来，建立知识间的联系点，这样形成的方框图具有简单、明了、形象的特点，可帮助对知识的理解和记忆。

¤ 浓缩记忆法

把一些物理概念、物理规律，根据其含义浓缩成简单的几个字，编成一个短语进行记忆。例如，记光的反射定律时，把涉及的点、线、面、角的物理名词编成"一点"（入射点）、"三线"（反射光线、入射光线、法线）、"一面"（反射光线、入射光线、法线在同一平面内）、"二角"（反射角、入射角）短语来加深记忆。

¤ 口诀记忆法

物体受力分析：施力不画画受力，重力弹力先分析，摩擦力方向要分清，多、漏、错、假须鉴别。

牛顿定律的适用步骤：画简图、定对象、明过程、分析力；选坐标、作投影、取分量、列方程；求结果、验单位、代数据、作答案。

✿ 三多记忆法

所谓"三多"，是指"多理解，多练习，多总结"。多理解就是紧紧抓住课前预习和课上听讲，要认真听懂；多练习，就是课后多做习题，真正掌握；多总结，就是在考试后归纳分析自己的错误、弱项，以便日后克服，真正弄清自己的优势和弱点，从而明白日后听课时应多理解什么地方，课下应多练习什么题目，形成良性循环。

✿ 实验记忆法

下面介绍一些行之有效的物理实验复习法：

（1）通过现场操作复习

把实验仪器放在实验桌上，根据实验原理、目的、要求进行现场操作。

（2）通过信息反馈复习

就那些在实验过程中发生、发现的问题进行共同讨论，及时纠错，达到复习巩固物理概念的目的。

（3）通过联系复习

在复习某一个实验时，可以把与之相关的其他实验联系起来复习。

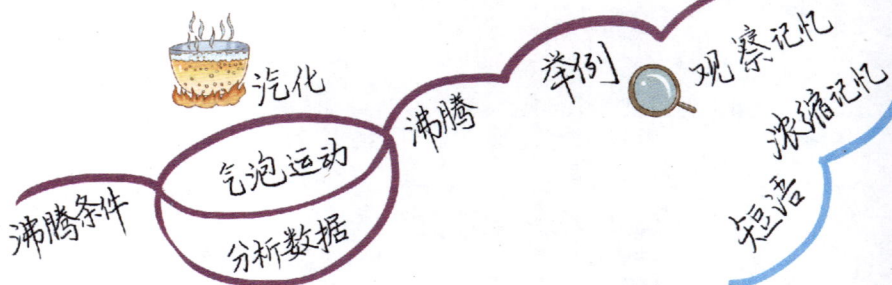

现场操作

信息反馈   复习

联系

实验记忆

汽化   举例   观察记忆

沸腾   浓缩记忆

气泡运动

沸腾条件   分析数据   短语

举例

光反射定律

一点

三线

一面   二角

物 理
记忆妙招

三多记忆
多理解
多练习
多总结

比较记忆 把握异同 举例
蒸发vs沸腾
串联vs并联

图示记忆 建立联系
方框图
简单
明了
形象

口诀记忆

举例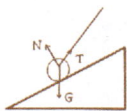
受力分析

牛顿定律

第八节
地理：会看图才能学好地理

几种行之有效的看图方法是很多学习高手总结出来的学习经验，对学习地理帮助很大，具体论述如下：

¤ 形象记忆法

仔细观察中国地图，湖南就像一个人头像；山东就相当于一个鸡腿；黑龙江好像一只美丽的天鹅站在东北角上；青海省的轮廓则像一只兔子，西宁就好似它的眼睛。

把图片用生动的比喻联系起来就很容易记忆了。

地理知识的形象记忆是相对于语义记忆而言的，是指学生通过阅读地图和各类地理图表、观察地理模型和标本、参加地理实地考察和实验等途径所获得的地理形象的记忆。

如学习"经线"和"纬线"这两个概念，学生观察经纬仪后，便能在头脑中形成经纬仪的表象，当需要时，头脑中的经纬仪表象便能浮现在眼前，从而将"经线"和"纬线"的概念正确地表述出来，这就是形象记忆。

由于地理事物具有鲜明、生动的形象性，所以形象记忆是地理记忆的重要方法之一。尤其当形象记忆与语义记忆有机结合时，记忆效果将成倍增加。

机器人图

干字图

镰刀图

手枪图

倒品字图

目字图

下面有一些更加形象的例子可以帮助你记忆它们：

¤ 简化记忆法

简化记忆法实际上就是将课本上比较复杂的图片加以简化的一种方法。比如中国的铁路分布线路图看起来特别的复杂，其实只要你用心去看，就能把图片分割成几个板块，以北京为中心可形成一个放射线状的图像。

¤ 直观读图法

适用于解释地理事物的空间分布，如中国山脉的走向，盆地、丘陵的分布情况等。

例如，我国煤炭资源分布，主要有山西、内蒙古、陕西、河南、山东、河北等，省区名称多，很难记。

可以用图像记忆法读图，在图上找到山西省，明确山西省是我国煤炭资源最丰富的省，再结合我国煤炭资源分布图，找出分布规律——它们以山西省为中心，按逆时针方向旋转一周，即可记住这些省区的名称，陕西以北是内蒙古，以西是陕西，以南是河南，以东是山东和河北。

接着，在图上掌握我国煤炭资源还分布在安徽和江苏省北部，以及边远省区的新疆、贵州、云南、黑龙江。

✿ 纵向联系法

学习地理也和其他知识一样，有一个循序渐进、由浅入深的过程。例如，中国气候特点之一的"气候复杂多样"，就联系"中国地形图""中国干湿地区分布"以及"中国温度带的划分"等图形，然后才能得出自己的结论。

除此之外，还有几种值得学生尝试的记忆方法：

✿ 口诀记忆法

例1：地球特点：赤道略略鼓，两极稍稍扁。自西向东转，时间始变迁。南北为纬线，相对成等圈。东西为经线，独成平行圈；赤道为最长，两极化为点。

例2：气温分布规律：气温分布有差异，低纬高来高纬低；陆地海洋不一样，夏陆温高海温低，地势高低也影响，每千米相差6℃。

✿ 分解记忆法

分解记忆法就是把繁杂的地理事物进行分类，分解成不同的部分，便于逐个"歼灭"的一种记忆方法。

例如，要记住人口超过1亿的10个国家：中国、印度、美国、印度尼西亚、巴西、俄罗斯、日本、孟加拉国、尼日利亚和巴基斯坦，单纯死记硬背很难记住，且容易忘记。

采用分解记忆法较易掌握，即在熟读这 10 个国家的基础上分洲分区来记：掌握北美、南美、欧洲、非洲有一个，分别是美国、巴西、俄罗斯、尼日利亚。其余 6 个国家是亚洲的。亚洲的又可分为 3 个地区，属东亚的是中国、日本；属东南亚的有印度尼西亚；属南亚的有印度、孟加拉国、巴基斯坦。

¤ 表格记忆法

就是把内容容易混淆的相关地理知识，通过列表进行对比而加深理解记忆的一种方法。它用精练醒目的文字，把冗长的文字叙述简化，使条理清晰，能对比掌握有关地理知识。

例如，世界三次工业技术革命，可通过列表比较它们的年代、主要标志、主要工业部门和主要工业中心，重点突出，一目了然。这种方法有利于提高学生的概括能力，开拓学生的求异思维，强化应变能力，提高理解记忆。

¤ 归纳记忆法

就是通过对地理知识的分类和整理，把知识联系在一起，形成知识结构，以便记忆的方法。它使分散的趋于集中，零碎的组成系统，杂乱无章的变得有条不紊。

例如，要记住我国的土地资源、生物资源、矿产资源的特点，可归纳它们的共同之处是类型多样，分布不均，再记住它们不同的特点，就可以把特点全掌握了。

中国地形图

中国温度带的划分

中国干湿地区分布

气候复杂多样

纵向联系

高效学习
地理的方法

山脉

走向

直观读图

盆地

分布

形象记忆

轮廓

湖南

山东

黑龙江

青海

位置关系

| 甘肃 | 宁夏 | |
| | | 陕西 |

简化记忆

复杂图片

分割

几个板块

✿ 荒谬记忆法

　　荒谬记忆法指利用一些离奇古怪的联想方法，把零散的地理知识串到一块在大脑中形成一连串物象的记忆方法。通过奇特联想，能增强知识对我们的吸引力和刺激性，从而使需要记忆的内容深刻地烙在脑海中。

　　例如，柴达木盆地中有矿区和铁路，记忆时可编成"冷湖向东把鱼打（卡），打柴（大柴旦）南去锡山（锡铁山）下，挥汗（察尔汗）砍得格尔木，火车运送到茶卡"。

给孩子的
思维导图

高效阅读

陈　玢 主编
沈　奕 编著

北京燕山出版社

图书在版编目（CIP）数据

给孩子的思维导图 . 高效阅读 / 陈玢主编；沈奕编
著 . — 北京：北京燕山出版社，2023.2
ISBN 978-7-5402-6678-3

Ⅰ . ①给… Ⅱ . ①陈… ②沈… Ⅲ . ①阅读课—中小
学—教学参考资料 Ⅳ . ① G634

中国版本图书馆 CIP 数据核字（2022）第 182549 号

给孩子的思维导图·高效阅读

作　　者　陈　玢　沈　奕
责任编辑　王长民
文字编辑　赵满仓
封面设计　韩　立
出版发行　北京燕山出版社有限公司
社　　址　北京市西城区椿树街道琉璃厂西街 20 号
邮　　编　100052
电话传真　86-10-65240430（总编室）
印　　刷　河北松源印刷有限公司
开　　本　880mm×1230mm　1/32
总 字 数　610 千字
总 印 张　30
版　　次　2023 年 2 月第 1 版
印　　次　2023 年 2 月第 1 次印刷
定　　价　148.00 元（全 6 册）

发 行 部　010-58815874
传　　真　010-58815857

如果发现印装质量问题，影响阅读，请与印刷厂联系调换。

前言

　　当今时代，科技发达，娱乐泛滥，大量的资讯充斥在我们周围。互联网、计算机和手机的搭配使用，在给人们的日常生活带来极大方便的同时，也引发了一个无法忽略的现象——我们的专注力正在逐渐降低。

　　不论成年人还是小学生，如果让他们看电视、玩手机、玩电脑，连续几个小时也不会有什么压力，但只要拿起一本书，看不了几分钟就会开始打哈欠，神游天外。长此以往，我们的脑力、专注力和逻辑思考力都会受到影响。而解决这些问题的最好方式之一就是学会高效阅读。

　　阅读是一个将信息"输入"大脑的过程，和那些智能设备不同的是，它培养我们能够看完长篇大论的专注力。但是如果没有掌握正确的阅读方法，则往往花了一番精力阅读，却并没有取得什么效果，在需要"输出"时脑袋空空。造成这种情况的原因，是没有真正理解进入脑海的内容，做不到活学活用。而只有当我们能够用自己的语言，将书里关键的内容或核心概念阐述出来，让别人也能明白，才算真正理解了内容，脑力才会得到相应提高。

想要尽快达到这一步，最好使用工具来辅助，这工具就是能够帮助我们循序渐进思考的思维导图。打开一本书，找到重点和关键词，梳理其中的逻辑关系，按自己的理解将之绘制成思维导图，日后只需再翻看几次自己所绘的思维导图，那些重点内容便彻底牢记于心。在阅读过程中绘制思维导图，不仅能够提高我们的逻辑思考力，强化记忆力，还会对我们的脑力起到绝佳的训练效果。

　　本书针对众多读者不知如何提高自身阅读力的问题，开创性地将内容与思维导图相结合，使读者在阅读过程中既能找到适合自己的阅读方式，又能借助思维导图快速理解全书内容，并第一时间将之应用在其他书籍的阅读上。

　　人生路远，书籍做伴。让我们通过本书一起提高自己的阅读力，掌握各种类型书籍的阅读技巧，用最少的精力达到数倍于他人的效果，迎接更加美好的明天！

目录

1

第三章 养成良好的阅读习惯

第一章
阅读的必要性

　　世界就像一个大舞台，上面的万千景象和不同的风土人情值得观赏、体验。可是，很多人的时间却相对紧张，不得不忙于工作和学习。这时候，阅读无疑是最好的办法。在阅读中，不仅可以接触到芸芸众生，认识到万千世界，领略科学和自然的奇妙，还可以促使我们对人生产生更多的思考。

学习导航 🚀

　　人类文明长达几千年，写出的书籍何止百万册。这样庞大的数量似乎令人感到绝望，然而其中真正对我们有所帮助的连万分之一都不到。我们必须认清这样一个现实，绝大多数的书籍只能作为娱乐消遣之用，如果想从中学到重要的东西，却是不能的。所以对很多书而言，只要大致扫上几眼便可以，不必苦心孤诣地以分析阅读的精力去认真研读。

　　与之相对的是，有很少一部分书能够供我们学习，或者教会我们怎样阅读，或者教会我们如何生活。虽然它们在浩瀚书海所占的比重只有千分之一，甚至万分之一，但它们却代表着一个作者的得意之作，书里所谈论的核心也都是对人类而言较为永恒的命题，能够给读者以深刻的启发。这样的书很珍贵，同样对读者的要求也相对苛刻，值得我们付出精力，认真地分析阅读一番。

重点分析 *1*

何时可以放弃一本书？

　　当这样的书我们完整仔细地读过一遍，并且自认为获取了其中最核心的概念，我们通常会把它放到一边，在短时间内不会再去触碰它。这里我有个建议，虽然短时间内重读意义不大，但是我们在原书里标记一些重点，或者在空白处写上一些笔记，在之后的时间里不时拿出来复习一下。这个看似不花费太大精力的行为，却可以对我们起到非常大的帮助。

而什么时候就可以彻底放弃一本书呢？有一个很容易判断的标准，就是你是否能够熟练将书里提到的经验或技巧运用于自己日常的生活中。当你的心智和理解力全都得到了一定提高，并且拥有了一些相关的经验，就意味着这本书的精华已经被你吸收殆尽。虽然你会舍不得它，但它能带给你的助益就仅限于此了。

重点分析 *2*
经典作品位于塔尖，值得反复阅读

如果所有的书籍按照价值层次构成一座金字塔的话，那位于塔尖部分的自然便是瑰宝一般的存在，数量很少，但珍贵异常。我们将这部分书一般也赋予另外一个名字，就是经典。经典书籍具有一个显著的特点，就是具备近乎挖掘不尽的价值。换句话说，它们能够随着我们心智的成长而一直提供新的营养。

这样的书籍数量不会很多，而且具体的书目会因人而异。因此，我并不提倡完全照着别人的书单去一本本阅读。我们应该拥有自己的探索能力，用自己敏锐的感知，亲自去找寻对自己有特殊价值的书，然后与它们一同成长。

书籍主宰着

九成以上的书

只能供娱乐消遣

学不到重要东西

粗略扫读即可

千里挑一的书

学习如何阅读和生活

认真阅读并复习

吸收全部经验

塔尖上的部分

读通不能读透

成长后仍需要读

适应不同层次的需要

可以持续提升读者

4

学习导航

在我们每个人的成长过程中，相信从小到大肯定受到过同样的教育：要好好读书。而且它可能出自任何一人的口中。老师、父母、长辈……都有可能。

由此我们的脑海中就不可避免地产生三个问题：为什么要读书？应该读什么样的书？怎样去读书？

后面两个问题在本书的其他部分会提到，因此这里我们只讨论第一个问题：为什么要读书？换句话说，读书是必要的吗？如果答案是肯定的话，那么它的必要性体现在哪里？

这个问题要分为两个方面来讨论：一是功利性阅读，二是非功利性阅读。

重点分析 1

功利性阅读无可厚非，且值得鼓励

首先，谈一下功利性阅读。

读书能够获取知识，这是每个人都绝对认同的一点。但人为什么要获得知识？相信不同阶段的人会有不同的答案。

作为学生的我们，自然是想要取得更好的成绩，在年级里名列前茅，不仅能获得父母和老师的赞许，还能收获来自同龄人仰望的目光。

在生活中，各种有趣的知识能够帮助我们解决遇到的许多难题，不至于一发生意外情况就束手无策，大脑一片空白。同样地，我们也可以从书中发现自己向往的样子，可能是主人公，或者某个具有特殊闪光点的配角，他身上的品质和才华深深地吸引我们，我们也想像他一样优秀，因此对某种才艺产生了最初阶段的兴趣。

假以时日，这项来源于兴趣的才艺，未尝不会成为我们引以为豪的特殊技能。

以上这些，只是书籍，或者说是阅读，能够带来的诸多好处之一。

我们为了让自己的生活更加舒适，享有更精彩的人生而去阅读，这无可厚非，甚至值得鼓励，这样的出发点绝对是没问题的。

重点分析 2

非功利性阅读的意义

但是在这里有一点必须要提醒一下，读书虽然能带来诸多好处，但却并不意味着我们必须怀有这些功利性的目的才去读书。因为如果这样来看，好像只要不能改善生活的阅读都没有意义了。

举个简单的例子，数学，很难说有多少人在日后的生活中会用到艰深的数学知识，简单的加减乘除已经够用。那学它还有什么意义呢？然而答案确实是有的，而且很有必要。

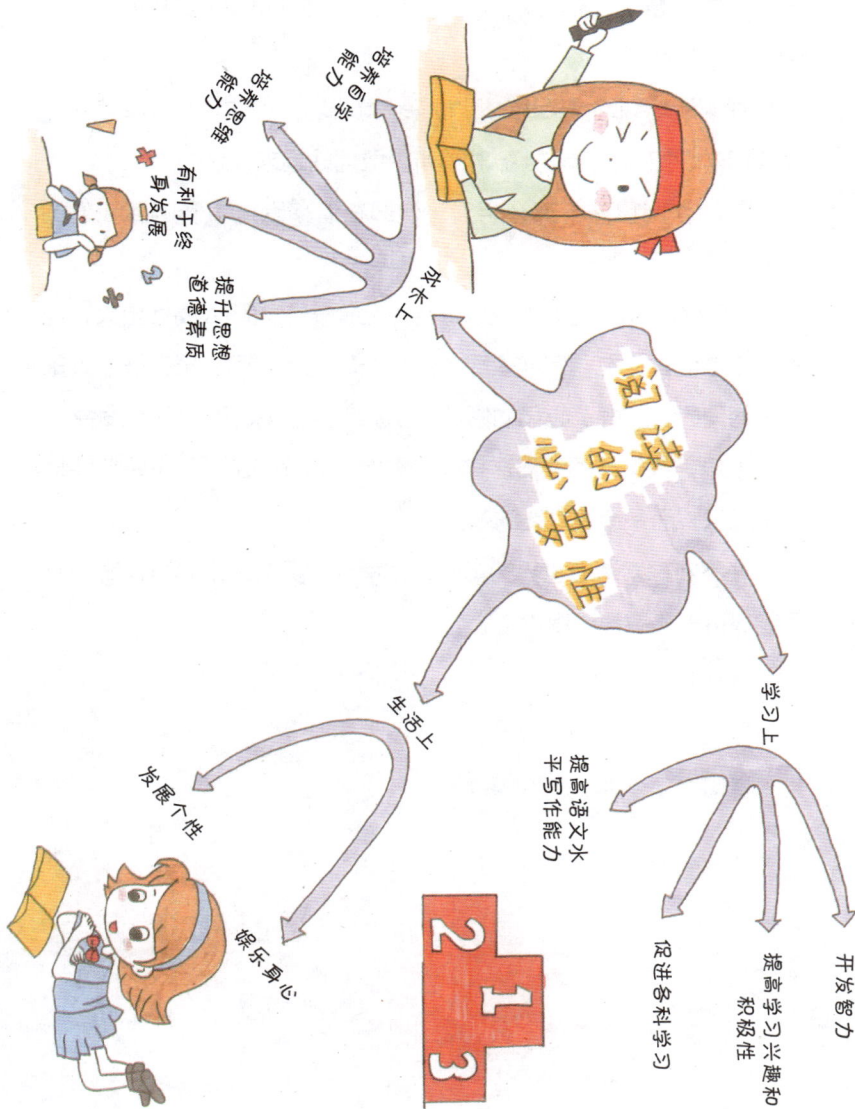

阅读的必要性

培养自学能力
培养思维能力
有利于终身发展
提升思想道德素质

求知上

生活上
发展个性
娱乐身心
提高语文水平写作能力

学习上
开发智力
提高学习兴趣和积极性
促进各科学习

1
2
3

7

因为它教会我们的是一种思维方式，也许不能创造直接的价值，却能够帮助我们更加有效率地思考。由此也就涉及第二种阅读——非功利性阅读。

如果说功利性阅读讲的是如何获得成功，那非功利性阅读就是让我们学会如何在遭遇挫折时重新勇敢地站起来。

它的作用也许不那么明显，但却在潜移默化中影响着我们的人生。

知识的丰富与智力的优越，经常会使一个人陷入高傲自大，他不屑于与他人交往，因此人际关系会一塌糊涂。而如果在获取大量知识的同时，兼顾了心灵的修养，就能完全避免这种问题的发生。

所以，我们必须认清这样一个事实，阅读的目的绝不是单纯地追求知识，而是追求真正的智慧。

在不断探索这个世界的奥秘时，察觉到更多的未知与神奇，因而能保持一颗敬畏和谦逊之心。

第三节
阅读无法被媒体取代

书籍作为传承了几千年的一种文化载体，在如今传播媒体已经十分泛滥的年代，遭到了前所未有的冲击。很多人不禁生出纸媒阅读完全可以被取而代之的错觉。这种想法是没有真正认清两者各自的作用，以及彼此的差别所致。我们可以进行一下简单的分析。

重点分析 1
媒体给我们的生活带来诸多便利

媒体的形式有很多种，不论是以前的收音机、电视，还是现在的手机、电脑，广播、网络，一起构成了最主流的信息传播方式。它们的优点十分明显，比如能够提供生动的影像，将真实的画面呈现在观众面前；能够不需要我们付出太多主动性，只要竖起耳朵听，或者用眼睛偶尔扫上两眼就可以，在此期间完全可以做些别的事，可谓方便至极；在时间上具有巨大优势，它不需要占据大块的完整时间，只需要一些碎片化的时间，随便两三分钟就可以完成浏览，随时有空，随时浏览，并且完全不需要什么心理建设，因为一切问题都不用我们担心；空间上也是如此，很多场合其实并不适合阅读书籍，因为拿着会很不方便，但是用来浏览媒体，则舒服至极。

媒体让我们逐渐丧失思考能力，需要靠阅读来调整

　　媒体的优势数不胜数，似乎书籍完全没有一战之力。但事实并不是这样。媒体在这些优势的背后，同样隐藏着巨大的弊端，只是我们被它的光芒所掩盖，无法或不愿意去发现和承认而已。首先就是媒体资讯的时效性，新闻为了博人眼球，总是需要越新越好，只有没见过的，才是最让人产生兴趣的。因此，这也意味着这些资讯很快就会过时，我们无法从中获取到能长期产生价值的东西。其次就是媒体带给我们的被动性，这也是最大的弊端。很多人会觉得媒体将信息综合处理之后再发布出来，对于阅读者是一件好事。我们能够节省大量的时间去处理繁杂的信息，只需要将结论记住，就算了解这个事件了。但是不知道大家有没有想过，一旦习惯了这种模式，我们的大脑就会变得懒惰，对信息的处理能力也会急剧衰退，以后遇到问题，第一反应就是等待别人给出结论，然后跟风、复读，完全没有自己的想法。这其实是很可怕的。

　　因此，不难知道思考就是对信息的整合过程，而只有对书籍的阅读，才能持续地进行这一过程。书籍作为文化和思想的载体，其实天然就具备极强的不可替代性。因为每本书都自成一个体系，有系统，有条理，其中的知识也是呈体系的，作者甚至会为了某个细节而查阅大量的资料。这种精益求精的态度，是任何媒体都不可能具备的。

阅读无法取代媒体

提供影像

边做其他事边听

传播渠道多样

阅读对信息是个整合过程

资讯泛滥是媒体遇到的阻碍

媒体给出的都是结论

无法取代的理由

时效性

书籍常读常新

媒体的资讯更新水快

当今的传播媒体

手机

收音机

电视

11

第四节
促进心智成长

学习导航

人类的心智和身体有个明显的差别，就是身体在成长到一定阶段后就会停止，而随着时间推移，不论是力量还是技巧，都会越来越回落。但我们的心智或者说是头脑，却可以不受限制地成长下去。不会因为到了某个固定的年龄阶段就变成一潭死水，只有当大脑出现严重的生理性衰退以后，才会阻碍我们增加技巧，增进理解。

以上同样也是人类和其他生物的最大差别之一。其他生物的心智总有一个大致的界限，成长到那一阶段后便达到了上限。但人类不同，只要在思考，我们的心智就在不断成长。

重点分析 *1*

无所事事会导致心智退化

这种优势也带来一个问题，就是心智的保持。当我们的心智成长到一定程度，思维十分活跃，思考能力十分强大，很多问题都难不倒我们，这种状态就可以一劳永逸地永远保持下去吗？答案自然是否定的。心智水平需要我们让大脑保持一定的活跃度才可以维持，甚至是进步。而一旦不常用脑，心智就会像人类的身体一样，在巅峰后出现萎缩。这是一种惩罚。

很多人年事已高仍在工作，即便显得辛苦，身体却很硬朗。这其实就是在保持一种心智的活跃。因为只要是工作，就需要动脑，需要考虑怎么做事，怎么做好。而这种工作上的硬性要求，可以强制性地避免产生懒惰的情绪，不仅是身体上的，更主要的是心智上的。那些总是赋闲在家，整天找不到什么事干的人，反而精神不济，看起来暮气沉沉，原因也在于此。

<u>重点分析</u> *2*

阅读提供的生命力，可以使心智不断成长

现如今，不论是电视，还是手机、电脑，只要是有网络的地方，无穷无尽的娱乐和资讯就在不停地轰炸着我们的神经。也许有人会说这不是很好吗？这些信息可以不断进入我们的大脑，自然就在无形中锻炼了心智，倒不如说越多越好。但我想说，这种方式存在一个致命的弊端，就是我们对刺激产生的迟钝。虽然这种方式看似很简单，不需要我们花费什么，但是也意味着这种形式的刺激必然是强度有限的。我们很快便会习惯当前的这种强度，但身体却会不断要求更高的刺激，也就导致我们对刺激的需要量越来越大。直到最后，这种刺激的作用变得微乎其微，几乎可以忽略不计。因此我们认识到，真正可以让心智成长的，其实是源自内心的力量。这是一种生命力，而其源头就是阅读。

不妨思考这样一个问题，如果之后的余生只允许你再读 10 本书，其他的一本也不许再看。你会选择哪 10 本呢？

促进心智成长

心智和身体不同

身体是有限制的
- 不能无限成长
- 巅峰之后会下滑

心智成长没有限制
- 不因年纪停止成长
- 死亡才会停止

不常用会萎缩

外部刺激
- 工作要求
- 娱乐资讯泛滥

内在力量支撑
- 阅读保持心智活力
- 永不停止思考与成长

14

第五节
认清阅读层次

阅读的效果通常取决于我们花费了多大精力与技巧在阅读这件事上。当然，越努力，效果就会越好。努力程度依据读者自身而定，因此我们这里只谈技巧。

而想要提高阅读技巧，有一个问题就无法避开，那就是阅读层次问题。

阅读层次共有四种。之所以称为层次，是因为这四种呈递进关系。高层次包含着低层次的所有特性。

也就是说，第四层作为最高的阅读层次，将前面三个层次全都包含在内，并且有所超出。

重点分析 1
基础阅读你通过了吗？

第一层是初步阅读，也称基础阅读。通俗来说，就是识字和理解句子的阶段。只要熟练了这个层次的阅读，就彻底摆脱了"文盲"的标签。因为我们已经识字了。

在这个层次里，每个人可以学到最初步的阅读技巧，进行最基

15

础的阅读训练。

虽然本书的读者肯定已经跨过了这个阶段，但在实际的阅读过程中其实仍然会遇到这一层次的相关问题。比如，想读的书恰好是并不熟悉的外国文学。这时候就需要我们再次回到这一层次最开始的阶段，先弄清楚那些字的意思，然后才能去试着理解那些句子在讲什么。

重点分析 2

检视阅读能够帮我们避免浪费精力

第二层是略读或跳读，也称检视阅读。重点在于控制阅读时间，即必须在一定的时间里完成规定的阅读任务。

这就要求我们必须尽快抓住一本书的重点，当然，是最核心的那一点。因为一本书通常不只有一个重点，在时间有限的情况下无法面面俱到。

在这个层次里，我们的目标其实是观察，而且是从表面观察。着眼点全都放在一本书的整体上。

在通过检视阅读读完一本书后，我们必须能够知道这是一本什么类型的书，它讲的是什么，以及这本书包含了几个部分，分别是什么。

检视阅读的价值很大，对于一本陌生的书而言，我们只需要粗略地翻阅一遍，就能判断是不是需要仔细阅读，无疑能够节省下大量时间。而如果一开始就认真研读，中途发现和预期不符，则白白浪费许多精力。

重点分析 *3*

分析阅读需要专注力与技巧结合完成

第三层是分析阅读，也就是完整认真地阅读。比起前面两个层次，它要明显复杂许多。分析阅读没有时间限制，我们往往需要在寻求理解上花费不少的时间。因此，分析阅读是最优质的也最完整的阅读。

这是一个十分专注的过程，读者在此期间，会用大量的精力紧紧包裹住一本书，直到将那本书完全理解透彻，变成自己的书为止。咬碎，嚼烂，完全消化，是对这个过程比较贴切的一种形容。分析阅读需要高超的技巧，本书后面的部分会提到。

重点分析 *4*

主题阅读是对知识系统化的过程

第四层是主题阅读，也称比较阅读。它最具代表性的关键词是"系统化"。

在这个层次里，读者不会只读一本书，而是读很多本书，并比较其中的相同和不同之处，总结出一个共同拥有的主题。甚至这个主题可能每本书都没有明确提到，需要读者去额外提炼架构出来。

因此，主题阅读十分耗费精力，对读者的内在驱动力要求也十分高。

但不可否认，主题阅读作为最复杂的阅读方式，同样也会使读者受益匪浅。因此，我们依然要去努力学习怎样完成这样的阅读。

认清阅读层次

建立主旨

找到相关章节

分析讨论

主题阅读

完整阅读

寻求理解

拟出大纲

分析阅读

略读或跳读

系统略读或粗读阅读

抓住重点

限定的阅读时间

初步阅读

认清字义

读通句子

能阅读多数读物

学习导航

前面我们已经认识到阅读书籍的必要性，现在则让我们具体来看一下书籍究竟能带给我们哪些好处。

重点分析 *1*

阅读能够增长见识，丰富内涵

首先，自然是能够增长学识。丰富的知识几乎是每本书都共同具备的特点，不论是故事性的文学作品，还是专业性的工具书，都能够开阔我们的视野，增长见识，对以后的学习和生活有诸多裨益。这一点不再多谈。

其次，通过读书，能够丰富一个人的内涵。因为书籍不仅是打开智慧之门的金钥匙，同样也是我们人生道路上的良师益友。我们在阅读的过程中，文学修养会不断得到提高，内在气质也会一点点变好。由于不时地受到许多出色人物的熏陶，他们身上的修养和情操也会感染我们，并最终使我们成为一个更有内涵、更有价值的人。最明显的一点，大量的阅读能够直接提升我们的自信心。在平时和朋友交谈时，拥有更多的话题。诸如此类的细节，会使我们更加茁壮地成长，更加相信生活。

此外，读书还是一个领略智者思想的过程。书籍里常常包含着许多古今名人的传奇经历，他们的一生或者颠沛流离，或者命途多舛，甚至几次大起大落，但汇集起来，却勾勒出一条精彩的人生轨迹。这其中折射出的是一种精神，是一种心灵的力量。我们为其扼腕叹息，潸然泪下，自身的情感也在这个过程中得到洗礼。而还有一些人，在整个人类历史上都闪耀着最璀璨的光芒。他们凭借自己的才华和能力，以一己之力推动了整个人类的历史进程。我们能够从中学到刻苦钻研的精神，以及精益求精的态度。而即便这些都不考虑，单单只是领略智者的思想，这一过程就足以让我们沉迷其中，将阅读作为一项纯粹的享受。在我们自己的脑海里，按照美的原则构建属于自己的世界，很难说这不令人陶醉。

重点分析 *2*

正确的人生观形成，离不开阅读的辅助

最后，也是十分关键却常常被忽略的一点，就是阅读有助于我们树立正确的人生观。人生观的树立受到许多因素的影响，但最关键的还是我们的思想高度。人活一世究竟为了什么，也许是个哲学命题，无法给出最完美的答案。但至少有一个答案是绝对不会出错的，那就是成为一个对社会有价值的人。如果在这一点上我们没有想清楚，那之后的人生无疑就已经在大方向上出现了偏差。

因此，书籍能够带给我们的好处，可谓涵盖了方方面面，我们有什么理由拒绝阅读呢？

书籍带给我们什么

了解自己心理的书

增加力量

过程

边照自身经历

看到内容

感同身受

中书

获取知识

下乐器

随和性格

增长才艺

提高成绩

领略智者思想

专家学者

钻研精神

精益求精

古今名人

精彩的人生轨迹

多样的思维方式

结识正确的人生

做个有用的人

使心灵充盈

第七节
主动阅读

学习导航

阅读，顾名思义，是一种行为，一种活动。而想要取得良好的活动效果，则必须要有一定的内在驱动力，也就是我们的主动性。《人性的弱点》里提到过这样一句话：普天之下，让他人为你效劳的方法只有一个。你不相信吗？真的只有这一个——让对方心甘情愿地自发去做。

因此，想要更好地吸收书里的知识，探索更加精彩的世界，我们必须要高明一些，而方法只有一个，就是开始主动阅读。

重点分析 *1*
被动阅读中作者与读者扮演的角色

在此之前，我们不妨先来看一下什么是被动阅读。相信很多人会认为，相比于一定会伴随着动作的写和说，读和听就是一件被动的事。不论是演讲者还是写作者，他们必须要花费一番力气才能完成那项行为，而倾听者还有读者却几乎不用做任何事。读者和听众就像一个信息的接收器。在此必须阐明，这种想法是绝对错误的。恰恰相反，听众和读者扮演的是一个"信息猎手"的角色。

对方将信息传出以后，他们的动作就已经结束，而读者的任务则是将那道信息捕获下来。在这个过程中，只有信息本身是被动的，它可以被读者捕获，也可以被放弃，消失不见。作者和读者的关系，就是一种如何将信息抛出，又被对方接住的合作关系。因此，只有当双方合作得十分默契时，信息才能更加完整地落在读者手中。

重点分析 *2*

主动阅读需要有明确的阅读目标

在明确这一点后，我们就可以来谈怎样才算主动阅读。主动阅读最大的一个要求就是要有一个阅读目标，也就是带着明确的目的去阅读一本书。如果没有目的，就会陷入买了不看，看了就忘，记了也不会运用的尴尬境地。

通常来说，阅读目的大致可以分为三种：一是获得某种资讯、信息而读，比如报纸或杂志，不需要多强的理解力，看过了知道了，就算达到目的。二是增强理解力而读，也就是真正的阅读。我们需要凭借自己内心的力量，集中精神，挑战眼前的字句和段落，直到将所有模糊的东西理解清楚为止。这是一个提升巨大的过程，也是需要非常多技巧的地方。三是娱乐消遣。这一点不需要过多说明，因为它没有什么规则，也不需要努力去做，每个人只要想，就可以随便做到。

最后，我们必须明确一点，主动阅读是一个提高的过程，通过阅读，我们可以向比我们更强的人学习。如果你想在阅读的过程中增进自己的理解力，那本书将会对你大有益处。

主动阅读

阅读是可以主动的事

被动阅读有缺陷
- 双眼停滞
- 容易昏睡
- 作品传达很多信息

主动和作者配合
- 读者努力去接收

越主动，效果越好
- 探索能力要求的更多
- 获得的更多

确立阅读目标
- 获得信息
- 理解不会增强

报纸杂志等
- 报纸杂志等
- 理解不会增强
- 阅读未熟知的阅读读物

第八节

找到适合的阅读法

学习导航

阅读法，顾名思义，就是能够帮助我们提高阅读效果或阅读效率的方法。在此简单介绍几个方法，作为阅读时的参考。要结合自身的习惯和实际情况选用，懂得做适当调整，这样才能拥有与自己完美契合的阅读法。

重点分析 *1*

标记法，帮你迅速厘清书籍结构和重点

标记法就是一种在阅读时利用符号在原书上做出勾画的阅读方法。它的优点有两方面：一是可以将重点和疑问点全部标记出来，方便我们加深记忆，勾画的过程本身也在强化相关记忆，对后面的复习和思考均有助益；二是可以将阅读时的感悟及时记录下来，随手写在相关段落一旁的空白处，以帮助理解，深入思考。当然，我们也可以在标记和记录的同时展开自己的联想，对原来的内容进行二次创作，这样达到的效果无疑是最好的。

标记法的步骤十分简单，无非是利用一些常见的符号做出勾画，不过还是有一些地方需要我们留意一下。在第一次阅读时，对

整本书的内容没有一个大致的把握之前，建议用铅笔进行标记，以免后续发现重点出现偏差而难以更改，太杂乱的标记会影响我们阅读的兴致。

第一遍粗读大致完成之后，我们已经将其中的重点和疑点做了不同的标记，接下来就要进行第二遍的细读。这时候需要将原来的符号做一些删减，尤其是那些疑点，在我们豁然开朗之后便可以宣告淘汰。前面用铅笔标记的话，这里改起来就会省力许多。在把标记整理结束之后，我们会发现这本书的结构和重点内容已经清晰地呈现在眼前，将它们合并起来的话，就是整本书的精华。我们只需要重点记忆这些部分，就可以学到其中的全部知识。后面不管是做相关的分析，还是进行另外的联想，都十分方便，如果用来复习，则事半功倍。所谓把书由厚读薄，方法就在于此。

重点分析 *2*
积累阅读法，稳扎稳打，时间会见证我们的努力

积累阅读一般指的是关于各种素材的阅读，主要目的是记忆，通常都是知识性的素材。虽然它不需要太高的阅读技巧，但却是我们提高书面表达能力的最好选择，而且在很长的学习阶段，这种阅读法也是贯穿始终的。

积累阅读只需要掌握第一个阅读层次，也就是掌握基础阅读的相关技巧即可。它的重点在于背诵和记忆。而想要完成这一切，反复阅读是无法避开的步骤。反复阅读能够加深句子或文章在脑海中的印象，便于记忆。而且在不断重复的过程中，大脑会对相关内容

产生额外的理解和思考，便于我们对知识的消化和吸收。

在此必须强调一点，想要完全记住一个材料，理解是前提，也是重中之重。只要在理解文章的内容之后，通过反复阅读才能不断加深理解，完成的记忆才不会轻易遗忘。而如果只是死记硬背，对文章没有深刻的领悟，那记忆只会很快消散，效果并不理想。

积累阅读选取的材料一般为各种名著或古诗、经典的散文等，能够在反复的阅读过程中提高我们的文学素养，加深对文字的感受能力。在积累到一定程度时，就可以产生质的飞跃。

重点分析 *3*

三步读书法，让你快速读透一本书，精准把握住其中的重点

三步读书法就是将阅读的过程分为初读、复读、再读三个部分。

初读要经过三个环节：求疑、答疑、复核。首先努力找出疑问点，发现问题，然后依据平时的经验寻求解答。除非实在不得其解，不轻易求教他人，答疑中会获得进步。最后利用参考书去验证答案是否准确，以辨明所学知识的真伪。

复读即是站在全局的高度，对整本书的内容进行综合归纳。只有分析，才能了解书的细节；只有归纳，才能掌握全书的脉络、中心、要点等。

再读需要我们从书的内容中跳出来，目的是吸收和创新。对已经学懂的内容，要牢记和深入体会；对能改造和创新的，就要下更大的功夫研究，不断深化这些认识，并将其转化为自己的成果。

找到适合的阅读法

标记法
　初读时随手标记
　重读时认真整理

三步读书法
　初读
　复读
　再读

熟读背诵
　勤奋努力

带着问题读
　勤奋努力
　求疑
　答疑
　复核
　分析
　归纳
　吸收
　创新

第二章

快速阅读

人类在进行传统阅读时，主要使用左脑的功能，而在采用速读方式阅读时，则充分调动的是左右脑的功能作用，左右脑各自发挥优势，共同进行文字信息的形象辨识、意义记忆和理解，所以速读又被称为"全脑速读"。速读的益处有很多，尤其是对于提高阅读效率而言，好用却不难学。读完本章，相信你会对速读有全面的了解。

第一节
不要被生字绊住

阅读是需要沉浸感的，而速读更是需要极大的专注力，这样速读才有意义，否则只是走马观花一遍，却什么都没记住，只是在欺骗自己读过了而已。

其实不仅是速读，任何阅读方式都一样，我们都需要避免一个问题，就是出现经常性的停顿。

这种情况主要发生在遇到不认识的字、含义不明的词汇，以及难解其意的句子时。

当然，生字是最为常见，也是影响最大的一种。它不仅会破坏我们的阅读体验，甚至会直接中断我们的阅读过程。

重点分析 1
遇到生字不中断阅读

在此我希望大家做到一点：绝对不要被生字绊住。简单来说，遇到不确定甚至完全不认识的字，都不要停下阅读。永远把阅读的持续性放在第一位。

虽然在当时的那个时刻，生字确实会造成一些麻烦，但我们却

遇到生字——不要被住

根据语境推敲词义
- 怎样才讲得通
- 后面句子也有线索

不纠结读音

猜想这个字的意思

查询
- 其他时间查询
- 多读几遍
- 验证自己的猜想
- 查完后再重读整个句子

做火眼金睛
- 简单标记下
- 读完整的句子或段落

不必在第一时间就去处理，完全可以先用笔简单标记一下，试着读完整个段落或篇章以后，再回过头消灭它。

这样做的意义在于，不会耽误太多的阅读时间，边查边读的方式是效率最慢的一种。而且很多时候我们会发现，如果不纠结于具体读音的话，其实能够依靠上下文的语境，把生字的意思推敲得八九不离十。

这种经过一道思考工序得出来的答案，印象会比直接查出来要深刻许多倍，可以说是想忘都难，强烈推荐一试。

重点分析 *2*

书读完后，所标记生词的处理方式

此处的建议是统一进行处理，统一查字典，或者查其他的工具书和参考书。

我们必须确保一个时间就是在做一件事，不在两种状态里来回切换，在大脑的运转速度固定的情况下，单线程处理问题绝对比双线程要快上许多。

还有一点需要注意的是，查阅完毕不代表就结束了。最好能够返回那个句子或那一段的开始，重新读一下整个句子或段落。这样不仅能验证我们当时的推敲是否正确，还能将记忆再强化一次，达到彻底的牢记、掌握。

第二节
流利地朗读

朗读并不是速读的良好方式，实际上，朗读反而和速读背道而驰。因为朗读需要逐字逐句地读出来，而速读却是一目十行，略读和跳读都是常事。

但是一般人想直接进行速读无疑是不可能的，尤其是许多并没有太大阅读基础的同学。所以我们必须先把前置基础打好，也就是能够以尽量好的形式，完成对一个文本的阅读，哪怕它的速度并不快。

不知道大家有没有这样一个体验，如果阅读的是从没有读过的全新内容，目光遇到的都是陌生的词汇，那朗读就会很不顺利。因此，我们在初次阅读一份文本时，不要直接就用朗读的方式。确保能够认识所有字词之后，再朗读不迟。

重点分析 1
视线要始终落在要读的字前

想要流利地朗读，关键一点还在于视线的流畅移动。我们必须确保目光一直都落在即将要读的字前，最好能够直接便扫完整行，这样才能对接下来的内容有大致的估计。这需要一个循序渐进的训练过程，不必心急。在最开始时不妨尝试先一口气读完一整行，眼睛提前看到这一行的末尾，然后快速看向下一行。等读到下一行的时候再重复这一步骤。记住换行的时候不要发生停顿，只有在遇到标点时才停顿。

重点分析 *2*

阅读时仔细体会人物感情，要有感情地朗读

　　流利地朗读还有一个锻炼方式，就是有感情地朗读，或者像讲故事一样朗读。想象故事里的那些人物在说话时，用的是怎样的语气，内心的感受如何。当没有人物说话时，将内容改成旁白，也就是叙述者的语气。有一个方便的技巧，我们可以通过句子末尾的标点来判断人物当前的语气，是平淡还是激昂，或者是不可思议。当我们能够做到每个人物之间都有明显的区分时，朗读的流畅性自然便是小事一桩了。如果不知道自己做得是否合格，不妨参照一下课堂上老师的读法，相信会有更多的感悟。

　　在经过一段时间的练习后，想必大家自认为已经初步取得了成果。此时完全可以寻找一个阅读搭档，来彼此朗读给对方听，并互相交换意见。搭档可以是自己的同学或朋友。如果不方便的话也可以自己用录音设备录下来，然后以旁观者的角度去听听看，绝对会有全新的感受。搭档之间一定要注意彼此鼓励，多说一些夸赞对方的话，这样互相之间都可以心情愉快，并且能将这项活动一直进行下去。搭档朗读的时候要注意认真倾听，然后给予对方最真诚可靠的建议。

流利地朗读

有感情地朗读

- 推断人物的感受
- 想象读出来的东西很有趣
- 使语气和感受相符
- 注意结尾处的标点
  - 根据标点读出语气
  - 注意句子间的停顿

和别人交流

- 朋友、老师、家人
- 他们什么意见

阅读搭档

- 隐形搭档
  - 录音设备
  - 读完听听看

速度

- 快速扫视到下一行
- 目光落在字前
- 提前看到句尾
- 换行不要停留

只在标点处停顿

学习导航

在开启速读之前，有一点需要特别明确：学会正确阅读。掌握正确的阅读方法，对以后大量的阅读活动来说，无疑是重中之重。

首先，要明确阅读目的。一般来说，阅读的目的就是要获得信息并且满足自己某方面的需求。而目的越明确，与之相对的阅读效率就会越高。这一点在前面有提到，这里不再赘述。

重点分析 *1*

关于阅读的三点错误认识

一、什么类型都通读

根据目的的不同，我们要适时调整自己的阅读方式，而通读无疑十分浪费时间，如果只是为了快速获取某种讯息，则完全没必要采用这种方式。

二、只有整本书全部读完才能做到理解其中的意思

这也是一个错误观念，除非读的是一本结构性十分完整的小说，才有一定概率是这样。但对于大部分书籍来说，完全不必整本书通读下来，才有信心理解其中某部分的意思。我们只需要选择自

己想要知道的那部分内容，只阅读相关部分，得到需要的答案后就可以结束阅读了。

三、只要通读过一遍，就记住了相关信息

读过不等于记得。花费更多的时间、精力通读，反而增加了记忆的难度。回过头我们会发现，对很多地方都是一头雾水，因为我们在读的时候没有重点。

因此，真正正确的阅读方式，其实是结合问题和自身情况的不同，做出合理的选择，并且在阅读过程中灵活地选用不同的阅读方式。

重点分析 *2*
通过自问自答的方式，逐步确定应该采取的阅读策略

拿到一本书之后，不妨问自己以下几个问题。这本书我需要反复研读吗，还是一扫而过就好？我需要了解每个故事情节吗？只掌握每个人物的结局可不可以？我有多少时间来读这本书？我打算在这本书上花费多长时间？其实只要将类似的问题做一个简单的思考，那关于选用哪种阅读方法的答案自然便出来了。

除此之外，我们还可以根据书籍的不同，来采取与之匹配的阅读方法。通常来讲，时尚读物完全可以粗读，简单地浏览，获取一些感兴趣的信息即可。遇到自己认为有价值的地方，再进行精读，将其消化吸收。而经典读物，则用精读的方式比较好。因为经典，所以值得我们逐字逐句地钻研，进而透彻地理解其中的内容。但是人的精力毕竟有限，即便是经典读物，也无法全都做到精读。因此，不妨再结合上自己的喜好，做进一步的取舍。

正确的阅读方法

纠正错误认识

读完全部才能理解

读完全部才能理解

什么类型都通读

通读就能记住信息

筛选需求部分

重点反复阅读

反复阅读

第N遍

明确阅读目标

想获得哪些内容

学习导航

　　阅读速度的提高，意味着可以在有限的时间里读更多的书，对于有大量阅读习惯的人而言，具有极大的意义。

　　在此我们主要讨论最基础的三个方面，也是最根本、最容易做到的。

重点分析 1
阅读环境和阅读姿势至关重要

　　阅读环境和姿势的问题，其实会极大地影响阅读效率。在舒适的灯光下阅读和在昏暗或者强光下阅读，无疑对眼睛的刺激天差地别。不管是炫目的灯光，还是刺眼或昏暗的日光，都会使眼睛很快陷入疲劳，阅读自然难以为继。而且身体状况也会受到一定程度的影响，进而连精神也随之疲惫。

　　同理，端正地坐在椅子上阅读，和躺在床上、侧卧在沙发上阅读，最后的效果也绝不一样。躺和侧卧，都会在无形中消磨我们的精神，整个人逐渐变得疲累且懈怠，很快就会失去一开始的专注力。而坐在椅子上，背部紧靠着椅背，眼睛和书本呈 45 度，则能够最大限度地保证专注度，并且延长阅读时间，身体不容易感到疲惫。

重点分析 *2*
学习使用阅读器

阅读器可以是一支笔、一把尺子，甚至是自己的手指。它的作用是为了监督自己的阅读速度，使视线不会漫无目的地滑来滑去。

在此推荐使用手指作为阅读器，因为它实在太方便了，随时随地都可以使用。我们尝试用手指在页面上逐行掠过，视线紧跟着手指移动。在熟悉之后可以渐渐提高手指的移动速度，这样视线的移动速度也会得到相应提高。

重点分析 *3*
消除回读

顾名思义，回读的意思就是已经读过去了，却还是下意识地又掉过头来读了一次。这其实是一种专注力不够的体现。视线已经扫过去了，但大脑却并没有产生相应的印象，于是只能回头再读一遍。这种情况发生得多了，阅读速度想快也快不起来。因此，为了避免回读的发生，我们需要提高自己的专注力。

主要做法是，将目光落在所读内容的前面。只有眼睛一直盯着接下来要读的内容，大脑才会时刻处于激活状态，自然不会再出现回读。如果刚开始不熟练，可以先不要看太远，哪怕只超出一个字也可以，逐渐延长距离。

提高阅读速度

追踪法

- 每次追踪一圈
  - 记录每次的速度
  - 使用手指辅助
- 眼睛定位超过一个字
- 目光落在字前

使用手指
- 尝试利用手指阅读
  - 定时一小时
  - 逐行掠过
- 随时随地都可用
- 天生的节拍器

纠正阅读姿势
- 坐在椅子上
  - 眼睛和书本呈 45 度
  - 不要在床上
  - 背部紧靠椅背
- 舒适的灯光
  - 清晰且不炫目
  - 眼睛不疲劳

第五节
灵活切换阅读速度

学习导航

从之前的内容里，我们知道如果只保持一种阅读速度，其实不是一种良好的阅读习惯。根据不同的书籍和内容，结合多种阅读方式，不断地调整阅读速度，才能做到最有效率的阅读。最常见的一种辅助方式，自然就是阅读器。

重点分析 *1*
用手指作为阅读器

阅读器在控制我们阅读速度的同时，还能及时地让我们在不理解的地方做出停顿，而不是盲目地直接滑下去。只要使用阅读器，阅读习惯就会向正确的方向靠拢了。最推荐的自然还是手指作为阅读器，它的优势前面已经提到过。

我们可以根据自己的习惯选用一根手指，不管是右手食指，还是左手食指，总归只要自己习惯就可以。不要觉得做这一切在别人眼里显得滑稽，当我们的阅读速度变得可以得心应手地随时切换时，内心的喜悦将使你觉得一切都值得。

重点分析 *2*

阅读器能够改变视觉聚焦方式

使用阅读器，只需要看一眼就能够同时将几行文字纳入眼底。这样我们就不会在一个词语上停留过多时间，更加不会出现回读。眼睛不再逗留和回顾之后，阅读速度会大大提高。也许一开始大脑并不适应这种引导视线的方式，只是能够读下来，却无法做到理解。其实无须担心，只需要经过一段时间的训练，让眼睛和大脑重新适应，理解力就会再次回到之前的水平。

灵活切换速度的前提自然是速度既能快也能慢，否则就没有意义。因此，提高速度仍是一项需要重点练习的任务。

重点分析 *3*

怎样在不同的情况下选择合适的阅读速度？

简单来讲，当读到理解起来非常容易或已经感到这部分对自己并不重要时，就加快手指的移动速度，只捕捉其中的关键词和重点信息，哪怕是一目十行也没关系。当读到关键部分或难以理解的地方时，就适当放缓速度。除此之外，对书籍的了解，自身的词汇量，以及是否有过此类书籍的阅读经验，都影响着一本书的阅读速度。

最后在阅读之前做个基本的准备工作，比如了解一下即将要读的这本书的背景，大概会是怎样的内容，读起来是哪种风格。做到心里有个大致的轮廓，可以避免真正阅读时在很多本无必要的地方停下来思考，确保阅读效率。

灵活切换阅读速度

必要的放缓速度
- 不了解背景知识
- 风格不熟悉
- 兴趣不大

灵活使用的前提
- 明确阅读的目的
  - 预览要读的内容
  - 克服对内容的恐惧
  - 克服对内容的遗漏

速读
- 有选择的阅读
  - 略读
    - 抓住文章大意
  - 寻找特定细节
    - 注意速度和准确性
  - 只读自己需要的部分
    - 跳过与目的无关的内容
  - 读报

第六节
制作脉络卡片

选择将本节内容放在这一章里，目的在于希望大家不要一味地追求阅读速度，而掉进"看"书的陷阱。理解力，要时刻记得培养自己的理解力，做到在读得快的基础上理解也同步跟上。

想要将一篇文章乃至一本书做到一定程度的理解，我们必须学会充分利用自己的大脑。什么叫充分呢？简单来说，就是最大限度地调动自己的大脑资源，在处理眼睛看到的文字信息的同时，进行积极的思考，逐步将文章的脉络梳理出来。只要能够做到在快速阅读的同时，将其中的意思理解透彻，那我们自然就变成了一个阅读高手。而一旦掌握了这种技巧，则是受益终身的。因此，我们完全可以从现在就开始踏出第一步。

重点分析 *1*
勇敢地迈出第一步

对于平时没有梳理文章脉络的习惯，无法在阅读的同时发挥逻辑思维能力的人而言，就不能单凭大脑去梳理脉络，而要结合画图，也就是制作脉络卡片。刚开始不要觉得麻烦，等到经过长时间的反复练习，彻底掌握这项技能以后，就可以一边阅读一边完成这个过程。到时只需要闭上眼睛，脑海里自动就会浮现出一张清晰完整的脉络卡片。

重点分析 2

制作时的注意事项

脉络卡片的形式和思维导图十分类似，这里不再具体讲如何制作，而是阐明一些制作时需要注意的原则问题。

一、用横向排版的形式

纸张横向摆放，更加能够刺激人的形象思维，而大脑负责形象和创造思维的区域会更加活跃。

二、主题写在中间

思维的发散需要一个起点，纸张的中心位置有助于突出重点，并且能起到随时提醒主题的作用。

三、主干要清晰

这需要有意识的留意，如果能够在初次阅读时就确定下来无疑再好不过。你认为文章里有几个重要的核心点，就列出几条主干。除此之外，主干的位置最好是按照某种顺序排列，如按照空间顺序或事件发生的时间顺序，这一点依据个人习惯。

四、字要写在线上

相信看过思维导图的都有一个直观的印象，文字只有在正确的位置上才有意义。如果文字松散地随意排列，那逻辑关系是很难梳理清楚的。

制作脉络卡片

主干弯为
- 顺时针方向
- 主题放中间
- 逻辑关系

逻辑关系
- 画重点方式
- 连线和箭头
- 颜色
- 符号
- 插图

主题放中间
- 视觉中心位置
- 彩色突出显示

字迹工整
- 便于翻看
- 写写在纸上

47

五、多用连线和箭头突出逻辑关系

梳理时经常会发现一些重点之间有某种联系，这时候就可以利用箭头或连线简单地标记起来，便于后面进行理解和分析。

六、多用符号和色彩

之所以用卡片的形式来梳理，是因为它能够承载更多的元素。不管是各种符号，还是丰富的色彩，都可以作为我们标记的工具。视觉元素越多，对感官的刺激就越强，我们的记忆也会越深刻。而且，符号还能够简单抽象地表达某种关系。这可以由我们随心所欲地设计。

脉络卡片的制作没有特别严格的规定，完全可以按自己的目标，自由调整脉络卡片的复杂程度。制作脉络卡片的过程，就是强迫大脑主动思考的过程。久而久之，大脑就会逐渐养成主动思考的好习惯。

学习导航

"默读"这个词也许会有人比较陌生，但知道意思之后，相信每个人都会发现自己同样有着这样的习惯。默读就是不发出声音，但嘴唇在微微蠕动的阅读方式。

默读的习惯来源于我们经常朗读课文，即便年龄大一些之后，可能不再发出声音来读了，但却依然在脑海中默念。这其实是一种严重阻碍我们提高阅读速度的习惯，称其为缺点也不为过。因为在头脑中默读时，文字依然会有一个音声化的转换过程，我们的注意力会下意识被分散，因而无法再进行快速阅读。

重点分析

改掉默读习惯需要注意的四点

第一点是视线移动的流畅性。这其实还需要有针对性地做一些眼部肌肉的锻炼，但即便不做，也可以凭借有意识地调整来取得明显的效果。

我们可以在一行字的下面画一条线，然后遮住下面的部分，让视线只在这一行之间快速移动。等到熟练之后，再变成在两行之间快速移动。很快我们会发现，视线在两行之间切换时，呈现的是"Z"字形。这个时候我们可以逐渐圈出一些其他的形状，规则不规则均可，让视线尽可能快地扫过这些内容，然后看看能够记住多少。

第二点是要去除音声化默读。在脑海里也不要念出声音，虽然一开始会有些不习惯，但搭配其他几项一同进行，这不是一件很难的事。

第三点是学会利用视域来阅读。这一点和第一点息息相关，因为当视线快速移动时，就在无形中形成了一个视域。此时我们一眼能够读取的文字数量会比刚开始时有显著的增加，这也意味着我们的阅读宽幅提高了。

一眼能够阅读的文字多了，阅读时间自然会缩短。它的训练方式就是确定一个中心点，然后进行竖向滑动式阅读，当视线边缘开始模糊时，将手指放在那里，然后逐渐拓宽两个手指之间的宽度。因此，视域的概念就清晰地呈现出来了，就是我们一眼能够看到的一块范围。

有了视域的概念后，我们就可以利用它做一些模块化的练习，帮助我们提高理解速度。做法是在一块矩形区域里写入一定数量的词汇，在确保一眼就能全部识别之后，逐渐增加词汇量。词汇的理解速度提升了，阅读速度自然也会相应提升。

第四点是利用漫画来做相应的训练。它的优势在于对话框里的文字较为简短，基本上不需要默读出来，就能一眼理解其中的意思。而且因为旁边配有图画的关系，能够辅助对文字的理解。

改掉默读习惯

活动眼部肌肉

不要逐字映入脑海

流畅移动视线

去除替代默读

你为什么让我如此辛苦

不在头脑中默念

利用视域来阅读

拓宽视域

模块化阅读

对话框文字简短

容易通过文字联想画面

阅读漫画冊片插图

学习导航

　　要做到高效阅读，记忆力起着不可或缺的作用。我们的记忆都储存在大脑里，构成了一个庞大的数据库，在阅读的时候，看到的词汇就会在这个数据库进行检索。能理解一个词的意思，就说明在检索之后找到了答案。然而数据库不像硬盘，可以直接复制很多的东西进去，我们只能依靠自己一点点录入。随着数据库里的数据越来越丰富，知识也在逐渐增加，阅读时遇到的阻碍也就越来越少，阅读因此变得更加畅快。

重点分析 1
提笔就忘字的原因

　　每个人肯定都有过这样的经历：明明和朋友、家人交谈时，提到过某个人名或地名，在不久之后和别人说起时，却怎么也想不起来。明明背过很多遍，还用笔抄写过，却在考试时依然记不完整。

　　这其实就是记忆力没有得到良好锻炼的结果。反映在阅读上，则可能直接关系着一个人对阅读是喜欢还是恐惧。如果一读就能读通，记得住能活用，那自然就想要阅读更多的内容。如果读起来吃力，读完又大脑空空，甚至完全不理解书里说的是什么，那肯定会对阅读产生畏惧情绪。

重点分析 2
错误的阅读方法不利于记忆

大脑有一个功能，可以将需要的部分储存下来，不需要的逐渐遗忘。而如果我们在阅读时没有侧重，一下子全都让它存储下来，那势必会导致有些需要记忆的内容被不重要的信息给占据了位置。

除此之外，跳读和囫囵吞枣式的阅读则会因为没有能够对数据库写入有效的数据，而同样无法被有效记忆。理解有助于记忆，因此如果想要记得牢固，切记不要因为读过一遍就随意跳读。

重点分析 3
使记忆变牢固的方法

首先要避免在短时间内高频率地重复，这样其实作用并不大，反而是逐渐拉长每次重复的时间，放置一段时间再给大脑一次相应的刺激，能够巩固记忆。

其次就是利用形象法帮助记忆。由于左右脑的分工不同，因此，将阅读的内容转化为形象，将更容易保留在记忆里。

最后则是联想法，这是对大脑里那个数据库的灵活运用。当我们看到一种和食物相关的词汇，立刻便能联想到它的产地、形象、制作过程，甚至和自己相关的某些经历等。联想到的次数越多，记忆也会越牢固。

速读需要记忆力支撑

记忆过程
- 认识记忆
  - 识别和记住信息
  - 信息的储存和巩固
  - 信息的提取

分类
- 认识记忆
  - 瞬时记忆
  - 短期记忆
  - 长期记忆

为什么记不住
- 易忘的阅读习惯
- 记忆方式不单一
  - 一目十行
  - 跳跃
  - 不求甚解

使记忆牢固
- 保持刺激的强度
- 尽量的重复
- 利用形象记忆
- 多想巧刺激

54

第 三 章

养成良好的阅读习惯

习惯是一种需要花费较长时间逐步养成的、不易改变的行为或倾向。一旦养成某种习惯，就会拥有一种无形的力量，它能使行动自发进行，而不会觉得费力。良好的习惯在培养积极的个性品质中起到重要的作用。阅读同样如此，积极良好的阅读习惯将使我们终身受益。所以，读完本章之后，就立即开始调整自己的阅读习惯吧！

第一节
不要走神

在掌握一定的阅读技巧之后，相信大家已经迫不及待想要拿出一本书来大展拳脚了。但是在此之前，还需要注意一个阅读习惯的问题。在一开始时就养成良好的阅读习惯，无疑会让我们阅读时更有效率。

重点分析 *1*

提升专注力，阅读时不走神

如果阅读时没有把注意力完全集中在书的内容上，那阅读速度必然会下降，同时无法充分理解书里的意思，想要记住什么更是无从谈起。

阅读时我们看到的是一行行的文字，在迅速识别每个字之后，还要理解它们组合在一起的意思。如果在这个过程中心绪不宁，思绪纷乱，那我们就很难将阅读进度推进下去。所以必须尽量抑制外界的事物对自己注意力的分散。实际上，走神时特别容易让我们全身心投入，对其他的事情变得视若无睹，有时甚至别人喊自己的名字也不一定能听到。

重点分析 *2*

控制注意力要做到的两点

一是将注意力集中于当前所阅读内容的重点部分；二是能够在一个重点结束时快速切换到下一个重点，中间不要留太长时间的空隙。因为阅读其实是一个动态的过程，我们实际上是在随着作者的思路而进行思考。所以一旦在一处地方停留的时间过久，思考就会很容易中断，想要重新恢复，又需要花费时间回忆刚才读到了哪里，想到了什么。

注意力的集中是一件费神的事情，因此我们也要做到根据内容的不同，合理地分配注意力的比重。方法是在阅读当前内容时，兼顾一下之后要阅读的内容，对它的重要性提前做到心中有数。如果并不重要，可以一扫而过。

重点分析 *3*

专注让阅读变得简单

当我们注意力集中时，心态就会平和，其他事物产生的干扰会大大降低。当开始沉浸在阅读世界里的时候，对书中内容的理解速度也会大幅提高，作者想要表达的情感或观点，能很快被我们感知得清清楚楚。而在这样的过程中，大脑时刻处于活跃状态，就会把当前阅读的材料和我们之前的经历或者已经掌握的知识结合起来，做到快速记忆文中内容，并且不易遗忘。

开始也许不易，但还是要有意识去做。选一本自己感兴趣的书，循序渐进地养成习惯。

注意力不分散

视线不离开书

首先

集中

调整状态，换时间读

换一个更合适的环境

换一本更感兴趣的书

如何避免

不走神

检查自己

刚才那页什么内容

记得，继续阅读

不记得

返回重读

从哪里开始走神

学习导航 🚀

如果一个人能够津津有味，并且十分专注地阅读一本书，不外乎两种可能：一是运气不错，恰好读到了自己感兴趣的书；二是在阅读前做了初步的准备，心里有了明确的目标，于是带着自己的问题展开了阅读，在解开心中所有疑惑之前，自然会一直保持阅读兴趣。

运气的事情我们无能为力，因此能够着手的方向只有一个——做好阅读准备。

它的优势在于对每本书都适用，只要在阅读前做了基本的功课，那几乎不存在完全读不下去的书。

关于明确阅读目标的重要性，前面已经提过，没有目标，阅读时就抓不住重点，变成无头苍蝇，到处乱撞，收获自然无法让我们满意。而目标明确以后，就能够以尽量快的速度找到需要的信息。那么到底该怎样明确阅读目标呢？

重点分析 *1*

提问是明确阅读目标的最好方式

当我们面对一本完全陌生的书籍，并准备阅读其中全新的内

59

容时，首先要搞清楚自己即将要看的是什么，打算从中获得什么信息，或者哪方面的知识。

可以问自己以下三个问题：

1. 这本书是写什么的？讲的关于什么的事情？

2. 关于上面问题的答案，我目前已经了解的有多少？

3. 我还需要从这本书里获取哪方面的内容？

三个问题之后，基本的阅读框架就已经建立起来了。

其实很容易看出来，这些问题在有意让我们将阅读材料与已经掌握的知识建立联系，这样就会很容易发现各种问题，进而寻求解决办法。

重点分析 *2*
阅读前迷茫的应对方式

当我们对即将阅读的主题完全没有头绪，丝毫了解都没有时，该怎么办？这时候就更需要做充分的准备，对想要了解的、感兴趣的所有信息都提出问题。哪怕是一件事发生的时间、地点和人物。不要担心自己提出的问题过于简单，只要你有问题，阅读目的就会明确，收获就会更大。

也许有些问题不一定能在那本书里找到答案，但是没关系，没有答案的问题之后还有机会寻找，重点是我们通过带着问题去阅读的方式，提升了自己的阅读积极性与主动性，做到了分清主次，不被外界事物干扰。

新奇的故事

具体的知识

独特的感情

想从中获得什么

阅读前预设问题

设法带着问题去读

写于什么年代

作者什么身份

接下来会发生什么

故事怎样展开

回头问问自己

学会质问阅读吗？

当前是怎样的场景

在做什么

哪些人

何时何地

有了什么感受

脑海里有画面了吗？

没有，回去再细读一下

情感

知识

第三节
计时阅读

学习导航

如果说有哪种阅读方式特别适合没有什么阅读经验的阅读者，那我一定会推荐计时阅读。值得一提的是，即便你对阅读已经有了一些自己的见解，计时阅读仍能起到不小的助力作用。因为本质上，计时阅读是一种极其合理的阅读方式，可以提高理解力，进而极大调动起我们投入阅读活动的主动性。

计时阅读的核心点有两个：一是如何设定阅读目标。要读哪本书，读多久？二是休息时间怎么处理。要休息多久，其间做些什么？下面来分别处理一下。

重点分析 *1*
设定合理的阅读目标，需要注意什么？

阅读需要我们保持专注，而专注力的保持时间则是因人而异的，并且这并不是一个恒定值，而是会随着各种因素发生变化。也就是说，能够通过某些方法使自己的专注力得到延长。其中最简单也是最有效的一种，就是为自己设定一个感觉能够做到的阅读目标。

一本书也许需要读上一个月才能读完，在此期间如果没有阅读目标，每次打开都需要莫大的勇气，看着自己每次的进度也会不自觉气馁。但是当有了阅读目标后，每次就只朝着那个能够看到的目标进发，完成之后就奖励自己休息一下。

这样在这段时间的阅读里，我们一直是保持专注的，因为我们能够看到终点，知道它就在不远的地方。阅读时长刚开始不要定得太久，如果感觉完成之后仍有余力，可以逐步增加时长，但不要一次增加过多，循序渐进，找到最适合自己的范围。

重点分析 *2*
如何处理阅读中途的休息时间？

休息的目的在于舒缓一下身体，同时让大脑休息一会儿。具体的活动要根据自己的喜好来确定，在座位上舒展身体，做几个俯卧撑，都是可以的。如果觉得自己想不出更好的，也可以在网络上搜索一下关于"课间休息"时的运动，然后选择自己喜欢的。

除了选择运动之外，还有一些人偏好安静一些。此时就可以选择回想一下刚才读过的内容，做一些摘抄或简单写一下梗概、想法之类。这是一个二次记忆的过程，对于加深对文章的理解帮助非常大。在休息一段时间后，重新设定一下计时器，开始新一轮的阅读。注意休息时间不要太长，否则容易彻底脱离之前的阅读状态。

最后，针对每次阅读后自己的感受，对阅读时间和休息时间不断做出轻微调整，直到找出一个适合自己的比例。

读多长时间

读哪些书

读完进行复述

设定阅读目标

不会被别人打扰

确保目标能完成

设定计时器

下次时间还能延长吗

计时阅读

冥想

舒展身体

写下阅读感想

做些运动

64

学习导航

打开一本书，对不同的人来说需要的勇气也不同。然而事实上，当我们决定去做一件事，只需要在内心相信自己，就可以做到专心投入。

阅读也是如此，如果我们拿起一本书，心里一直在想着"这本书对我太难了""我对它毫无兴趣"等，那表明在一开始就选择了拒绝这本书。这种心理无疑对接下来的阅读是十分不利的。

想要取得良好的阅读效果，不妨试试在阅读的时候给自己一些积极的心理暗示，比如这本书的内容很有趣，或书里的文字很优美。如果留心体会，就会发现自己在两种心理状态下阅读的专注力是不同的。

重点分析 1

阅读时选择书籍的两种情况

一是选择了适合自己，并且感兴趣、能吸引我们阅读的书；二是别无选择、必须要读的书。第一种自然不必多说，兴趣就是最大的动力，我们会自己克服遇到的任何难题。而当遇到第二种情况

暗示效应

给自己
积极的心理暗示

暗示自己内容有趣

抛开不适合这种想法

直接开始

勇于尝试

让大脑放松准备

审视内心变化

喜欢书里哪些部分

奇妙的冒险

刺激的冲突

注意力集中吗

阅读时在想些什么

哪个画面触动了自己

当作语言很美朗读出来

让学习能够轻松起来

寻求共鸣

投入情绪

66

时，我们就需要适当地调整一下自己的心理状态，用积极的心理暗示去克服困难。

重点分析 *2*
保持积极的心态进行阅读

当我们有意识地去做一件事时，能够对原来我们不愿意做或者觉得超出了自己能力范畴的事情，产生积极的影响。下面这些策略，相信能给你带来一些启发。

1. 朗读出来，投入感情，好像第一次读这样有趣的内容。

2. 运用自己的朗读技巧，感受字里行间的语言之美。

3. 朗读的同时，脑海里努力想象对应的画面。

4. 持续一段时间后，体会一下自己的注意力是否发生了变化。

5. 这样阅读的时候，心里还会想其他事情吗？

6. 是否感觉这本书并不像你之前以为的那样无趣，里面有些地方特别吸引你？

7. 你喜欢哪些部分？试着列举一下。

学习导航

阅读是一项需要长期进行的活动，因此一朝一夕的速读意义并不大。从长远的角度来看，我们需要的是一个切实符合自己的阅读计划。计划的核心部分在于，如何分配时间才能使阅读最有效率。

每天可供阅读的时间段不会只有一处，有长有短，场所也有所不同。每本书的类型和篇幅也有着一定的差异，对专注力有着不同程度的要求。因此，我们必须学会分配自己的阅读时间，在合适的时间读合适的书，这样才能使阅读更具效率，并且不容易感到疲惫，收获阅读带来的快乐。

重点分析 *1*

学会对大厚本进行分割处理，减轻阅读压力

大厚本通常都是一些经典作品，比如名著小说之类，篇幅较长。因此，往往要求我们拥有较高的专注力时才能阅读，否则极易陷入回想不起之前的情节，或者读完就忘的境地，白白浪费精力。对这类书的建议是选取一段较为完整的时间去阅读，比如周末，或者晚上有闲暇也可以。能够有效避免零散时间的阅读，造成每次都

要回想读到哪里的精力浪费。然后最好对整本书做一个大致的分割，平均分成几十份，每次只读一份。这样不仅能消除对阅读的恐惧感，还能在每次完成目标时获得鼓舞。并且分割之后每次的阅读目标较为明确，读起来的主动性会有显著提高。如果一时没有读完也没关系，记得一定要在读到的地方做好书签标记。如果能简短地写上两句对前面情节的概括，那就再好不过，下次阅读时能够很快便记起上次的阅读情景，马上开始下面内容的阅读。

重点分析 *2*

疲惫时读些篇幅简短的作品，舒缓精神

在进行一段时间的阅读后，难免会感到疲累。不仅是身体上，还有心神上的疲倦。注意力持续保持一段时间之后，会不可避免地有所分散，此时最好的办法是停下当前的阅读，进入短暂的休息状态。但并不是指休息时就什么都不做，我们仍然可以利用这段时间读一些其他作品。比如篇幅较短的故事，两篇散文，几首诗歌，以及看些图画类的书也可以。这种类型的阅读，无须太多专注力，能够有效起到舒缓神经的作用。觉得状态恢复以后，可以随时再次开启之前的阅读，十分方便。

也许一开始我们的感受还不明显，或者不知道怎么分配才算合适。但只要每次都对计划进行一点调整，相信过不了几天，我们就能将每次的阅读目标定在一个合理的范围，并且顺利完成。最后提醒一点，休息时阅读的短篇，最好要提前准备好，否则临时去找，很可能会因为其他事情分心，从而使接下来的阅读中断。

番茄式阅读

用书签标记好本次阅读目标
读到书签处就停止

整本书等分成几十份

读厚书

为何分份
无法太多专注力
降低阅读门槛

读薄书
短篇故事
诗歌、散文
图片书

调整计划
保证目标每天能完成
提前选好休息的读些什么
调整每天读的页数到合理

第六节
沉浸式阅读

我们为什么喜欢娱乐？不管是看电视或玩游戏，总能抛下一切玩得有滋有味。其实很大原因就在于我们能够感到快乐，并深深地沉浸其中。而阅读同样也是如此，它能够给我们带来的愉悦感，并不比其他任何的娱乐活动要差。甚至在持续性和新鲜感上，还有着自己的绝对优势。我们所要做的，是拿到正确的钥匙，推开一本书的大门，进入沉浸式的阅读状态中，就可以尽情享受这份快乐了。

重点分析 1
布置好适合阅读的环境

能够让我们分心的东西统统抛开，电子产品更是尽量远离。否则正看得尽兴时，一道突如其来的铃声，可能瞬间就把气氛破坏殆尽。其次，最好能够拥有一段较长的阅读时间。因为沉浸感是一个逐渐深入的过程，时间太短效果可能不是很好。除此之外，身边不要放太多本书，最好想读哪本，手边就不要再放其他的。众多阅读者的经验表明，可供选择的书本越多，越容易哪本都读不下去。每本翻看两眼，时间很快就消耗掉了，但是却并没有记住什么东西。

长时间阅读之前，最好确定那本书是符合自己心意的，并且难度不会超过自己的水平太多，否则产生的挫败感也很令人无奈。

重点分析 *2*

发挥想象力，将书里的画面在脑海中呈现出来

在一切准备就绪后，我们就可以正式开启沉浸式阅读。最有效的方式便是，利用想象力尽快进入书里的世界。也可以说是在自己的脑海里"播放电影"。为此我们需要全身心投入，尝试调动自己的所有感官，在对书中内容理解的基础上，凭想象制作出一个个画面，将作者描述的东西展示出来。这些画面不是静止的，而是不断发生着变化。人物在其中活动，画面也在随之改变。任何题材的书，都可以引发这种想象。不论是充满幻想的小说，还是宏伟壮观的宇宙太空，抑或深沉浩瀚的历史，都不能阻挡我们的想象。去做这一切，就像在看自己最喜欢的电视节目！

重点分析 *3*

集中精神，倾听人物的声音，使想象的世界更加鲜活

有了画面，还要丰富其中的元素。问问自己：听到了什么，闻到了什么，心情如何。其中"听"这一点尤为重要。拿一个故事举例，里面充斥着许多人物，他们身份不同，性格迥异，各自扮演着自己的角色。在想象的世界中，如果我们能让他们每个人都发出不同的声音，沉浸感一下就会大大增强，如同身处一个真实的世界，从而能更加深入地理解这本书。

沉浸式阅读

阅读环境尽量简单

最好只放一本书

在不分心的前提下保证舒适

进入书中的人物

听见人物交谈

体会他们的情感

感受旁白的声音

诵读

将自己代入人物

有感觉处读出声

并非一口气读完

中间有一段较长且完整的时间

放下各种烦恼

离开电子产品

学习导航

阅读日志也可以称为读书记录，通常包含这些内容：阅读者的名字、日期、书名和作者名、开始页码和结束页码、开始时间和结束时间、阅读时长、阅读场所。如果担心自己无法坚持下去，也可以在后面请自己的父母或老师监督，加上一个签字栏。

填写阅读日志虽然是一项书写行为，但对于我们整体的阅读生涯来说，起到的作用却十分关键。它可以帮助我们反思，通过对一天阅读经历的回顾而得出具体的反馈。出现什么问题，或者自己觉得有不满意的地方，能够在第一时间就进行改善，不会不知不觉地将坏习惯一直延续下去。

重点分析 *1*

不断根据自己的情况，调整日志的填写内容

阅读日志的填写内容并不是固定的，如果一开始我们的阅读经历并不丰富，可以填写得尽量详细，并且每隔一段固定的时间进行一番比对，看看阅读场所的更换，或者阅读书籍的更换，对每天的阅读时长和阅读速度是否造成了影响。如果差距比较明显，可以判

断一番为什么会出现这种情况。无论是阅读场所让我们无法集中精神，还是此类的书籍对我们的吸引力不够，都可以在第一时间进行相应的调整，力求在阅读时处于最佳状态。如果我们已经有过较为丰富的阅读经验，则阅读日志的意义更多地在于持续记录阅读页数和时间。阅读速度在能够保持波动不大的前提下，阅读日志能够让我们不至于轻易产生惰性心理，想着"今天少读一点吧"或干脆就不读了。每次填写时其实都能起到一个提醒和督促作用。毕竟每个人都想看到自己处于一个上升曲线中，而不是持续下滑。

重点分析 2

通过日志分析近期的阅读情况

在经过一段时间的记录后，就可以对自己这个阅读者的身份，做出一番分析。可以尝试回答以下几个问题。

1. 你在家的阅读速度怎么样？

2. 家里舒适的环境是否保证了最快的阅读速度？

3. 你在舒适的环境下优先选择阅读的是自己喜欢的书还是必须要读的书？

4. 你在学校的阅读速度如何？一般是读和学习有关的还是在家没读完的书？

5. 如果家里和学校的阅读速度差异较大，原因是什么？

6. 针对阅读速度慢的地方，你能够做出哪些调整，使速度提高起来？

填写阅读日志

哪个环境读得快
是环境还是书的原因
有办法提高速度吗

分析日志反馈信息

1 2 3

体验记录不断突破的感觉

超越自己明天更好

目标

不同场所分开记录

在图书馆

在家

在校

设计记录你的读书时间

阅读时长

阅读速度

学习导航

　　如果大家遵循了本书所提到的阅读方法和阅读习惯，对一本书进行了完整的阅读，那不妨就用这一节提到的方式，验证一下自己究竟有没有取得效果。

　　相信很多人都有这样一个体会：当我们给别人解决某个问题后，自己对涉及的知识反倒有了更深刻的理解。由此也不难看出，其实学到和会用之间，还是有些差别的。

　　学到只是我们自己心中产生的主观意识，有一定的欺骗性，即便学得不扎实，我们也感觉不到，或者从内心里不愿意相信。但是当需要将这些讲给其他人听时，则完全容不得半点虚假，于是我们便绞尽脑汁，调动一切所学去说服对方。

　　在这样一个积极思考的过程中，便将原本书中学到的最精华的部分，做到了融会贯通，并用自己的理解对其他人进行了思想输出。

　　不要小看了这一过程，它对我们真正掌握一本书的内容起着相当大的帮助作用！

如何将一本自己喜欢的书有效地推荐给别人？

注意，是有效推荐，别人听了我们的推荐，应该会感兴趣进行阅读，即便不是立刻，但也要在心里留下深刻的印象，并打算在空闲时体验一番。

首先，我们必须要了解自己的推荐对象。他是什么身份并不太重要，不论是我们的家人、同学还是朋友等，都没关系。最重要的是知道对方有什么样的喜好，他都有哪些阅读经历，也就是以前都看过哪些书，平时喜欢看哪一类的书。

其次，我们要在自己熟悉的书里，找到符合对方阅读兴趣的一本。即便我们认为一本书再好不过，如果对方实在提不起兴趣或没有读过类似的书，也大概率不会成功。

最后，要有足够的说服力。做到这一点的关键在于，推荐时着重描述你认为他可能感兴趣的部分，让他的注意力一下集中到你这里，而不是在你卖力时他却心不在焉地敷衍。这些内容可能是书中有趣的人物、震撼人心的重要情节、令人意犹未尽的主题等，选择你认为最出色且能够表达清楚的一点。

没什么头绪时，不妨用以下几个问题启发一下自己

1. 他的阅读喜好是怎样的？

2. 有哪些书是你能够向别人推荐的？要亲自阅读过。

向别人
推荐一本书

了解对方的喜好和阅读经历
- 缩小挑选范围

审查自己的掌握程度
- 检索自己熟悉的书目
  - 给它们分一分类
    - 历史书
    - 故事书
    - 专业书
  - 回想自己经常阅读的方向
  - 挑选与他兴趣相符的书

了解书的内容
- 知道作者和成书背景
- 此书有哪些优点

重点介绍他感兴趣的部分
- 某方面知识
- 看待问题的方式
- 喜欢金戈铁马
- 喜欢情感故事

可作为借鉴

3. 你准备选哪本书推荐给他？

4. 你最想介绍书里的哪一部分？为什么？

5. 你打算用哪几句话作为开始推荐的切入点？

实际练习之后，可以和对方交流一下具体的感受，看看他有没有真的被你的描述所吸引，而产生阅读兴趣。

如果一段时间后他也已经读完，你们还可以进行一番心得交流，并探讨一下这本书的优秀之处。

第四章

深层次阅读

阅读是搜索处理信息、认识世界、发展思维、获得审美体验的重要途径。养成深层次阅读的习惯，就可以发现书中寄托的灵魂，充实我们的精神世界，产生愉悦的阅读感受，进而发现生活中的美好。

第一节
判断作者主旨

学习导航

　　主旨是作者发出的一种声明。他在基于某件事而表达自己的观点。作为读者的我们，需要在尽量早的时候找出书籍的主旨，并判断能否与作者达成共识。

重点分析 *1*

吸引我们阅读一本书往往有以下两个原因

　　一是对作者有所好奇，这种前置的信任感，让我们能够翻开一本书，并一直持续阅读下去；二是我们对一本书或一个主题感兴趣，因此阅读与之相关的书，作者是谁我们并不关心。这时候我们就会较为急切地想知道这本书的主旨，倘若作者的观点和我们所持的观点不同，我们还会好奇作者会说出怎样的理由让我们认同他的观点。

　　总之，判断主旨对一本书的阅读而言，拥有不俗的意义，不仅能够便于我们梳理文章脉络，也能够帮我们快速地了解一本书的内容。

判断作者看主旨

组成论述

翻到书里的愿望

读一本书的中心思想

前后挑选关键句

从关键句找出主旨

找出主旨

用自己的话写出主旨

找出关键句

主旨在论述中

阐述作者判断的部分

注意书里的标记

认识主旨的重要性

判断接受还是反驳该主旨

主旨是所提问题的答案

主旨是达成共识的前提

83

重点分析 2

寻找主旨之前，先找到关键

对于论述性作品来说，主旨往往表示的是一些疑问句的答案，通常为叙述句。关键句通常是在整本书中表示作者为何持有某种观点的阐述。作者和读者的沟通就在于此，作者需要把自己不管是对于某件事肯定或否定的结论，以及为什么会做出这样的结论，将这些理由完整地呈现在读者面前。因此，有些作者会有意将关键句突出显示，或者放在较为明显的位置，以达到吸引读者注意力的目的。除此之外，如果在阅读过程中我们发现有些地方难以理解，就可以大致判断这是一个重要的句子。

接下来就是如何找出这些句子所包含的主旨。通常关键句包含的信息较多，而且语法也会相对复杂，此时需要我们尽量提取出一些关键字，分析整个句子结构。然后剔除修饰性的文字，最后用自己的话写出一个意思十分精确的短句。

重点分析 3

怎样才算真的总结出了句子的主旨？

我们可以对比一下自己写出的主旨和作者的原句，如果只是对里面的字词做了一些顺序上的改变，或者压根就是原句的缩写版，那大概率我们并没有真正理解这句话的意思。理论上，我们应该可以完全用自己的话对作者的观点进行解释，并与之意义相同。如果你始终摆脱不了作者带给你的那些"字"，就代表他的思想并没有真正传达到你身上，你和作者之间没有产生有效沟通。

第二节
找到故事里的关键词

学习导航

阅读时，尤其是对于故事类的文学作品而言，确定作品的主题对于理解整本书起着至关重要的作用。而想要确定主题，最好的方法便是利用关键词。

我们可以先根据读过的一本书，从它的主题中开始思考，里面都包含着哪些关键词。简单来说，就是用一个词可以体现其中提出的问题、最终的答案或关于作者观点的阐述等。一本书通常不只有一个关键词，我们可以从书名、人物遭遇及最终结局这些重要节点入手，想出更多能够概括主题的关键词。

重点分析 1
利用问题辅助思考

下面这些问题能够辅助你进行思考，更加方便地找出故事里的关键词。

1. 如果让你说一个词，最符合这个故事带给你的感觉，会是哪一个？

2. 故事里的某个人物遇到了难题，如果这种情况用一个词来形容，你会用哪一个？

3. 将自己能想到的符合关键词概念的词语列举出来。从里面查找一下哪些词较为符合当前的故事。

4. 你为什么会觉得这些词是故事里的关键词？说说你的想法和理由。

5. 结合故事的结局来看，作者有没有留下什么问题让读者思考？这些问题能否带来新的关键词？

关键词如何加工成主题？

值得一提的是，对于不同水平的阅读者来说，他们的关键词列表里包含的词汇往往有着较大的差别。如果你的关键词列表一开始还不多，也没关系，随着阅读量的提高，它会变得越来越丰富。但是有一个误区需要注意，关键词并不等于主题。有些人会直接将两者混为一谈，其实是不对的。主题是一个句子，往往是一个结论或对观点的阐述。提取出关键词之后，还需要用自己的话对它进行一番加工，才能形成主题。这中间包含着我们对这本书的理解，不能直接跳过。

从关键词到主题，最有效的一个练习方式就是扩写。选择常用的句式将关键词扩写成一个能够表达主题的句子。关键词对主题的意义更像是它的种子。首先我们依然列举出自己认为符合故事的关键词，然后思考作者对此是怎么说的，他想借用这个故事向我们传达什么知识或道理？最后用自己的话将这个道理讲出来，并注意用上自己选择的关键词。

找到故事里的关键词

出现了哪些关键词
- 信任、责任、友谊、勇气
- 哪个词最能概括故事

关键词能概括人物处境
- 写句话、填入关键词
- 写出关键词，扩写成句子

如何挖掘关键词
- 参考书名、遭遇和结局
- 提炼主题
- 概括问题和观点

第三节
看封面找线索

　　一本书的封面包含的信息其实非常丰富，也许我们并没有仔细留意，但如果使用得当，它能够帮助我们更加顺利地开启阅读，或者节省时间尽快更换下一本。

重点分析 1
将目光聚焦于书名

　　书名往往和书里的内容联系十分密切，不管是关于人物、背景或主题，总有一点是切合的。就像《巴黎圣母院》是关于背景，《木偶奇遇记》则是关于人物。书名通常还有一些更深层次的含义，即使作者并没有刻意如此，但书名仍旧能够帮助我们更加深入地理解接下来的内容。

　　在读完一个完整的故事后，我们不妨回过头来重新看一下书名和内容的关系。

　　1. 贯穿这本书的重要线索是什么？

　　2. 书里哪些内容和书名是有直接关系的？

　　3. 书名还和故事里哪些元素有关？它是直接说出来的还是表

看封面 找线索

认真看封面

书的概括
- 对故事有初步印象
- 内容简介

封底文案
- 引起兴趣了吗
- 书的宣传语

细读书名
- 简单严肃
- 胡思乱想
- 设置悬念

预测小精灵
- 书里有可能出现哪些问题
  - 人物最大的困境是什么
  - 自己会处理这些难题吗
- 故事将是什么走向
  - 作者想要表达什么
  - 情节如何发展
  - 故事将如何发展

边读边验证
- 记录感想猜测和疑惑
- 不断验证更新推测

小恐龙历险记 xxxx.

89

达的象征意义？

4.如果让你为这个故事命名，你会取现在这个书名吗？如果不是，为什么你会选择另外的书名？

5.你的书名和现在的书名之所以会出现差异，是因为对故事有不同的见解吗？

重点分析 *2*

内容简介是让我们决定阅读的最后一步

封底，也就是通常写有内容简介的地方，往往能够进一步影响我们阅读的决策。如果书名能够一眼吸引我们的注意力，让我们产生相应的阅读兴趣，那封底上的文字则能够进一步让我们确定是否要真的开始阅读。因为在阅读前只看内容简介就可以在很大程度上预测这本书的主题是怎样的。即使是在阅读的中途甚至读完之后，再看内容简介也可以用来回想故事中发生的事情，比对一下简介和真实的故事究竟有怎样的联系，便于思考这个故事想告诉我们一个什么样的道理。

一般封底上的简介会提到故事的主人公，并且在最后留下一个悬念，吸引我们打开书真正开始阅读。但在此之前，我们可以利用简介上的内容，先对真正的故事进行一番推测。比如主人公最后获得了哪方面的成长？故事最可能涉及哪些问题？从当前的感觉来看，故事最想说明的道理可能是什么？哪些情节是可能会发生的？

多提出一些问题，有助于明确我们接下来的阅读目标。在阅读时做到目的明确，注意力集中。

学习导航

前面已经介绍过故事的主题，这一节我们来认识一下情节，并对两者做一下区分。主题是作者通过故事想传达给我们的观点，而情节则是故事里具体发生的事件。情节承载着观点，由一系列读者能够跟踪了解的事件组成。主题则通常不会被作者直接在书里清楚明了地写出来，而是需要我们根据感受亲自推导出来。

重点分析

梳理情节和主题之间的联系和区别

1. 书里都发生了哪些事？挑选有印象的写出来。

2. 这其中你认为重要的事件都有哪些？是否印象深刻的都是重要事件？

3 事件里的人物在事情发生后，发生了哪些改变？

4. 你对这些发生的事有什么感受？产生了什么想法？

5. 你认为这个故事除了最明显的那个主题外，还包含着其他观点吗？试着总结一下。

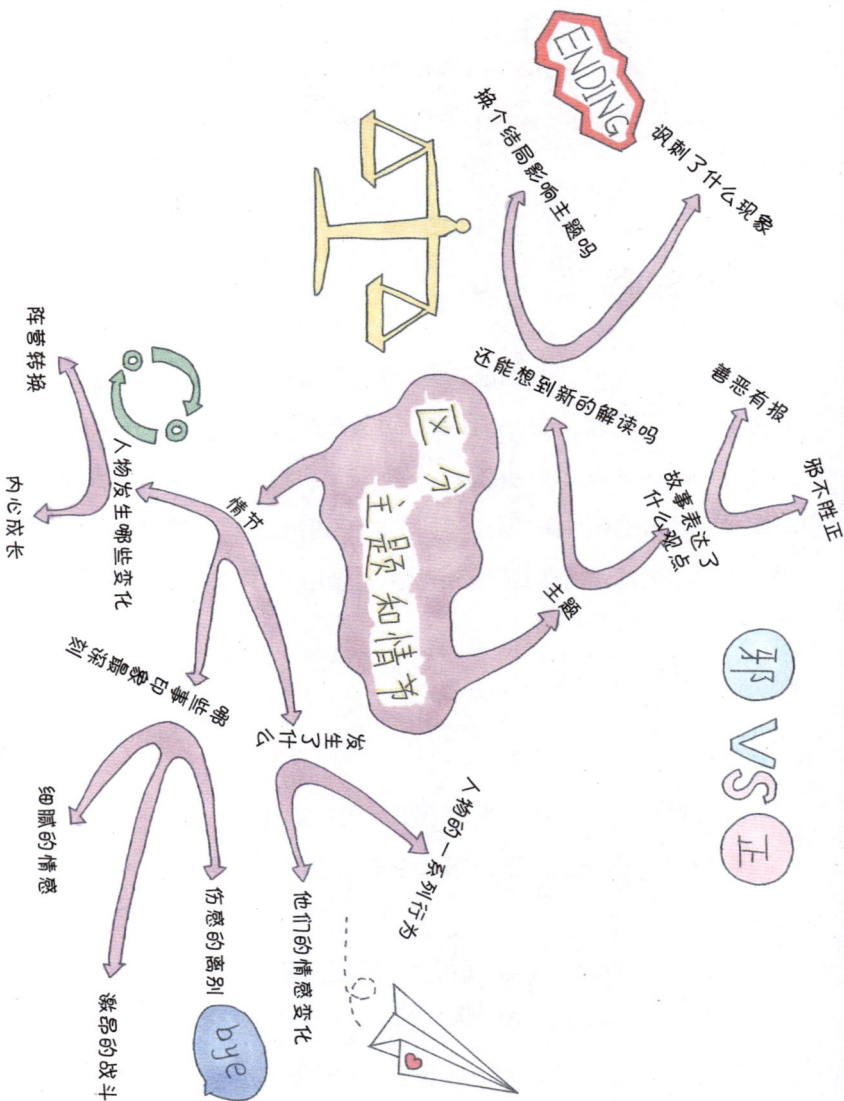

ENDING

讽刺了什么现象

换个结局影响主题吗

恶有恶报

邪不胜正

还能想到新的解读吗

故事表达了什么观点

主题

邪 VS 正

区分主题和情节

情节

人物发生哪些变化

内心成长

跌宕转换

发生了什么

哪些事情令我印象深刻

他们的情感变化

人物的一系列行为

惊心的战斗

细腻的情感

伤感的离别

bye

学习导航

书里的故事之所以能够吸引我们一直阅读下去，除了情节精彩之外，人物的魅力也有不容忽视的作用。我们在阅读的过程中，可以多多留意人物的性格和行为，然后从他们身上学到一些关于生活和做人的道理。

重点分析 *1*

选择熟悉的人物，列出他们优秀的性格特点

想一想人物在哪些时候会表现出这些特点？为什么他们会这样做？自己喜欢他们这些特点的理由是什么？

生活中，我们每个人都不会天生就是完美的，没有缺点。恰恰相反，我们比任何人都知道自己在哪些方面处于弱势，因而会更加尊敬、羡慕在这些方面做得优秀的人。

可能是关于勇气，我们在平常的生活中喜欢一个人，因为他表现出了莫大的勇气，即使面对的是很可怕的事情，依然没有选择退缩；可能是因为耐心，面对问题频出的状况，依然能有条不紊地应对，并不对周围的人发脾气、大吵大闹；可能是因为智力，好像任

93

何难题都难不倒他，总是能在很短的时间内想出完美的解决办法，收获周围人惊叹的目光……凡此种种，不一而足。

我们把这些人在内心里当作榜样，从而不断激励自己，向着他们的方向努力，将自己完善成更加优秀的个体。而书里的人物同样也可以起到这样的作用，他们的性格特点要比生活中的人表现得更加鲜明，便于读者识别。

我们需要的只是他们的行为给自己带来的思考，只要当我们察觉到书中的人物对待他人的方式出现了让自己惊讶的地方，就代表其现在的行为是我们平时不会采取的。

当然，这些行为不一定都是好的，如果我们因此产生不舒服的感觉，完全可以按照反面教材处理，遇到类似情形时，警醒自己一定不要做这样的行为。同样能起到正面效果。

重点分析 *2*
利用问题，梳理从人物身上学习的过程

1. 列出我们所欣赏的那些人物性格后，在书里找到能够表现这些性格的内容。

2. 人物在此处的表现，你会如何评价？

3. 这个人物教会了你哪些事情？你从他身上学到了什么？

4. 人物的这一闪光点对你有哪些启发？

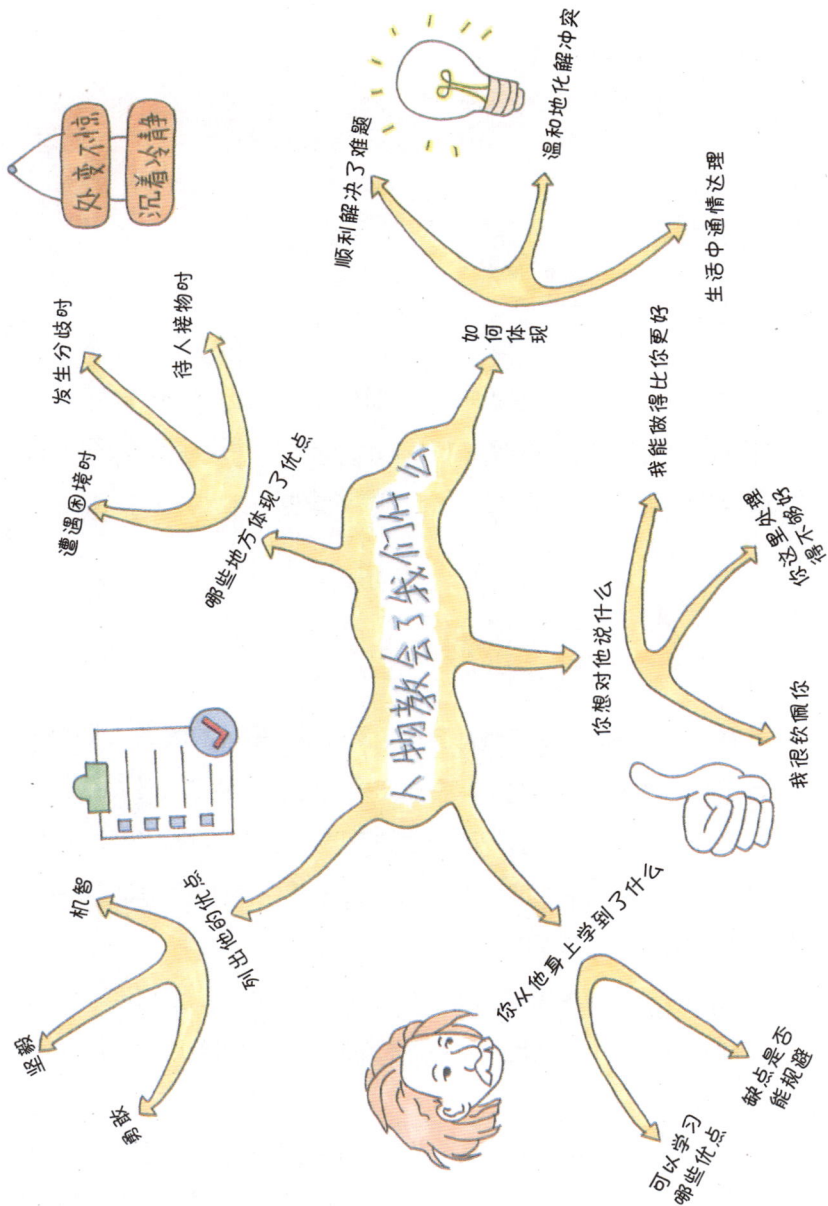

人物教会了我们什么

如何体现
- 顺利解决了难题
- 温和地化解冲突
- 生活中通情达理

哪些地方体现了优点
- 待人接物时
- 发生分歧时
- 遭遇困境时

性格不错
沉着冷静

列出他的优点
- 机智
- 逻辑
- 勇敢

你想对他说什么
- 我能做得比你更好
- 遇到处理得不够好的你还是得
- 我很钦佩你

你从他身上学到了什么
- 可以学习哪些优点
- 缺点是否能规避

95

学习导航

好的故事总是让人意犹未尽，同时能引发我们深深的思考。作者往往在前面花了很多篇幅去将我们代入一个个情境，却在结尾处结束得干脆利落，给我们留下足够的想象空间。

重点分析 1

书的结尾，往往是作者对整本书进行总结的地方

常规来讲，全部的问题都会在结尾处得到妥善的解决，人物身上发生的所有事情都会明了起来。如果我们读得足够认真，还能从最后的结尾部分找到作者想要传达的道理。这时候，如果有某个人物说了一些意味深长的话，那往往就代表着作者在帮助我们思考，对主题起到一个提示作用。

我们一定是真的喜欢那本书的故事，否则也不会一直读到结尾处，此时就不应该在最后关头反而松懈，因为这极有可能让你错过本书最精华的部分之一。

我们可以在全书的最后一页或全文的最后一段处停下来，想一想这部分内容是否蕴含了什么道理。某个人物最后的话留下了哪些

书里哪些问题值得思考

作者想告诉我们什么

忍不住思考什么问题

从中学到的道理

宗结局是什么

意犹未尽

麻烦没有彻底终结

人物未做具体交线

惆怅若失

悲剧收场

圆满结局

HAPPY ENDING

每个事件都完成了收尾

人物都有了自己的结局

前面的问题解决了

给篇章画上句号

情节是否遇到几个高潮

引发新的思考

对全书的总结

书里的问题是怎样解决的

回想前面内容

印象最深的部分

哪些地方是伏笔

梳理记录

按人物列出生平

按事件列出主线

问题值得我们思考？用自己的话将总结的道理阐述出来。

读对话，加深对人物的理解

试着将人物的对话读出来，复述一遍，体会其中的情感，相信能使我们对人物心境的理解更深入。

具体步骤为：

1. 找到一本已经读完的书，重新读一次结尾。

2. 仔细看最后一页或最后一段，叙述者或某个人物有没有在故意引导你去思考某个问题？

3. 读完结尾之后，你最直接的感受和想法是什么？

4. 用自己的话解释一下结尾的意思，并尽量说出从中学到了哪些道理。

5. 结尾提到的问题最终解决了吗？如果解决了，方法是什么？对你有哪些启发？

第七节
规避人物犯的错误

学习导航

　　故事里有让我们喜欢的人物，自然也就有使人讨厌的角色。有些人物的言行，不仅使书里的角色感到不快，就连作为读者的我们，也会引起不适。但是即便如此，他们身上依然有值得学习的地方，就是全部规避那些令我们不喜欢的行为。

　　即便一开始不能完全做到，也可以起到一个提醒作用，从内心深处意识到：原来我这样说话或这样做事，别人的感受是并不愉快的。

　　这样在平时与人相处时，就可以有意识地不再这样做。久而久之，我们的缺点也就慢慢改正了。

重点分析 *1*
找出人物的固有习惯

　　为了使读者便于区分每个不同的角色，作者往往赋予每个人物鲜明的特点，并在后面的内容里不断对某一个特点进行强化，加深我们对其的印象。

　　这种特点有好有坏，往往代表着一种行为习惯。

比如一个平时喜欢欺负别人的孩子，对上学的事情从不在意，每天都会迟到，却对自己打扰同学们的行为不以为意。站在其他的角度，我们很容易便能察觉到暴力、傲慢、不守时，都是不好的行为，频繁出现的话很容易招致老师的恼火，以及失去同学们的友善。

同样地，还有诸如自私、刻薄这一类的情感。这些可能平时我们也会不自觉地表现出来，但自己不一定能察觉，听在对方耳中却会引起不适。

这时，我们可以用给人物提建议的方式来解决这一问题。写下类似的句式：我认为（ ）是不好的，如果可以，你应该……为人物提建议的同时，也是在帮助自己寻求问题的解决之道。

重点分析 *2*
通过问题，进行反思

人物做错事，得到了教训。这一类可以借助以下问题来梳理思路。

1. 故事里哪个人物做了什么错事？

2. 他感到内疚的事里，其他人是怎样的感受？这给了你怎样的启示？

3. 你觉得他在犯错之后是否会改正？改正的话会做些什么？

4. 这个教训足够深刻吗？能不能让他一直记住并不会再犯？

5. 从这次的教训里，你学到了什么道理？

6. 这个道理适用于平时的生活吗？你能否做到让自己不犯同样的错误？

我比较了解的人物犯的错误

他在犯错后做了什么
- 不认错，不改正
- 不认错，但改正
- 认错，不改正
- 既认错，又改正

人物因为什么事感到内疚
- 计划的事没完成
- 失去了朋友
- 伤害了亲人

可以讲出哪些道理
- 要和日常生活有关
- 要和书有关

人物犯了哪些错误
- 没有主见
- 爱生闷气
- 怯懦怕事

从中吸取了哪些教训
- 撒谎会伤害人
- 拖延做不成事情
- 发脾气会伤害感情

101

第八节
留心人物的情感变化

　　故事往往是许多人物成长的过程。他们通过一系列事件，内心发生了各自的变化，或好或坏，完成了各自的成长轨迹，彼此交织，形成了一个精彩的故事。因此，阅读时我们必须要留心人物的情感变化，这是读懂故事的一大关键。

重点分析 1
故事里的人物和我们一样拥有喜怒哀乐

　　我们在平时的生活里，心情会随着某些事情的发生而产生波动。过生日家人朋友为自己庆生会感到幸福，学会骑自行车会获得成就感，吃到了喜欢的零食会心情愉快……此时我们会大笑，内心雀跃；但同时会遭遇一些不想发生的事，天气太冷导致感冒了，发烧咳嗽，会觉得难受；出门时衣服不小心没穿好，被其他人嘲笑会觉得丢脸；回家开门时发现钥匙忘带了，会产生焦虑……类似的情况使我们沮丧，内心难过。

　　同理，故事里的人物和我们也是一样的，他们每天也在遇到各种事情，感受也随之发生相应的变化。当我们发现故事里的人物产生了新的感受时，就可以暂时稍微停顿一下，在便于记录的地方用简短的词语描绘一下这种感受，甚至可以用简笔画尝试着将自己想象中他们的形象给画出来，那副表情一定特别传神。这样无论日后自己重新翻看，还是和阅读搭档、同学朋友互相讨论的时候，都可以很快回想起对应的内容，并进行相应的解释，到底发生了什么变化，又是什么导致的。如果没有之前那一步操作，这一点是几乎不可能做到的。因为人物的情感变化往往是多次出现的，我们无法在有好多人物的情况下·同时记住所有细节。但是有了自己做的提示，事情就变得简单多了。

重点分析 *2*

通过问题，深入了解人物

阅读时不妨思考以下问题，能对我们深入人物内心，体会人物情感起到辅助作用。

1. 这一幕对人物造成了影响，对他来说是好事还是坏事？

2. 他在这种情况下内心是何感受？消极的还是积极的？

3. 这份感受与之前相比，是否发生了变化？

4. 如果确实改变了，是什么原因导致的？

5. 他在最开始是一个怎样的人，中途发生了哪些心理变化，一同列举出来，研究一番，并推测他在结局时会变成什么样的人。

6. 结尾处他的情感符合你的推断吗？此时和故事开始时变化相差大吗？

7. 他在故事里获得了哪些成长？你从中是否也学到了一些能用于实际生活的道理？

留心人物的情感变化

人物在开头情感是怎样的

- 单一但鲜明
  - 喜欢
  - 憎恶
- 模糊复杂
  - 纠结的身世
  - 微妙关系

情感在哪些地方发生转变

- 愿望达成
- 期待落空

为什么发生了这种变化

- 遭遇重大挫折
- 被他人说服

- 勇于尝试新的事物
  - 对世界有回报
- 站在对方的角度看问题
- 对自己开始有新的认知
- 内心有了成长

104

第五章

如何阅读不同类型的书

面对卷帙浩繁的书海，我们难免会期望找到一种固定的模式，能够适用于所有书籍，将阅读这件事简化下来。但很可惜，阅读是一项需要练习的技能，不同领域、不同类型的书籍有着不同的阅读方法。在了解书籍的分类后，我们就可以根据内容简介等信息初步判断该书是不是自己想读的书，然后便可以根据自己的经验，采取合适的阅读策略，避免不必要的精力浪费。

第一节
如何阅读想象文学

　　想象文学主要指的是像小说这样运用想象力书写的文学作品，它与强调理性的哲学或科学都迥然不同。

　　相信很多人会认为阅读想象文学的难度要比读其他类型简单不少，但如果被问及为什么喜欢读这种类型时，却又茫然无措，不知从何说起。这里我们要知道，正确的结论其实是相反的，想象文学的阅读难度要远超过其他类型。我们之所以觉得想象文学好读，并且在想象文学上花费比其他类型更多的时间，主要原因还是在于想象文学的目的重在娱乐，而不是获取知识。因为不用在其中必须学到某种东西，所以能更好地讨好读者。然而，当我们试图分析那些经典作品的优秀之处时，立刻就会感到难度骤增了。分析美，从来都不是一件简单的事。

重点分析 1
想象文学在写法上的重要特点

　　与一些说明类的实用书做个比较，想象文学经常会使用隐喻，以及利用文字的多重含义，这种字里行间流露出的言外之意有时甚至会超过文字本身的意思。作者想表达的东西，往往并不能用文字或语言直接传达出来，需要我们深入其中去体会。因此，每个人也就产生了不同的解读，这在阅读想象文学时是极为正常的。而论述类的作品则完全相反，它的一字一句都是为了说明某个具体的问题，我们能够清晰地感觉到作者的逻辑目标。它的字里行间会做到尽可能准确，不产生任何歧义。

因此，我们不必试图在想象文学中去寻找主旨或论述。它虽然包含这些，却全都打散进入具体的故事里，需要我们读过以后，有所体会才能提炼出来。

重点分析 *2*

阅读想象文学的三个重要步骤

首先，我们要对阅读的作品做一个分类，也就是能判断出究竟是小说、戏剧，还是长诗。这一点从篇幅和写作方式上能够轻松判断出来。其次，要学会抓住一本书的大意。因为想象文学通常是一个由各种情节组成的故事，所以当我们能够简单地概括书里发生的剧情时，就算做到这一点了。大意包含在情节之中。等我们掌握一本书的大意后，就要尝试分析它的结构。整本书是怎样架构出来的，每部分之间如何衔接，故事的开端、发展、高潮、结局分别是什么，对这个世界产生了什么影响。

不难看出，想象文学和其他类型都不同，它具备十分强大的完整性。只从中抽取出任何一部分，单独阅读都是没什么意义的，只有当它们彼此之间构成一个整体时，这本书才算值得一读。

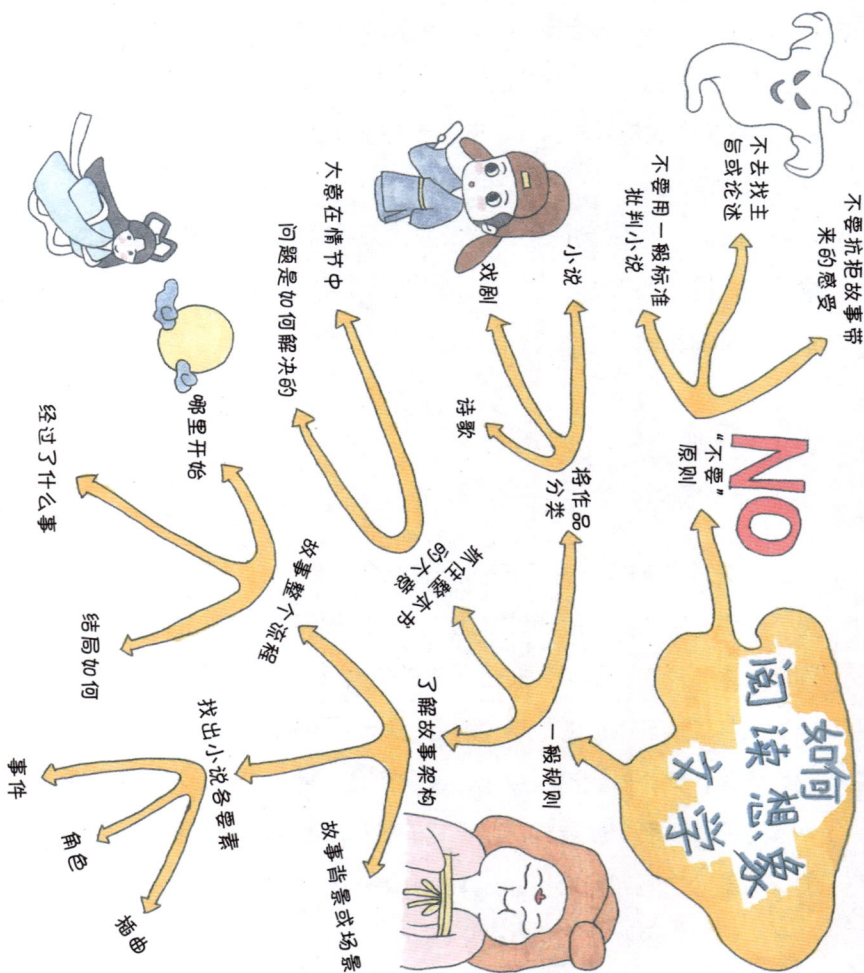

如何想象文学

"不要"原则

不要抗拒故事带来的感受

不要去找主旨或论述

不要用一般标准批判小说

NO

将作品分类
- 小说
- 戏剧
- 诗歌

一般规则

了解故事架构
- 故事背景或场景
- 找出小说各要素
  - 结局如何
  - 角色
  - 插曲
  - 事件
  - 哪里开始
  - 经过了什么事

看懂整本书的几个要素

故事整个流程
- 大意在情节中问题是如何解决的

第二节
如何阅读小说和戏剧

想要读通一本小说或戏剧，唯一的方式就是去感受和体验。下面对小说和戏剧的读法分别做一个介绍。

重点分析 *1*

阅读小说最好是全身心投入

因为小说篇幅一般都比较长，所以很多人会花很长的时间来读。其中有一部分是因为学业或工作繁忙，没有那么多的时间，还有一部分读者则是因为喜欢里面的故事，阅读时有满足的沉浸感，因此不舍得读完，下意识放慢了阅读速度。但是这样做其实有一个很大的弊端，在漫长的时间里，我们可能会忘记故事里都发生过哪些事情，对一些关键的情节也会有所遗忘，更加严重的甚至读到后面已经不记得前面的内容了。

因此，单单对于小说而言，阅读时的建议是全身心地投入，然后快速读完。充分将里面的人物放进我们的内心，体会发生的种种事件，即便心存疑虑也不停下来，后面极有可能会解释他做出那种行为的动机。我们要深入人物的内心去思考，而不是以读者的视角去看待他们所面对的问题。这样人物的很多行为就变得很容易理解了。

还有一点就是不要轻易被刚阅读一部小说时产生的一头雾水感吓住，更不必因此感到焦虑甚至直接放弃这本书。实际上，这是一种很正常的现象，故事对于里面的人物而言，就是他们的一生，我们自然无法在一开始时就知道所有发生在他们身上的事。只有完整地读完这本书，再回过头看，这时候一切才会显得清晰起来。

每个人喜欢小说的理由可能不同，但相同的是，我们都要承认小说能够满足我们潜意识中的某种需要，或某种情绪，或某种信念。

重点分析 *2*
在脑海中想象剧本里的场景

然后是戏剧。剧本和小说一样，同样也是在讲一个故事，但区别在于，剧本通常不会将背景描绘得很细致。篇幅的大部分多为人物的对话和动作。因此，在阅读剧本时需要我们更加具有主动性，努力想象剧本当下正在进行的是怎样的场景。如果我们没有看过舞台上的实际表演，那就只能在脑海中自导自演。

虽然听起来是一件辛苦的差事，但其实并不枯燥，反而很有意思。我们在脑海里先按照出场人物设计出几个角色，他们全都待在原地乖乖地等待我们的指令。

这时候我们一个个去指挥他们分别说出什么台词，做出哪种动作，展开怎样的互动，能够将这部戏演绎得尽量精彩。在这样的过程里，我们会逐渐玩得不亦乐乎，并且能够对剧本产生更加透彻的理解。

如何阅读小说和戏剧

小说

- 快读
  - 压缩阅读时间
  - 全身心投入
  - 有疑问先搁置
  - 读完站在全局角度再看
  - 了解事件关联的前后顺序
- 在讲什么故事
- 满足猎奇心理需求
  - 寄托希望
  - 产生共情

戏剧

- 朗诵主动投入
  - 剧本描绘背景时较简陋
  - 阅读时缺乏身体语言
- 把握住整体感觉
  - 一口气读完
  - 体会其中的深意
  - 慢读，带感觉朗读

第三节
如何阅读历史书

提到历史，我们需要先搞清楚历史究竟是什么。简单来说，历史就是过去曾经发生过的事，而我们认知里的历史，通常所指的是发生在年代久远之前的事件。那个年代的人已经尽皆死去，他们留下的记录也就无从考证是否正确，我们只能姑且听之，无法保证事实真的如此。

重点分析 *1*

历史是接近于小说的文学

我们并不是在说历史学家故意编造事实，对真实事件随意加工和歪曲，而是指准确性有所偏差这个问题无法避免。实际上，优秀的历史学家一定会为自己输出的内容负责，并极力做到准确无误。但是即便如此，他们也会进行一些加工。因为历史是冰冷的，不带有任何私人感情，但是书写成文，则必须要讲清楚事件的起因、经过和结果。

作者在确定好自己的观点，并梳理这一切的过程中，其实就无形中代入了自己的情感，我们在阅读不同的历史作品时，相信也会有比较明显的感触。不同的作者书写同一段时期的历史，读起来的感觉是不尽相同的。因此，为了寻求真相，我们需要从尽可能多的方向来仔细观察。

重点分析 *2*
问问自己，读历史书是为了什么？

多数人读历史书的目的，我相信无外乎就是两点：一是想知道那一时期究竟发生了什么事；二是读历史感觉很好玩，觉得里面的很多事情都非常有意思。

阅读历史并不一定抱着的都是学习的态度，"我要通过多方佐证，得到确切的史实"，类似的想法并不是所有人选择读历史的理由。一方面那需要花费大量时间和精力，对多数人意义不大；另一方面其实单纯从趣味性上来看，历史书确实非常具有可读性。不论是文明古国浩瀚久远的历史，还是世界名人传奇般的经历，都散发着强烈的魅力。我们在书中随着时间的流逝，看到历史的车轮滚滚而动，不禁思绪万千。

历史是无法改变的，但现在和未来却不同。因此，如果能从历史中学到有利于未来的东西，那就再好不过。

重点分析 *3*
阅读历史书的两点须知

在阅读前需要有这样的思想准备：一是如果自己已经知道对某时期的历史感兴趣，那就去读几本与其相关的书，以期窥得事件全貌；二是阅读历史的重点并不在于将当时事件发生的时间、地点等搞得特别清楚，而是要学会从中汲取经验和营养，了解他们成功或失败的原因，使之能够用于当下及未来的学习和生活中。

如何阅读历史书

批判态度要谨慎
- 不够逼真不是大问题
- 采用资料是硬伤

明白真正发生了什么
- 一件事不同书可能有出入
- 需要用自己的方式求证

史实难以捉摸

弄清楚侧重点
- 在讲什么
- 没讲到什么

要提出的问题

讲故事的方式
- 分享规则
- 哪部分作者特别重视

两个要点
- 对某一时期引导读一种以上历史书
- 经由具体事务引发对当下的思考

学习导航 🚀

提到"科学"一词，第一印象可能伴随着艰深和专业，下意识产生了畏惧和逃避心理。在有选择的情况下，我们可能并不会主动拿起一本科学类书籍看得津津有味。

然而实际上除了一些科学论文和专业文章是专家写给专家看的以外，大多数科学书或科普书，其实正是专家们写给我们这些门外汉看的。因此，我们这里不谈论任何专业领域的文章，那需要读者拥有相对的专业知识才可以阅读。我们只谈论两种科学书：一种是在历史上赫赫有名的经典之作；另一种是当今社会流行的科普作品。

重点分析 1

阅读科学类的书，是为了什么？

相信多数人阅读关于科学的经典之作，并不是为了能够成为那方面的专家，而只是为了对科学的历史做一些了解。我们不必为此感到难为情，这恰好是作为读者的我们对科学负责的一种体现。我们在书中留意到问题产生的背景，和它本身的难度，以及科学家是用怎样的思路解决它的。了解这些之后，才算尽到了读者的责任。

科学作品一般不像其他文学作品一样，按照明确的时间轴来写，它所要说明的是一种问题或现象，以及事物变化的一般规律。因此，科学作品的内容通常会记载相关的实验或观察结果，然后得出实验报告或结论。归纳法在科学研究中起到重要的作用，因此我们在阅读时也要尽量做到了解归纳法的论点。一些特别经典的实验案例，我们有兴趣的话不妨亲自动手做一下，相信一定能对所读的书拥有更加深刻的理解。

重点分析 *2*

数学是一门语言，不必望而却步

如果说科学书尚且还能凭借勇气阅读的话，那数学书绝对让更多人望而却步。他们虽然不知道是什么原因，但就是认为自己无法阅读数学书。这种情况最好的解决办法就是认清一个事实：数学是一种语言，我们可以借鉴自己学习语言时的方式来学习它。而且有一点它比其他语言优势更大——不必学习发音，只要会写即可。

既然是语言，就会涉及词汇和语法，词汇就是符号，语法是运算规则，只要能够读懂数学所表达出的意思，离克服畏惧也就不远了。而只要真的愿意费点精力去读数学，我们必然能够领略到数学的优美。不仅能获得智力上的满足，更能对数学的精确和清晰逻辑有一个深刻的认识。

科普书里一般也会包含数学，所以从一本感兴趣的科普书读起也是非常不错的选择。但是要注意读这类书需要的专注力更强，绝对不可以走神，否则就会无法理解。

如何阅读科学和数学书

阅读诗歌
- 需要更多的主动性

运用阅读规则
- 找出主旨和论述
- 了解书的结构
  - 确认主题
- 与作者达成共识
- 了解相关问题即可

面对数学问题
- 克服阅读障碍
  - 不必以专家的心态研究
- 心理建设
  - 平常心阅读
  - 尝试跳读不求甚解
- 数学是一门语言

科学名著
- 不带偏见阅读
  - 接受作者的限设
  - 抛开先入为主的结论
- 弄清楚作者想解决的问题
- 关注问题本身
  - 结合问题背景
- 了解相关作品的阅读规则

第五节
如何阅读哲学书

学 习 导 航

哲学带给大家最直观的印象是什么呢？相信我们头脑里冒出的都是一些自小到大一直存在的问题：人类为什么存在？先有的鸡还是蛋？诸如此类。

这些问题起初源自我们的好奇心，渴望了解这个世界，因此能提出很多伟大的问题。不过在长大之后，成年人却很少再提出这种疑惑。

是他们的好奇心消失了吗？其实不是，而是对问题的关注方向发生了转变。他们不再执着于弄清楚一件事为什么会这样，而是只想知道这件事究竟是否是这样。

由此不难看出，哲学包含的问题通常都是百科全书无法解决的问题。

重点分析 *1*
哲学的领域划分

哲学主要分为两个领域，划分依据是所讨论的内容不同。

一类是讨论关于存在和变化的问题，关注的是世界上存在或发生过的事情，并尝试建立存在和变化的关系。这一类属于理论或思辨型。

另一类讨论是关于善恶好坏的问题，也就是我们应该做什么，不要做什么，是较为实用的一类，属于规范哲学。

但是要区分于那种手册和指南，它们只让你跟着学进而掌握某种技能，而规范哲学关心的是所有人追求的共同目标。比如怎样过上更好的生活，如何使社会的秩序运转得更加良好等。

在两类之下还有次类的划分，有兴趣的话可以去了解一下，包括我们平时肯定听过的形而上学，以及自然哲学和认识论。

重点分析 2
哲学书的阅读门槛没有很高

哲学书的阅读确实需要一定的门槛，但是它只难在一些过于专业的问题上。

比如现代哲学作品，讨论的问题过于细致艰深，读者没有任何办法。不过在此之前的那些经典哲学作品却不一样。书里讨论和回答的都是与普通人息息相关的，写书的哲学家也希望普通人能够了解他们的思想。

因此，以这样的观点完成的哲学作品，即便是对哲学没有了解的读者也能够接受。

任何哲学作品，阅读时最重要的都是发现问题，或者找到书里在试图回答哪个问题。因为有了具体的问题，读者才能尝试找到作者的中心思想，然后观察他如何将理念贯穿在整本书里。

如何阅读哲学书

哲学家提出了哪些问题
- 应该做的事
  - 存在与变化
    - 自然哲学
    - 形而上学
    - 认识论
  - 理论哲学
  - 规范哲学

哲学风格
- 哲学对话
- 论文或散文
- 面对异议
- 系统化

阅读提示
- 找到书里想要回答的问题
- 努力寻找中心思想
- 拥有自己的观点
- 出现不同意见不必困扰
- 自行判断观点成立与否
- 画饼思错

哲学书阅读起来抽象很正常

哲学讨论的是事物的本质，探索潜藏在各种现象中的原因和条件，因此阅读起来常常显得抽象。

哲学家和科学家不同，他们不会做具体的实验和调查，而是阐述自己经由思考之后得出的结论。这些结论不一定正确，甚至无法证明，我们在阅读时必须时刻保持思考。

最后，哲学家的意见常常难以统一，因此读者无法从哲学作品里得到关于某个问题的绝对正确的答案。

我们必须做到自己回答自己提出的问题，采纳别人的观点只是在逃避而已。

第六节
如何阅读社会科学书

学习导航

社会科学是什么？有一个最容易误解的地方就是，它是一个独立的学科。

其实并非如此，社会科学往往包含了人类学、社会学、经济学和政治学，专注于对人类社会系统知识的研究。

社会科学书从某种意义上来说是容易阅读的，因为涉及的内容读者都比较熟悉，总归是社会的方方面面，而且是以叙述的方式说明问题，读起来显得顺畅，和历史的阅读感有些相似。其中许多在耳边出现的常用词汇，也会显得十分亲切。

社会学家在写作时还会引用我们熟悉的材料，然后注入丰沛的情感，于是我们的情绪和看待问题的态度，便不由自主地随着作者的节奏发生了变化。

重点分析 1
社会科学书没想象中容易阅读

此时，我们发现了一个问题：社会科学书并不像当时以为的那么容易阅读。作为读者，我们难免会在阅读时对作者的观点提出一些质疑。

一旦产生质疑，正在阅读的作品就会变得吸引力骤降，并且怀疑自己有没有选到正确的书。因为一旦你拒绝接受作者的观点，那他接下来要说的话会让你没办法听进去。而从分析问题的角度来看，这种质疑精神又是十分必要的。所以，这类作品的阅读难点在于我们能否和作者达成共识。

我们已经知道历史书往往由科学和虚构混杂而成，并有了相关的阅读经验。

但社会科学书的混杂程度还要更胜一筹，往往涉及科学、哲学、历史、虚构，而且每本书混杂的元素还不尽相同。因此，我们很难界定这本书到底在讲什么，而这又是读通一本书所必须要知道的一点。

于是我们只能通过一些关键字，或列出纲要，来判断出这本书的主旨和论述，然后想办法和作者达成共识。

重点分析 *2*

社会科学书，只读一本往往无法解开原来的疑惑

因为我们关注的是一种问题或一类事件，很难说从一本书里就可以得到完美的解答。因此阅读社会科学书时，往往需要同时读上许多本。这里就需要用到阅读层次最高的那一级：主题阅读。

时代在更迭，社会在发展，即便是一些经典的著作，在经过一段时间之后，里面的论述就未必还跟得上时代，我们必须找上几本修订版或新作品，通过分析和比较，来找到最终答案。

如何阅读社会科学书

阅读难点
- 看眼一个问题 — 多读几种：注意阅读最新版本
- 根据问题阅读
- 本能地质疑结论
- 不能地质疑结论
- 观察的方式不统一，需要甄别
- 本话不易理解
- 内容涉及历史、哲学和科学

阅读重点
- 什么是社会科学：人类学、经济学、政治学、社会学

阅读特点
- 阅读容易
- 内容是读者熟悉的
- 题材感兴趣
- 问题贴近生活

第七节
如何阅读实用书

学习导航

实用书很容易理解，一般就是为了传递知识，并且没有什么类别上的划分。但有一点必须在最开始就了解清楚：没有哪本实用书能够解决实际问题，哪怕是在书中提过的。它只能提出建议，问题能否解决需要我们亲身实践方才知道。

就像一本教你如何交朋友的书，却无法一下子让你拥有许多新朋友一样。本书也是如此。我们翻开它的时候可能抱着提高阅读力的念头，想要解决一些阅读难题。而整本书翻完之后，那些问题就已经解决了吗？我认为应该并没有那么简单，除非你真的已经理解、学会了。本书可以帮助你规避一些问题，找到解决问题的方向，却无法帮你直接解决问题。你必须结合理论展开接下来的阅读，在一步步的实践中将所学融会贯通。

重点分析 *1*
实用书都包含哪些分类？

实用书大体可以按照内容分为两类：一类是说明技艺和规则，像指南、手册之类；另一类则是说明形成规则的原理，这一类常常

125

包含一些专业领域的巨著。

阐述规则的书，核心自然是关于规则的部分，通常都会带着类似于命令的语气，直接告诉你应该怎么做。作者在尽己所能地说服你，让你坚信某件事值得一做，并且能够取得收获。因此，作者通常会解释一番规则背后的原理，然后佐以部分实例。

而阐述规则背后原理的书，则纯粹由理论性的东西构成。它的主旨便是告诉你一件事的状态，然后用篇幅证明这件事真的如此。因此，我们在阅读这类书籍时，必须要敏锐地发现它背后的言外之意，也就是基于这些原理，能够衍生出哪些规则，又将如何应用于实际生活中。如此，才算真的进行了一次成功的阅读。

重点分析 *2*
如何判断一本实用书是否实用？

但值得注意的是，并非书中的所有理论我们都会认同。即便作者的建议十分具有说服力，可他所认为的正确目标和你的出现明显差异，那你大概率还是不会按照他的观点去做。由此我们能够得知行为规则的两条真理：一是客观事实，只要去做就真的有效；二是能够引导我们走向自己所期望的那个结果。知道这些之后，我们便能够判断出一本书究竟是否实用了。

其实在拿到一本实用书时，最先要做的一点应该是先确认自己和作者之间有没有观点上的差异。因为我们最终的目的是要和这本书的结果达成一致，否则即便书里的方法详尽有效，但它通往的目标并不是我们所关心或期望的，那这次阅读也不会有任何意义。

如何阅读深用书

接受作者的方法
认可书里的结论
根据自身知识判断
采取的方法
最终目标
是否接受作者的忠告

行动发生改变
行动没有变化
对自己产生了什么影响

内容的可靠性如何

重点讨论了什么
作者有哪些论述
概括文章主旨
找出关键词

关键词

这本书在谈什么
想要读者做什么
作者的目的是什么
进行分类
阐述原理型
说明规则型

127

学习导航

无论是传记、新闻或文摘，基本都可以按照历史书的阅读方式进行阅读。但它们也有各自需要注意的地方。

重点分析 *1*

传记和自传知多少

传记大体分为两类，一是定案本，它是为一个人的一生书写的详细完整的学术性报告，主人公通常为已经去世且较为知名的人。定案本风格严肃严谨，有一定的阅读门槛。二是授权本，通常由传记主人公的继承人或信任的人书写。优势在于能够直接向主人公发问，内容更为丰富；弊端在于内容会具有一定的主观倾向，不一定代表客观事实。

除此之外，还有一种特殊的传记类型，就是自传。顾名思义，作者和传记主人公是同一个人。按理说没人比他更了解他自己，自传应该是最真实的。但其实不然，作者往往会在写作过程中粉饰自己，很少会有人敢于坦诚地将自己曾经犯下的错误书写给别人看。所以，读自传时我们必须保留更多的怀疑，不能尽信。

阅读传记的意义在于，从主人公的人生经历获得思考，并将之用于我们自己的人生中。

重点分析 *2*

阅读新闻，要将双眼擦亮

新闻，即当前发生的事件。

如今，我们身处一个媒体高度发达的时代，信息的来源可谓层出不穷，大量信息的轰炸，极大地消耗了我们的专注力。多数人虽说对新闻已经有了一定的认知，但基本还停留在如何分辨是不是标题党，对于新闻的真实性无法做出准确的鉴别。

所以，阅读新闻一定要记住：擦亮自己的眼睛，留意新闻的来源是不是权威媒体，新闻的内容是否只报道了"选择性事实"而故意引导舆论。只有来源可靠，我们才能看清事件全貌，不致受到欺骗和误导。

重点分析 *3*

学会读文摘，快速获取信息，遇见更多好书

文摘，即信息的浓缩。大家阅读文摘的目的一般有两种：一是能够快速了解一本书。有人通过阅读原著，写出了概括性的文字，我们用少量的时间看一下，便知道这本书的大意，以及自己想不想读。二是为了掌握信息概况，快速获取原著的信息，尽快找到自己需要的内容，从而节约时间。

需要注意的是，因为文摘里的每一句可能都包含着大量的信息，读懂它，对我们的阅读能力是一个不小的考验。

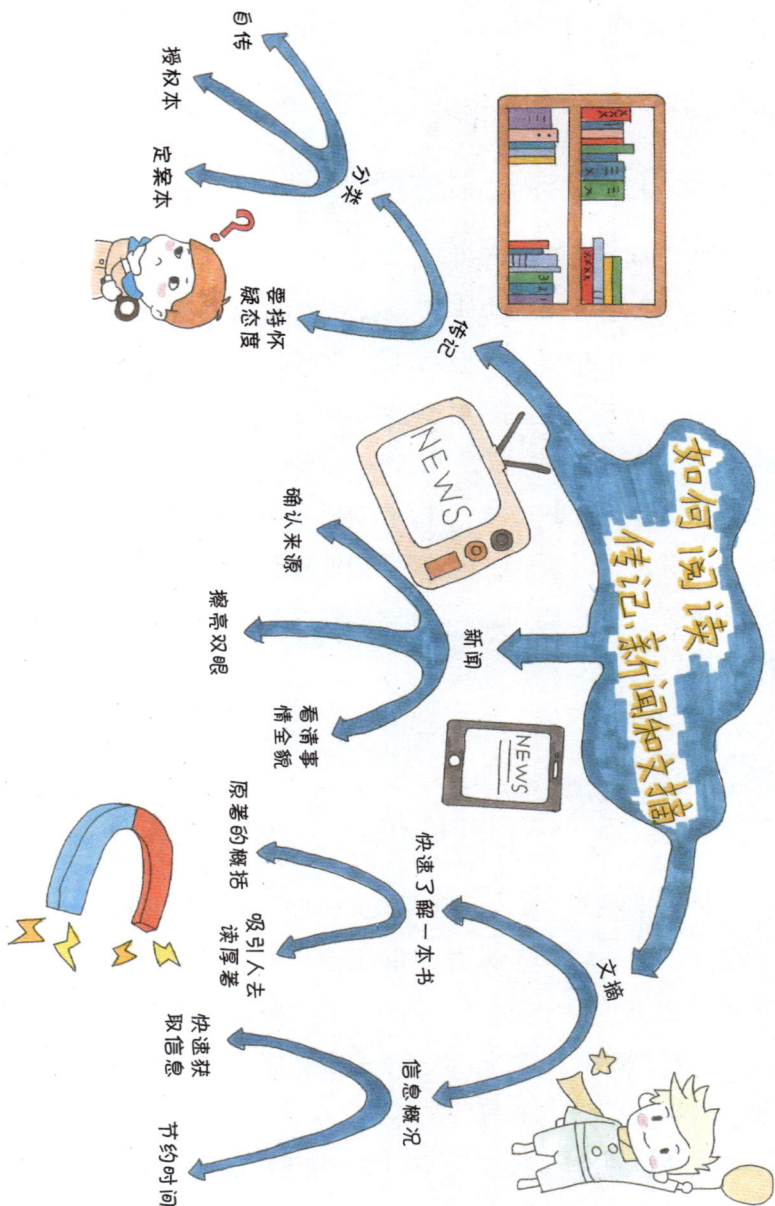

如何阅读传记、新闻和文摘

传记
- 分类
  - 自传
  - 授权本
  - 定案本
- 要持怀疑态度
- 擦亮双眼

新闻
- 确认来源
- 写清事情全貌
- 原著的概括
- 吸引人去读原著

文摘
- 快速了解一本书
- 信息概况
- 快速获取信息
- 节约时间

第六章
阅读之后做什么

阅读想要真正做到有意义，必须要进行深入思考，捕捉想法并不断进行深化。这个过程最好用写作的方式记录下来。很多人对深入思考没什么概念，只是在以享乐的方式阅读。其实只要意识到思考的重要性，然后在阅读过程中随时记录即可。持续一段时间之后，我们就会惊喜地发现，自己的其他能力也得到了极大提高。

第一节
记忆速写

速写的意思是快速记录，记忆速写指的便是对记忆的一次读取及记录的过程。

每次阅读其实都是一场未知的冒险，我们不知道后面迎接我们的，是怎样的剧情及会产生怎样的感受。

因此，每次的阅读之旅都是一次弥足珍贵的体验，每次结束阅读之后相信每个人都有过心潮澎湃的瞬间。种种体验最终汇聚成了一段令我们觉得难忘的记忆。

但是如果对这份记忆不做任何处理，它很快就会随着时间流逝而宣告消亡。所以，对记忆做一次速写，是十分必要的。

重点分析 1

记录一次美好的阅读经历

不用太过追求书面工整，只要自己能够理解，下次看的时候能看懂就可以。

喜欢的话尽可以用一些符号和简笔画，思考一下当时哪些地方让你的印象最为深刻，并因此觉得这次的阅读体验十分美好。

记忆读写

喜欢的
有趣的
讨厌的

用符号标记自段落

标记回想
读完利用符号回想

形成自己的标记风格

阐述想法
思考前后的关系

尽量详细描写
不要罗列想法
要和细节

用好过渡词
这个词能表达关系吗

想表达什么意思

以后还想体验吗
在读什么
和谁一起读
记得哪些细节

自然而然地引出想法

133

最后，尝试制订一个新的计划，能够让你在下一次的阅读中收获更多美好的回忆。

需要注意的是，在书写这些记录时，不要简单地只是将发生过的一切展示在笔端，还要加入对所读内容的理解，以及你作为阅读者，对这一身份产生的反思。

重点分析 *2*

以下这些问题帮你还原当时的场景

1. 回忆一下当时的场景，你在场景里的哪个位置？

2. 当时你手里拿的是什么书？读的是一本还是两本？

3. 还有其他人在吗？你们是约好一起阅读的吗？

4. 两个人读的书一样吗？

5. 你写完记得的细节后，感觉这对你接下来的阅读有没有产生什么影响？

6. 你还准备再次体验这种美好的感觉吗？

7. 具体要怎样做？哪些地方是最关键的？场景、书，还是人？

学习导航

便利贴作为一种常见的工具，如果运用得当，完全能够对阅读起到极大的助力作用。

它最直接的用途在于，在你阅读一本书时，能够随时将脑海中跳出来的想法及时记录在书里的原文附近，而不用担心书上的空白处写不开，或者把书搞得一团乱麻。

不要小看这一操作，整本书读下来之后你会发现，便利贴的数量已经十分可观了。它们都是你的灵光乍现，往往十分具有创造性，并且很难再次出现，属于一闪即逝的存在。

这样做有诸多好处。首先，当你与别人讨论里面的情节时，当时的想法就放在那里，可以直接派上用场；其次，当你需要使用某个便利贴的内容时，能够瞬间便定位到书里的原文处。

重点分析 1

便利贴是否非用不可？

因为在书上贴很多便利贴，会使书籍不方便携带，而且容易弄掉它们。这里我们可以对哪些时候推荐使用便利贴，做一个建议。

阅读本身就会激发读者的想法，如果每一个都要记录那显然不可能，阅读进度会因此大幅放缓不说，执行起来也是不现实的，阅读激情很快就会被消磨殆尽。

因此，我们可以在想法产生时做一番思考：写下当前的想法对接下来的阅读有没有帮助？如果日后和他人交流读书心得，这个想法会不会起到作用？如果我想和老师询问一些问题，这个想法能不能帮到我？我认为这个想法很奇妙，不记录的话我肯定很难再想起来。

如果有任何一个问题的答案是肯定的，那就代表这个想法是有价值的，也就是说不是没有依据的独立想法。这时候我们就可以将它快速记录在便利贴上，并贴在激发出此想法的原文处，并继续进行阅读。

重点分析 2
读完一本书后，便利贴该怎么处理？

放任不管显然不是一个最好的选择，这里的建议是将它们取下来统一存放。然后间隔一段时间后，重新对这些便利贴进行一次筛选，把其中你认为不具备什么价值的丢掉，只留下真正值得保留的部分。

这时候可以把它们统一粘在一个笔记本上，读完下一本后依然这样操作。

如果对自己的阅读能力比较自信，也可以在阅读时省去便利贴的步骤，直接在笔记本上记录想法。

但是这会导致部分注意力的分散，如果你的阅读习惯还未牢固，那么不建议你选择这种方法。

常用便利贴

即时记录想法

就在正文附近

方便快速查找

好处

与阅读目标有关

标志有词的内容

帮助理解这本书

可以扩展为读后感

如何整理

把每本书分开放

思考讨论

速记速画

帮助书写

第三节
即时做笔记

学习导航

做笔记是一个写作过程，能够帮你在阅读此类作品的过程中把握住主要观点及关键信息。不管你是看到了新的词语、不了解的信息、印象深刻的图片或者捕捉到了某一部分的主要信息，都可以停下来做下笔记。

重点分析

避免做没必要的笔记

为了避免一些无意义的地方也做笔记，因此拖累阅读进度，可以在提笔之前询问自己几个问题。相信稍微思索一番，我们就能甄别出哪些疑惑的地方并不重要，此时就可以跳过不进行处理。

下列问题能够帮助你厘清做此类笔记的步骤。

1. 阅读到当前位置时，你产生了什么想法？

2. 你认为写下什么能够帮你理解这部分的内容？

3. 暂停做下笔记。

4. 回过头来看，这次的笔记有没有切实地帮到你？

5. 思考一下，怎样改进能够使这种帮助最大化？

即时笔记

怎样做笔记
- 结合文章结构
  - 目录
  - 标题
- 判断内在顺序
  - 因果关系
  - 比较对照
  - 问题的发现和解决
- 选择合适的笔记形式
  - 不同形状的图形
  - 不同颜色的标记

做笔记前的问题
- 怎样记录能够帮助理解
- 对这些内容有什么想法

哪些时刻该做笔记
- 总结关键信息
- 印象深刻的场景
- 想到新知识
- 感到困惑

139

第四节
阅读大事记

学习导航 🚀

　　记录自己的阅读历程，是一件十分有仪式感的事情，能够帮助我们反思阅读历程对自己产生了哪些影响。

重点分析 *1*

回想自己的阅读历程

　　从我们出生开始，一路走来会经历很多事情，其中有成长也有改变，阅读历程同样如此。

　　不妨按照时间线进行一下回想：我们第一次读书是在几岁的时候？当时读的是哪一本？第一次读完的是哪一本？第一次在学校读的书是哪一本？最开始喜欢读的是哪一类书？现在还依然喜欢读那一类吗？平时习惯和谁分享你的阅读心得？

　　只要认真去想，肯定能想到太多关于阅读的值得纪念的大事。我们完全可以将它们悉数记录下来，不管是按照时间还是空间，梳理出一个先后脉络，比较当时的自己和现在的自己有了哪些不同。对过去的反思能够帮我们更好地理解如今的自己。

　　再隔几个月之后，可以继续进行一次这样的记录，看看这段时

阅读大事记

回想阅读历程

喜欢读什么

哪些事让人印象深刻

会和谁分享感受

第一次读完整本

第一次手不释卷

家人

朋友

编写大事记

设定一个时间进行补充

有一件就及时记录

没足够

每个月或半年

家里和学校都算在内

X X X 小学

NOTE

反思与计划

未来哪些方面想要改变

现在和当初有什么不同

变得有耐心、有条理

更喜欢思考了

间里，我们有没有再次发生改变。上次想要变好的地方，成功做到了吗？

大事记尽量做到全面完整

需要注意的是，编写大事记的时候最好不要发生遗漏，将自己在家里和学校的阅读经历全都考虑进去。因为时间隔得越久，记忆就会变得越模糊，而且记录不完整也会不利于对自己的反思，以及完善计划的制订。

第五节
摘录佳句

学习导航

阅读的乐趣之一有时候就在于感受作者用短短的一句话，却表达出了极为丰富的内容。简短的文字，却能触动读者的内心。让我们不禁停下来思考，想对这一幕场景发表一下自己的看法。这时候暂停阅读，完全是值得的。

重点分析

摘抄的句子都有哪些选择标准？

这些能够触动我们的句子，就是摘抄的备选句。阅读的时候可以简单标记一下，等日后摘抄时，我们的感情会有进一步的深化，从而更好地理解故事，乃至理解生活。

通常选择摘抄的句子是书中具有感染力的一句话，它可能显得文采飞扬，可能是某个人物感悟到的人生道理，也可能是一些揭露后面故事情节、概括人物性格特点、点出一处主题的话。摘抄在笔记本上之后，可以在旁边立刻写下自己对这句话的感受、想法或评论。可以不必进行筛选，如实地记录全部可能想法即可。如果可以的话，尝试沿着一个想法一直扩写下去，直到变成一整段话。

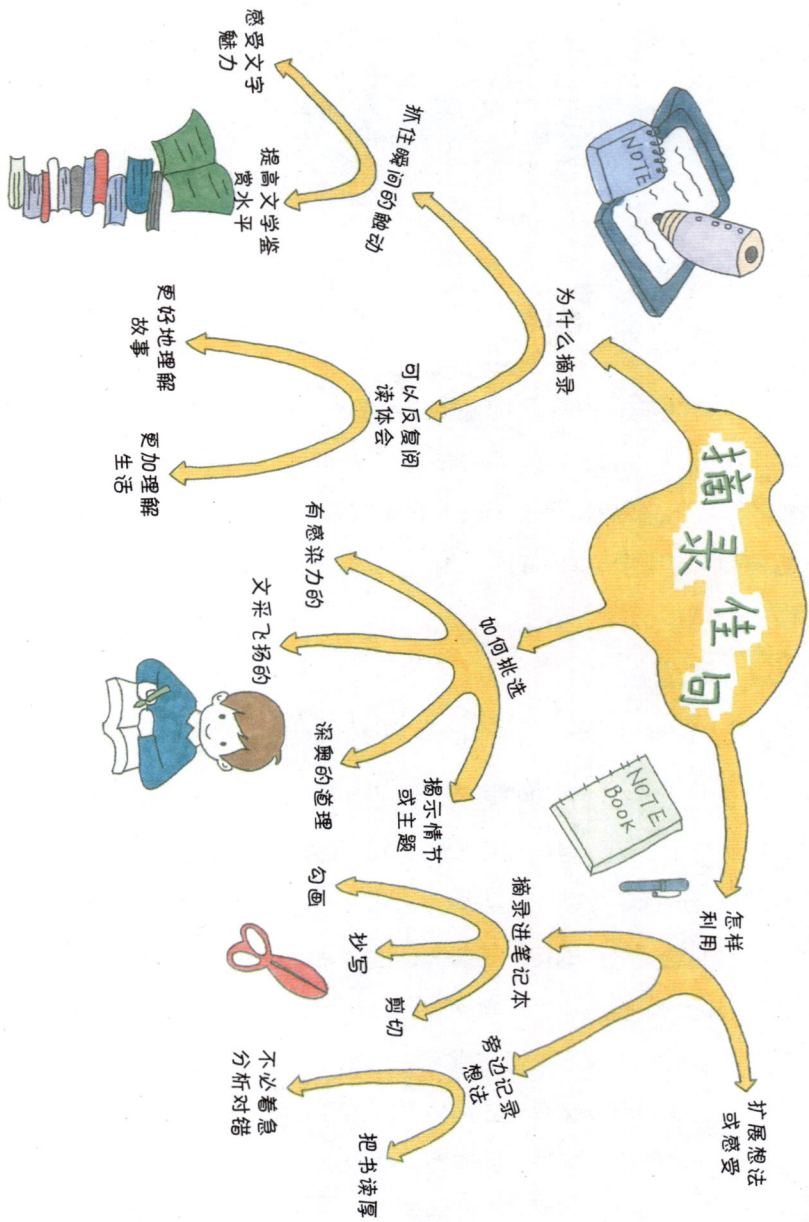

摘录佳句

为什么摘录
- 抓住瞬间的触动
- 可以反复阅读体会
- 感受文字魅力
  - 提高文学鉴赏水平
- 更好地理解故事
  - 更加理解生活

如何挑选
- 有感染力的
- 文采飞扬的
- 揭示情节或主题
- 深奥的道理

怎样利用
- 摘录进笔记本
  - 勾画
  - 抄写
  - 剪切
- 旁边记录想法
  - 扩展想法或感受
  - 不必考虑分析对错
  - 把书读厚

144

第六节
人物关系网

一个具有吸引力的故事，必然包括许多丰满立体的人物。研究这些人物之间的关系所得到的趣味性，并不比单纯研究人物自身的性格特点得到的趣味性要差。

在这个了解人物之间互动的过程中，能够看出每个人物对彼此产生的影响，因此我们会对人物有更深刻的认知，从而更加理解这个故事，理解其中蕴含的主题。

重点分析

如何建立人物关系网？

具体做法为：找出一张纸，在上面写下一本书里的所有主要人物和次要人物。如果判断不出都有哪些人，说明这个故事你并没有认真阅读。

写完名字之后，在名字之间用箭头或连线使之联系起来，并在线上写下一个人物对另一个人物产生的影响，也可以连同他们有过哪些互动一同写上去。有兴趣的话，在旁边写下自己对这些人物的评价也未尝不可。

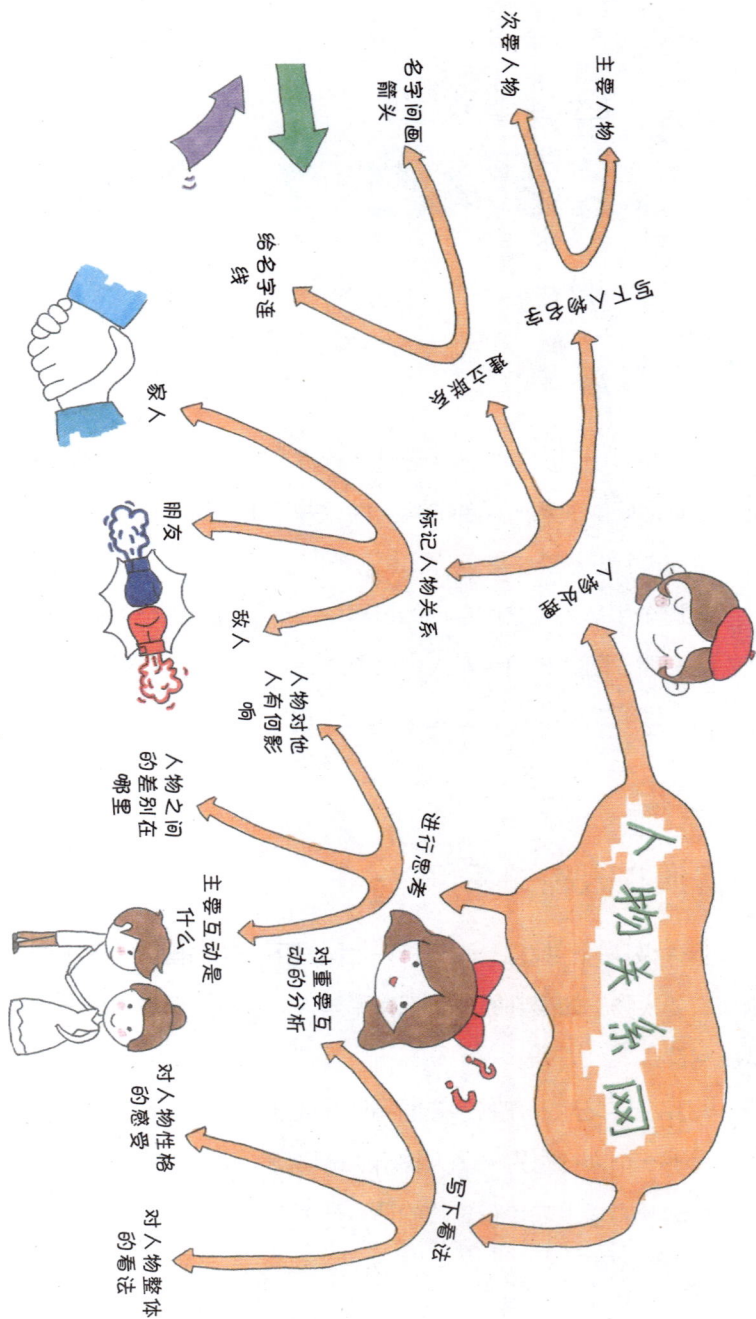

人物关系图

主要人物

次要人物

名字间画箭头

给名字连线

与上下人物分开

标记人物关系

家人

敌人

朋友

标记人物关系

进行思考

人物对他人有何影响

人物之间的差别在哪里

主要互动是什么

对重要互动的分析

对人物性格的感受

写下看法

对人物整体的看法

146

学习导航 🚀

进行过一段时间阅读的人，肯定都有过这样一种经历：当你读完一本书，会发现书里的内容令你无法忘怀。它们好像已经深深烙印在了你的心里，不受控制地在你脑海中反复出现，让你完全提不起兴致来阅读下一本书。

这其实是一种非常强烈的情感共鸣。大部分人采取的做法是向他人倾诉这些情感，或将它书写下来。

重点分析 *1*

当出现以下表现时，意味着你对一本书出现了情绪反应

1. 这本书让你情不自禁地大笑，感到心情愉悦。

2. 这本书让你默默流泪或感到沮丧。

3. 读完之后刚刚放下，却很想把其中某些部分重新再读一遍。

4. 书里有些话一直在脑海中反复响起，你特别想把它们背下来或抄写下来。

5. 这本书让你对一些事情产生了新的看法，学会了站在新的

角度看问题。

6.你希望这本书并没有就此完结，而是后面依然还有续作或者再凭空多出几十页甚至上百页的内容。

7.书里的人物让你感到异常真实，就好像你与他们一同经历了许多事情。现在书读完了，你却开始想念他们的存在。

如果出现了上述反应，那毫无疑问，你产生了强烈的情感共鸣。

不用犹豫，最好的方法就是通过写作来保留这些珍贵的情绪。我们可以像写日记一样，细致地描述自己产生的感受及相应的内容，并试着谈一谈它让你对生活有了哪些新的认知，哪些地方让你变好了。

最后问问自己，接下来打算读些怎样的书，具体如何去做。

重点分析 2
不要因为有情绪反应而产生心理压力

觉得为什么别人有这些反应，我却对那本书毫无感觉。这是很正常的事情，每个人的审美并不相同，喜好也有相当大的差异，我们只需要遵循自己内心最真实的感受，不必强求。

即使你产生了这种共鸣却不愿意以任何形式分享出来，也没有任何关系。只不过写出来能够让你记得更深，并留作日后回味。否则再深的感受也会消退，到时什么也没留下是一件十分遗憾的事情。

保留情绪

用写作来保留
- 这本书哪里改变了你
- 谈谈有什么新认识
- 描写感受和相应内容

读完念念不忘
- 想念某些人物
- 想看续集
- 想再读某部分

产生情感共鸣
- 无法马上看下一本
- 想对别人倾诉
- 沮丧或愉悦

第八节
对照和比较

任何文献都不是彼此孤立的，其间都有一定的联系。通过比较阅读，就可以知异同、见优劣。

对照和比较分为两种类型：一是自己记录的内容和书籍本身的对照，更像是在和书籍对话；二是书与书之间的对照，一般选择的是共同点比较多的两本书，如主题、人物或背景。

重点分析

阅读的重点在于学到东西和引发思考

因此，我们的想法和问题在某种程度上与书上的内容具有同等的重要性。这里可以用"T"形图的方式记录。

将书中你认为重要的瞬间记录在左边，将你在当时产生的各种想法、反应以及冒出的问题记录在右边。这种方式能使你对一本书的想法形成一条较为完整的链条。

比较两本书的差异和共同点的话，此处推荐使用文氏图。可以用以下几个问题帮助我们完成思考。

1. 这次比较主要是想对比哪方面？

对照 比较 和

结合所做的笔记
  将想法深化
  形成整体观点
  整合零散的想法

找出观点间的联系
  能否产生新想法
  放在一起对照比较
  从便利贴筛选满意的

带着疑问和批判
  进行思考提出质疑
  哪些观点不同意
  哪些内容是可信的

NOTE

NO

YES

2. 可以尝试先从人物开始比较，他们有哪些异同点？

3. 认真想一想，还有哪些地方能够比较？

4. 通过一番对照和比较，你产生了哪些新的想法？

给孩子的
思维导图

高分作文

陈　玢 主编
沈　奕 编著

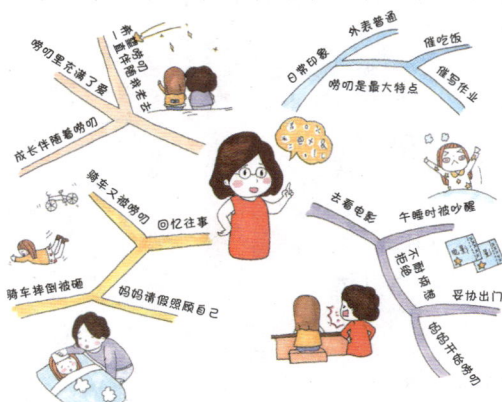

北京燕山出版社

图书在版编目（CIP）数据

给孩子的思维导图．高分作文 / 陈玢主编；沈奕编著．— 北京：北京燕山出版社，2023.2
ISBN 978-7-5402-6678-3

Ⅰ．①给… Ⅱ．①陈… ②沈… Ⅲ．①作文课—中小学—教学参考资料 Ⅳ．① G634

中国版本图书馆 CIP 数据核字（2022）第 182548 号

给孩子的思维导图·高分作文

作　　者　陈　玢　沈　奕
责任编辑　王长民
文字编辑　赵满仓
封面设计　韩　立
出版发行　北京燕山出版社有限公司
社　　址　北京市西城区椿树街道琉璃厂西街 20 号
邮　　编　100052
电话传真　86-10-65240430（总编室）
印　　刷　河北松源印刷有限公司
开　　本　880mm×1230mm　1/32
总 字 数　610 千字
总 印 张　30
版　　次　2023 年 2 月第 1 版
印　　次　2023 年 2 月第 1 次印刷
定　　价　148.00 元（全 6 册）

发 行 部　010-58815874
传　　真　010-58815857

写作是一种能力，将伴随我们一生，而提高作文水平，就是我们在人生道路上无法绕开、也不必绕开的关键一步。写作贵在"真"，要写真事，表真情，把写作当成自己潜移默化的一种生活方式，轻松地与社会、与朋友甚至与自己对话，把这期间获得的感悟、记录的心得、收获的心动输出成灵动的文字，就是我们的最终目标。

提高作文水平，离不开勤练笔。在笔尖书写的更多是一种感受，当你大大方方地投入大千世界的怀抱，笔端便会灵感喷吐，思路畅达，世界会回馈给你充满力量的文字。文字呈现的世界，在不同的人手里是截然不同的。有些人创造出的是荒芜不毛的落寞之地，有些人涂画的则是桃花逐水的绝妙风景。于是，有些人能流连于美好而赏心悦目，而有些人却不得进山望水而徒呼奈何！一切皆是因为他们没有找到通幽的曲径。本书集合了众多学子的优秀文章，辅以各种类型作文的写作思路，愿能帮你成功叩开写作之门！

在分类清晰、例文优秀的基础上，本书还针对每一篇例文加入了单独的思维导图，真正做到文图对应。学子们在欣赏例文的同时，还能通过有趣且实用的导图放松一下，在轻松快乐中学会如何搜集素材、如何构建文章的骨架，以及如何丰富细节，最终成文。思维导图作为较有效率的工具之一，运用在写作上，必将帮你解决不敢动笔、不知如何下笔、写得像流水账等一系列问题。

思维导图是彩色的，图文并重，有助于开发智力；它又是发散性的，有助于培养一个人的逻辑性和全局思维。在使用思维导图进行写作后，将再也不缺素材，生活就是我们取之不尽的灵感源泉；也将远离不会布局的烦恼，提前看到文章的全貌，让我们得以站在全局的角度轻松调整文章的结构和细节。

也许我们一开始的文章略显青涩，也许会怀疑自己是否有写作的天分，但只要勇敢面对，问题必将迎刃而解。愿本书成为广大学子写作入门、进阶提高的最好伙伴！

目录

1

第三章 状物魔法屋

第六章 应用火箭班

第一章

百变人物卡

生活中的人与人的相遇，都是人生旅途上的缘分，所以应该珍惜。其形象是鲜活的，可以常常感受到他们的包容执拗或温柔霸道，即使偶尔有些恼人，也是缤纷世界所不能缺失的。谁见过没有起伏的山峦？谁听过没有汹涌的海浪？就看你如何对待和把握。茫茫人海，每个人都在人群中行走，在有限的空间，若能正确度量自己的感受，定会其韵悠悠。

正如写作有灵感和技巧两大核心要素一样，写人物也是如此。

每个人在这个世界上都是独一无二的，无论是性格，还是外貌，有很多细节可以区分，比如表情、动作、说话习惯等。而我们之所以会记得这些人，就是因为他们在某个时间、某个地点和我们产生了联系，并形成了一段难忘的经历。因此这些在我们脑海中留有印象的人就是素材的来源。

本章我们要学的就是怎样让这些脑海中的人物鲜活起来，通过笔尖，跃然纸上。

要点：
开阔思路，轻松选择人物

这里我们需要用到思维导图，这是一个搜集信息、整理人物素材的过程。

不妨把我们的记忆按时间和空间做一个梳理。首先是时间：我们既可以按照年龄来划分，刚记事的三五岁，上学前的六七岁，以及上学后的这几年；也可以按照一天 24 小时来划分，起床吃早餐六七点，在学校的一个白天，放学后的几个小时……

这样将范围梳理一下之后，是否思路就开始清晰起来了，瞬间想起了很多很多的人？在家唠叨的妈妈，学校一起玩的同桌，放学路上卖零食的阿姨……其实他们本就一直存在着，我们要做的只是把他们从记忆里提取出来。

其次也可以从空间的角度来梳理，也就是场景。作为学生，日常的几处场所还是比较固定的，家里、学校、路上，还有其他时间去的辅导班或者游乐园。任何一处都可以立刻展开至少两个人物，家里有自己最爱的家人，学校有老师和同学，路上有奇怪的陌生人和偶尔的熟人，游乐园有保安哥哥、售票阿姨等，我们还需要发愁没有人可写吗？

要点：

使人物形象鲜明立体，读后令人印象深刻

这就需要我们分清主次，抓住人物的主要特征。有以下两个方法可以参考：

◇ **方法一** 选择合适的事例

虽然是写人，但也要通过具体的某件事情来表现人物特征，这样读者才能更加真实地感受到具体的人物特点。所以，选取的事例要合适，对人物性格有代表性，这样表现起来就不会跑偏或者费力。

需要注意的是，事例要真实且寻常。虚假的文章会失去感染力，无法注入真实的情感，而过于脱离日常生活的事例又会使人感觉空洞，所以真实的小事是表现人物性格的最好选择。

◇ **方法二** 用技巧丰满人物形象

具体可通过对人物的细节刻画、侧面描写以及心理活动的把握等方面来达成效果。细节包括人物的神态、外貌、语言、动作等方面，这需要我们平时的细心观察和思考；侧面描写则通常从周围人物和环境来入手，通过另一个角度展现人物魅力，使人物个性更加鲜明；心理活动关系着人物形象是否立体，没有或过多都会影响文章的质量，实际上最简单的方法就是采用内心独白，当然通过细节刻画来展现内心世界也是个相当好用的方法。

我的 好 友小姗

农大附小 六年级 苗颖雯

"青青子衿，悠悠我心。"曹操礼贤下士，以诚相待，仿效"周公吐哺"才换得"天下归心"。人与人之间，要拥有一份真正的、牢固的友情，就必须以心相交，以诚相待。

小姗是我的好朋友。她是个普通的女孩，一头乌黑的长发，圆圆的小脸，大大的眼睛，长得可爱极了。

记得那个下午，我们一起下楼去玩，一起进行滑轮比赛。还没开始，她就已经先滑了老远，我大声喊"你耍赖"，她说："什么呀，是你太笨！"我生气地追着小姗，结果，一不留神就摔在了地上，胳膊上很多地方都摔破了皮，有的还流了血。尽管我多次在心里喊着不哭，可终究没忍住。这时小姗朝后看了我一眼，继续向前滑着。望着她的背影，我想这是什么朋友啊！想到这儿，我的眼泪不争气地再次流了下来。

过了一会儿，我听到从远处传来了滑轮声，我用手擦去了泪水，努力辨认着来人的身影，令我大吃一惊的是，小姗拿着创可贴来了。她二话不说帮我清理伤口，小心翼翼地用棉签涂着药油，怕把我弄疼，还时不时地往伤口吹气。看着小姗这样帮我，我真后悔刚才还

我的好友小珊

一起玩滑轮
小珊先滑了
我生气追她

起

我摔倒、流血、哭了
小珊没管我继续滑
我失望大哭

承

失望

我的好友小珊

转

小珊拿着创可贴回来
细心 清理伤口
温柔 涂药油
哭气

合

我后悔心里责备他
向她道歉
成了更好的朋友

5

在心里责备她，真是不应该。我感激地对她说："谢谢你啊！"小姗说："客气什么，我们不是好朋友吗？"对呀，小姗说得对，我们是朋友啊！

　　以心相交，以诚相待。人与人之间的关系其实就这么简单。

·名师点评·

　　事件中充满了真实的情感，塑造了一个形象十分鲜明的人物小姗。起初作者对她是不理解的，最后通过她帮作者包扎一事让作者体会了好朋友心灵的美好。

一个 热 心的同学

上地实验小学　六年级　闵然

　　我们班有一个非常惹人讨厌的同学，她是董思彤。

　　她长得非常黑，经常穿非常奇怪的衣服，眼睛小得像一条线，嘴巴比西瓜还大，同学们都叫她"丑小鸭"。

　　有一次考试，我忘了带铅笔盒，急得满头大汗。我翻开书包，把书全都拿出来了，看到没有铅笔盒，我顿时心里紧张极了。记得上次考试我就忘了带铅笔盒，老师罚我抄了5遍语文书里最长的课文，如果这次老师又发现我没带铅笔盒可怎么办呢？我焦急万分。正在我手足无措的时候，突然有人拍了拍我的肩膀，我回头一看原来是"丑小鸭"，她一手拿着一支铅笔和一块橡皮，另一只手拿着一把尺子，笑眯眯地对我说："还好我多带了铅笔、橡皮和尺子。"她的眼睛里充满了友善。看着她手中的笔和尺子，我心里充满了无限的感激和愧疚。以前我总是嫌弃她，不和她一起玩，现在我最要好的朋友都没有站出来把他的文具借给我，只有"丑小鸭"借了我文具，我为我以前的所作所为感到无比羞愧。

　　我感动得说不出话来，眼泪从眼睛里一下子流了出来，我望着她，真诚地说道："谢谢你！"她摆摆手，说："不客气，我们是同学啊，应该互相帮助！"说着转身回到自己的座位去了。

虽然她其貌不扬，但是她内心却很善良。丑小鸭一下子变成了我心目中的白天鹅。

从那件事我发现一个道理：我们不能以貌取人，要从人的内心去了解，这样我们才能交到更多、更有意义的朋友！

·名师点评·

这篇作文语言流畅，文中细节描写具体生动，能够熟练地运用知识点，描写细腻，生活气息浓厚，遣词造句准确。但如能在第三自然段最后加入自己的心理变化，会使文章更完整。

一个热心的同学

同学起外号

五官不寻常

长得不好看

穿衣服奇怪

印象

抄写

帮忘带文具

焦急万分

考查

事件

援手

她主动给我一套

态度友善

改观

感动

好朋友没帮忙

他却主动站出来

她说帮忙是应该的

羞愧

我以前不该那么想她

她成了我心里的白天鹅

9

我的 唠 叨妈妈

上地实验小学 四年级 旭睿

我们家有六位家庭成员，我的爸爸、我的姥姥姥爷、我和我的小兔子，还有就是我爱唠叨的妈妈。

我的妈妈中等身材，皮肤不黑但也不算白，一头乌黑的长发，长得也没什么特殊之处。要说她有什么特点，那么除了她戴眼镜之外，就要数她的"特异功能"——唠叨了。

"吃饱了吗？""作业都写完了吗？""快去做作业！""今天本来就上了课外班，回来已经很晚了，还不去写作业，我说的话你听到了吗？"……听，这就是我的妈妈常挂在嘴边的话，够唠叨了吧？每次她一张嘴就会没完没了地说，真是服了她了。每当这时，我都会无数次地重复着"知道了"三个字。这三个字好像和我有着特殊的缘分似的。

这一天，我正在睡午觉，妈妈却使劲地把我推醒，告诉我："我新得到两张儿童电影票，过了今天就不能看了，快起床，快起床！"我不耐烦地想：困死我了，好容易躺下休息一会儿，又开始来我耳边叨叨了，整天唠唠叨叨的，真烦人！于是就说："我不去了，你自己去吧。""我自己去多没意思啊，快点陪我一起……"就这样妈妈又像个喇叭似的不停地劝说我。我呢，实在是受不了她在我耳边不停地

我的唠叨妈妈

外表普通

唠叨是最大特点
催吃饭
催写作业

日常印象

去看电影
午睡时被吵醒
不耐烦想拒绝
妥协出门
妈妈开始唠叨

希望唠叨
一直伴随我老去

唠叨里充满了爱

成长伴随着唠叨

骑车又被唠叨 回忆往事
妈妈请假照顾我
骑车摔倒被砸

11

狂轰滥炸，终于妥协了。出了门，我准备骑车上路，妈妈又开始在后面唠叨了："你小心点，别再把车骑倒了，你还记得你小时候……"听到这儿，我想起二年级时我还不会骑车，可偏要骑车上路。一不小心，脚一松，手一滑，车也随之倒了下来，而我却先从车上掉了下来，自行车不偏不倚地砸在了我的身上。为此，妈妈还特意向老师给我请了一周的病假，而她也向她工作的地方请了一个星期的事假……那一次妈妈对我的训斥声仿佛又回荡在我的耳边。回过神来妈妈还真在絮叨："所以啊，你一定要小心点，如果再把车骑倒了，我可承担不起。"紧接着妈妈又说："你呀，再把车蹭一下，一辆新的自行车就要报废了！"妈妈还想说些什么，却被我一把捂住了嘴，"好妈妈，别说了，我都明白，而且你说的这件事我也没忘记，我会小心的。"

　　是呀，我的成长离不开妈妈唠叨，可是回头一想，妈妈天天唠唠叨叨的不都是因为爱我吗？我不想让她不唠叨，相反，我希望她能一直这样唠叨，直到我老去。

· 名师点评 ·

　　看似是讨厌妈妈的唠叨，实则是希望妈妈的唠叨能一直伴你成长，在你的笔下，一个平凡但又温暖的妈妈跃然纸上。本篇文章难得的是小作者真情的自然流露，文章结尾升华主题，道出了小作者对妈妈无限的爱。

姥姥的背影

农大附小 五年级 李宛琪

星辰不懂明月的皎洁，明月不懂树影的孤独，树影不懂花影的柔弱。而那一刻，我竟也没有读懂你。

在我读一年级时，妈妈因为工作忙，所以姥姥就理所当然地承担了接我放学这一重活。可不巧的是，不久之后，我的表弟出生了，需要姥姥照料，每天，姥姥都要两头跑。于是，姥姥的脸上经常挂着疲惫的神情。然而，年幼的我不但不体谅，反而还埋怨姥姥，觉得姥姥对我一点都不关心了。

有一次放学时，原本明媚的天空突然"哗哗"地下起雨来。我焦急地在校门口等着姥姥的出现，可是我左等右等，还是等不着。我没带外套，所以冻得直发抖。我一边在校门口徘徊，一边心里想着：咦，姥姥这么久没来，不会把我忘了吧？哼！姥姥果真对我不关心了！

就在我这样想时，一个急匆匆的身影闪进了门口，原来是姥姥。姥姥跟我说："丫头啊，你表弟生病了，姥姥要赶快去你舅妈那照料他，今天可能得你自己回家了。你路上一定要小心，快点回去，知道了吧！"边说边把外套给我穿上，并把手里唯一的一把伞递给

姥姥的背影

内心不再别扭
认清姥姥的爱
姥姥淋湿
伞柄留下余温
反思自己

表弟出生
姥姥两边奔波
神情疲劳
妈妈忙工作
姥姥接我放学
不关心我

疑虑顿消
姥姥出现
表弟出生病过来
唯一的伞给我
帮我穿上外套

内心怀疑
放学时下雨
门口等姥姥
没带外套
冻得直抖
觉得姥姥忘了我
焦急等待

14

我，拍了拍我的头，说："姥姥走了啊。"我急忙拉住姥姥说："姥姥，伞给你用吧。"姥姥说："不用，我没事，你小心感冒。"说完，姥姥就冲进雨中，衣服被雨水打湿了，颜色由浅及深。

我久久地注视着姥姥远去的背影，想了很多，伞柄上还留着姥姥手的温热。渐渐地，她的背影有些模糊，可在我心中变得越来越高大，越来越清晰……

明月懂得星辰的小鸟依人，树影懂得明月的阴晴圆缺，花影懂得树影的高大威武。而那一刻，我读懂了你——我的姥姥。你高大的背影永远深刻在我心里。

名师点评

这篇文章是很成功的，首尾呼应，由开始的不懂到后来的懂，过渡得很好。而且，文章详略得当，很多细节描写很加分，写出了姥姥的伟大。

我的同桌

中关村二小 四年级 侯天琦

我的同桌是韩雨辰，她在我的印象中是一位活泼可爱的小女孩。

韩雨辰长得非常漂亮。她瘦瘦的，个子很高，她的眼睛虽然有点小，但炯炯有神。一个小巧玲珑的鼻子下面，有一张能说会道的小嘴。

记得有一次考完试，试卷发下来了，我看见我的卷子上写着97分。唉！我明明会做这些题呀！又是粗心大意惹的祸。这时，我悄悄地瞥了一眼韩雨辰的卷子，呀！她考了100分！她的目光与我的目光正好相遇，她笑了一下说："侯天琦，你是我们班的学习天才，这只是一次小小的失误，不要灰心，下次你肯定能考好！我相信你！"韩雨辰的鼓励让我充满了自信。从那时起我发誓一定要改掉粗心的毛病，下次也要考满分。

韩雨辰还是一个乐于助人的人。有一次，我的书忘带了。她看见了，把她的书推过来，说："我们一起看吧。"我不好意思地说："谢谢你。"韩雨辰说："不客气，同学之间互相帮助是应该的。"

有一年冬天，放学了，我的妈妈有事，要晚点儿来接我，韩雨辰的奶奶也没来接她。我们俩在学校门口等了一会儿，觉得很无聊。

我的回忆

借给人书
- 忘带书
- 她主动和我分享

想起欢乐时光
做梦梦见她
牵挂他 祝福他
他突然有天没来
原来是转学
转学离开
以后的日子

鼓励我
- 发下试卷
  - 我97分，他100分
快乐游戏
- 他把糖分享给我
- 等待无聊
- 一起玩雪
- 感到幸福快乐

我对她说：“我们一起玩雪吧。”“好哇！我最喜欢玩雪了。”韩雨辰爽快地答应了，她还从口袋里掏出一包 QQ 糖给我。我们一边吃着糖，一边玩雪，还在雪地上画笑脸儿、小人、小兔子、小鸭子……我突然灵机一动，抓起一把雪扔到她身上，她也朝我扔过来一把雪，我赶紧躲到一边儿。我俩就这样你扔我，我扔你，快乐地玩耍着，都沉浸在幸福与快乐之中。

美好的时光总是短暂的。有一天上午，发期末考试卷，韩雨辰没有来。后来我才知道，韩雨辰转学了，那天是她奶奶来领的卷子。我心里非常难过，伤心地哭了起来。

以后，每当我去超市看到货架上的 QQ 糖，就会想起韩雨辰和我一起玩雪的情景。我经常做梦梦见她，梦见她回来了，和我一起学习、玩耍。

如今韩雨辰已经去上海上学一年多了，雨辰，在这一年里你还好吗？学习怎么样？我们马上要上五年级了，祝你在新学期里生活愉快，学习进步，考出更好的成绩！

· 名师点评 ·

　　文章选材新颖独特，多角度选材，充分体现了人物的个性特征，人物形象丰满，中心明确。

父爱如山

中关村一小 六年级 李思乔

有人说父爱如同一座大山，永远给你依靠；有人说父爱如同一盏灯，照亮你前行的道路；但是我说，父爱如同一把雨伞，时时刻刻为我遮风挡雨。

大伞喜欢歪着走

天空一道闪电划过，"轰隆隆"雷声阵阵，不一会儿乌云就布满了天空，"哗啦啦"，大雨倾盆。我望着马路，车越来越少，行人都加快了脚步。但是爸爸始终没有出现，我只好选择自己回家。一步、两步、三步……我在雨中狂奔着，雨水打湿了我的衣服和书包，积水四溅，我的鞋子湿了。突然，我的头顶没有雨了。一抬头，一把粉色的花伞如同一朵亮粉色的花儿在雨中绽放，爸爸伸手把伞打在我们俩的头上，雨越下越大，我身上却一点雨也没有。这时，我发现，伞一直在我这边，而且越来越低。我把伞往爸爸的那边推了推，但是不一会儿又被推了过来。到家了，爸爸的衣服都湿透了，他还打了几个喷嚏，而我呢，却一点儿事也没有，这就是沉浸在伞中的爱。

远行的牵挂

时间飞逝，一年又一年的夏天来到又离去，而我每年都要参加

父爱如山

远方时

参加夏令营

每次都要报平安

爸爸还是很担心

练琴受伤了

给爸爸发信息

五天也会打电话来

下雨时

爸爸没来接我

全身被雨淋湿

伞都打在我这边

我冒雨狂奔

爸爸出现撑伞

爸爸被雨淋湿

乐团的夏令营，今年也不例外。早上，我跟爸爸妈妈告别后，随着乐团来到了唐山。

　　刚开始的几天里，我每天晚上排练完琴都要给爸爸打电话，告诉他一切都很好，让他放心。可是，后面的几天里，爸爸好像等不及晚上打电话，而是每天中午午休的时候打电话给我，问我是否适应……甚至有的时候在我练琴的时候打来电话。那天，我练完琴，发现手上起了个水泡，就拿起手机给爸爸发短信。我刚发完，爸爸就回了电话，他说："把创可贴贴在伤口上，注意不要沾水，这几天尽量不要用这个手指。"爸爸说起来没完没了，完全不像往日的状态，我的心里有说不出的滋味。

　　父爱，是一种最无私、最深沉的感情，它坚毅、深沉，值得我们每一个儿女去体会。

· 名师点评 ·

　　故事虽平凡，感情却真挚、充沛、感人。这是生活中多么平常的场景，小作者对这两个场景进行了细致的描写。尤其是第一个板块很细致，引起了读者的共鸣，真棒！有素材的话能再多写一个场景就更完美了，可以再写一个"父亲的背影"。

那个 老 人

中关村一小 四年级 王欣

记得上星期，我在去学校的路上，看见了一个修皮鞋的老人。

我看见了他饱经风霜的脸，那长满皱纹的脸上有一道疤。他长着白白的长胡子，高高的个子。但是那个老人脸上那道疤，在我心里留下了问号。听口音，老人的老家离我的老家不远！

一天，妈妈让我去修皮鞋，我犹豫着，迟迟不肯去。最后见妈妈要发火了，这才闷闷不乐地出了门。

我终于到了那里，找到了那个老人。我问："老大爷，您能修这种鞋吗？"老大爷笑了笑说："这种鞋，让我先看看吧！"不一会儿，老大爷就把鞋修好了。看着老大爷那灵巧的动作，我一下子凑近跟前，问："大爷，您的伤疤……"老大爷犹豫了一会儿，脸上浮现了痛苦的神情，说："两年前，在街上和歹徒打斗留下的。"大爷轻松的口吻，却让此时的我对他肃然起敬。这时候，我摸了摸口袋，钱没有了，我才知道钱丢了，我着急上火不知道怎么办！我着急地原地打转，回家取太远了，而且还得坐公交车，我现在连坐车钱都没有了。这时老大爷已经看明白了，在递给我鞋的时候，又递给我20元钱。这件事让一位修鞋的大嫂看见了，她说："这怎

老人

那个

敬佩

发现带的钱丢了

老人没收修鞋钱

反而给我钱坐车

接触后

修不好心里很不安的

你看看孩子为我操心的

妈妈让我去修鞋

把鞋交给老爷爷

害怕不敢去

开心不乐地出门

陌生时

吗？陌生人

害怕紧张的心

吃惊不相信

脸上有伤

接近又躲闪

么能行，他没给你工钱，你反而给他20元！"老大爷笑着说："出门在外，互相帮助是应该的。"我说："大爷，我明天会来还您钱的。"

俗语说：人不可貌相，海水不可斗量！我们不能以貌取人，老大爷虽然脸上有疤，但他有一颗善良的心，他这种助人为乐的高尚品德我将一直铭记。

·名师点评·

文中对老人的介绍是全面的，通过老人帮助作者的具体事例，体现老人善良的内心，对老人的情感变化也由疏远变为敬重，体现了知识点，很好。

巧开头

诗词开头

开头引用诗句，能增强开篇的气势，瞬间抓住读者，突出中心。

"青青子衿，悠悠我心。"曹操礼贤下士，以诚相待，仿效"周公吐哺"才换得"天下归心"。人与人之间，要拥有一份真正的、牢固的友情，就必须以心相交，以诚相待。

场景描写

开篇对景物进行描写，可以烘托氛围，渲染气氛，为下文的人物展开做好铺垫。

冬天，这里的天总是阴沉沉、灰蒙蒙的，太阳好像怕冷似的，从东边向西面一划就过去了。在这个时候，三毛穿着一个打过补丁的单衣，有气无力地走在大街上。

妙结尾

紧扣中心 画龙点睛

在文章结束时运用简洁的语言把主题思想表达出来，使文章中心鲜明突出。

从那件事我发现一个道理：我们不能以貌取人，要从人的内心去了解，这样我们才能交到更多、更有意义的朋友！

引用俗语 耐人寻味

用名言警句、俗语等收尾，揭示了文章真谛，含义深刻，给读者留下意味深长的深刻印象。

俗语说：人不可貌相，海水不可斗量！我们不能以貌取人，老大爷虽然脸上有疤，但他有一颗善良的心，他这种助人为乐的高尚品德我将一直铭记。

题目 一个＿＿＿＿＿＿＿的同学

说明：同学是我们每个人成长岁月里不可或缺的角色，相信一定有某个人给你留下了相当深刻的印象。请先把题目补充完整，然后写一篇不少于 400 字的作文。

提示

★ 脑海里浮现出的那个同学带给你怎样的心情？

★ 是什么事情导致你对他（她）产生了这种感觉？

★ 你需要用哪种写作手法来表现出同学的这个特点？

导图设计

我们首先可以大致确定一下题目的范围。性格方面：比如，热心、自信、细心等；外貌方面：比如，美丽、强壮等；也可以是你主观上的情感，比如，令我感激、令我敬佩等。

如果不能马上确定要写哪一个，不妨先同时写下几个，然后一一开始联想。围绕着这个特点，你都能想起哪个同学呢？而他究竟是做了什么事情给你留下了这样的印象？接下来你就可以梳理一下事情的脉络，用前面例文的方式画一下思维导图。

这样就可以从全文的角度来考虑究竟该用哪种手法来写，表现力会更好。开头是直接开门见山好还是引用经典好，着重语言描写还是心理描写，需不需要写景进行一下渲染，等等。

总之就是先确定留下印象的事件，然后梳理文章结构，最后选择合适的写作手法。

第二章
景色大观园

自然梦幻般的美总会让人心驰神往、沉醉于此，足以令诗人陶醉，画家痴迷。

山麓的小溪潺潺流淌着，溢出永恒、涓清的美；田野的庄稼悄无声息地生长着，蕴出期待、希望的美；牧场的青草生机盎然地摇曳着，闪出叠翠、荣欣的美……大自然千变万化的美，无穷无尽。

美景往往留给我们美好的感觉，因此写景的过程也会成为一次愉快的体验。风景绝对不是一幅静止的画卷，而是有声音、有颜色、有形状的灵动画面，为了将这种丰富的感受诉诸笔端，我们来学习一下写景需要掌握的技巧。

要点：
有序描写

写景类文章不同于写人，往往并没有具体的事件，因此无法按照"起因—经过—结果"的顺序来写。但要使文章条理清晰，我们必须要确保其中自有一个清晰的顺序。

大致只要掌握两种顺序即可，那就是空间和时间顺序。空间顺序无非就是由远到近、由上到下、移步换景等；时间顺序更为简单，一天的从早到晚，一年的四季变换。

这里着重介绍一下移步换景，这也是最常用的一种顺序。

当我们浏览一处景点的时候，常常需要走动着才能够全面地看到所有美妙的景致，这个时候，跟随着观察者的脚步变化，才能把所有看到的不同景色记录下来。

要点：
丰富细节

写景类文章要想显得生动，只靠景色本身是无法达到的，必须要加入细致的感官体验，也就是通过自身的五感来展现景物特点。

五感：视觉、听觉、嗅觉、味觉、触觉。写出真实的感官体验可以让读者仿佛身临其境，大大提高对文章的认同感。所以平时务必养成细心观察、勤加动脑的好习惯，及时记录那些细微的感受。

这样在行文时就可以张开想象的翅膀，根据所见所感展开合理的想象，再把景物的状态、颜色、声音、气味描写出来，从而给读者留下深刻的印象。

要点：
修辞运用

描写时可以运用修辞方法，达到事半功倍的效果。

比喻和拟人是最常用的两种修辞方法，特别是在写景状物的文章中，它们的作用尤为重要。贴切的比喻、拟人像镶嵌在文章字里行间的一粒粒明珠，照亮文章的语言，使全文熠熠生辉。

要点：
借景抒情

当我们带着情感去看待自然景物的时候，自然景物也就染上了我们的情感，这个时候，借着对自然景物的描写，恰当地抒发自己的情感，能够让文章更加富有感染力。

美丽的学校

中关村一小 四年级 梁家玉

我们的学校是中关村第一小学，也是一所环境优美的学校，它有着"葵园"之称。

一进大门，就可以看见一座汉白玉的雕塑，周围是五颜六色的花坛和高大的树木。春天，树上抽出了嫩绿的新芽；夏天，炽热的阳光照射着大地，我们在树荫下的座椅上说着话，看着书，悠闲自在；秋天，树上的叶子渐渐枯黄，像一个个小精灵在空中飞舞；冬天，它仍是我们的最爱，银装素裹，庄严肃穆。这座校园陪伴我们度过了一天又一天，见证了我们的成长。

往前走，会看到一片空地，空地上坐落着主席台和升旗台，这就是我们学校的操场了。操场四周种满了积极向上的向阳花。每当举行升旗仪式，国旗在慢慢上升时，这些美丽的向阳花仿佛也随着国旗的升起昂起骄傲的头，同时，我的心里也涌出无限的自豪感。

清晨的大操场安静极了，同学们都在教室里打扫卫生、读书。当第一缕阳光照射在操场上时，更显出了它的宁静、空旷。中午，同学们在大操场上嬉戏、玩耍，有的一起踢足球、打篮球，有的和伙伴们玩跳绳、踢毽子，有的在阳光下奔跑，此时的操场热闹极了。

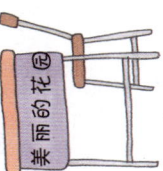

笼式足球赛
稀奇古怪的植物
顶层的露天温室

空中农庄
和足球场

小野菊等
花草丰富

美丽的花园

主楼高年级
东楼低年级
红白相间

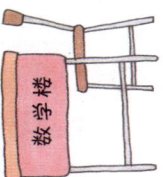

教学楼

向阳花
升旗台
主席台

操场

高大的树木
花坛
汉白玉雕塑

一进门

美丽的学校

黄昏，放学了，同学们回到了温暖的家，而大操场又变得一片寂静。

操场的前面是我们的教学楼，由白红相间的砖瓦筑造而成。主要分成两栋楼，其一是东楼，是低年级同学的教室；其二是主楼，呈"U"形，是高年级同学的教室和专用的科目教室。

绕过教学楼，是美丽的小花园，这里种满了五颜六色的花草，有含羞草、太阳花、小野菊等。含羞草的花儿呈淡紫色，像一个毛茸茸的小球似的。它的叶子也很有趣，只要有东西触碰到它，就会立即把身体缩回去，很神奇吧！太阳花虽然生命短暂，可也要在这仅有的时间内绽放最美的自己。

除了美丽的花园，我们的学校里还有别具一格的空中小农庄和空中足球场。空中小农庄是建在最顶层的一个露天温室，这里种满了稀奇古怪的植物。每天园丁伯伯都要为植物浇水、施肥，才能让它们健康成长。空中足球场是举行"笼式足球赛"的地方，同学们都可以去现场观看精彩的比赛。

这就是我们的学校，有着蓝天、白云、绿树、红花，还有快乐的小伙伴们的地方——中关村第一小学。

·名师点评·

文章语言优美，字里行间无不透露出作者对校园的喜爱之情，令读者深受感染。运用多种修辞对树木、操场、花园进行了详细描述，具体生动。

美丽的四季

农大附小 五年级 张博栋

生机勃勃的春天

绿色的草地，绿色的树叶，绿色的竹子……

春天是一位画家，他拿起画笔，给小草披上了一件绿油油的衣裳，给柳树戴上了长发，在风中挥舞着自己的头发，好像在说："春天到了，春天到了。"他还把山坡画成一个绿色的小孩子。

酷热的夏天

夏天的太阳花，夏天的西瓜，还有夏天的牵牛花……

夏天是一个可怕的恶魔，他扑在人们的身上，让人焦躁难忍，马路像被太阳烤焦了一样，小树好似要被烤熟了一样，青蛙也不禁跳入水里，好像在说："热死我了。"牵牛花偃旗息鼓，美人蕉慵倦无力，只有太阳花，太阳越是炽热，它开得越热情。

丰收的秋天

金色的麦苗，金色的野菊花，还有金色的枫林……

秋姑娘悄悄走来，给人们带来一幅绚丽的美景，向人们宣告秋天的到来，展示出一派丰收的景象。

秋天，放眼望去，眼前一片金黄，好像铺着一地的金子。沉甸

美丽的 四季

冬
- 雪
- 屹立风中
- 傲雪斗严寒
- 青松
- 梅花
  - 花朵嫩黄
  - 散发清香
  - 白色

春
- 绿色
  - 草地
  - 树叶
  - 竹子

夏
- 红色
  - 炙热
  - 焦躁
  - 花朵盛开
    - 太阳花
    - 牵牛花
    - 美人蕉
  - 西瓜好吃

秋
- 金黄
  - 麦田
  - 野菊花
  - 枫林
  - 稻穗
  - 稻浪
  - 稻香

甸的稻穗都弯着腰，一阵微风吹过，稻穗挨挨挤挤，涌起层层金色的波浪，"沙沙沙"的响声，飘来诱人的香味。我深深地吸了一口气，啊，我简直陶醉了。

寒冷的冬天

冬天的梅花，冬天的青松，冬天的雪……

冬天，许多树的叶子都落了，只剩下光秃秃的树干，在北风的呼啸中像一个个喝醉酒的大汉摇摇晃晃的，只有不畏严寒的青松昂着倔强的头屹立在风中，它的叶子仿佛更加翠绿了。蜡梅也在冬日露出嫩黄的花朵，散发着清香，它弥补了冬季百花凋零的遗憾。"墙角数枝梅，凌寒独自开。遥知不是雪，为有暗香来。""大雪压青松，青松挺且直。要知松高洁，待到雪化时。"我喜欢它们那顽强的毅力和不畏严寒的精神。

· 名师点评 ·

文章分为春、夏、秋、冬四个版块，充分运用了比喻、拟人等修辞手法，刻画出美丽的四季。通篇语句通顺，语言优美，具有诗意，能够把人带入那个美丽的情境中，非常棒！

江畔独步寻花

中关村一小 四年级 王欣欣

春满人间，小道上飘散着迷人的芳香。花草都赏心悦目，清风阵阵，青烟袅袅。

杜甫在江边沿着小道散步，突然从远方飘来一阵淡淡的幽香。杜甫情不自禁地走去，不知不觉被花香带到了黄四娘家的门前。黄四娘家的花朵开满了小道，万千花朵把枝头压得很低很低，仿佛在向杜甫问好呢！

杜甫仔细地看了一眼，蝴蝶在这里翩翩起舞，还恋恋不舍地在空中盘旋，时而和蜜蜂在花朵里跳起了圆舞曲；蟋蟀在欢快地拉着小提琴，牵牛花仰着脸高傲地吹起了小喇叭，这一切让杜甫陶醉。杜甫笑着说："这么美丽的花儿，这样可爱的动物，这番漂亮的美景，真是美不胜收啊！"这时杜甫心想：如果黄四娘在，送我几朵这盛开的鲜花就好了。正想着黄四娘从屋里走出来了，看着杜甫笑了笑，说："你喜欢吗？我这有很多，送你几朵便是，以后要常来玩啊！"说完便摘下几朵送给了杜甫。杜甫说："真是心照不宣呀，您放心，我以后一定会常来玩的！"说完杜甫高兴地回家了。

江畔独步
寻花

此地如此美好　故乡仍在动荡
黄莺歌唱
心生感于
回家路上
飘来幽香
到黄四娘家门前
江边散步
花朵盛放
凝神细看
蝴蝶曲舞
蜜蜂起舞
蟋蟀拉琴
牵牛花吹喇叭
问好送花
期待下次再来
主人相迎

杜甫在回家的路上听到黄莺在空中欢快地歌唱，心想：真是美好和谐的地方啊！可为什么故乡不能如此安宁和平呢？

清晨的 青 海湖

农大附小 五年级 李宛琪

我总以为黄昏比清晨更耀眼，于是总会忽略了宁静的清晨。偶然一次在青海湖看日出时，走在石子路上，忽然意识到清晨原来也是那么的宁静、祥和！

正准备独享这份宁静时，有个声音传入了我的耳朵，大声高喊着："看，日出。"忽然，我才发现，原来不只是我自己发现清晨是美好的！

在苍茫中看到一线蓝色，像倒悬着的天，蓝色越来越宽阔，极目之处，那种妩媚的蓝是我从未见过的，脱俗而华贵本就不在尘世之内。

看到此情此景，不由得使我想到了一句古诗："晴空一鹤排云上，便引诗情到碧霄。"一只仙鹤直冲上云霄推开层云，也激发了我的诗情飞向了万里晴空，可我忽然发现，我不是诗人，怎么会作诗呢？

激荡中，我再次用眼睛注视着青海湖。湖面上高远的风头揉碎了我疲惫的脚步，湖水里那精巧的沙砾解开了我烦恼的心结，那一刻，我坚信，青海湖和我一样，内心的情绪激烈而奔涌。我脸上的泪很快就风干了，平日里的积郁、愤懑、无奈也都随之消散了。

清晨的 青海湖

感恩大自然
洗涤心灵
远离喧嚣
抛开功课
感悟顿生

走在路上
去看日出
宁静祥和
被在享受清晨
路人惊呼日出

日出盛景
湖水波点景
水天一线
脱俗华贵
触景生情
想起诗句
作诗未成

湖上的风
湖解了疲惫
风干了积郁
思绪荡漾
湖水里的沙砾
解开了烦恼
过滤了忧愁

40

我无法理解青海湖何以让我这样爽快地抛开自己的心情。一定是离开了城市的浮华与喧嚣，暂时抛开了繁重的功课，使我的心灵得到释放与洗涤。美丽的青海湖啊，你是大自然的馈赠，我将牢牢把你的美丽记在心中。

·名师点评·

　　青海湖像一颗美丽璀璨的明珠，歌咏赞美的人太多了。小作者独辟蹊径，选择了青海湖的晨景，景和情自然融合，行文中透露着愉快奔涌的情绪，尤其是第五自然段充满想象和旋律之美。

小院儿

实验二小 六年级 张啸斐

我住在北京二环胡同里的一座四合院，我的童年在那里度过。那时，还没有苹果手机；那时，还没有平板电脑；但，那时，有的是欢歌笑语，有的是邻里乡亲，有的是温暖回忆。

记得小时候，春天，万物复苏，我家院儿里的海棠树开满了鲜艳的花朵，笼子里的鸟也叽叽喳喳地叫着，仿佛告诉我们春天来了。院子当中大水缸里的冰也早已融化，金鱼在缸里自由自在地嬉戏。

记得小时候，夏天，我们在院儿里乘凉，每当晚上吃过饭，爸爸妈妈和邻居们拿着蒲扇，端着一壶茉莉花茶，拿着一把小椅子，坐在院子里的葡萄架下，畅聊人生。头上繁星点点，脚下夏虫低鸣。

记得小时候，秋日，一场秋雨一场凉，小院里充满着丰收的气息，葡萄架上的葡萄熟了，海棠结果了，就连好多年都没看到的石榴也挂在了树上，沉甸甸的果实压得果树都直不起腰了。

记得小时候，冬季，奶奶靠着窗户根儿斜倚在炕上，手里拿着剪刀，铰着花布，身边的针线笸箩里，放着一双刚纳好的鞋底。院儿里的海棠树下，一个雪人儿刚刚堆好，小胖墩笑呵呵地拍着手，看着灶台旁做饭的妈妈。门外，车铃声响了。小胖墩跑出门，看见

小院儿

鸟在笼子里叫

金鱼在水缸里游

树上落满了麻雀

一家在院里乘凉

天空繁星闪烁

拿剪刀

铰花布

奶奶纳鞋底

屋里

院里

爸爸提着鱼回家

妈妈包饺子

堆雪人

葡萄熟了

石榴熟了

柿子树落叶

43

爸爸骑着那辆破二八，手里提着刚买的鱼。

　　这就是我记忆中的小院儿。如今北京高楼林立，已经难觅当年小院的风采，但是这份惬意，这份安详，会一直陪伴我，直至一生。

名师点评

　　看到这篇散文，让人仿佛置身于小院当中，看着人们谈笑低语，和谐美满，真为小作者感到高兴。

春天 来 了

农大附小 五年级 刘鼎欣

盼望着，盼望着，春天的脚步近了，春天来了，它是那样的清新，一切都充满了生机，让人感受到了春天的美丽。

"啪"，一颗颗雨珠从空中落下，打在地上、树上、马路上。树木在春雨中慢慢摇摆着，在雾蒙蒙的雨中连成一片模糊的绿色。小草挺起了腰肢，贪婪地吸收着春天的雨水。我在雨中漫步，细细地品味着春天的气息。

走进花园，扑面而来的是一团团粉色的桃花和一大片杏花，有球形的，有碗形的；有单层的，也有多层的；有零星散落的，也有花团锦簇的，一串串，一簇簇。旁边的迎春花早已寥寥无几，再也不像初春时那样艳丽，与桃花相比，它内敛了许多。走在路上，一阵阵清香扑鼻而来，走入乡间，到处弥漫着春的气息。袅袅炊烟从农民家里升起，儿童在乡间小路上追着五彩缤纷的蝴蝶，不时抓住了一只，高兴得拍手叫好。田地里的农民忙碌得满头大汗，锄头一下接着一下，脸上却始终挂着笑容，希望今年有一个好收成。

春花烂漫，春风拂面，春光明媚，春色无边，多么美好的春天！真是万紫千红，美不胜收。

春雨

百花

乡间

浸润万物

植物复苏

我在雨中奔跑

桃花和杏花

迎春花

清香弥漫

炊烟升起

小花抬头

花团锦簇

形状万千

寥寥无几

不似初春时艳丽

小孩在追蝴蝶

农民在田里劳作

春天来了

名师点评

　　本文选取了春天特有的景物春雨和桃花，描写得细致而优美。最精彩的部分属第三自然段，加入了人物的动作，对于农夫的描写很传神，俨然成了一幅春耕图。

我和 冬 雪有个约会

中关村一小 六年级 杨可馨

我和冬雪有个约会，约会在小区湖畔；我和冬雪有个约会，时间就是那一场雪。

我站在窗前，见那鹅毛般的雪花满天飞舞，给整个世界穿上白衣。花园里的松树披上了厚厚的白色"貂绒"，梅花在凛冽的寒风中傲然挺立，多么美的冬雪呀！我感叹着，信步来到小区湖畔。雪好像在等我，我把手伸出来，一片雪花落在手上，看着它慢慢融化，我的心也随着它慢慢融化。我躺在鹅毛似的雪毯上，闭上眼睛让雪花飘落在我身上，一切都好像静止了一样，那么安静。

孩子们的嬉闹打破了这宁静的气氛，一个戴蓝帽子的男孩向我扔来一团雪，对我说："大姐姐和我们一起玩打雪仗吧！"我还没答应，就有许多孩子向我扔来一团团雪球。我从雪堆上抓了一把雪扔向他们，他们就像小兔子一样跑走了，于是一场打雪仗正式开始了！没几分钟，大家的身上就都是雪了，我们都玩累了，坐在雪毯上有说有笑。

今年的冬天暖意浓浓，让人放松了警惕，十分轻松。可是雾霾却总是悄悄降临，人们开始武装起自己来，口罩、围巾一样都不能

被丢了雪球

被邀请打雪仗

奋力还击

玩得愉快

听到喧闹

被迫打雪仗

冬天有雪更快乐

世界都白了

松树也换白衣

鹅毛般的雪花

窗前见雪

恋恋嬢嬢

梅花斑立

不惧严寒

走到湖边

雪花落身上

安静祥和

躺在雪地

雪花落下

落在手上

看它融化

少。改变的不仅仅是人们的装饰，还有心情。我常常用"漫长"来形容冬天，也用雪莱的诗句"冬天来了，春天还会远吗"给自己打气，相信今年的冬天一定会更精彩。

冬雪，我爱你，我喜欢你的名字，我喜欢你的颜色，我喜欢你的味道。每年的冬天我都会在这里等着你的！

· 名师点评 ·

如诗如画的描述，语言优美，让人仿佛置身于大雪天。不足的是两个画面让文章略显单薄，还应加入另一个画面，例如，雪中的青松、梅花，雪中的帮助等，那样文章会更美。

首尾特训营

巧开头

运用修辞

以修辞手法开头，方便抒发作者的心灵感悟，使读者更加愿意赏读，这里用的是通感。

金黄的枫叶、金黄的果实、金黄的秋风……

交代要素

交代要素即交代记叙文的几个要素：时间、地点、人物、事件。这种开头方便情节展开，有引人入胜的效果。

我和冬雪有个约会，约会在小区湖畔；我和冬雪有个约会，时间就是那一场雪。

妙结尾

抒发情感

以抒情的方式结尾，可以表现出真实感，从而激发读者的感情，引起共鸣，有强烈的艺术感染力。

这就是我爱的北国的春，生机勃勃的春天。我愿舍寿命的三分之二来留住它。

升华主题

升华主题即是在文章的基础上进行延伸，透过表象，揭示本质，深化主旨内涵。

杜甫在回家的路上听到黄莺在空中欢快地歌唱，杜甫心想：真是美好和谐的地方啊！可为什么故乡不能如此安宁和平呢？

下笔如有神

题目 我爱的风景

说明：四季变换，风云流转，随着日月星辰的交替出现，我们也不断见证着许多美丽难忘的风景。无论是名胜古迹的稀有景观，还是日常生活的常见景色，只要有一双发现美的眼睛，总会带给我们难得的享受和体验。现在请你选择其中一处风景，用笔写出它的特点。要求有真情实感，不少于 500 字。

提示

★ 哪处风景让你念念不忘，想起来就心生喜悦？

★ 你打算以哪种顺序来进行描写呢，是空间还是时间？

★ 这些景致都带给你哪些感官体验呢？

导图设计

首先肯定是要写下已经选定的风景，也就是导图的中心。然后打开感官，以"看到、听到、闻到、摸到"几个不同的角度来丰富景物的细节，如颜色、大小、形状、气味等，分别作为一个分支围绕着中心展开。

景色的不同部分一般会带给人不同的感受，这里我们不妨把情绪分开记录，每种颜色代表一种情绪，如开心、忧伤、平和等。把这些情绪记录在每个感官的素材后面，这样在后面写作时就可以更加直观，思路不会阻塞。

这样联想一遍，是不是素材不知不觉就够用了呢？

第三章

状物魔法屋

　　我们在生活中不能缺少物品，它们有的给我们带来方便，比如手机、冰箱；有的丰富了我们的生活，比如电脑、电视；有的是我们的工具，比如自行车、钢笔；有的陶冶了我们的性情，比如小提琴、油画棒；有的给我们的生活带来了快乐，比如玩具车、洋娃娃……各种器物伴随我们生活，使我们生活舒适、快乐、方便，我们对它们有着深厚的感情。另外，还有奇妙的植物和可爱的动物。请拿起我们手中的笔，把它们介绍给大家吧！

状物类写作有一个核心思路，那就是融入情感，把描写对象当作人一样去写，只有这样才能使文章生动活泼，流露的感情也更加真挚，从而吸引到读者。

具体思路可以大致概括为：用形声色味的方法（动静结合）＋感受。

下面我们来了解一下需要注意的几个地方。

要点：
仔细观察

对于动物，要观察其外表，还要观察其静态和运动时的神态；植物，除了其外部特征，还要了解其随季节变化的特性；静物，不仅要观察其形状、大小，还要了解其构造和用途。

掌握事物的颜色、形状等特征，是状物写作的基础。除此之外，也可以加入事物的一些历史趣闻、神话传说等，使读者不仅能全面认识这个事物，更能获得愉快的阅读体验。

要点：
有序写作

状物作文必须按照一定的顺序写。写动物，往往按照先写其外表，后写其习性的顺序写作；写植物，可以按照根、茎、叶、花、果的顺序一步步观察描写；写静物，可以按照从整体到部分来描写。

条理清晰在状物文章里同样适用，层次感会使文章显得结构明朗，看起来省力且给人一种神清气爽的感觉。

抓住特征

由于物体的类型不同，形态、习性各异，我们在描摹物体时，只有抓住它们与众不同的特征加以刻画，动静结合，才能把物体写真、写活。

写作过程中运用一些恰当的修辞手法，如比喻、拟人、排比、引用等，可以使所写对象更加形象生动、活灵活现。

融入感情

一篇状物文章是否优秀，其中最关键的地方就在于我们是否挖掘出了平凡事物当中具有的深刻内涵。一篇好的状物作文，不应只是为写物而写物，而应当通过对物的描述，表达其人格化的精神品质。在行文时要时刻注意流露出自己对事物本身蕴含的情感，是喜爱或是欣赏，赞美或是敬佩。只有这样才能使物和情通过词句完美地结合起来，达到触动读者的效果。

粉笔

农大附小 四年级 范露予

　　课堂上静静的，同学们正在低着头写作业，只听见老师在黑板上用粉笔沙沙写字的声音，望着逐渐磨损的粉笔，我陷入了沉思……

　　白色的粉笔，圆柱体形，7厘米高，小小的个头在明亮的教室里默默地等待着奉献自己的生命。很多时候平凡的讲桌成了它休息的场所，宽大的黑板成了它的舞台。在幼儿园的时候，我就和它成为好朋友，老师上课的时候就是用它，有了它的书写，老师教会了我们很多知识。课堂上老师用粉笔在黑板上写，让我学会了很多生字和英语单词。它的点点滴滴都送给了我们，粉笔是多么可贵啊！虽然在生活中经常能见到它，但是像它一样默默奉献自己一生的却不多。

　　粉笔就像是我们的老师，他们呕心沥血，从春到冬，从满头青丝到两鬓斑白，拿着微薄的工资，却从无半句怨言；任学生踏着自己的肩头登上成功的宝座，接受鲜花、掌声和奖杯，却从不居功自傲。

　　我还记得，有一次，我生病了，老师特意到我家来给我补课，一到我家老师就问我病好了吗，然后就温柔地讲起课来，让我感动

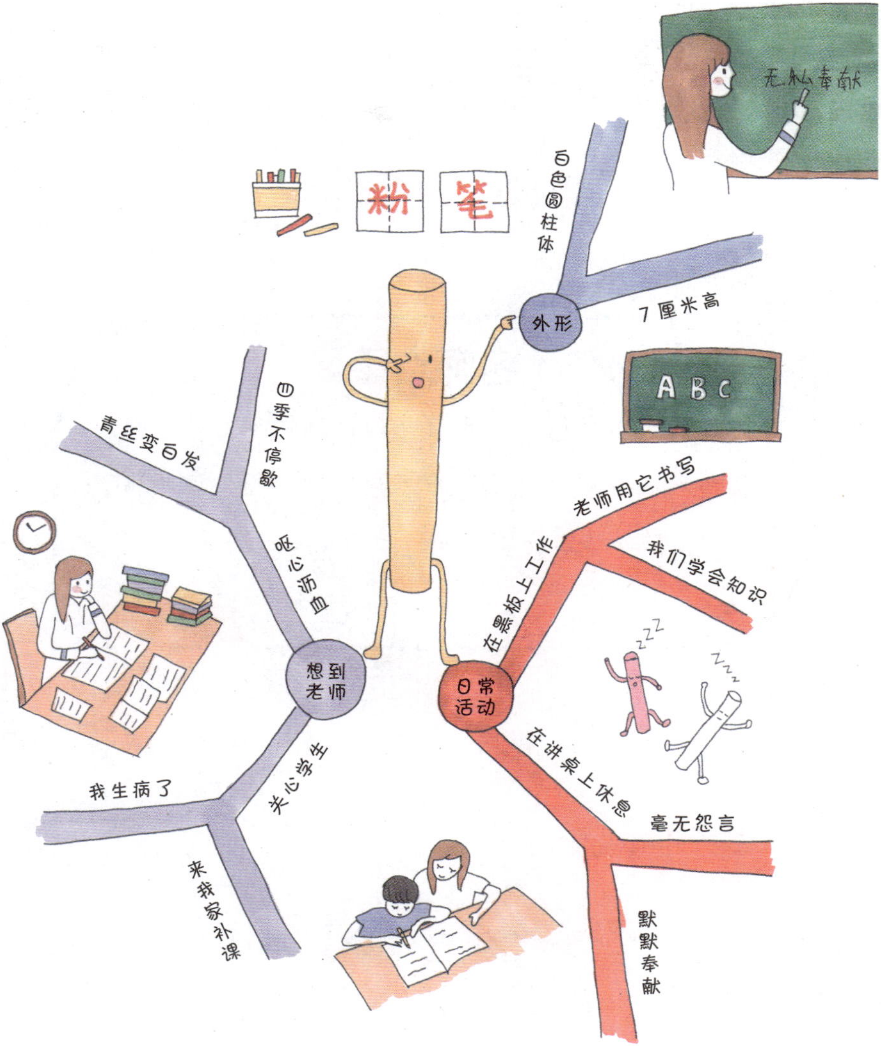

粉笔

外形
- 白色圆柱体
- 7厘米高
- 无私奉献

想到老师
- 青丝变白发
- 四季不停歇
- 呕心沥血
- 我生病了
- 关心学生
- 来我家补课

日常活动
- 在黑板上工作
- 老师用它书写
- 我们学会知识
- 在讲桌上休息
- 毫无怨言
- 默默奉献

极了。老师的这种奉献的精神不就是粉笔的精神吗？

我赞美粉笔，更赞美具有粉笔精神的人，因为他们不计较个人得失，不争名夺利，只为社会无私献出自己！

粉笔牺牲自己是为了将知识传授给同学们，老师牺牲自己的青春是为了让同学们有一个美好的未来，成为国家的栋梁。粉笔，我要赞美你！

· 名师点评 ·

文章内容很棒！开门见山讲到粉笔，通过介绍粉笔的外观自然地写出了粉笔的作用，运用借物喻人的手法写到了老师，知识点运用得很棒。

我 最 喜欢的小金鱼

上地实验小学 四年级 刘铭阳

　　我家鱼缸里有一群小金鱼，它们长得十分漂亮，有的是黑颜色，有的是红颜色，有的是黄颜色。它们整天在鱼缸里自由自在地游着，有时候我真想像它们一样无忧无虑。

　　有一条红色的小金鱼，它长着两只红红的眼睛，像两个小灯笼一样。嘴巴一张一合的，也不知道它在喝水，还是在吃东西。在它头的两边有一对腮，那是用来呼吸的。它长着一条大大的尾巴，在鱼缸里游动的时候，好像一把小扇子在扇来扇去。每天晚上，喂鱼之前，我会先轻轻地敲一敲鱼缸，冲着它们大声喊："开饭了！"小金鱼就像能听懂我说话一样，迅速地游过来，都抢着吃我喂给它们的食物，不一会儿就把食物吃完了。

　　有一天我发现有一条鱼的肚子鼓鼓的，大大的，我以为它吃多了。好几天过去了，它的肚子依然是鼓鼓的。我问妈妈："这条鱼是不是生病了？它好可怜啊。"妈妈说："你仔细观察，再过几天就会有新的发现。"从那天起，我每天放学回家都会看一眼，看它会有什么变化。可是好几天过去了，它还是老样子，我以为它不会有什么变化了。又过了几天，我突然发现鱼缸里多了几条很小很小

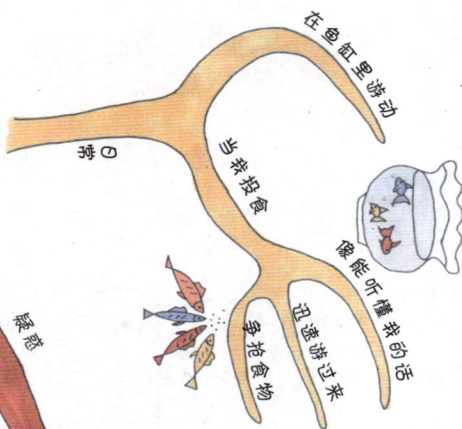

我最喜欢的金鱼

在鱼缸里游动

口渴

当我投食

像能听懂我的话

迅速游过来

多抢食物

鱼的肚子大了

我以为是吃多了

几天还那样

担心它生病

妈妈让我再等几天

每天都观察

尿崩

真相

原来如此!

竟然发现多了小鱼

鱼的大肚子也没了

妈妈说这是生的小鱼

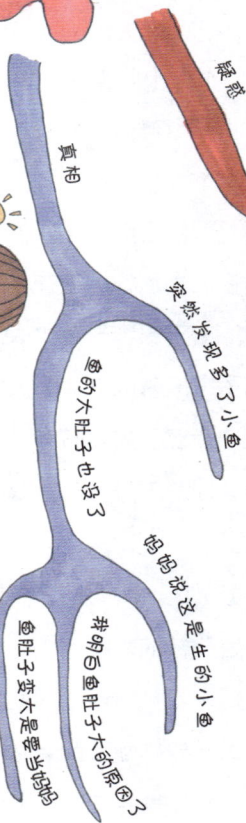

证明鱼肚子大的原因了

鱼肚子变大是要当妈妈

的小金鱼，我问妈妈："这些小金鱼是从哪里来的呢？"妈妈说："你看这条大肚子金鱼有什么变化吗？"我这才发现，咦！它的大肚子哪去了？妈妈告诉我："这些小金鱼都是这条大肚子金鱼产卵孵化出来的。我这才恍然大悟，原来那条大肚子小金鱼不是生病了，是它要当妈妈了。

看着可爱的金鱼悠闲地游来游去，我真想成为它们中的一员啊！这就是我热爱的小金鱼。

· 名师点评 ·

这是一篇十分精彩的写小动物的文章，作者观察仔细，情感细腻，对小金鱼的外形描写生动、形象，把它的生活习性及状态描写得细致入微。在观察大肚子金鱼的过程中，使"我"喜爱小金鱼的情感得到升华！

老北京 炸 酱面

清华附小 五年级 徐子衿

我的童年是在北京二环里度过的，那里有庄严的天安门，有喧嚣的后海，也有安静惬意的胡同。老北京有许多美味的小吃，像驴打滚、艾窝窝、姜汁排叉等，但我最中意的还是那一碗情意浓浓的老北京炸酱面。

说到老北京炸酱面，我就想到了我的奶奶，她做的炸酱面在整条胡同里首屈一指，炸酱的香味能飘出十里！每到周末，奶奶都会给我做上一碗炸酱面。

周末放学了，我回到家里，奶奶已经在厨房忙活开了。我悄悄地走进厨房，看着奶奶那娴熟的技艺，菜刀上下飞舞，不一会儿，一整根葱变成了一堆葱花，一整块猪肉变成了肉丁。奶奶回过头，笑着对我说："小馋猫，去客厅等着去，别在这添乱，炸酱面一会儿就得。"我嘿嘿一笑，说："不嘛，我要在这儿看着奶奶做，我也要学，长大给奶奶做！"奶奶摇摇头，冲我说道："那就老老实实地在这待着，别乱动，一会儿别烫着你。"得到奶奶的同意，我便认真地看着奶奶制作这道美味。

奶奶熟练地把炒菜锅放在灶台上，热锅凉油，奶奶用手试着油

老北京炸酱面

制作开始
奶奶口齿咽熟
大葱变葱花
猪肉变肉丁
我旁观
怕烫着我
让我离开
我要学着做

让我离开
热锅放油
倒入肉丁
翻炒
由红变白
香味溢出
放入一半葱花
放火必后萘酱
和肉丁混合
搅拌翻炒
小火放糖

终成美味
等待四十分钟
放入葱花和炸酱混合
炸酱面真香
奶奶辛苦
以后也要做给她吃

真香！

漫长

温，等到油的温度有一点烤手时，奶奶轻轻地将肉丁推入锅内，只见铲子上下翻飞，肉丁由红变白，香味一点一点从锅中飘出。这时，奶奶将切好的葱花分出一半放到锅里，瞬间葱香弥漫着整个厨房。我问奶奶："为什么不都放里面呢？"奶奶说："等下还有用嘞。"终于，主角登场——六必居黄酱！奶奶将黄酱倒入锅内，与肉丁混合，并不停地搅拌，调小火，放糖，慢慢搅拌。时间仿佛过得很慢，四十分钟过去了，我感觉度过了一个世纪。终于，奶奶脸上露出微笑："齐活！"最后，将剩下的一半葱花倒入了锅里，与炸酱混合均匀，盛在碗里。我迫不及待地伸手就往碗里杵，想尝尝炸酱的滋味，奶奶大喝道："小祖宗，烫！"

　　晚饭，我吃着香喷喷的炸酱面，回想着奶奶辛勤劳动的身影，暗暗发誓，长大以后，一定给奶奶做一碗美味的炸酱面。

· 名师点评 ·

　　看着你的作文，老师的口水都快要流出来了，有机会一定要尝尝奶奶做的炸酱面。文章思路清晰，逻辑清楚，整个炸酱的过程写得详细、有趣，祖孙两人的对话，体现了温柔的亲情，希望你能写出更加优秀的作文！

手机

清华附小 五年级 杨晓飞

我有一部手机，是去年我过生日时，妈妈给我买的。

我的手机会唱歌，我的手机能写字，我的手机能照相。我可喜欢我的手机了，在我们班里，我可是第一个有手机的人呢！

我的手机是个长方形的家伙，正面是一块超大的屏幕，上面有我的同学的联系方式、我最爱玩的游戏的图标，还有好看的照片。每当我打开手机时，它都会向我问好："主人您好，欢迎使用阿拉蕾智能手机！"我每天大部分时间都花在了玩手机游戏上，连上学走路都在玩着游戏。妈妈说过我好多次，我都当作耳旁风，没有听从妈妈的教诲，直到有一天……

那是一个阳光明媚的早晨，我跟往常一样，背上书包，拿着手机去上学。学校离我家并不是很远，走路一会儿就到了，我拿着手机，边走边玩。有一关游戏怎么也打不过去，我全神贯注地看着手机屏幕，绞尽脑汁想出了一个通关的办法。我正高兴，突然，前面出现了一个大坑，我没有注意，一脚踏空，连人带手机直接栽进了坑里。手机飞出去好远，屏幕也碎了，我再也听不到那可爱的问好声了。我趴在坑里，手上流了好多血，还是路旁的好心人把我扶起来，联

能写字

能拍照

会唱歌

喜欢手机

手机

自食恶果

走路上学

屏幕超大

沉迷手机

被送医院

路上玩游戏

高拍同好

立刻悔改

想到通关办法

人受伤，手机坏

花大量时间

玩游戏

好好学习也不听

难过地哭泣

伤心的妈妈

上学走路都玩

HELLO

MVP

系了爸爸妈妈把我送进了医院。来到医院，我看到好多穿白大褂的大夫给我会诊，打针，吃药，我难受极了。妈妈着急地说："怎么样，没摔坏吧，疼不疼呀？"我看着妈妈着急的样子，"哇"的一声哭出来，委屈、疼痛交织在一起。妈妈摸着我的头，安慰道："行了，别哭了，好好休息吧！以后看你在走路的时候玩儿手机！"我一听这话，更是哭得死去活来，我是因为走路玩儿手机才摔倒在坑里的。

"我以后再也不玩手机了。"我含着眼泪对妈妈说。妈妈伸手把我抱在怀里，柔声说："这才对，以后走路不能玩手机，你看看，多危险，幸亏没什么大事，是不是？"

现在我把那部手机放在卧室最显眼的位置，破碎的屏幕、扭曲的形状时刻提醒着我：走路时，安全第一，绝对不能玩手机！

· 名师点评 ·

你能认识到走路不玩手机，非常难得。现在好多人走路都在玩手机，多危险。文章描写生动，用反面教材警醒别人，很新颖，令人印象深刻！

蝴蝶花

清河一小 五年级 张泽轩

在我们学校正门的花坛里，种着许多美丽的花，有火红的串儿红，有金黄的迎春花，有斑斓的蝴蝶花，百花争艳，姹紫嫣红。

这些花中，我最喜欢斑斓的蝴蝶花。蝴蝶花又叫琼花，"俪靓容于茉莉，笑玫瑰于尘凡，唯水仙可并其幽闲，而江梅似同其清淑"。的确，蝴蝶花以它那淡雅的风姿和独特的风韵，更有关于蝴蝶花的种种富有传奇浪漫色彩的传说和迷人的逸闻逸事，博得了世人的厚爱和文人墨客的不绝赞赏，被称为稀世的奇花异卉、"中国独特的仙花"。

蝴蝶花的美，是一种独具风韵的美。它不以花色鲜艳迷人，不以浓香醉人，每到春夏之交，自然界一片姹紫嫣红，蝴蝶花却花开洁白如玉，风姿绰约，格外清秀淡雅；而每当秋风萧瑟，群芳落英缤纷，凋零衰败之际，蝴蝶花展示的却是绿叶红果的迷人景色。其叶，其果，红绿相映，分外鲜艳，经久不凋，给萧瑟的秋色点染了艳丽的色彩，营造了欢快的气氛。

蝴蝶花的美，还在于它那颇富传奇色彩的迷人传说。相传蝴蝶花是扬州独有、他乡无双的名贵花木，连隋炀帝也不远千里，大征

水仙花

花开洁白 不与群花争艳

谦虚 点缀秋色

秋季 傲骨

凌寒

风韵

外形

传说

花的

隋炀帝 不远千里

慕名而来

开凿运河 花醉千亩

人民爆发起义

凌波仙子

潇洒如江梅

花香欺笑茉莉

花色不输茉莉

蝴蝶花

69

民工修凿运河，一心要到扬州来观赏蝴蝶花。但当运河开成，隋炀帝坐龙船抵达扬州之前，蝴蝶花却被一阵冰雹摧毁了。接着爆发了各地的农民起义，隋政权崩溃，隋炀帝死于扬州，因而有"花死隋官灭，看花真无谓"的说法。它对劳动人民无限同情，对昏君隋炀帝无限憎恨；它不畏强暴，不畏权势；它爱憎分明，有灵有情，成为美好事物的象征。也许正因如此，蝴蝶花才博得历代文人墨客的赞叹，蝴蝶花正因这些传说和赞咏而扬名于世。世人因此视蝴蝶花为稀世奇花异草，视为人间少有，天上仙花落人间的仙葩，并把能够到扬州一睹蝴蝶花芳姿引为人生快事。

美丽的蝴蝶花，美丽的传说，让我在百花丛中幸运地选中它。我爱这斑斓的蝴蝶花，爱这爱憎分明的蝴蝶花，爱这不畏权势的蝴蝶花。

· 名师点评 ·

取材新颖，文章从蝴蝶花的美，写到优美的传说，让人感觉蝴蝶花也是有故事的。小作者笔下的蝴蝶花生动美丽，让我们重新认识了美丽的蝴蝶花。

坚韧的小草

上地实验小学 五年级 陈思迈

一天早晨，我去公园玩，突然，我被一块石头绊倒在草坪上。我正为没有摔疼而庆幸时，突然想到，小草肯定被压疼了，于是，我很快地爬起来，可发现小草已经被压倒了，我伤心地走出了公园。可是，当过了几天我又去公园，惊讶地发现，原来被我压倒的那片小草居然又站起来了。

夏天到了，烈日当空，其他的植物早已低下了头，而唯有小草在与太阳做斗争。夏天时，小草给我们带来一抹绿色；大暴雨时，也唯有小草在雨中不屈不挠地与暴风雨做斗争。

冬天到了，小草被雪覆盖了，人们可能会以为小草死了，但是不要忘记"春风吹又生"。明年春天，它又会长起来的。草，虽然平凡、渺小，但却有坚韧不拔的生命力；虽然不美丽，但却具有极其旺盛的生命力，这一切都是因对生命的渴望而得到的力量！

小草默默无闻地装点着大地，它把自己的一生都无私地奉献给了大地和人类，却从来无所苛求，毫无怨言。它多么像辛勤的园丁，默默无闻地培育着祖国未来的花朵；它多么像平凡的、战斗在祖国建设一线的科学家、工人、农民、解放军战士，为了祖国的强大而

坚韧的小草

葱翠坚强

春献绿色

品格

被石头绊倒

引起注意

压倒小草

以为它死了

再见复原了

春天苏醒

在冬天

被雪覆盖

在夏天

不惧烈日

不畏风雨

兢兢业业地工作，默默无闻地奉献，为国家的建设事业增砖添瓦……

我赞美小草，我更要高声赞美那些具有坚强意志的人！

· 名师点评 ·

借物喻人，寄情于景，以赞小草而赞人抒发了自己的情感，是这篇作文最吸引人之处。全文言语间洋溢着对小草的喜爱之情，语言优美，用词丰富，引用生动，是一篇不错的文章，继续努力！

桃花三月飘香

中关村三小 六年级 刘锦中

当人们还在赞美雪中傲然开放的梅花、寒风中刚直挺立的青松时，可曾注意到那艳丽多姿的桃花？

春天里，最美的花莫过于桃花了，"暮春三月日重三，春水桃花满禊潭"。春日里，桃花随风飞落，落在溪流之中，好像扫去了水中的污秽。

阳春三月，一簇簇的桃花在桃园怒放，让人仿佛置身粉色的海洋，阵阵花香使人陶醉，正是："去年今日此门中，人面桃花相映红。"桃花没有牡丹开得热烈，没有樱花开得怜人，没有海棠开得娇艳，但它一簇簇、一枝枝开得恰到好处。粉红的小花迎风开放，仿佛在告诉我们，春天来了。十里桃花源，万树桃花香，每每路过这开满桃花的桃源仙境，我的心情便开朗许多，烦恼和忧愁抛到九霄云外，眼前的桃花让我流连忘返。

桃花并不娇气，在我国南方、北方都有种植。无论什么样的气候，无论什么样的土壤，它都能生长得亭亭玉立，落落大方。

桃花大大方方，它深根大地，汲取大地母亲的乳汁，具有强盛的生命力。它喜欢风雨，它喜欢太阳，因为阳光雨露会使它根深叶

桃花三月票风香

阳春三月
盛放时节
桃园飘香

没有牡丹热烈
没有樱花怡人
没有海棠娇艳
并不完美
但恰到好处
花开特色
花香醉人
粉色花海

极易成活
各地均有种植
不挑气候土壤

品格高洁
盛放奉献花香
花谢献出果实

茂、花美芳香。

桃花对谁都一样，没有一点偏私成见，不管是勤奋的蜜蜂，还是翩翩起舞的蝴蝶，都是一视同仁，直到花朵凋谢。

无论何时，无论何地，只要春暖花开，它便又一次地绽放，周而复始。

桃花凋谢后，我们还能品尝到桃子，没有娇嫩的桃花，就没有香甜的蜜桃。

我爱桃花，但我更爱那开放在绿野中的桃花，它是那样鲜艳夺目，那样地无私奉献。

·名师点评·

　　看了你写的文章，老师想说你真有才华。老师跟随你的脚步游览了美丽的桃花源，沁人心脾的桃花香在你的字里行间也感受到了。真棒，你对桃花的认识很深刻，让我们重新认识了桃花。希望你以后继续保持，写出更多好作文。

第四章

故事摄像机

人生就是一个过程，一次长途旅行，会遇见形形色色的人，看到各式各样的事物，听到各种各样的话语。有时候会停下来和陌生人交谈几句，有时候会和同行者一起走一段路，有时候会在一个叫不出名字的地方休息一晚。但是，当新的一天开始的时候，新的目标拟定的时候，向新的方向出发的时候，我们又将遇上新的面孔，发生新的故事，产生新的结局……

叙事作文来源于生活，但又高于生活。生活往往是流水账般的日常，许多事情的发生都显得自然而然。而我们要做的，就是通过文字，分清主次，融入情感，重新将它们剪辑、编织，赋予文章崭新的生命，使它变成其他人乐于倾听的故事。

要点：
通过情绪选择故事

一篇作文，可以从很多角度来写，通常限制不会太多，可以选择的范围很大。这就需要我们精心甄别头脑中优秀的素材来进行写作，而不是随意选取一个，应付了事。

选材时一般需要注意这三点：一是事件要小，尽量做到以小见大，在细微处见真情，这也更符合我们的实际生活。二是角度力求新颖，别人都在通过感动写亲情时，你大可以用琐碎的日常来体现这些，不落俗套的角度能帮你迅速在众多作品里脱颖而出。三是故事前后要有反差感，我们之所以对一件事印象深刻，肯定是因为它当初对我们的心理造成了一些冲击，所以这样的故事写出来也更容易使读者动容。

选材的灵感则来源于情绪。如果说每个故事都有一个标签，那标签上肯定写的都是喜怒哀乐。所以，如果我们先确定了想要表达的情绪，那么在大脑中搜索素材时就会容易许多。如果一时还想不到，不妨简单画一下思维导图，不管是按照情绪的正负还是日常所处环境产生的各种情感，诸如友情、亲情、师生情都可以。

把故事讲完整

　　抛开一切手法和辞藻不谈，叙事最基础的要求就是要把故事讲完整，也就是按照叙述的"六要素"——时间、地点、人物，事件的起因、经过和结果，一步步完成对文章的叙述，但是详写部分一定是事情的经过。

　　当然，叙述故事的时候不一定要按照顺叙来写，也可以用倒叙、插叙、补叙和分叙这四种。这里有个小技巧，为了突出最想体现的重要情节，凸显最能体现主题的片段，使作文的结构富于变化，可以采用倒叙的手法开头，从而达到吸引读者的目的。大家不妨一试哦！

要点:
情节要有起伏

　　文似看山不喜平。叙述要有波澜或波折，方显用心，不能平铺直叙，要巧妙运用各种技法，让文章曲折生动，引人入胜。

　　如果说之前已经确定了文章的骨架，那么这一步就是彰显我们真功夫的时候了，也就是我们常说的文采。要使故事生动形象，富有吸引力，我们可以从这三个方面入手：一是修辞手法，叙事过程中合理运用排比、比喻、拟人等修辞，使句子生动；二是细节描写，这是考察作文基本功的重要依据，是否能对生活中的细微事物及人物加以细致描写，是叙事能否成功的关键所在，通常包括人物的语言、动作、心理；三是用环境烘托氛围，对环境进行简单的勾勒，更能彰显人物心境，文章会更有感染力。

日记 悬 案

中关村一小 四年级 焦梓恒

不知道什么时候，我开始喜欢写日记，这个习惯一直陪伴我到现在。

这天，我高高兴兴地回家，准备把我今天在公园玩的情景写在日记中，可是，当我拉开抽屉要把日记本拿出来时，我惊讶地发现我的日记本不见了。我不敢相信地揉了揉眼睛，又翻开我的储物箱，还是没有。后来我翻箱倒柜地找，可还是没有找到，我心里十分着急，怎么会呢？我昨天明明放到抽屉里了，难道被妈妈偷看了？太过分了，这可是我的私密日记，怎么不经过我同意就翻看呢？我一定问问妈妈。

于是我快速地冲出了房间，一把推开妈妈的门，大声地问："妈妈，你今天有没有去收拾我的房间呀？"妈妈疑惑地说："当然！我今天收拾你的房间了。"听到后，我气愤极了，火冒三丈地对妈妈吼道："你居然敢偷看我的日记本，快把本子还给我。"妈妈说："我才没有拿呢，是你自己放的。"我沉默了一会儿，如果妈妈没有拿，那肯定就是爸爸了，我们家就我们三个人。于是我去问爸爸，爸爸说："我没有拿你的日记本。"爸爸妈妈都没有拿我的日记本，

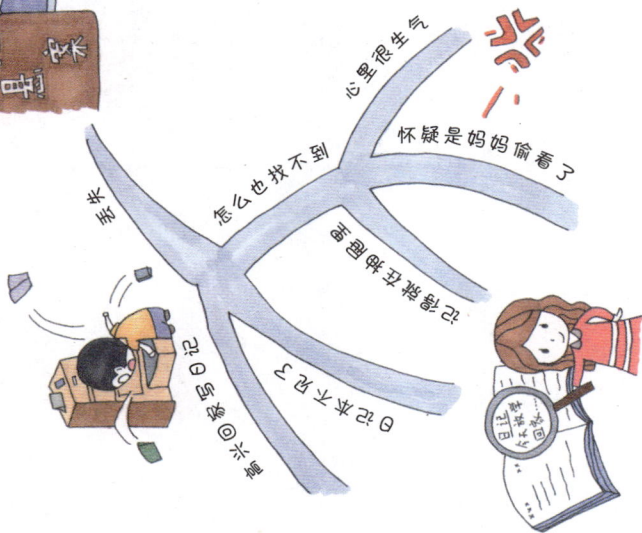

向他道歉

错怪妈妈了

爸爸也说没拿

又去问爸爸

妈妈说没拿

亲亲日记本

又冲妈妈发火

日记本失而复得

上语出抽屉里

向妈妈发火

真相大白

悔悟

问妈妈收拾房间没有

21 亲亲日记

心里很生气

怀疑是妈妈偷看了

怎么也找不到

没有锁起来很后悔

丢失

日记本上锁了

趁妈妈做饭写日记

难道日记本自己会飞走吗？我怀着复杂的心情回到房间。

第二天放学回家后，妈妈递给我一个本子，正是我的日记本。我的怒火瞬间爆发，我向妈妈吼："你居然骗我。"妈妈向我解释："这是我从你的床底下找到的。"这下我才想起来，我前天在床上看我的日记本不小心掉到了床底，由于太晚没有捡出来。我错怪了妈妈，只好向妈妈道歉。

从这件事中，我懂得了在不明白真实状况的时候，不能只相信眼睛，还要学会控制情绪。

·名师点评·

小作者把波折设计得很合理，心理描写也有涉及，而且写得特别好，符合人物形象，更符合习作要求。

朋 友 之间

中关村一小 五年级 陈雨田

"独在异乡为异客,每逢佳节倍思亲。"这朗朗的诗句,让我想起三年级的同学魏子川。

在我上三年级的时候,认识了魏子川,他当时是我们班的学习尖子,我和他一起被老师叫去洗拖布。我们产生了分歧,他说:"我来拿拖布,你来拿桶。"我看他太瘦,怕他拿不动,就不让他拿。再说了,拖布吸满水,很重,桶里一点儿水都没有,很轻,我比他大,怎么能让他拿拖布呢?

可我却忽略了,他是一个要强的人,我这样做只会激起他的怒火。他对我说:"我不拿上拖布,你也走不了。"我一想,我们是有时间限制的,不能因为这个超时了,我很无奈,便把拖布给他了。但自从那天之后,他有点儿瞧不起我了。

有一天,下课后,我们俩拿来老师上课发的试卷,比谁写的字好看。他说我写的字不好看,我看他写得歪七扭八,不中看,于是我俩便争吵了起来。魏子川挺聪明,知道我怕痒,便来挠我的痒痒。我痒得哭笑不得,心里很不服气,便开始挣扎,可不知怎么回事,我感觉有人拉了我一下。

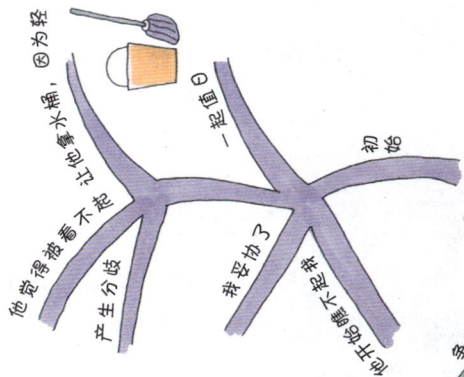

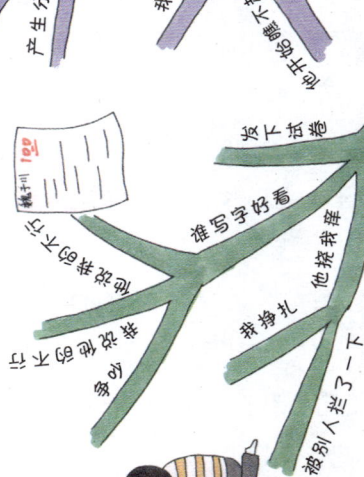

我慌了神儿，不由得吓了一跳，但是我很快反应过来，用手一顶，我变得安全了，可他被我压在身下，头破了，流了点血。周围有几个同学赶过来安慰他，他却坦然对我说："男子汉大丈夫，小磕小碰不算啥。"从此以后，我们的朋友关系蒸蒸日上。如今五年级了，我们俩也成了铁哥们儿！

　　朋友之间应该多些体谅、多些理解，我们之间就是这样的，虽然小矛盾不断，但是我们的友谊却是牢不可破的。

· 名师点评 ·

　　文章开头引用古诗，写法新颖，值得表扬。第二件事写得特别详细，让读者看得津津有味。

一 件 小事

中关村一小 四年级 焦梓恒

　　我原来是爱浪费粮食的小孩，可经过那件事之后，我改掉了浪费粮食的坏习惯。

　　那天放学回家后，我一进门就闻到了香喷喷的饭菜味，我刚一放好书包，就听到爸爸说："开饭了，悦悦洗手吃饭了。"于是，我飞快地跑到了洗手间。当我洗完手出来后，看到菜已经摆到了桌子上，桌子上的菜有地三鲜、土豆丝和大虾，我一看都是我爱吃的，我开心极了。我拿起碗去厨房给自己盛了一大碗饭，坐在桌前拿起筷子开始狼吞虎咽地吃了起来，我边吃边对爸爸说："今天的饭菜可真好吃。"爸爸笑着说："爱吃就多吃一点儿。"我一口饭一口菜地吃着，吃得那叫一个香啊！渐渐地，我吃饭的速度越来越慢，感觉我的肚子胀胀的，我吃饱了。可是我的碗里还剩半碗饭呢，我跟爸爸说："爸爸，我吃不下了，能倒了吗？"爸爸严肃地说："不行，要珍惜粮食，每一粒米都是来之不易的，每一碗饭里都有农民伯伯和爸爸妈妈的辛苦付出。如果没有农民伯伯的辛勤劳作就没有粮食；如果没有爸爸妈妈的努力工作，饭就不会上桌。而且现在有些贫穷地方的小朋友连一顿饱饭都吃不上，这么美味的饭菜，你还

地三鲜
土豆丝
大虾
妈妈扑算
盛一大碗饭
大快朵颐
开心极了
速度渐缓
吃饱了

让来珍惜粮食
饭菜来之不易
农民的辛勤劳作
当工人的爸爸的辛劳

剩半碗饭
我打算倒了
爸爸制止
吃饱之后

故事回家

游

伴

一

吃完了剩饭
以后的我
变成珍惜粮食的好孩子
不再挑食·厌食
还把好习惯传播
光盘行动

向妈妈请教
把沙锅端

把妈妈有妙招
留着明天吃
以后别一次拿太多

87

在这浪费粮食，你难道不觉得可耻吗？"我听了后很惭愧，我觉得我的脸热热的。我又看了一眼碗里的饭，可我实在吃不下了，这可怎么办呢？于是我拉着长声跟妈妈说："妈妈，我实在是吃不下了。"妈妈说："吃不完也不能把饭给倒了啊，今天没吃完的留着明天吃，还要记住以后要少拿多取，知道吗？"听了妈妈的话，我把剩下的饭放到了冰箱。第二天开饭的时候果然出现了我昨天的剩饭，我二话没说就把剩饭吃得一干二净。

从那以后，我不但改正了挑食、厌食的坏习惯，还养成了珍惜粮食的好习惯。我不仅做到了不浪费一粒粮食，还做到了监督身边小朋友的不良习惯，成为一个真正不挑食、珍惜粮食的好孩子。

· 名师点评 ·

语言朴素，中心明确，构思合理，行文层次清楚，写得真好，进步很大。

爱的 午 餐

中关村一小 五年级 李乔

"妈妈，该做饭啦！"我说道。

我推开妈妈卧室的门。妈妈躺在床上，有气无力地说："妈妈今天有点儿难受，你自己吃吧，喏，这是20元钱，你自己买点爱吃的吧。"我急忙走到妈妈的身边，说："妈妈，你这是怎么啦？你没事吧？""没事的，妈妈歇会儿就好。"说完，妈妈苦笑了几声。"妈妈到底怎么了？是不是生病了？"想到这，我有点儿难过，以前我生病了，妈妈都忙前忙后地给我做好吃的。现在妈妈生病了，我也要照顾她！

我打开电脑，在网上查了查病人的食谱，决定给妈妈做一份爱心午餐。我拉开冰箱的门，里面有几个茄子、青椒，还有一碗已经切好了的肉丁，刚好跟我看到的食谱不谋而合。我先把茄子和青椒洗一洗，然后把它们切成不规则的块状，不一会儿，茄子和青椒弄好了。之后闪亮登场的是我最爱吃的肉丁！虽然它被妈妈提前弄好了，但是为了安全起见，我还是又给它洗了一次"澡"！把它们处理完毕，接下来轮到我给妈妈露一手啦。

我把炒锅放在火上，按照食谱所说倒入适量花生油，等油热以

爱的午餐

妈妈的反应
- 走进厨房
- 满脸惊讶
- 坐到餐桌旁
- 眼圈泛红
- 泪光闪烁
- 感到欣慰

- 叫妈妈做饭
- 发现妈妈生病
- 为妈妈难过
- 决定照顾妈妈
- 给我钱买吃的

小露身手
- 倒油
- 炒肉丁
- 放茄子
- 加青椒
- 耐心等待
- 放盐

细心处理食材
- 下厨之前
- 上网搜索食谱
- 查看冰箱食材
- 茄子、青椒切块
- 肉丁清洗干净

90

后，把肉丁慢慢地推下了油锅，过了一会儿，半成熟，我把它们捞了出来。再把茄子放进去，等了一会儿，我把肉丁和青椒一起放了进去。让它们进行一个小型的"聚会"，加上酱油，盖上锅盖。看着时间慢慢变过去，等着食物慢慢熟，我进行了最后一步——放盐。"嗯，好香啊！"厨房的门被打开了，妈妈走进厨房，惊讶地看着我，简直不敢相信眼前发生的一切。

我回头看到妈妈站在身后，眼圈微红。我笑着说："妈妈，你稍等一会儿，我这马上就好啦，一会儿就能开饭啦！"妈妈没有说话，默默地走到了餐桌旁坐下，等待着美味的到来。

这时候，有一缕阳光照射在妈妈的脸上。我发现，妈妈的眼睛里闪烁着泪光。那泪光是那么的明亮，那泪光是那么的晶莹，那泪光是那么的欣慰，妈妈心里一定在想："女儿长大了。"

· 名师点评 ·

文中反向取材，给妈妈做午饭，在选材上略胜一筹。小作者的文笔不错，整篇文章非常流畅。文中亮点在做饭的过程，幽默而富有特色，结尾有新意。

童年趣事

　　人生宛如一条缀满珠宝的项链，而童年是一颗最璀璨的宝石；记忆如同一片夜空，而童年是一颗最闪亮的星星；生命有如大树，而童年是一片最美的树叶。

　　每个人的童年都是不同的，各种各样，多姿多彩。我的童年也很丰富，有些事已经印象模糊了，但有些事还记忆犹新。有一件事至今我回想起来还是会捧腹大笑，那就是有一次帮爸爸买盐。

　　那是我五岁时。那天妈妈有事不在家，爸爸给我做饭。"谢卓涵，"厨房里传来了爸爸的声音，打断了看电视正在兴头上的我，"快去帮我买一袋盐！"

　　"什么嘛！"我一边闷闷不乐地关上电视，嘴里一边嘀咕。"快点，菜要炒煳了！"我这才赶忙穿上鞋，向楼下跑去。

　　到了小卖部，我犯了难，我不认识"盐"这个字！这可怎么办呢？对了！我突然灵光一闪，妈妈以前说过，"盐"是一种白色的颗粒状物体，哈哈，我太聪明了！我二话不说，抄起一袋"盐"，结了账，便向家中跑去。回到家，我把"盐"递给爸爸，爸爸也没顾上仔细看，一股脑地倒了好多进去。菜炒好了，端出来一尝。"咦？

买的是糖

继续炒菜

直接倒进去　　　　　吃起来是甜的

灵光一闪

不认识"盐"字　　小卖部里　　付钱回家

想起来是白色的

派我去买盐

正在看电视　　　　　　　　无奈还要去

爸爸在炒菜

童年趣事

怎么这么甜啊！"爸爸吃了一口，我也夹起来一片菜叶放到嘴里："呸呸呸，怎么这么甜？"爸爸急忙放下筷子去查看，过了一会儿，他便拿着那袋"盐"走了出来，哭笑不得地看着我："谢卓涵，我让你买盐，你怎么买了袋糖回来？"我忍不住大笑起来……

童年，是一片汪洋大海，童年趣事便是那大海中最欢乐的一条鱼儿。

·名师点评·

全文语言流畅，行文舒展自如，自然洒脱，读来津津有味。文章开篇语言优美，先声夺人，引人入胜，结局扣题，首尾呼应。

风 波

红山小学 六年级 王乐萱

人生如海，时而风平浪静，时而惊涛骇浪，因此，人的生活也会有起有伏，难免会出现一些意想不到的风波。

小学五年级时，我交过一个朋友，因为她很瘦，所以我叫她"瘦子"。

"瘦子"的身体很弱，就连50米也跑得上气不接下气的，但她却很大方，事事都让着我。

有一天放学后，我邀请她到家来做客，并且把我最珍贵的一枚邮票拿给她看。"怎么样？好看不？"我用镊子夹给她看。"啊！真漂亮！"她伸出那双竹竿似的手，把它捧在掌中。"小心！别弄脏了！要知道，全国才发行50枚呢！"我晃着脑袋扬扬得意道。"要是我也有一枚，就好了。"她喃喃自语。

"拿来吧，别再爱不释手啦！"我一把夺过邮票，并做一个潇洒的动作，把它放进了抽屉。晚上，我在找书时，忽然发现邮票不翼而飞了。这怎么可能？我今天明明把它放进抽屉里面的。

难道是"瘦子"干的？可恶！第二天，我便找到她，厉声道："你说，是不是你把我的邮票拿走了？你想要就直说嘛，干吗干偷鸡摸狗的事！我觉得你很正直的，这次我可知道了你是个伪君子！

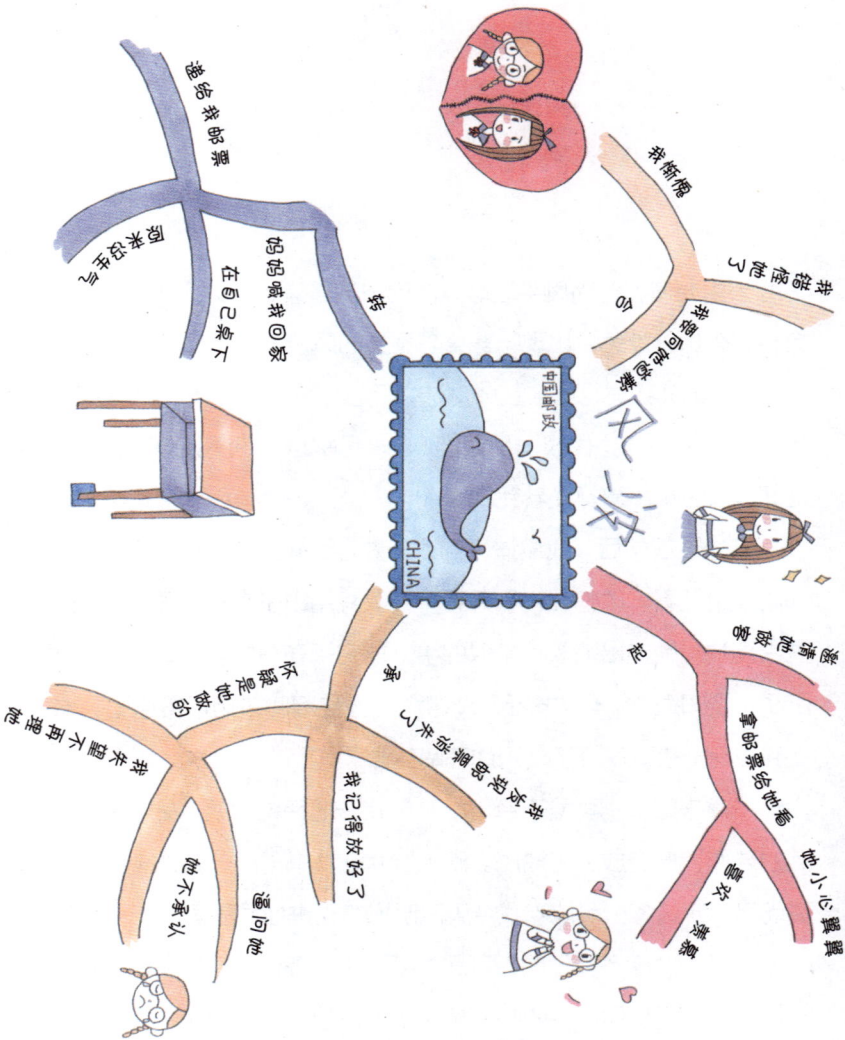

风波

中国邮政
CHINA

送给林邮票
妈妈喊林回家
在自己桌下 捡球手伸
转

林赔偿了他
林对语有心
同学福鞋样

请他做
拿邮票给他看
他小心翼翼
喜欢一套邮

林记得放好了
发现邮票没了3张

怀疑是他做的
林再不言再语
他不承认
逼问他

骗子！小偷！"我的话像机关枪似的，向她射去。

她被我的话激得不知所措，只是一遍遍地对我嚷着："不是！不是啊！"但我不肯放过她，一个劲儿地逼问。这使本来口语表达能力欠佳的她被气得嘴唇哆嗦着说不出话来。由于激动，她原来白皙的脸已经变得通红通红，最后"哇"地一声哭了起来。我见她无归还之意，气得一扭头跑了，从此不再理她。

暑假的一天，我正在帮妈妈做家务，忽然听到妈妈喊我，我来到妈妈身边，问："什么事？"妈妈伸出手递给我一枚邮票，说："这不是你之前要找的邮票吗？就在桌子下面。""什么？"我瞪大眼睛惊异地张开了嘴巴。顿时，我什么都明白了。

我用手握着那枚引起风波的邮票，怀着惭愧的心情向"瘦子"跑去。

名师点评

祝贺你在这一次作文中取得了进步，波折设计得很合理，文中的人物描写生动传神，能够独辟蹊径太了不起了！希望你能够继续努力，让自己收获更多！

面对 挫 折

北大附小 六年级 杨一飞

在成长的沙滩上，有许多美丽的贝壳，上面记载着成功和失败，而让我最刻骨铭心的却是那次挫折。

那次期中考试前的一个数学测试，我不知道哪根筋搭错了，竟然考了75分。我闷闷不乐，平时总是前五名的我，这次被狠狠地甩在了良好线的下面。我无精打采地走回了家。到了家后，把自己关在书房里。看着75分的试卷，眼泪不禁流了下来。脑海中不断浮现出自己晚上复习功课的情景，我已经把公式都背了下来，也做了很多习题，可是成绩不但没有上升，反而下降了，是不是我没有数学天赋？我沮丧极了。

在那红色的分数上，不知道什么时候出现了一个小小的虫子，我不耐烦地说："去去去！哪儿凉快哪儿待着去，不要在这里碍事。"说着我用中指把它弹落到地上。当我正要改卷子的时候，发现那个小虫子又回到了卷子上，这一次，我狠狠地把它弹到地上。没想到，它很顽强地爬了起来，于是我把它压在橡皮下面。它的两条腿被压在下面，怎么也出不来，可是，三分钟后，我拿开橡皮才发现小虫子早已跑得无影无踪了。

面对挫折

被虫子的执着打动

像虫一样执着

让我向小虫学习

我自己去试验

被弄开的纸箱口

告诉好朋友

我放明白了

书本又掉下来砸

心里烦了

又跑掉了

出了错误地

又爬起来

弹到地上

虫子爬到分散上

小虫摔乱

成绩下滑　遭遇挫折

考试失利

排在良好线下

数学考了75

复习没有成功

睡得很晚

复习用功

这事发生几天后，我把事情的经过告诉了我的知心朋友云端，她的回答让我很吃惊："小希，其实你应该向小虫子学习，凡事都有成功和失败，失败并不可怕，能改正才是最重要的。古人云：'失败是成功之母。'难道你忘了吗？"小虫子的执着打动了我，那种弱小生命释放出来的巨大毅力令我清醒过来，我看着被泪水浸湿过的试卷，"没有什么能够阻碍我。"我自言自语道。

　　我把卷子上的错都一一改正了。我相信，只要我每次面对挫折时都不轻言放弃，努力向前，一定会收获更多。

·名师点评·

　　在遇到困难时，能够从小虫子那儿得到启发，让自己勇敢地面对困难，写出了自己的真情实感，很好！文章结尾处升华主题的部分语言不够简练，希望你以后在组织语言方面多动脑筋。

首尾特训营

引用名句法

巧妙地引用与文章相关的诗词警句、名言俗语等作为自己文章的开头，可以使文章活泼生动，彰显文采，读来令人感到亲切，达到吸引读者的效果。

"独在异乡为异客，每逢佳节倍思亲。"这朗朗的诗句，让我想起三年级的同学魏子川。

悬念法

在文章的开头提出问题，挑明矛盾或者设置疑问，可以制造悬念，引起读者关注，进而引发读者的阅读兴趣。

我原来是爱浪费粮食的小孩，可经过那件事之后，我改掉了浪费粮食的坏习惯。

启发式

结尾处点明中心，写出事件带给自己的影响，给读者以深刻的启发。

这件事过去很长时间了，但我却铭记不忘。因为它让我明白了一个道理：人不论做错了什么事，只要敢于承认，勇于改正，那就一定有新的开始，一定会进步的。

升华主题式

点明中心，升华主题。感情的升华，可以使文章更显厚重，读来意味深远。

这时候，有一缕阳光照射在妈妈的脸上。我发现，妈妈的眼睛里闪烁着泪光。那泪光是那么的明亮，那泪光是那么的晶莹，那泪光是那么的欣慰，妈妈心里一定在想："女儿长大了。"

下笔如有神

题目 令我 _____ 的第一次

要求：成长过程中，总是充满了酸甜苦辣，一路走来，我们经历了许多事情，其中最让人印象深刻的大概就是第一次的感受，是获得了成长，还是收获了快乐？感受由你来决定。现在请你先把题目补充完整，写一篇文章，不少于 400 字，要写出真情实感。

提示

★ 细心审题，这是一道半命题作文，要填的词语很多，但应侧重于情感类的词汇。

★ 题目没有规定题材，但可以看出记叙文是最合适的文体。注意联系前面提到的叙事六要素哦！

★ 在确定事情先后顺序的基础上，在人物的动作和心理等层面进行细致描写。

导图设计

其实叙事类文章的思路非常容易确定，我们不妨用"起承转合"这个思路来试一下。在最中心我们可以先尝试写下几个非常容易想到的词，比如"难忘、欣喜、羞愧、遗憾"等，然后把印象深刻的事情写到与之对应的分支后面。欣喜可以是第一次收到礼物，羞愧可以是第一次撒谎……只要确定了具体的事件，接下来只需要按照起因、发展、转折、结果列出四个分支，事件的脉络就一目了然啦！为了写作过程更加省心，可以再细化其中的一些分支，导图越完善，行文时一气呵成的概率也就越大！

第五章

幻想大冒险

　　想象是星星之火，有的熄灭了，有的会引起席卷山林的熊熊烈焰；想象是大海中的滚滚波涛，没有它，海洋就会是一潭死水。

　　走进文学的世界，我们会认识很多只有在想象中的世界才出现的人物。如孙悟空、普罗米修斯、穿靴子的猫、稻草人……这些都是作家们运用丰富的想象力创造出来的。而发生在他们身上的一个个生动的故事，也是想象力创造的结果。

幻想承载着我们内心美好的期望，可以超越时间、空间和生活常规的限制。但想要形成完整的文章，却不只是胡编乱造一个热闹离奇的故事就够了。真情实感是文章的生命，所以即便是想象作文也要有个美好的思想，这样幻想才有意义，文章才有高度。

要点：

大胆新奇

想象就是天马行空地幻想，要大胆地想他人不敢想的，大胆地把自己在生活中无法完成的事情，在想象的世界中完美地完成。

想象作文就是童话，提到童话我们心底里涌现出的感觉是什么呢？没错，就是轻松。我们沉浸在那一个个自由自在的世界里，收获快乐，获得成长。所以，我们要充分发挥想象力去构建一方天地，使读者在其中能够有一种无拘无束、自由徜徉的感觉。同时要注意写作风格的轻松化，不要过于拘谨，放不开手脚。

要点：

合情合理

想象的内容可以大胆，作文的故事情节却需要合情合理。只有符合情理，让前面的描写为后面的情节做好铺垫，这样整个故事情节才会完美。

想象也许漫无目的，但我们可以简单画下导图来帮助我们厘清写作思路。首先我们需要确定一个切入点，也就是想象展开的地方。比如看见铅笔可以想到孙悟空的金箍棒，我们也可以拥有一个更厉害的道具；现在网上流行的穿越时空，我们穿越回去想去哪个时间见什么人呢；放眼未来，若干年后科技更加发达，世界会是什么样子……

只要我们抓住一点，展开合理的联想，相信数不尽的灵感就会相继迸发，这种方法也可以规避写作时东一榔头西一棒槌的情况。

要点：
具有意义

虽然想象可以突破时间和空间的限制，让我们自由地在一片自己虚拟的环境里抒发情感，但是这并不代表做到这一步文章就算优秀了。好的想象作文，应该要联系我们的现实生活，以此为依托去进行想象，也就是要有一个表达的中心。

想象力是无穷无尽的，但是作文必须要有明确的中心思想，奇妙的世界、有趣的人物都只是载体，表达我们内心的某种情绪才是关键。只有思想健康、乐观向上的文章，读者读了之后才能够感到有所收获。所以一篇想象作文具有积极的意义，是非常重要的。

要点：
巧用技法

除前三点之外，还有一个小技巧，就是以留悬念的方法开头。开篇直接抛下问题，然后避而不答，转而描写其他相关内容，对未知的渴望会使读者一直读下去，结尾处解决问题时也会有一种酣畅淋漓的感觉。

红气球 和 绿西瓜

中关村一小 四年级 谢卓函

在很久以前，有一个非常自大的红气球，他有一个改不掉的坏毛病——吹牛。

一次，一阵风把他吹到了一片西瓜地的上空。红气球悬在半空中，左右摇摆着，还时不时低头看一下下面绿油油的西瓜地，心想：这西瓜真土啊！个个都穿着一件绿色的衣裳，看我穿得多鲜艳，简直像个明星！

终于，他按捺不住自己骄傲的心情，对着下面的西瓜喊道："喂，你们这群西瓜怎么还在睡觉呢，太阳都晒屁股了！"听了他的话，西瓜们都抬起了头，红气球见了，更骄傲了："你们看我，可以飞在空中呢！"西瓜们都惊奇地张大了嘴，以为他真的会飞。一个小西瓜怯生生地问："红气球先生，您既然会飞，一定去了好多地方，能给我们讲讲吗？""好呀，我去过天安门，去过万里长城，去过……哪像你们这群窝囊废，整天都趴在地里睡大觉。"红气球傲慢地说。西瓜族的长老生气了："是，我们是不会飞，可我们的心是红的，是实的，而你的心，却是空的。"红气球一听，有些心虚了，他刚要张嘴，一阵风吹来，把他刮到树枝上，扎破了。

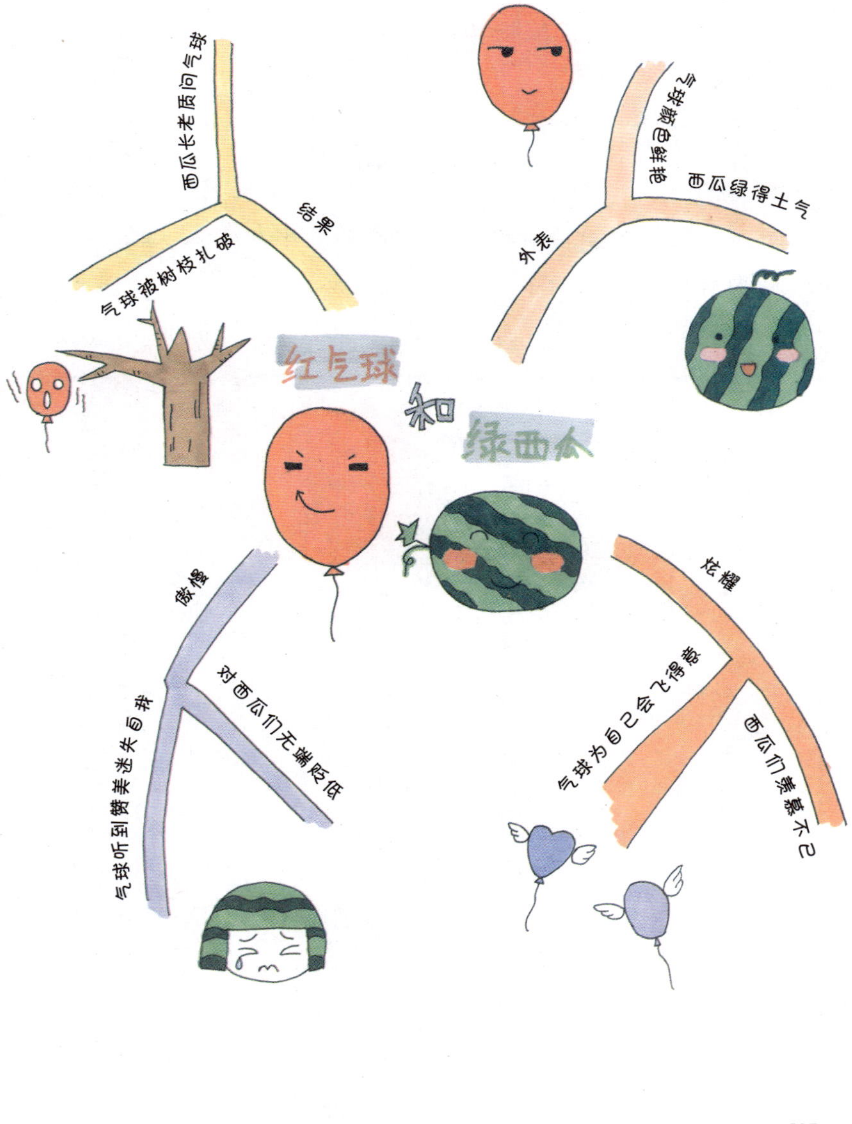

红气球 和 绿西瓜

西瓜长得老实向气球

结果

气球被树枝扎破

外表

甜瓜受嘲粗气气

西瓜绿得土气

骄傲

气球为自己会飞得意

西瓜们羡慕不已

气球听到赞美迷失自我

对西瓜们无端贬低

其实，人类何尝不是这样呢？有的人骄傲自满，有的人脚踏实地。骄傲自满的人往往失败，而脚踏实地的人却容易成功。所以，做人要谦虚谨慎，脚踏实地，不能骄傲自满，妄自尊大。

·名师点评·

整篇故事语言表达流畅，在文中加入大量的细节描写使故事中的形象更加丰满。

钞票历险记

农大附小 四年级 谢鑫舟

我是一张一百元的钞票，住在银行的取款机里。我有很多兄弟姐妹，有五十元的钞票、二十元的钞票、十元的钞票、五元的钞票以及一元的钞票等。在这里我已经算是贵族，我在这儿有吃有喝，玩得非常开心。

直到有一天，我听一个男人说："你好，请帮我取三千元钞票。""好的。"一位工作人员说。接着我被送了出去，放到那个男人的钱包里。我有些害怕，毕竟我是第一次离开家，万一遇到坏人怎么办，我都快哭出来了。

这时那个男人拿手机时不小心把我掉了出来，一阵风吹过，我飞到了学校的操场上。一位小学生把我捡了起来，装进了一个空瓶子，扔进了水里。我漂呀漂，漂了三天三夜，我都快吐了。

终于有一天，一位收集空瓶的老奶奶发现了我。老奶奶把我和瓶子一起装进了塑料袋里，我很想出去，可老奶奶却没发现我，她可能以为我是包装皮吧，我想。

过了一段时间，老奶奶去回收站把这些瓶子卖掉，一位工作人员看到了我，把我捐给了山区的孩子们，让他们穿上了干净的衣服。

钞票历险记

实现自身价值
带给孩子快乐
比原来还高兴
实现价值
被捐给山区

住在取款机里
兄弟姐妹多
面值最大
地位最高
原来生活
¥50 ¥100 ¥10 ¥5

赚市场额
被风吹走
滑落在地
扔进水里
被装进瓶子

初次感觉
有人取钱
被人取走
进入钱包
害怕欲哭

ATM

我非常高兴，比在取款机里和兄弟们在一起还要高兴，因为我发挥了我的用处，实现了自己的价值，也给孩子们带来了快乐。

· 名师点评 ·

　　文章叙述完整，脉络清晰，中间加入了很多波折，段落之间流畅自然，语言通俗易懂。以一张钞票自述，阐明了要践行慈善，积极关爱山区孩子的道理，写得很不错。

一棵 树 的自述

中关村一小 六年级 谢雨杉

在这片树林里，我是一个幼童，我和伙伴们在长辈的呵护下快乐地成长。

当清晨的第一缕阳光透过层层叠叠的树叶，照射到我时，栖息在我身上的鸟儿们就被唤醒了。它们高兴地扑打着翅膀，在我的周围翩翩起舞。早晨的空气总是清新的，我贪婪地汲取着温柔的阳光和湿润的空气，奋力地向太阳伸展出我的枝杈。仰起头，让阳光洒在我的脸上，幸福地沐浴着那片金黄。夜晚，归鸟安详的打鼾声与澄澈的月光共同哄我进入梦乡。

宁静的日子总是短暂的，就像鸟儿长了翅膀就要飞翔。有一天树林里来了一群人，他们围着我们转啊转啊，时而拍拍这棵，圈圈那棵，可就是没有人肯多看我一眼。"他们要做什么呢？"我好奇地想。咚！循声望去，我看到我的叔叔被人用一个发出"吱吱"声音的东西斩断了根部，倒在了地上。星辰更替，我的朋友，我的亲人，就这样一个一个在我的注视下倒去。我害怕极了，向四周望去，尽是一片无奈的悲凉与荒芜。我不禁失声痛哭，这儿还是我的家吗？

"这棵树有上百年了，定能卖个好价钱！"两个人指着我，边

112

人类放过了我

因为我是歪脖树

黄沙掩埋大地

我活下来了

伴我入眠

月光澄澈

夜晚

鸟儿打鼾

伸展枝杈

我奋力抗争

诱我投降

无能为力

呼吸空气

说明原因

空气清新

沐浴阳光

黄沙来袭

害怕电锯声

痛哭

翩翩起舞

扑打翅膀

不理解

阳光照射

鸟儿苏醒

失去朋友

失去亲人

入侵家园

长辈呵护

快乐成长

和小伙伴玩

砍倒同类

我是小树

不速之客

一棵树的自述

说边用手比画着。我伤感：人类因为森林而幸福，而森林却因人类的贪婪而灭亡。

我害怕听见那电锯工作时的声音，因为紧接着的是一个个同伴的倒下。我们栖息的家园，自由、幸福的天堂正在一天天沦陷为地狱。

"我们是人类的朋友，是可以保护他们的，他们为什么要这样对待我们呢？"我问苍天。

"想知道吗？我们可以告诉你。"狂风和黄沙携手而至，他们肆无忌惮徘徊在我的身旁。"我们可以告诉你，你们用生命来呵护的人类，为了他们的利益出卖了你们，用你们的身体换取他们永无止境的欲望，你投降吧，我们会给你一条生路的，哈哈。""不！不！不！你们不可以这样，不可以破坏我的同伴曾经用生命呵护的土地。"我张开手臂，想要阻止这一切，"你觉得你可以吗？你要不是一棵歪脖树，你以为人类会放过你吗？""是，也许人类不会放过我，但我在这里我就要坚持。"我拼力而战，可我却无能为力，只能任由狂风和黄沙掠过我的身体侵入这片他们梦寐以求的大地。我只能看着土地变得贫瘠，空气变得混浊，美丽的大地被黄沙掩埋……

·名师点评·

情节曲折，叙事过程有一定的起伏感，引人入胜。选材新颖独特，令人耳目一新。

假如 我 会变

中关村一小 四年级 谢卓涵

假如我会变，我要变成一台未来的净化器。

我的名字叫 BOT-54，我的外形和普通的净化器差不多，也是一个类似长方体的东西。但是，我的颜色可以随意变化，而且我还可以缩小，以便随身携带。下面，就由我来介绍一下自己的功能吧！

我的基本功能是净化。比如空气，现在雾霾越来越严重，小朋友们经常因为雾霾而停止户外运动，甚至因为雾霾而停课。而这时，我的任务就是帮助人们吸走这种空气中的有害物质，给人们一个健康的环境。

除此之外，我还有许多新奇的功能呢！比如，你把我放在某一个地方，我能够保证方圆 10 千米以内不会有雾霾。再比如，你把一瓶脏水从我头上的圆孔倒进来，我就可以给你一瓶干净的、立刻就可以喝的水。我还有一项最神奇的功能：可以净化人们的思想。这样，就可以让我们这个世界变得更加美好、更加和谐。

怎么样？听了我的介绍，你是不是想立刻拥有一台像我一样的净化器了呢？

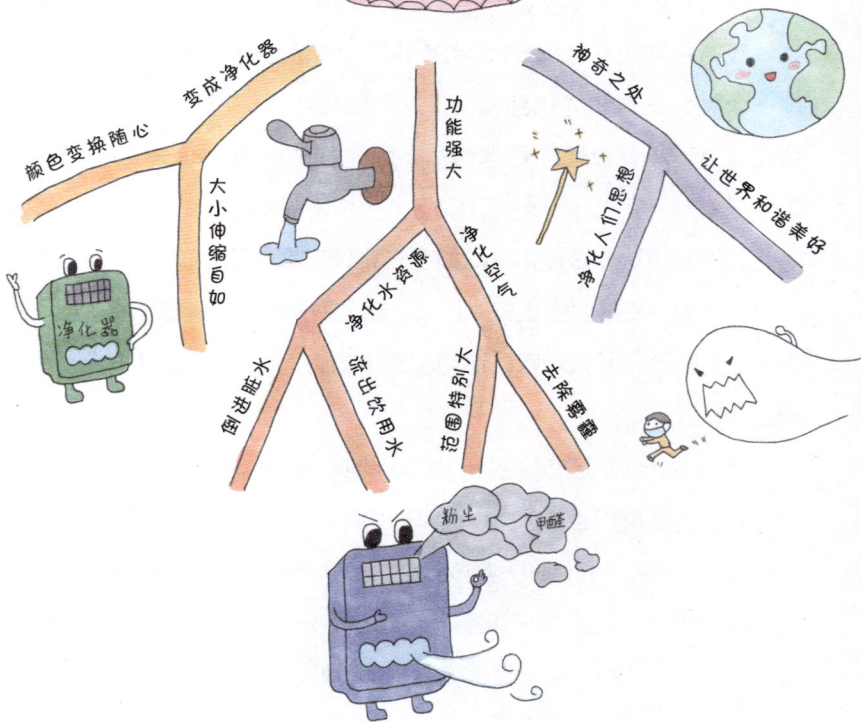

假如我会变

变成净化器

颜色变换随心

大小伸缩自如

净化器

功能强大

净化水资源

净化空气

倒进脏水

流出饮用水

范围特别大

去除雾霾

神奇之处

净化人们思想

让世界和谐美好

粉尘 甲醛

作文能够用老师所讲方法来写出自己的想法。文中加入了外形和基本用途以及特殊功能，描写精彩。

小乌鸦 变 白记

农大附小 五年级 孙戈菲

在一片遥远的大森林里住着许许多多的动物，其中最不受欢迎的是乌鸦一家。乌鸦一家因为身体太黑，森林里的动物都不跟它们来往，乌鸦爸爸和乌鸦妈妈不以为然，但小乌鸦却不是。小乌鸦很伤心，总是在想怎么样才能交到朋友。

有一天，小乌鸦在路边走啊走，它看到卖油漆的小白羊，它脑子里突然想到了一个好主意。小乌鸦问："小白羊，小白羊，你这桶油漆多少钱啊？"小白羊发现是小乌鸦，便把白油漆推到小乌鸦面前，说："不要钱，不要钱。"说完便连忙收拾东西走了。小乌鸦很失落，回到家后，小乌鸦仔细染白了每一片羽毛，开开心心地出门了。森林的动物们发现这只"白"乌鸦，都和它玩了起来，成为好朋友。突然，小兔子被一块石头绊了一下，跌进了河里，小乌鸦看见了，连忙搭救小兔子。最后，小兔子被救了上来，可是小乌鸦身上的白油漆被水冲刷掉了。小动物们一边躲避小乌鸦，一边嘲笑它。小乌鸦伤心极了，哭着跑回了家。

小乌鸦回到家，躲在房间里哭。乌鸦妈妈回来了。它听小乌鸦说完后，告诉小乌鸦，"做动物不要在乎别人的眼光，做自己才是

小乌鸦变白记

起：没有朋友
- 身体太黑不受欢迎
- 爸妈不以为然
- 小乌鸦伤心发愁

承：想到办法
- 看到小羊卖白油漆
- 想到好主意
- 想买它的油漆
- 小羊嫌弃他，白送
- 出门获得大家欢迎
- 回家采白羽毛

转：好景不长
- 小兔子被绊倒
- 小乌鸦奋力去救
- 掉进河里
- 白油漆被水冲掉
- 再次被躲避和嘲笑
- 垂头丧气回家

合：终有回报
- 妈妈安慰
- 小兔子来访
- 送谢礼
- 成为好朋友

最好的。"乌鸦妈妈温柔地说。就在这时，之前被小乌鸦救过的小兔子来了，对小乌鸦说："小乌鸦，谢谢你救了我，我们做朋友吧。"小乌鸦开心极了，从此两人成了形影不离的好朋友。

·名师点评·

　　小作者用拟人的方式写了一篇寓言故事，写得非常好。情节曲折，触笔生情。着重描写了小乌鸦没有朋友时候的沮丧心情，小白兔之后与小乌鸦成为朋友时的喜悦。

大脚丫 历 险记

农大附小 五年级 纪睿桐

我是一只大脚丫，姓脚名丫。一天，主人在工作之后不知不觉地睡着了，我望了望我的好兄弟鞋。主人刚把他买来的时候，他还是风流倜傥、玉树临风的，可现在半年过去了，鞋面上早已蹭了许多泥。他臭死了，所以我打算抛弃他，去寻找一个新朋友。

我挣扎着从鞋里跑了出来，飞快地跑了出去。推开主人家的门，好大的风呀，寒风像一把把锋利的刀子一样，不一会儿我浑身疼痛。这时我想要是鞋兄在就好啦，每次刮大风他都在最外面保护着我；另一个声音说不行，他已经老了，配不上美丽的你，你要去商店找一个新朋友。

于是我一只脚单枪匹马向商店进军。刚出门我就遇见了小花——主人经常喂的一条流浪狗，他大概以为我是主人给他的一只鸡腿吧，所以不管三七二十一，冲了上来咬住了我。还好主人不爱洗我，小花刚把我放进嘴里就立刻吐了出来，皱着眉头说："这鸡腿儿好酸爽呀。"就头也不回地走了。

我继续一瘸一拐地向前走着，突然看见很多脚和不怎么新的鞋在一起。我很不解地上前询问原因，"因为他在任何时间都在保护我俩感情更好了！

我是一只脚丫

有一个好兄弟鞋

我嫌弃鞋旧了

打算抛弃他

主人睡着了

他变漂亮了

回去清洗他

想通了

不该嫌弃鞋

我跑出门

寒风刺骨

想念鞋兄

鞋经常保护自己

为自己挡脏水

勾起回忆

大脚丫历险记

见到流浪狗

冲上来咬我

立刻吐了出来

但我很臭

见到很多脚

鞋会一直保护自己

得知原因

询问方向不嫌弃旧鞋

我。"一只脚回答我。

我一愣，想起了往事：那天，一辆出租车向我飞驰而来，如果没有鞋，一旁的脏水就会溅我一身，是鞋保护了我。还有一次……

我仔细一想，每次鞋被弄脏，都是因为我呀，而我却嫌弃他。我马上飞奔回家，把鞋彻底地清洗了一次，在水的冲洗下污渍逃走了，鞋露出了他开始的样子——一双很漂亮的红鞋。

从此以后，我和鞋又幸福地生活在一起，我也更加爱护他了，经常给他洗澡冲凉，我们的感情更好了。

名师点评

文章想象丰富，以一只大脚丫的身份来叙述自己的经历，教人们讲卫生，爱干净。取材新颖，叙事完整，语言通俗易懂，写得很不错。希望继续努力，加油！

主人不在家

中关村一小 六年级 崔若琪

今天是周六，依依家却乱成了一锅粥：锅盆碗碟散落一地，饭桌被掀翻了，椅子腿断了，地上到处是勺子和筷子，四只狗正在汗流浃背搭"梯子"取骨头呢！

原来，依依家养了四只小狗，两只斑点狗，小的叫点点，大的叫豆豆，还有一只泰迪狗叫小雪，一只斑纹狗叫阿黑。今天依依要去看望生病住院的外婆，可是外婆不喜欢小狗，依依只好把小狗们放在家里。依依出门前对四只小狗说："你们要好好待在家里，帮我看家，不许闯祸呦！喔，对了，你们的午饭和晚饭都在这，一定要分两次吃，否则吃完了就没有了。"说着，从盒里拿出八个骨头，一只狗给两个，又把盒子放回了储物箱。四只小狗听了，异口同声地叫了几声"汪汪"，还摇了摇尾巴，好像和依依说再见。依依轻松地出了家门。

时间过得好快啊，转眼就到了中午。该吃饭了，点点很听话地只吃了一根肉骨头，把另一根留到晚上再吃。可是阿黑、豆豆和小雪就没有那么老实了，它们的体形都比点点大，所以饭量大，依依却只给它们两根骨头，哪里够吃呢？

厨房一团糟

四狗协力
打开盒子
拿到骨头
开心

点点有主意

叠梯子
三狗赞同

骨头在厨房

箱子太高
爬不上去

阿黑有计策

知道骨头放哪儿
自己去拿骨头

主人给了骨头

乖巧送主人出门
三只一下吃完了骨头
晚饭没有了

四只小狗

小的叫点点
大的叫豆豆
泰迪叫小雪
斑纹叫阿黑

主人不在家

125

于是它们很快就吃完了自己的两根肉骨头，突然点点大叫起来："你们把两根肉骨头都吃了，晚上怎么办？"三只狗这才恍然大悟，说："这可怎么办呀？"三只狗立刻陷入了无助之中，忽然阿黑一拍脑门，说："有办法了！""快，快说！"豆豆直叫。阿黑不慌不忙地说："依依临走前不是特意把装骨头的盒子放在储物箱里了嘛，我们只要去拿六个就行了。""对呀，我怎么没想到呢？"小雪说。

它们知道那个储物箱在厨房里面，于是纷纷跑向厨房，可是它们怎么爬也爬不上去，怎么跳也跳不上去。点点灵机一动，说："我们一个一个搭上去，最高的拿骨头，然后扔下来就可以了！"三只狗乐得直拍手，说："就按你说的做。"

阿黑在最下面，豆豆在它上面，豆豆上面是小雪，小雪上面是点点。点点打开储物箱，再打开盒子，把骨头一个个丢下来，过了一会儿，六根骨头都下来了。但是厨房却被它们弄得一团糟。

晚饭时间到了，四只小狗津津有味地吃着肉骨头，心里别提多高兴了！因为这是它们自己拿到的骨头！

· 名师点评 ·

文中塑造的形象生动有趣，尤其是最小的"点点"。如果文章结尾让主人出场会更好，那样会更加有趣，加油！

代入式

第一人称使文章更显真实，有利于产生代入感。

在这片树林里，我是一棵幼童，我和伙伴们在长辈的呵护下快乐地成长。

设置悬念式

开头设置悬念，可以起到引人入胜的效果。

今天是周六，依依家却乱成了一锅粥：锅盆碗碟散落一地，饭桌被掀翻了，椅子腿断了，地上到处是勺子和筷子，四只狗正在汗流浃背搭"梯子"取骨头呢！

妙结尾

哲理式

揭示道理，点明中心，起到升华主旨、引申文义的效果，读来有"言已尽而意无穷"的感觉。

其实，人类何尝不是这样呢？有的人骄傲自满，有的人脚踏实地。骄傲自满的人往往失败，而脚踏实地的人却容易成功。所以，做人要谦虚谨慎，脚踏实地，不能骄傲自满，妄自尊大。

抒情

呼唤美好，劝诫不良行为，可以直抒胸臆，彰显文章的主题。

真情实感，自然迸发，通过抒发作者的感情去打动读者，读来感触更加深刻。

下笔如有神

题 目

题目：当前科技日新月异，请放眼未来，展望一下未来世界的生活是怎样的。请自拟题目，展开想象，完成一篇不少于500字的作文。

提 示

★先确定想要写的是哪方面内容，尽量选择自己平时接触和使用较多的。

★在上面的基础上大胆展开想象，争取做到合理与趣味并存。

★大致考虑一下行文时可以用到哪些写作技巧和手法

导图设计

想象作文虽然看似天马行空，但要做到脱颖而出的程度，"合理"二字还是必须要做到的。所以，这就要求我们必须结合平时对生活的观察与思考，在此基础上进行联想与写作。关于未来，大致可以分为生活和物品两大类。生活方面可以写未来的人类有何变化、如何度过一天、生活是否更便捷了，等等；物品方面可以写我们平时经常能用到的东西，可以把我们平时的美好愿景融入其中，让它变成我们理想的模样，功能强大又方便实用。最后，只需在这些躯干上补充对应的细节即可。大家不妨现在就试一试吧！

第六章
应用火箭班

应用文是一种我们日常生活中经常要用到的文体，相信大家肯定立刻就想到了书信，不过除此之外它还包括许多种哦，比如读后感、游记、日记、演讲稿等。熟练掌握这些文体的格式，正确地书写行文，会让我们的生活方便很多。下面就让我们进入这一章的学习，了解一些常见的应用文体，然后熟悉掌握它们吧！

应用文作为实际生活中会使用到的类型，最重要的一点就是要牢牢掌握住每一种文体特定的格式。而且因为是作为沟通之用，遣词造句要尽量通俗易懂。

想要写出优秀的应用文，不妨试试这八个字：精心开篇，语言流畅。

要点：
情感恰当

应用文根据类型的不同，写作风格要做些适当的调整。如果是书信体，可能需要的多是感激、感谢等某种具体的情感；建议书则需要平静有说服力的语言；读后感需要根据所看所想来选择一处情感进行深入地拓展；演讲稿则需要饱满的情绪，富有感染力的语言……

用恰当的情感去行文，会使文章更有可读性，读起来不会出现违和感。

要点：
结构清晰

应用文不同于其他类型的文章，具有极强的规范性，也就是有固定的格式和结构，大家在写作时一定要注意遵守这些格式上的要求，不然可是会事倍功半的。

顾名思义，应用文就是用来达成某种目的的，所以首要目标在实用性上。不必追求华丽的辞藻，把文章写得通俗易懂就是最好的。

要做到这些，只需牢记两点就好了：一是明确文章目标，不要中途跑偏；二是行文要规范，做到格式上一目了然。

要点：

用心开头

　　应用文作为一种兼具表达和沟通的文体，开头是尤其重要的，要力求做到快速抓住读者。

　　开头要巧妙，运用掌握的技巧，无论是开门见山，还是先声夺人，又或者设置悬念等，争取在一开始就奠定整篇文章的感情基调，这样有利于后面观点和情感的传达。

给妈妈 的 信

农大附小 六年级 张思琪

亲爱的妈妈：

人人都说"母爱伟大"，可只有您，才让我深深领悟其中的奥秘。

从小到大，也许是因为我是长女吧，我无时无刻不在您的爱中成长着。儿时，我不懂事，常惹您生气，您从不埋怨。刚上幼儿园时，我对学校一直倔强抗拒，您却不忍打我一下。上了学，我常常玩得不亦乐乎，不懂学知识，您便在我回家后悉心教诲，耐心指导。当我被一些基础题难住而困惑不解时，您在一旁耐心指导，将我从黑暗拉向光明；当我解得难题，顿时醒悟后，您也会会心一笑。这使我对学习产生了兴趣，并决心一路探求，一路寻知。成绩也是一升千里，从倒数第三跨越进前十，从堕落走向进步，没有您的教导，就没有今天的我。

妈妈，我知道，您为了让我好好学习，让我能够完成学业，忍着病痛的折磨。劳累、乏力等无不伤害着您，为了我的笑容，您宁愿从百忙中抽出时间来接我，也不愿我因此而不开心。每当看到您那疲惫的面容，我的心如刀割般疼痛。您知道的，我最不善表达。我多想大声地告诉您："妈妈，您辛苦了，我永远爱您。不要再让

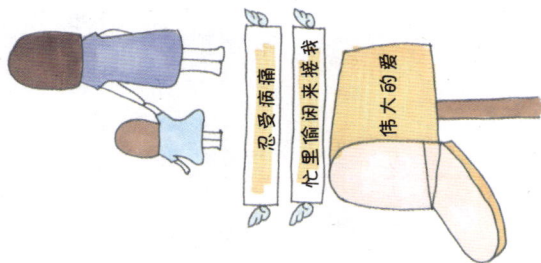

您少些操劳 爱您心疼您 永远健康幸福

我的心愿

忍受病痛 忙里偷闲来接我

伟大的爱

生气时不埋怨我 指导我的学习 分享我的快乐 引导我进步

爱里成长

给妈妈的信

自己劳累了，好吗？"

　　您常说："看到你开心，我就开心。"我又何尝不是呢！为了我，您要开开心心的，好吗？

　　妈妈，我永远爱您，女儿愿您身体健康，永远幸福。

2020 年 12 月 6 日

您的女儿：张思琪

· 名师点评 ·

　　文章感情真挚、细腻，言语感人至深，确是发自作者内心的肺腑之言。语言流畅，重点突出，中心明确，立意鲜明，不失为一篇佳作！

《最后一片树叶》 读 后感

上地实验小学 五年级 杜昊函

　　在一次学校办的快乐故事会中，我发现了一篇感人的小说，它的名字叫《最后一片树叶》，令我印象深刻。

　　这个故事说的是一个不幸的女孩得了严重的肺炎，她躺在病床上，病情不断恶化，她的朋友非常担心她。因为她已经不喜欢说话，只是盯着窗外，嘴里喃喃自语："五片，四片……还剩最后一片了。"她的朋友不明白她在说什么，她说她在数窗外树上的叶子，已经只剩一片了，当叶子全部掉落的时候，她也将会死去，而今晚将会有场暴风雨。她的朋友听了伤心极了，却不知怎么让她振作起来。隔壁的老画家知道了女孩的情况，他安慰她的朋友说："不用担心，我会让她好起来的。"晚上果然狂风大作，暴雨如注，可是第二天早上天却开始放晴了，女孩焦虑地等着她的朋友拉开窗帘。她被眼前的景象惊呆了，那片树叶居然还在树上挂着，她露出了少许的笑容。渐渐地，她开始好起来了。可是那个老画家却因淋雨为女孩画上那片树叶，而病情加重离开了人世。

　　看完这个故事，我很受感动，老画家和女孩没有血缘关系，但他却为了帮助小女孩而死。这是一种什么精神，他本可以完全不用

《最后一片树叶》读后感

故事梗概
- 不幸的女孩
  - 肺炎很严重
  - 绝望地数树叶
  - 叶子剩一片
  - 风雨欲来
- 老画家
  - 了解了情况
  - 出手相助
  - 风雨大作
  - 冒雨画树叶
- 结局
  - 女孩得救
  - 画家离世

感想
- 感动
  - 无血缘关系
  - 画家依然帮忙
  - 力量有限
  - 带来希望
- 妈妈
  - 孩子放第一位
  - 无私照顾自己
- 志愿者
  - 信仰崇高
  - 信念坚定
- 自己
  - 要充满正能量
  - 热心帮助他人

136

理会这个女孩。但是，他为了给女孩一个生的希望，用他仅有的能量，守护了一个女孩的信仰，让她有了生的希望，这种伟大无私的精神值得我们深思。

在我的生活中，妈妈曾经因为我生病了而请假，在家里为我煮药而中断了工作，妈妈对于我的爱是无私的。除此之外，我还想到了社会中那些默默无闻的志愿者，他们都有着崇高的信仰和坚定的信念，来温暖和感动这个社会。

总之，看了这本书以后，让我充满了正能量，我也要像老画家一样，去帮助那些应该帮助的人。

·名师点评·

这篇读后感，作者概括故事内容简洁清晰，能在引述的基础上明确地提出自己的观点。全文语言流畅自然，较为生动，是一篇不错的习作。结尾点题，充满正能量，能引起读者的感情共鸣。

游三井 胡 同

中关村一小 五年级 陈柏萱

前几天，正值深秋，天气凉爽，我们一家三口来到三井胡同游玩。

三井胡同离我家很近，乘车不到20分钟就到胡同口了。下了车，我迫不及待地奔向胡同里，放眼望去，胡同里尽是老北京建筑。道路两旁的商店门口，店主卖力地招揽着生意，上了年纪的人们三三两两在阳光下晒着太阳，拉着家常……我迫不及待地想融入其中，去感受这老北京不为人熟知的一面。

我们先来到一处商铺，它的建筑样式比较特别，灰色的瓦顶，古老的红色砖头连在一起，松松散散的，好像风一吹就会倒了一样。"哎？为什么门口还要挂旗子呢？"我看见了一面小旗子，便问。"嘿！傻孩子，那不叫旗子，叫幌子！古时人们就是用这种方式来宣传自己的产品。"爸爸笑着说。"原来这东西叫作幌子呀。"我点点头说道。

继续往深处走，胡同两旁的景物开始多了起来。一个个花坛映入我的眼帘，花坛里种有各色的菊花，有白色的，有黄色的，还有紫色的，争奇斗艳，美不胜收，为这单调的胡同增添了一抹鲜艳的色彩。

游三井胡同

心情愉快
秋风落叶
两棵老槐树招手了

颜色多样
各色菊花
好多花坛在深处

宣传用
爸爸说叫幌子
门口挂旗子
建筑特别一处商铺

人们晒太阳
商店揽客
老北京建筑胡同里

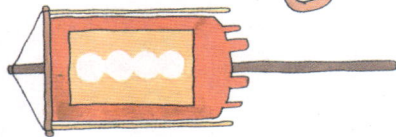

拐了个弯，在道路尽头有两棵老槐树，仿佛是两个老态龙钟的爷爷向我们挥手。忽然，来了一阵风，树上的叶子纷纷落下，这就是"一叶知秋"吧。伴着阵阵秋风，我们一路走着，笑着，不知不觉就来到了终点。我心想：这三井胡同怎么这么短，我还没尽兴呢！

胡同不仅仅是北京的特色，也承载着很多老北京文化。今天我们着重关注了胡同里的建筑，以后我要多逛逛胡同，肯定会有更多的收获！

· 名师点评 ·

这是一篇精彩的游记，随着作者的脚步，读者浏览了老北京胡同，感受到了当地的文化特色。文中的移步换景法运用得恰到好处，深入的景物描写也不错。

读 三 国

红英小学 六年级 崔艳丽

　　滚滚长江东逝水，浪花淘尽英雄……

　　《三国演义》我已经读过很多遍了，但总是爱不释手。看着诸葛亮的羽扇纶巾，看着刘备的三顾茅庐，看着刘关张的桃园结义，每当看到这些情节时，我都忍不住拍案叫绝。

　　书里有一个情节令我记忆深刻——关羽义释曹操于华容道。书里讲到赤壁之战，曹操大败，火烧战船，使曹操一百万大军覆没。曹操中了庞统的连环计，黄盖的苦肉计，走投无路的情况下，来到了华容道。当看到华容道的守卫将军关羽时，随军参谋程昱道："某素知云长傲上而不忍下，欺强而不凌弱；恩怨分明，信义素著。丞相旧日有恩于彼，今只亲自告之，可脱此难。"于是曹操对关羽说："五关斩将之时，还能记否？大丈夫以信义为重。将军深明《春秋》，岂不知庾公之斯追子濯孺子之事乎？"关羽深明大义，义释曹操于华容道。

　　这个故事说明，做人要以信为本。关羽放走曹操，是为了报答当年曹操的知遇之恩，但是关羽对于刘备却是失义，损害了蜀国的根本利益。

最后我要说，无论大义小义，我们都应以信为本，诚信做人，但行好事，莫问前程。

·名师点评·

文章借古喻今，体现了小作者的价值观非常正，这正是我们新一代同学所必须具备的。结构完整，思路清晰，不失为一篇好的读后感。

写给项羽 的 一封信

佚名

尊敬的西楚霸王：

您好！

在历史的长河中，有无数英雄被传唱。您作为楚汉之争时的一代枭雄，留下了令无数人扼腕叹息的四面楚歌，也留下了凄美的霸王别姬。每当念及此处，总有种恍惚之感，好似回到了那战火纷飞的年代。

楚汉争霸时期，您占领秦都以后，纵容手下士兵到处烧杀抢掠，搞得百姓怨声载道，而刘邦则在乘机笼络民心。后面您与刘邦相争兵败，虽然被包围在垓下，但依然凭着悍勇率领几十骑兵突出重围，甚至还遇到了农夫带路。

不料那农夫却是您以前的仇敌，他在一个分岔路口仗着熟悉地形，故意指错了路。您道谢后骑着乌骓马扬长而去，来到的竟是一片一望无际的沼泽地，淤泥在绿色的植物下翻滚，堆积如山的白骨在淤泥下隐约可见。而另一边则是一条宽阔的河流，岸边长着几尺高的荒草，对岸便是您的家乡。

您虽已恍然醒悟，但为时已晚，埋伏在草地后面的汉军一齐冲

四面楚歌

霸王别姬

典故

楚汉争霸

被困垓下

项羽生平

自刎乌江

立血悲歌

不足百骑

农夫指错路

身陷绝地　船夫来救

不肯逃走

写给项羽的
一封信

心情

惋惜

祝愿　英雄走好

威名永存

只留传说

英雄身死

了出来，您彻底绝望了。可是天无绝人之路，一个撑篙的船夫把船停在了岸边，认出了您，恭敬地说："大王，回家乡去吧！以您的才能，还可以东山再起呀！"但是您不肯，觉得无法面对家乡的父老乡亲，接受不了自己失败的结局。于是您放弃了，将自己的头颅拱手让给了汉军将领。一代枭雄就此陨落。

爱与恨都随着滔滔的江水奔腾远去，项羽，我想对您说：您是一个英雄，但缺乏谋略，如果您可以做一个更有智慧的英雄，那么历史将会被重写。即使惋惜，即使感叹，可谁又能改变历史的结局呢？

乌江畔，残阳如血，被染红的波浪，轻轻地拍打着河岸，过去的人和事如过眼云烟，顷刻便灰飞烟灭了，只有那首悲凉的《霸王别姬》还在孤单地吟唱。愿您在九泉之下安息，您的威名和故事依然在后世传唱！

您的后辈

2021 年 5 月 22 日

· 名师点评 ·

　　小作者以给历史人物写信的方式来讲述历史故事、品评人物，手法新颖，见解独到，而且叙述生动，语言较有文采，是一篇优秀的习作。

爬山日记

中关村一小 四年级 王一诺

6月12日 星期六 晴

今天发生了一件特别值得纪念的事情，为此我迫不及待地想要诉诸笔端，那就是我第一次爬山。

早上，我和家人去爬香山。一路上，微风轻拂，阳光明媚，万里无云，天空好像玻璃般透蓝。到了香山脚下，我看着连绵起伏的香山，已经迫不及待想要冲上山顶了！

我看见爸爸弯着腰，一步一步地往上爬，双手用力地抓着路边的石头，我也小心翼翼地爬着。突然，我被一个小石子绊了一下，差点摔倒，吓得出了一身冷汗。我又继续向上攀爬，刚爬到半山腰，我已累得气喘吁吁、筋疲力尽了！于是我坐在石头上，不准备再往上爬了。看着其他的登山者，有白发苍苍的老人，还有很多比我小的孩子都十分起劲地爬着，我心想：难道我还不如他们吗？我看着他们一个个十分卖力的样子，再也坐不住了，我绝不能半途而废！于是我继续往上爬，虽然不停地喘着粗气，腿在发软，但我不停歇，最后我终于到达了山顶。站在山顶，环顾四周，连绵的群山此起彼伏，却都不及我高，真有"会当凌绝顶，一览众山小"的意境。我心想：

爬山日记

爬山前
天气很好
期待感十足

爬山时
刚开始
差点绊倒
一下冷汗
半山腰处
想要放弃
筋疲力尽
再次出发
互相鼓励
老少都在坚持

山顶上
心潮澎湃

感悟
做事不能半途而废
不要害怕困难和波折

148

如果我半途而废就看不到这样美丽的风景了。

第一次爬山，我知道了：不经苦难，难受王冠；不经过重重波折，那怎能看到山顶的无限风光呢？

· 名师点评 ·

这篇文章中心明确，思路清晰，人物的动作、心理描写到位，首尾呼应，结构完整。

读书倡议书

佚名

尊敬的校领导和亲爱的同学们：

读书使人明智，读诗使人灵秀。书籍的作用，自古以来一直为人们所重视。读书不仅能让我们看到波澜壮阔的世界，还能从中获得许多感悟和知识。有些好书甚至能改变人的一生，读书的重要性可见一斑了！

因此，为了使同学们的文化素养得到提高，国家的精神文化能够顺利传承，我诚挚地向大家发出倡议。

学校建立每周读书日，帮助还未养成阅读习惯的同学渐渐爱上阅读这件受益终生的事情。

建立图书室，让同学们有一个静心读书的场所，并且允许分享自己带来的书和借阅学校的书。交流可以促进进步，分享能够增进友情，只要做好登记，相信不会不好管理。

同学们要掌握合适的阅读方法，在此我简单分享几个。

带着疑问去读。这样有着目标的阅读会更容易投入其中，并且效率也高。

精读。在我们粗读过一本书得到想要的答案后，如果觉得感兴

读书倡议书

为什么倡议

读书可以明智

对人生有益

具体建议

心愿

拥有美好未来

开卷有益

学校读书日

建立读书日

建立图书馆

阅读方法

养成阅读习惯

带目的阅读

摘抄 写梗概

精读

摘抄 梗概

趣，不妨再回头细读一遍，这样也可以避免因一开始细读速度慢而过早地放弃。

摘抄。书里的好词好句可以作为我们日后作文积累词汇和句式，而书里面的故事更是我们最重要的素材库，只要读完简单写个梗概，就不愁读完即忘啦！

养成习惯。大家不要把读书当成负担，也不要想一口吃个胖子。只要我们每天读一会儿，坚持一段时间，相信读书的时光会成为我们记忆里难忘的美好，这时就算没人督促我们也会自主阅读啦！

大家不妨尽快开始行动起来。开卷有益，一个更加博学多才的你就在不远处的书海等待。让我们一同乘着书页的扁舟，驶向美好的未来，收获一世的精彩。用我们蓬勃的青春和实际行动唱响智慧的音符，书写崭新的篇章！

倡议人：四年级一班学习委员

2021 年 5 月 16 日

· 名师点评 ·

这篇倡议书有建议也有自己的方法分享，思路清晰，也很有见地。结尾的呼吁生动形象，很有感染力。

给孩子的
思维导图

单词速记

陈　玢 主编
烟　波 编著

good
好的

food
食物

goods
货物

wood
木材，森林 (woods)

flood
水灾

blood
血液

北京燕山出版社

图书在版编目（CIP）数据

　　给孩子的思维导图.单词速记/陈玢主编；烟波编著.—北京：北京燕山出版社，2023.2
　　ISBN 978-7-5402-6678-3

　　Ⅰ.①给… Ⅱ.①陈… ②烟… Ⅲ.①英语—词汇—中小学—教学参考资料 Ⅳ.① G634

　　中国版本图书馆 CIP 数据核字（2022）第 180985 号

给孩子的思维导图·单词速记

作　　　者	陈　玢　烟波
责任编辑	王长民
文字编辑	赵满仓
封面设计	韩　立
出版发行	北京燕山出版社有限公司
社　　　址	北京市西城区椿树街道琉璃厂西街 20 号
邮　　　编	100052
电话传真	86-10-65240430（总编室）
印　　　刷	河北松源印刷有限公司
开　　　本	880mm×1230mm　1/32
总 字 数	610 千字
总 印 张	30
版　　　次	2023 年 2 月第 1 版
印　　　次	2023 年 2 月第 1 次印刷
定　　　价	148.00 元（全 6 册）

发 行 部	010-58815874
传　　　真	010-58815857

如果发现印装质量问题，影响阅读，请与印刷厂联系调换。

　　大家都知道英语有很多细小的知识点，需要记忆的地方非常多，记单词就是其中的重要环节。单词虽然看似一个个独立的词语，可实际上单词和单词之间是有联系的，某些单词之间有相近的意思或相似的拼写结构。我们在学习过程中把这种联系通过串联、联想等方式结合起来，并用思维导图直观地表示出来，就可以很容易认识到单词与单词之间的联系，从而促进我们学习和记忆单词。

　　心理学研究表明，人的记忆系统分为短期记忆和长期记忆。拼命死记的填鸭方式，只能短暂地将信息放在短期记忆里，就像是没有分类过的书堆，当临时要用的时候，无法将信息有效率地找出。而通过思维导图的有效归纳、整理以及记忆，随时可将要用的信息取出。

　　思维导图首先通过图文并茂的形式将大量信息分解成易于理解和记忆的"组块"，其次将主题关键词建立起一种结构化记忆链接，关联线显示出知识点间的联系。这有助于达到记得牢、易提取的学习效果，提高对英语的兴趣及自主学习能力。

思维导图记忆法效率比较高，而且记住后，词的意思一般会比较深地印刻在脑海中，提高学习效率和积极性，还能将琐碎凌乱的知识系统化。

运用创意独具的思维导图、简洁的文字和丰富的图表解读单词，一目了然，一看就懂。

快一起来详细了解、学习单词记忆的好助手思维导图法吧。

目录

第一章

思维导图
词根记忆法

1

-mus- 音乐，娱乐

museum

博物馆

-mus-

音乐，娱乐

music

音乐、乐曲

musicale

音乐会

Two tiny tigers take two taxis to town.

- - - - - - - - - - - - - -

▶ 两只小老虎乘坐两辆出租车去镇上。

amusement-park
（公共露天）游乐场（美式）

music-hall
音乐厅

巧记掌握

❶ museum 博物馆

❷ amusement-park
（公共露天）游乐场（美式）

❸ musicale 音乐会

❹ music 音乐、乐曲

❺ music-hall 音乐厅

helic- 旋

helilift
用直升机运输

heliport
直升机机场

helic-
旋

helix
螺旋形

helicograph
螺旋规

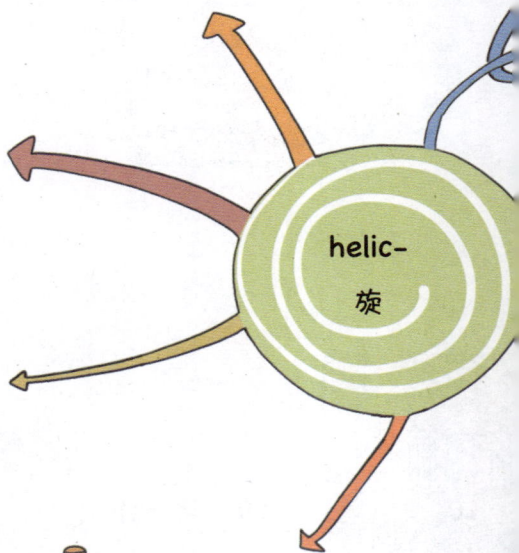

helicopter
直升机；乘坐直升机

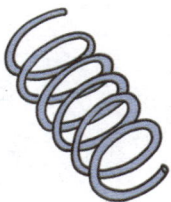

helical
螺旋状的、螺线

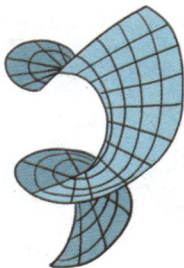

helicoid
螺旋体（的）

巧记掌握

❶ helical 螺旋状的、螺线

❷ helicopter 直升机；乘坐直升机

❸ helicoid 螺旋体（的）

❹ helicograph 螺旋规

❺ heliport 直升机机场

❻ helilift 用直升机运输

❼ helix 螺旋形

3

-bar-=bal-=ban-
长木条、障碍

crossbar
球门横木

barroom
酒吧间

bank
银行

barrette
条状发夹

crowbar
撬棍；起货钩

-bar-=bal-=ban-
长木条、障碍

barbell
杠铃

barricade
路障

sandbar
沙洲、沙堤

barrage
拦河坝、阻塞

banner
横幅、旗帜、标语

banknote

纸币

banister

栏杆的支柱；楼梯的扶栏

balancer

走钢丝者；平衡器

balance

天平；使平衡

巧记掌握

❶ balance 天平；使平衡

❷ balancer 平衡器；走钢丝者

❸ banner 横幅、旗帜、标语

❹ barricade 路障

❺ barrage 拦河坝、阻塞

❻ sandbar 沙洲、沙堤

❼ barbell 杠铃

❽ crowbar 撬棍；起货钩

❾ barrette 条状发夹

❿ crossbar 球门横木

⓫ barroom 酒吧间

⓬ bank 银行

⓭ banknote 纸币

⓮ banister 栏杆的支柱；楼梯的扶栏

-vey-=via- 路

railway

（英）铁路，轨道；铁道部门

stairway

阶梯，楼梯

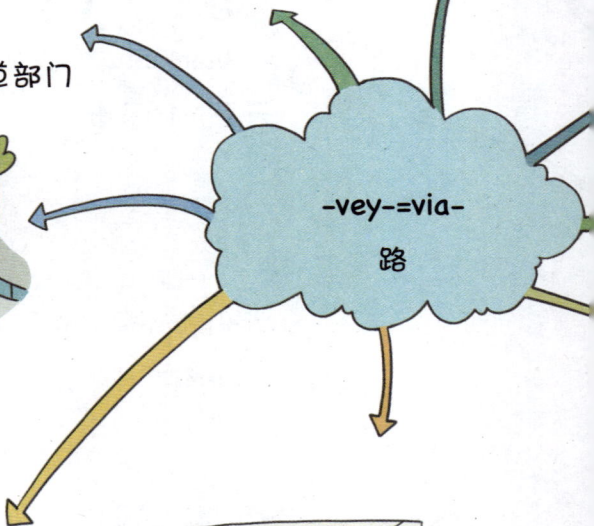

-vey-=via-

路

freeway

高速公路

subway

地铁；地道

hallway

走廊；门厅，玄关

viameter

路程计，车程表

viaduct

高架桥、旱桥、栈桥

voyage

航行；航海

❶ viameter 路程计，车程表

❷ viaduct 高架桥、旱桥、栈桥

❸ voyage 航行；航海

❹ conveyor 传送机；传送带

❺ hallway 走廊；门厅，玄关

❻ subway 地铁；地道

❼ freeway 高速公路

❽ railway （英）铁路，轨道；铁道部门

❾ stairway 阶梯，楼梯

conveyor

传送机；传送带

5 -st-=-sist-=-stat-=-stin-=-stem- 立，站

巧记掌握

❶ newsstand 报摊；杂志摊

❷ grandstand 正面看台；观众；做博取喝彩的演技

❸ standard-bearer 旗手；领导人

❹ kickstand 支架；撑脚架

❺ bedstand 试验台；床头柜

❻ distiller 蒸馏器

❼ restroom 厕所；洗手间

❽ restaurant 餐馆；饭店

❾ cold-storage 坟墓；冷藏

❿ bookstore 书店

⓫ store 商店；仓库

⓬ drugstore 药房

restaurant
餐馆；饭店

restroom
厕所；洗手间

distiller
蒸馏器

bedstand
试验台；
床头柜

cold-storage
坟墓；冷藏

bookstore
书店

drugstore
药房

store
商店；仓库

newsstand
报摊；杂志摊

-st-=-sist-=-stat-
=-stin-=-stem- 立，站

grandstand
正面看台；观众；
做博取喝彩的演技

kickstand
支架；撑脚架

standard-bearer
旗手；领导人

6

sit-=-sid-=sed- 坐

sitting-room
起居室；客厅

sit-up
仰卧起坐

sit-=-sid-=sed- 坐

巧记掌握

❶ sit-up 仰卧起坐

❷ sitting-room 起居室；客厅

❸ subsiding 下沉

❹ sedan 轿子；轿车

Ann sent Andy ten hens and Andy sent Ann ten pens.

▶ 安给安迪送了 10 只母鸡，安迪给安送了 10 支钢笔。

sedan

轿子；轿车

subsiding

下沉

-mov-=mob-=mot-
移动

motorbike
摩托车

mobile-phone
手机

motorboat 摩托艇

motor
发动机；机动车

motorcoach
公共汽车

END

motorsport
赛车运动

movie-theater
电影院

❶ earthmover 推土机

❷ remove 搬运工；搬家公司

❸ movie-theater 电影院

❹ motorbike 摩托车

❺ motor 发动机；机动车

❻ motorboat 摩托艇

❼ motorcoach 公共汽车

❽ motorsport 赛车运动

❾ mobile-phone 手机

❿ mobile-home 拖车式住房

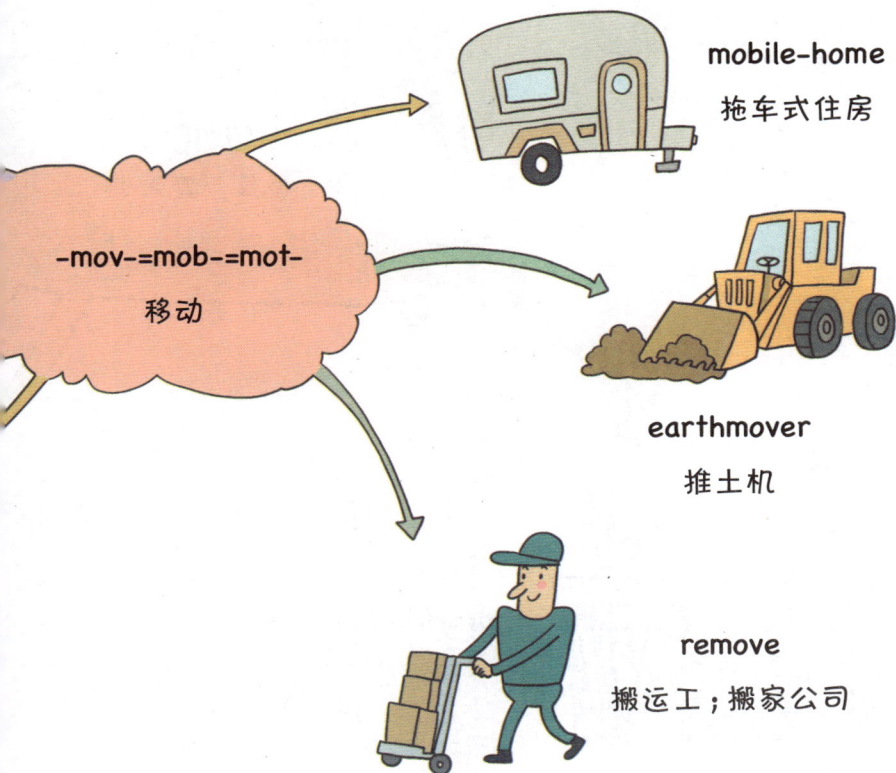

-mov-=mob-=mot-
移动

mobile-home
拖车式住房

earthmover
推土机

remove
搬运工；搬家公司

15

-cover- 覆盖，掩盖

coveralls
衣裤相连的工作服

-cover-
覆盖，掩盖

graffiti-covered
布满涂鸦的

ETRNL

A tidy tiger tied a tie tighter to tidy his tiny tail.

▶ 一只老虎将领带系紧，清洁它的尾巴。

groundcover

地被植物

ivy-covered

覆满常青藤的

巧记掌握

❶ coveralls 衣裤相连的工作服

❷ groundcover 地被植物

❸ ivy-covered 覆满常青藤的

❹ graffiti-covered 布满涂鸦的

9

-erg-=org-=-urg-
做，工作

solar-energy
太阳能

-erg-=org-=-urg-
做，工作

surgery
外科（手术）；手术室；
诊疗室

❶ solar-energy 太阳能
❷ surgery 外科（手术）；手术室；诊疗室
❸ organist 风琴演奏者
❹ organ 风琴；手摇风琴
❺ organochlorine 有机氯；有机氯杀虫剂

organist
风琴演奏者

organ
风琴；手摇风琴

organochlorine
有机氯；有机氯杀虫剂

10 -strict-=-stress-=-string 拉紧

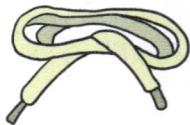

shoestring
鞋带；小本经营

string 线；弦

seamstress
女裁缝；做针线活的妇女

-strict-=-stress-=-string 拉紧

songstress
女歌手；女诗人

A pleasant peasant keeps a pleasant pheasant and both the peasant and the pheasant are having a pleasant time together.

▶ 一位和气的农民养了一只伶俐的野鸡，而且这位和气的农民和这只伶俐的野鸡在一起度过了一段很美好的时光。

constrictor

大蟒；括约肌；使压缩之物

mistress

女教师；女主人；女能人

巧记掌握

❶ constrictor 大蟒；括约肌；使压缩之物

❷ mistress 女教师；女主人；女能人

❸ songstress 女歌手；女诗人

❹ seamstress 女裁缝；做针线活的妇女

❺ string 线；弦

❻ shoestring 鞋带；小本经营

11

circ-=-cycl- 圆

cyclopean
巨石；乱石堆

cyclops
独眼巨人
（古希腊神话）

cyclamen
樱草属植物

encyclopedia
百科全书

circ-=-cycl-
圆

cyclone
旋风；气旋

unicycle
独轮脚踏车

circle

圆；圈；环状物

Mr.See owned a saw and Mr. Soar owned a seesaw. Now See's saw sawed Soar's seesaw before Soar saw See.

▶ 西先生有一个锯，萨先生有一个秋千。现在，在萨先生看见西先生之前，西先生的锯锯断了萨先生的秋千。

bicycle

自行车；脚踏车

巧记掌握

❶ circle 圆；圈；环状物

❷ bicycle 自行车；脚踏车

❸ tricycle 三轮脚踏车

❹ unicycle 独轮脚踏车

❺ cyclone 旋风；气旋

❻ encyclopedia 百科全书

❼ cyclamen 樱草属植物

❽ cyclops 独眼巨人（古希腊神话）

❾ cyclopean 巨石；乱石堆

tricycle

三轮脚踏车

12

viv-=vit-=veg- 活

vitamin(e)

维生素（维他命）

veggie

素食者

vegetarian

食草动物；素食的

vegetation

植被；植物，草木；
呆板单调的生活

viv-=vit-=veg-

活

viviparous

（脊椎）胎生的

巧记掌握

❶ vitamin(e) 维生素（维他命）

❷ viviparous （脊椎）胎生的

❸ vegetal(vegetable) 植物，蔬菜

❹ vegetation 植被；植物，草木；呆板单调的生活

❺ vegetarian 食草动物；素食的

❻ veggie 素食者

vegetal(vegetable)

植物，蔬菜

25

13 -fec(t)-=-feit-=-fit- 做

巧记掌握

❶ confection 糖果；蜜饯；调制

❷ confectioner(y) 糖果店

❸ confectionary 糕饼

❹ officer 军官、警官；公务员；政府官员

❺ post-office 邮局的；邮政部的

❻ officiate 当体育比赛裁判；执行职务

❼ fictile 陶制品；可塑造的

❽ figurine 小雕像，小塑像

❾ traffic-choked 交通堵塞

❿ surfeit 饮食过度；过分放纵；使厌腻

traffic-choked

交通堵塞

figurine

小雕像，小塑像

fictile

陶制品；可塑的

26

surfeit

饮食过度；过分放纵；使厌腻

confectioner(y)

糖果店

confectionary

糕饼

confection

糖果；蜜饯；调制

-fec(t)-=
-feit-=-fit-
做

officer

军官、警官；公务员；
政府官员

officiate

当体育比赛裁判；
执行职务

post-office

邮局的；邮政部的

-log(ue)-=-loqu-=-locut- 言，说

logo
商标；徽标；标识语

ventriloquist
腹语术者；口技艺人

-log(ue)-=-loqu-=-locut- 言，说

slogan
标语；呐喊声

apologize
道歉；辩解；谢罪

1 logo 商标；徽标；标识语

2 log 伐木；切；航行

3 logger 伐木工；樵夫；记录器

4 logging 记录；伐木工作

5 waterlog 涝灾；使（船

等）进水

6 apologize 道歉；辩解；谢罪

7 slogan 标语；呐喊声

8 ventriloquist 腹语术者；口技艺人

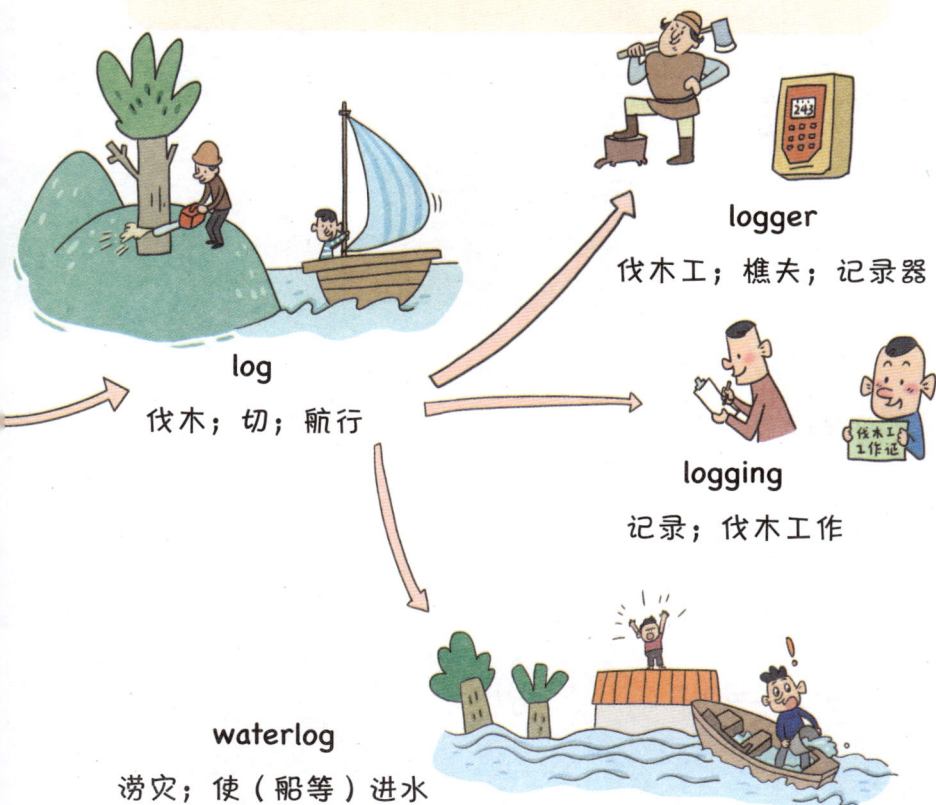

log
伐木；切；航行

logger
伐木工；樵夫；记录器

logging
记录；伐木工作

waterlog
涝灾；使（船等）进水

15

fend-=fens- 打击

fend-=fens-
打击

fencing

围墙；剑术

fence

击剑；练习剑术；栅栏

巧记掌握

❶ fender（汽车等）挡泥板

❷ fender-bender 小车祸

❸ fence 击剑；练习剑术；栅栏

❹ fencing 围墙；剑术

fender

（汽车等）挡泥板

fender-bender

小车祸

31

-sign- 设计

ensign

微章；海军少尉；旗

signal

导火线；信号；暗号；显著的

design

设计；构思；
图案；计划

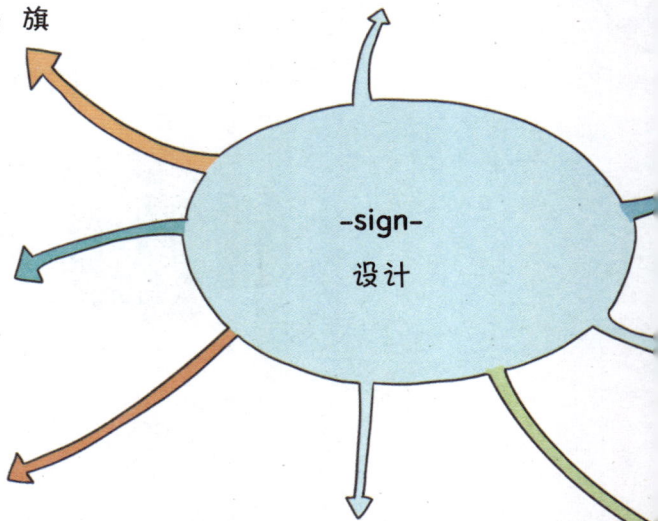

-sign-
设计

signatory

（正式协定的）签约国；
签名人

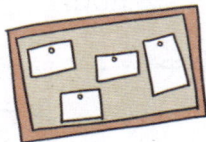

signboard

布告板；(贸易)招牌

signaling

发信号；打信号

signet

印；图章

新闻

sign-language

手语；符号语言

BEACH

signpost

路标；指示牌

❶ signal 导火线；信号；暗号；显著的

❷ signaling 发信号；打信号

❸ signet 印；图章

❹ sign-language 手语；符号语言

❺ signpost 路标；指示牌

❻ signboard 布告板；(贸易)招牌

❼ signatory (正式协定的)签约国；签名人

❽ design 设计；构思；图案；计划

❾ ensign 徽章；海军少尉；旗

doc-=-doct- 教

doc-=-doct-
教

doc
医生

indoctrinate
灌输；教导

document(ation)
文件；公文；证件；史实

doctor

行医；就医；修理；篡改

doctorate

博士学位

doctoring

医治；刮除

docent

讲师；讲解员

巧记掌握

❶ doctor 行医；就医；修理；篡改

❷ doctorate 博士学位

❸ doc 医生

❹ doctoring 医治；刮除

❺ docent 讲师；讲解员

❻ document(ation) 文件；公文；证件；史实

❼ indoctrinate 灌输；教导

18

-jec(t)-=-jet- 投掷

jet
喷射；喷嘴；喷气式飞机

injector
注射器；注射者

projector
投影仪；放映机；探照灯

-jec(t)-=-jet-
投掷

projection
投射；规划

eject
喷射；驱逐；

deject
沮丧的；气馁的

reject（ed）
拒绝；抵制；丢弃；次品（不合格的）

projectionist
放映员；地图绘制员

jetway

登机道

jettison

投弃（船舶遇难时抛弃货物以减轻负载）

jet-ski

水上摩托车

jet-black

黑而发亮；黑玉色的；黑墨的

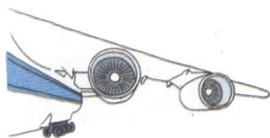

turbojet

涡轮喷气飞机

❶ injector 注射器；注射者

❷ projector 投影仪；放映机；探照灯

❸ projection 投射；规划

❹ projectionist 放映员；地图绘制员

❺ eject 喷射；驱逐；

❻ deject 沮丧的；气馁的

❼ reject（ed）拒绝；抵制；丢弃；次品（不合格的）

❽ jet 喷射；喷嘴；喷气式飞机

❾ jetway 登机道

❿ jettison 投弃（船舶遇难时抛弃货物以减轻负载）

⓫ jet-ski 水上摩托车

⓬ jet-black 黑而发亮；黑玉色的；黑墨的

⓭ turbojet 涡轮喷气飞机

19

pot(ent)-=-pow-
力量，能力

potentate

统治者；君主

power-line

电源线；输电线；电力线

power-plant

发电厂；动力装置

pot(ent)-=-pow-
力量，能力

battery-powered

靠电池供电的

steam-powered

蒸汽驱动的

wind-power

风力发电

hydropower

水力发电

solar-power(ed)

太阳能（动力）/的

nuclear-power

电子核能

巧记掌握

❶ potentate 统治者；君主

❷ wind-power 风力发电

❸ hydropower 水力发电

❹ solar-power(ed) 太阳能
（动力）/的

❺ nuclear-power 电子核能

❻ steam-powered 蒸汽驱
动的

❼ battery-powered 靠电池
供电的

❽ power-plant 发电厂；动
力装置

❾ power-line 电源线；输电
线；电力线

aud（i）－听

audiphone = dentiphone

（美式）助听器

audio

声音的；

音频的

auditorium

礼堂；讲堂；听众席

aud（i）－

听

audition

对……面试；

让……试唱

audient

倾听者；倾听的

audience

接见；正式会见；

拜会；观众；听众；读者

audiology

听力学家；听觉病矫治专家

audiobook
有声读物
（有声书）

audiophile
唱片爱好者；
玩高级音响的人

audiotape(d)
录音（磁）带

巧记掌握

❶ audio 声音的；音频的

❷ audiology 听力学家；听觉病矫治专家

❸ audiobook 有声读物（有声书）

❹ audiophile 唱片爱好者；玩高级音响的人

❺ audiotape(d) 录音（磁）带

❻ audience 接见；正式会见；拜会；观众；听众；读者

❼ audient 倾听者；倾听的

❽ audition 对……面试；让……试唱

❾ auditorium 礼堂；讲堂；听众席

❿ audiphone=dentiphone （美式）助听器

21

-pound-= -pos（it）-（放置）

compounding

组合、混合

imposing

（建筑物等）壮观的；

（仪表）堂堂的

impoundment

蓄水；扣留

-pound-=-pos（it）-

放置

pour-poster

有四根帷柱的床

pose(d)

形成；摆姿势；佯装

post(ed)

张贴（出）；布置

milepost

里程碑

postman

邮递员

guidepost

路牌；路标

post-it

便利贴

postmark

邮戳；在（邮件）

上盖……邮戳

posthole

为把杆插在地

上而掘的洞

repose
休息；静卧；依靠；
坐落；长眠

superpose
放在上面；添加；
重叠

superimpose（d）
添加；附加；安装

transpose(d)
调换；颠倒顺序；
变调的

❶ repose 休息；静卧；依靠；坐落；长眠

❷ superpose 放在上面；添加；重叠

❸ pose(d) 形成；摆姿势；佯装

❹ superimpose(d) 添加；附加；安装

❺ transpose(d) 调换；颠倒顺序；变调的

❻ pour-poster 有四根帷柱的床

❼ post(ed) 张贴（出）；布置

❽ milepost 里程碑

❾ postman 邮递员

❿ post-it 便利贴

⓫ postmark 邮戳；在（邮件）上盖……邮戳

⓬ posthole 为把杆插在地上而掘的洞

⓭ guidepost 路牌；路标

⓮ imposing （建筑物等）壮观的；（仪表）堂堂的

⓯ compounding 组合、混合

⓰ impoundment 蓄水；扣留

-phon- 声音，说话

cellular-phone
移动电话

xylophone
木琴

interphone
对讲机

stereophonic
立体声的；
立体音响

iphone
苹果手机

-phon-
声音，说话

otophone
助听器

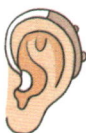

headphone
双耳式耳机

saxophonist
萨克斯管吹奏者

gramophone
留声机；用唱片录制

phone
电话、耳机；打电话

I saw a kitten eating chicken in the kitchen.

▶ 我看见一只小猫在厨房里吃鸡肉。

microphone
麦克风、话筒

phonebook
电话簿

巧记掌握

❶ phone 电话、耳机；打电话

❷ phonebook 电话簿

❸ microphone 麦克风、话筒

❹ saxophonist 萨克斯管吹奏者

❺ gramophone 留声机；用唱片录制

❻ headphone 双耳式耳机

❼ otophone 助听器

❽ iphone 苹果手机

❾ xylophone 木琴

❿ interphone 对讲机

⓫ cellular-phone 移动电话

⓬ stereophonic 立体声的；立体音响

23

prim-=prem-=prin- 第一

priority
优先（权）

princeling
幼年王子

prince
王子

princess
公主；王妃；
女巨头

premiere
首位的；初次的；
女主角

prim-=prem-=prin-
第一

primula
报春花

primitive
原始人；简单、粗糙的

1. prince 王子
2. princeling 幼年王子
3. princess 公主；王妃；女巨头
4. prime 青年；全盛时期；精华
5. prim 整洁的；显得一本正经
6. primer 识字课本；初级读本
7. primed 装填；修剪树枝
8. primate 灵长类动物；首领
9. primula 报春花
10. primitive 原始人；简单、粗糙的
11. premiere 首位的；初次的；女主角
12. priority 优先（权）

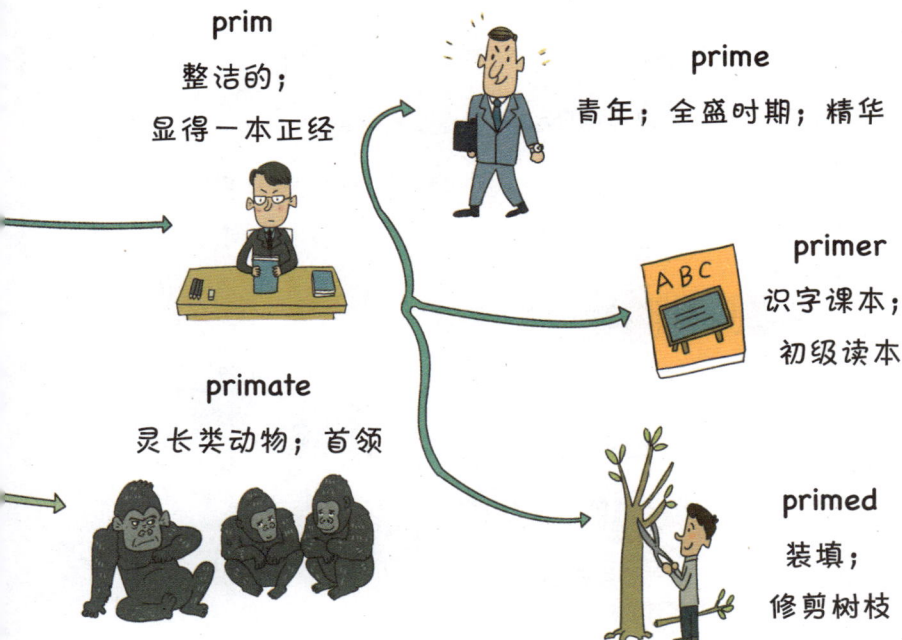

prim
整洁的；
显得一本正经

prime
青年；全盛时期；精华

primer
识字课本；
初级读本

primate
灵长类动物；首领

primed
装填；
修剪树枝

47

24

−ball(o)− 抛、舞、球

❶ ball 捏成球形；成团（块）

❷ ballroom 舞厅

❸ ballpark 棒球场

❹ ballplayer 棒球手

❺ ballpoint 圆珠笔

❻ ballerina 芭蕾舞女演员

❼ fireball （核武器爆炸后在空中出现的）大火球；精力充沛的人

❽ foosball 桌上足球

❾ racquetball 回力网球

❿ spitball 纸团；随便说说

⓫ gumball 警车顶灯（美式）；口香糖球

⓬ mothball 卫生球；樟脑丸

⓭ ballot-box 投票箱；民主选举

⓮ balloonist 气球驾驶员

gumball
警车顶灯（美式）；
口香糖球

spitball
纸团；随便说说

racquetball
回力网球

foosball
桌上足球

mothball

卫生球；樟脑丸

ballot-box

投票箱；民主选举

投票箱

balloonist

气球驾驶者

ball

捏成球形；
成团（块）

ballroom 舞厅

-ball(o)-

抛、舞、球

ballpark

棒球场

ballplayer

棒球手

ballpoint

圆珠笔

fireball

（核武器爆炸后在空中出现的）
大火球；精力充沛的人

ballerina

芭蕾舞女演员

49

25 maj-=magn-
伟大，壮大

magnum

大酒瓶

majorette

鼓手队长；军乐队队长或指挥

magnate

富豪；巨头；……大王

maj-=magn-

伟大，壮大

magnifico

权贵；贵族

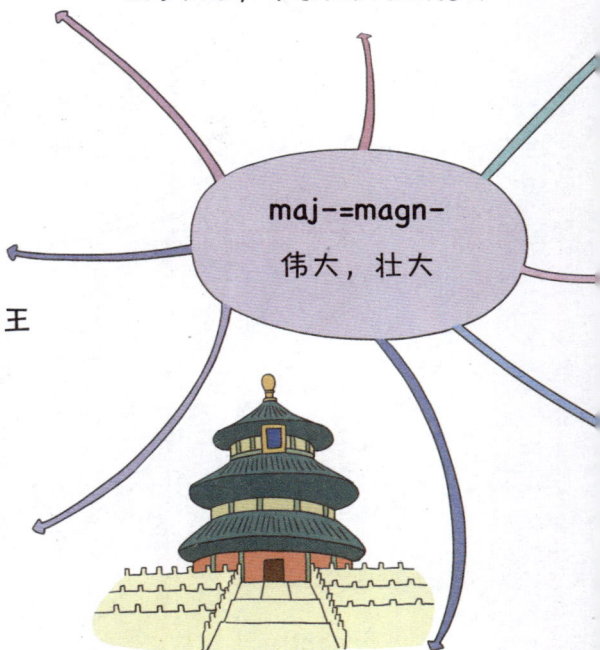

magnificence

壮丽；宏伟；富丽堂皇

magnetic-field

磁场

magnet

磁铁；磁石

magnify

赞美；夸大

magnifier

（光）放大镜；
（电）放大器

26 -sol- 单独，太阳

turnsole
向日葵；向日性植物

sole
鞋底；脚底

巧记掌握

❶ solitary 独居者；隐士

❷ desolation 荒芜；废墟

❸ solarium 日晷；日光浴室

❹ subsolar 赤道的；热带的；在太阳正下面的

❺ solar-cell 太阳能电池；光电管

❻ solar-system 太阳系

❼ parasol 遮阳伞

❽ insolation 中暑；日晒

❾ sole 鞋底；脚底

❿ turnsole 向日葵；向日性植物

insolation 中暑；日晒

parasol
遮阳伞

solar-system
太阳系

solitary

独居者；隐士

desolation

荒芜；废墟

-sol-

单独，太阳

solarium

日晷；日光浴室

subsolar

赤道的；热带的；
在太阳正下面的

solar-cell

太阳能电池；光电管

27

-cor(d)-=-card-=-cour- 心（脏）

cardinal

红衣主教；鲜红色；
主要的，基本的

record

档案；履历

tachycardia

心跳过速

cordiality

热诚，真挚

discourage

阻止；使气馁

encouraging

鼓励，支持；奖励的

-cor(d)-=-card-=-cour-
心（脏）

courageous

勇敢的，有胆量的

cordate

心形的

camcorder

摄录像机；便携式摄像机

concord

和谐；和睦

recorder
录音机；八孔直笛

recording
唱片；录音

recordist
录音师；录音员

recordi-setting
创纪录的

accordion 手风琴

accordionist
手风琴家

❶ recorder 录音机；八孔直笛

❷ recording 唱片；录音

❸ record 档案；履历

❹ recordist 录音师；录音员

❺ recordi-setting 创纪录的

❻ cordiality 热诚，真挚

❼ accordion 手风琴

❽ accordionist 手风琴家

❾ concord 和谐；和睦

❿ cordate 心形的

⓫ camcorder 摄录像机；便携式摄像机

⓬ courageous 勇敢的，有胆量的

⓭ encouraging 鼓励，支持；奖励的

⓮ discourage 阻止；使气馁

⓯ cardinal 红衣主教；鲜红色；主要的，基本的

⓰ tachycardia 心跳过速

28

-art-=arthr(o)-
艺术，关节

巧记掌握

❶ artist 美术家（尤指画家）；艺术家

❷ artisan 工匠；技工

❸ artwork 艺术品；插画；美术品

❹ rock-art 岩画；岩石艺术

❺ martial-arts 武术

❻ artillery 大炮；炮队；炮术

❼ artilleryman 炮兵；炮手

❽ arthropod 支肢动物（的）

arthropod
节肢动物（的）

artillery
大炮；炮队；炮术

artilleryman
炮兵；炮手

artist

美术家（尤指画家）；
艺术家

artisan

工匠；技工

-art-=arthr(o)-
艺术，关节

artwork

艺术品；插画；
美术品

martial-arts

武术

rock-art

岩画；岩石艺术

57

-light- 光，轻，愉快

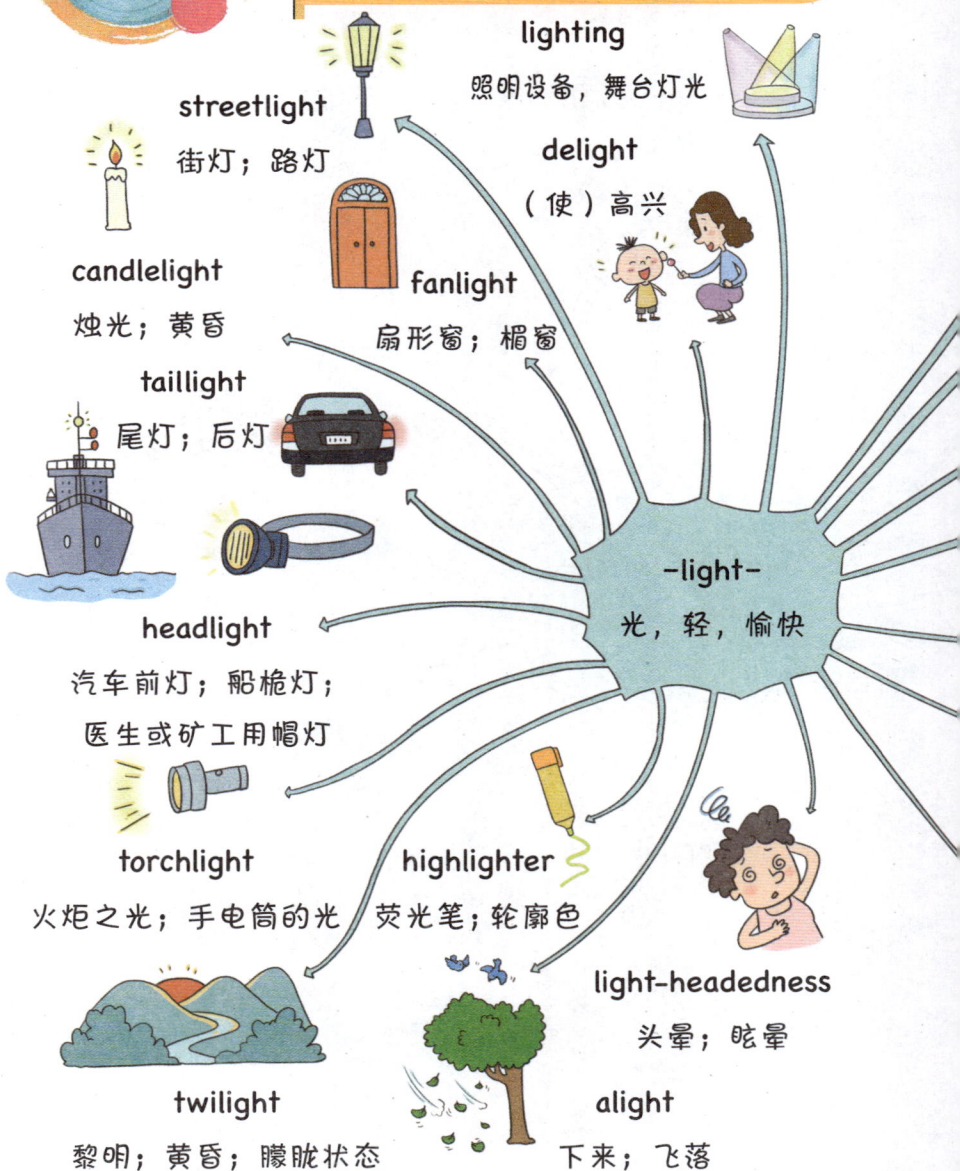

lighting

照明设备，舞台灯光

streetlight

街灯；路灯

delight

（使）高兴

candlelight

烛光；黄昏

fanlight

扇形窗；楣窗

taillight

尾灯；后灯

-light-

光，轻，愉快

headlight

汽车前灯；船桅灯；

医生或矿工用帽灯

torchlight

火炬之光；手电筒的光

highlighter

荧光笔；轮廓色

light-headedness

头晕；眩晕

twilight

黎明；黄昏；朦胧状态

alight

下来；飞落

lighted
点燃；燃烧的；
发光的

lighter
打火机；
点火者

lightning
闪电；快速的

lighthouse
灯塔

lightship
灯塔船；
航标（灯）船

light-bulb
电灯泡

light-rail
轻轨

巧记掌握

❶ lighting 照明设备，舞台灯光

❷ lighted 点燃；燃烧的；发光的

❸ lighter 打火机；点火者

❹ lightning 闪电；快速的

❺ lighthouse 灯塔

❻ lightship 灯塔船；航标（灯）船

❼ light-bulb 电灯泡

❽ light-rail 轻轨

❾ light-headedness 头晕；眩晕

❿ alight 下来；飞落

⓫ highlighter 荧光笔；轮廓色

⓬ twilight 黎明；黄昏；朦胧状态

⓭ torchlight 火炬之光；手电筒的光

⓮ headlight 汽车前灯；船桅灯；
医生或矿工用帽灯

⓯ taillight 尾灯；后灯

⓰ candlelight 烛光；黄昏

⓱ fanlight 扇形窗；楣窗

⓲ streetlight 街灯；路灯

⓳ delight （使）高兴

30 —draw— 画

drawing

绘画；素描

withdraw

撤退，离开；收回

draw

拉；拖；抽签

King Athamus of northern Greece had two children, Phrixus and Helle. After he left his first wife and married Ino, a wicked woman, the two children received all the cruel treatment that a stepmother could devise, At one timethe kingdom was ruined by a famine.

underdraw

在……下划线

-draw-

画

drawing-room

客厅；休息室

drawer

抽屉；酒保

drawbridge

（可开闭的）吊桥

horse-drawn

马拉的（车）

巧记掌握

❶ drawing 绘画；素描

❷ draw 拉；拖；抽签

❸ drawer 抽屉；酒保

❹ drawbridge （可开闭的）吊桥

❺ horse-drawn 马拉的（车）

❻ life-drawing 人体素描

❼ drawing-room 客厅；休息室

❽ underdraw 在⋯⋯下画线

❾ withdraw 撤退，离开；收回

life-drawing

人体素描

31

-paint-=-pict-
画，图片，照片

greasepaint

演员化妆用的油彩

painter

油漆工

picture-book

图画书

spray-paint

喷漆

paint-splattered

雪花点的

-paint-=-pict-

画，图片，照片

paint-spattered

五颜六色的

paintbrush

画笔；漆刷

1 picture-book 图画书

2 big-picture 特种宽银幕电影

3 pictorial 画报；画刊

4 pictograph 象形文字；统计图表

5 paintbrush 画笔；漆刷

6 paint-spattered 五颜六色的

7 paint-splattered 雪花点的

8 spray-paint 喷漆

9 greasepaint 演员化妆用的油彩

10 painter 油漆工

big-picture
特种宽银幕电影

pictorial
画报；画刊

pictograph
象形文字；统计图表

32

-serv- = -sverf-
观看，服务，保留

conserve

将……做成蜜饯；果酱

巧记掌握

❶ serving 服务；上菜；一份食物

❷ servicemember 军人

❸ self-service 自助式销售；自选的

❹ room-service 客房服务

❺ observer 观察者；观测者（天文）

❻ observatory 天文台；气象台；瞭望台

❼ reservoir 水库；蓄水池

❽ preserve 保存；腌制；维持

❾ preservationist 环保主义者、文物保护主义者

❿ conserve 将……做成蜜饯；果酱

⓫ conservatory 温室

preservationist

环保主义者、
文物保护主义者

preserve

保存；腌制；维持

reservoir

水库；蓄水池

64

Few free fruit flies fly from flames.

▶ 没有几只果蝇能从火焰中飞过去。

conservatory
温室

serving
服务；上菜；
一份食物

servicemember
军人

self-service
自助式销售；自选的

-serv-=-sverf-
观看，服务，保留

observatory
天文台；气象台；
瞭望台

observer
观察者；观测者（天文）

room-service
客房服务

33

-scape- 形状

landscaper
庭园设计师

landscaped
美化……的景观

landscape
风景（画）；山水画

-scape-
形状

巧记掌握

❶ landscaper 庭园设计师

❷ landscape 风景（画）；
山水画

❸ landscaped 美化……
的景观

❹ seascape 海景（画）

❺ skyscape 以天空为主

题的绘画

❻ scape （植物）茎；（鸟）
羽柄；柱身

❼ streetscape 街景

❽ dreamscape 梦幻（景象）

❾ townscape 城镇（乡村）
风景

66

seascape

海景（画）

skyscape

以天空为主题的绘画

streetscape

街景

scape

（植物）茎；（鸟）羽柄；
柱身；

townscape

城镇（乡村）风景

dreamscape

梦幻（景象）

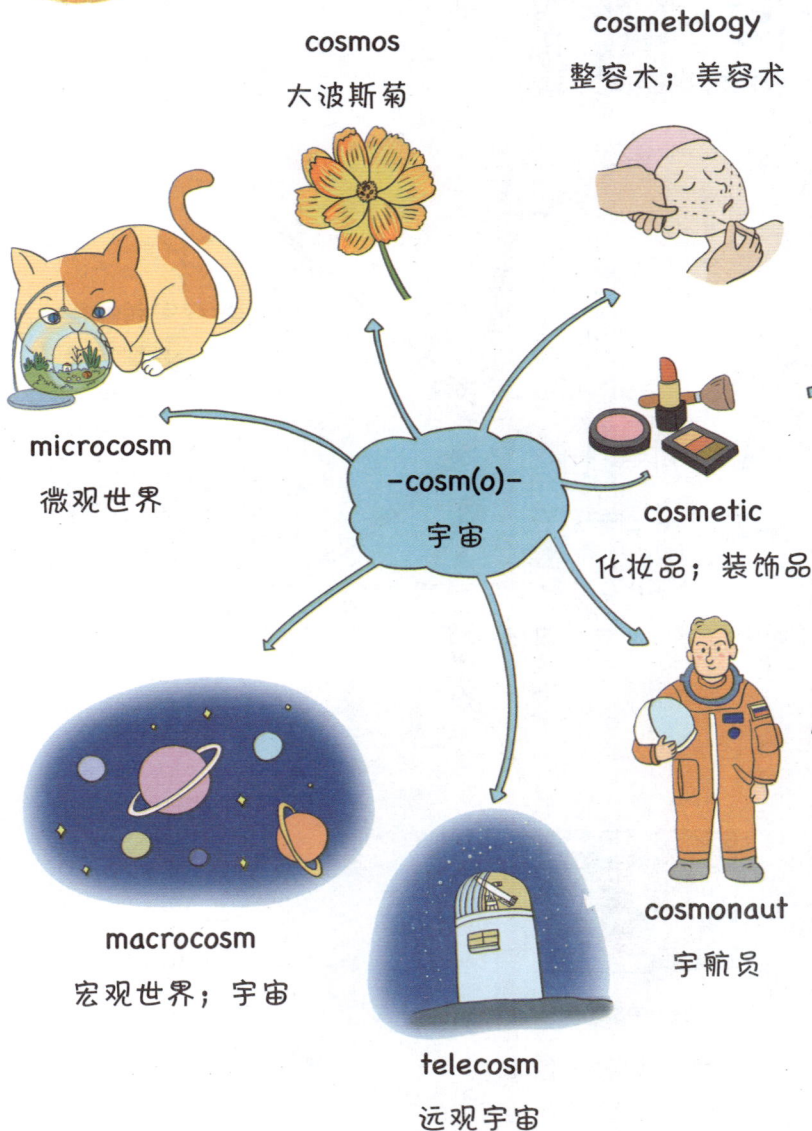

-cosm(o)- 宇宙

cosmos
大波斯菊

cosmetology
整容术；美容术

microcosm
微观世界

-cosm(o)-
宇宙

cosmetic
化妆品；装饰品

macrocosm
宏观世界；宇宙

cosmonaut
宇航员

telecosm
远观宇宙

cosmetologist

美容师；
化妆品从业者

cosmetics

化妆

cosmonautics

宇宙航行学（术）

巧记掌握

❶ cosmos 大波斯菊

❷ microcosm 微观世界

❸ macrocosm 宏观世界；宇宙

❹ telecosm 远观宇宙

❺ cosmonaut 宇航员（俄）

❻ cosmonautics 宇宙航行学（术）

❼ cosmetic 化妆品；装饰品

❽ cosmetics 化妆

❾ cosmetology 整容术；美容术

❿ cosmetologist 美容师；化妆品从业者

-place- 放，地方

replace

更换；取代；偿还；把……放回原处

巧记掌握

❶ placemat 垫布；餐具垫

❷ fireplace 壁炉

❸ showplace 剧院；名胜

❹ workplace 车间；工作场所

❺ marketplace 市场；商场；集市

❻ placekicker 踢定位球的队员

❼ placebo 为死者念晚祷词

❽ replace 更换；取代；偿还；把……放回原处

❾ displace 排水；转移；把……免职

placebo

为死者念晚祷词

placekicker

踢定位球的队员

marketplace

市场；商场；集市

displace

排水；转移；把……免职

placemat

垫布；餐具垫

-place-

放，地方

fireplace

壁炉

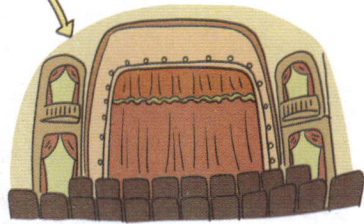

showplace

剧院；名胜

workplace

车间；工作场所

36 -aster-=-astr(o)- 星星

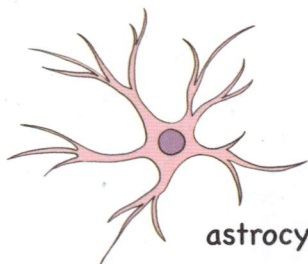

astrocyte

星状胶质细胞（医）

astrology

星座

-aster-=-astr(o)-

星星

astray

迷路；误入歧途

astrocompass

星象罗盘

aster

紫菀属植物；星状体

astrologer

占星家

astronomer

天文学家

astronautess

女宇航员

❶ astrology 星座

❷ astrologer 占星家

❸ astronomer 天文学家

❹ astronautess 女宇航员

❺ disaster 灾难；不幸

❻ disaster-relief 赈灾；灾难救援

❼ aster 紫菀属植物；星状体

❽ astrocompass 星象罗盘

❾ astray 迷路；误入歧途

❿ astrocyte 星状胶质细胞（医）

disaster

灾难；不幸

disaster-relief

赈灾；灾难救援

37 tele- 远

telephoto

传真照片；摄远镜头

teleswitch

遥控开关；遥控键

teleprompter

讲词提示装置

teleset

电视机

tele-
远

telecourse

电视课程

telecontrol

遥控；远程控制

teleconference

电话会议；远程会议（通信）

telemedicine

（以遥测、电视、电话等手段
求诊的）远距离医学

televisor
电视播音员

teleview
收看电视

telecommuting
远程办公

巧记掌握

❶ televisor 电视播音员

❷ teleview 收看电视

❸ telecommuting 远程办公

❹ teleconference 电话会议；
远程会议（通信）

❺ telecontrol 遥控；远程控制

❻ telecourse 电视课程

❼ teleset 电视机

❽ telephoto 传真照片；摄远镜头

❾ teleswitch 遥控开关；遥控键

❿ teleprompter 讲词提示装置

⓫ telemedicine （以遥测、电
视、电话等手段求诊的）远距离医学

38 -cult- 耕作

mariculture
海洋生物养殖

巧记掌握

❶ agriculturist 农业家；农业工作者

❷ cultivation 培育；耕种；教化

❸ cultivator 耕田机

❹ apiculturist 养蜂人

❺ arboriculturist 树木栽培家

❻ floriculturist 花匠；花卉栽培家

❼ horticulturist 园艺家

❽ silviculture 造林；林业

❾ aquaculture 水产养殖；水产业

❿ aviculture 养鸟

⓫ mariculture 海洋生物养殖

⓬ viticulture 葡萄栽培

aviculture
养鸟

aquaculture
水产养殖；水产业

silviculture
造林；林业

viticulture
葡萄栽培

agriculturist
农业家；
农业工作者

cultivation
培育；耕种；教化

cultivator
耕田机

-cult-
耕作

apiculturist
养蜂人

arboriculturist
树木栽培家

horticulturist
园艺家

floriculturist
花匠；花卉栽培家

-master 掌控

shipmaster

船长

bushmaster

巨蝮

ringmaster

表演指导者；马戏演出指挥

-master

掌控

brewmaster

酿酒师；酿酒专家

concertmaster

首席小提琴演奏者

choirmaster

唱诗班指挥

grandmaster

最高段的棋手；大师

schoolmaster
男老师；男校长

postmaster
邮件管理员；
邮政局（所）长

scoutmaster
童子军团长

quartermaster
舵手；军需官

巧记掌握

❶ schoolmaster 男老师；男校长

❷ postmaster 邮件管理员；邮政局（所）长

❸ scoutmaster 童子军团长

❹ quartermaster 舵手；军需官

❺ grandmaster 最高段的棋手；大师

❻ concertmaster 首席小提琴演奏者

❼ choirmaster 唱诗班指挥

❽ brewmaster 酿酒师；酿酒专家

❾ shipmaster 船长

❿ bushmaster 巨蝮

⓫ ringmaster 表演指导者；马戏演出指挥

40

cross-=cruis- 十字

motocross
摩托车越野赛

skull-and-crossbones
骷髅旗

cruise-ship
游轮；游艇

crossroad
十字路口；
交叉路

cross-eyed
斜视；近视眼；
斗鸡眼

cross-legged
盘腿；跷腿

cross-=cruis-
十字

cross-country
越野赛跑；
横过田野的

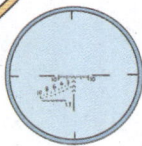

crosshairs
瞄准器；十字准线

crosswalk
人行横道

cross-examine
盘问

crosspiece
门闩；横木

crossbowman
弩手；
用弩射杀的猎人

crossbow
弩；石弓

crossword
纵横填字谜

crossover
天桥；变向运球过人

crosstalk
相声；串台

巧记掌握

❶ cruise-ship 游轮；游艇

❷ crossroad 十字路口；交叉路

❸ crossbow 弩；石弓

❹ crossbowman 弩手；用弩射杀的猎人

❺ crossword 纵横填字谜

❻ crossover 天桥；变向运球过人

❼ crosstalk 相声；串台

❽ crosswalk 人行横道

❾ crosspiece 门闩；横木

❿ crosshairs 瞄准器；十字准线

⓫ cross-examine 盘问

⓬ cross-country 越野赛跑；横过田野的

⓭ cross-legged 盘腿；跷腿

⓮ cross-eyed 斜视；近视眼；斗鸡眼

⓯ motocross 摩托车越野赛

⓰ skull-and-crossbones 骷髅旗

英语单词的构成其实是有规律可循的！大约一半以上的单词是由词根与词缀构成，正如汉语中大部分汉字是由形旁和声旁构成一样，英语的词根相当于形旁，词缀则相当于声旁。因此分析单词的结构，特别是记住其词根的意义，综合分析其词的基本含义，便能深刻地对单词进行理解，对单词进行科学的记忆，最后便可举一反三。

英语单词的词根是构词法的核心部分，词最基本的含义是由词根体现出来的。词根可以单独构成词，也可以彼此组合成词，通过前缀、后缀来改变单词的词性和意义。也就是说，单词一般由三部分组成：词根、前缀和后缀。词根决定单词意思，前缀改变单词词义，后缀决定单词词性。即：

前缀 + 词根 + 后缀

词意 +（最）基本意 + 词性

英文前缀通常有以下几种功能：

▶ （第一类）表示正负（或增减）的，如 un-，in-，im-，il-，ir-，non-，mis-，mal-，dis-，anti-，de-，under-，re-，over-，等；

▶ （第二类）表示尺寸，如 semi-，mini-，micro-，macro-，mega-，等；

▶ （第三类）表示位置关系，如 inter-，super-，trans-，ex-，extra-sub-，infra-，peri-，等；

▶ （第四类）表示时间和次序，如 ante-，pre-，prime-，post-，retro-，等；

▶ （第五类）表示数字。

而后缀通常分为名词性后缀、形容词性后缀、动词性后缀、副词性后缀。

第二章

思维导图
分类记忆法

Vegetables 蔬菜

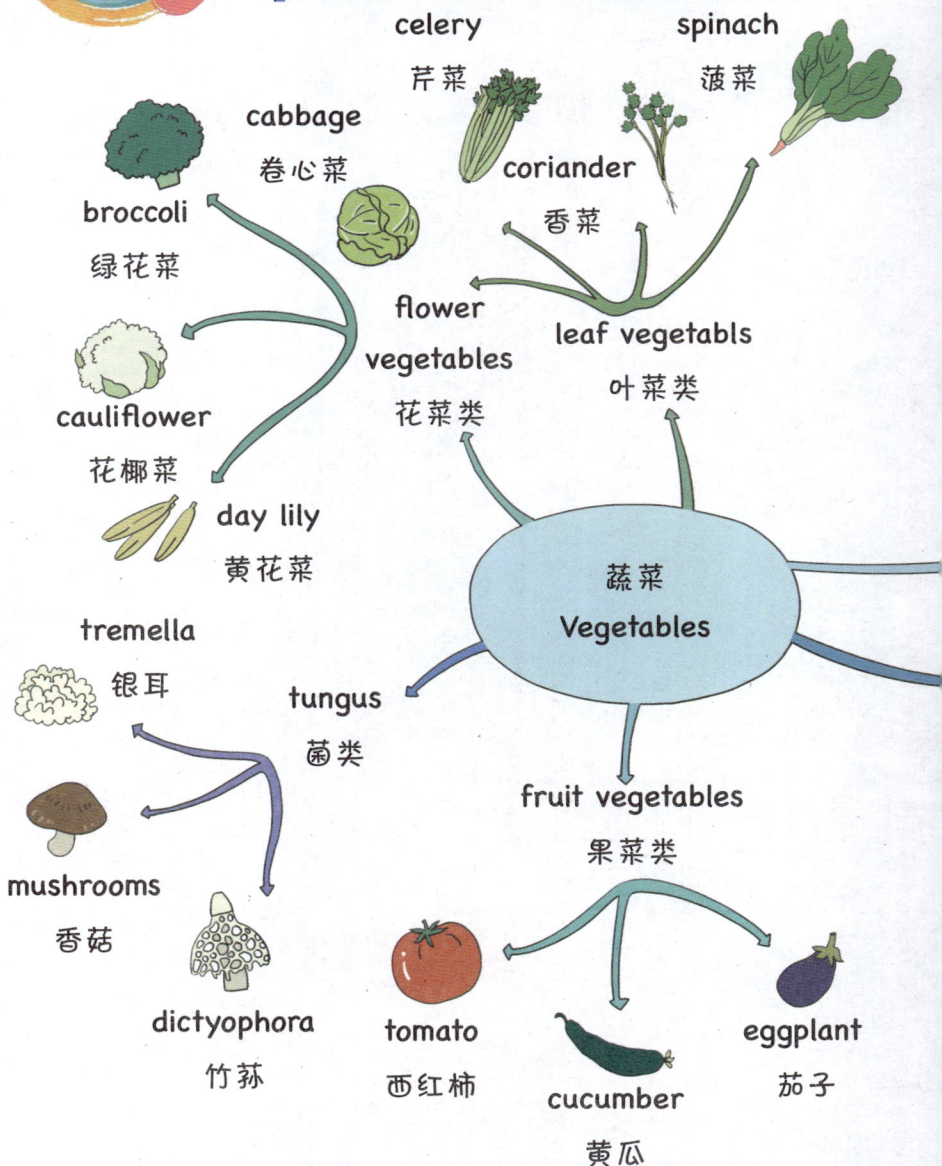

celery
芹菜

spinach
菠菜

cabbage
卷心菜

coriander
香菜

broccoli
绿花菜

flower
vegetables
花菜类

leaf vegetabls
叶菜类

cauliflower
花椰菜

day lily
黄花菜

蔬菜
Vegetables

tremella
银耳

tungus
菌类

fruit vegetables
果菜类

mushrooms
香菇

dictyophora
竹荪

tomato
西红柿

cucumber
黄瓜

eggplant
茄子

asparagus lettuce

莴笋

bamboo shoots

竹笋

garlic bolts

蒜薹

stem vegetables

茎菜类

sweet potato

甘薯

root vegetables

根菜类

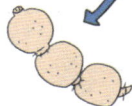

lotus root

藕

turnip

白萝卜

Meat 肉类

pork fillet
里脊肉

chop
排骨

pork knuckle
猪蹄

streaky pork
五花肉

pork
猪肉

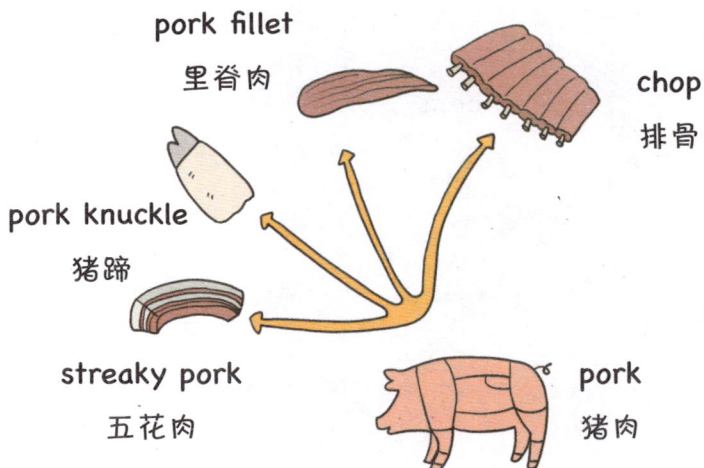

steak
牛排

beef
牛肉

Meat
肉类

oxtail
牛尾

leg steak
牛腱肉

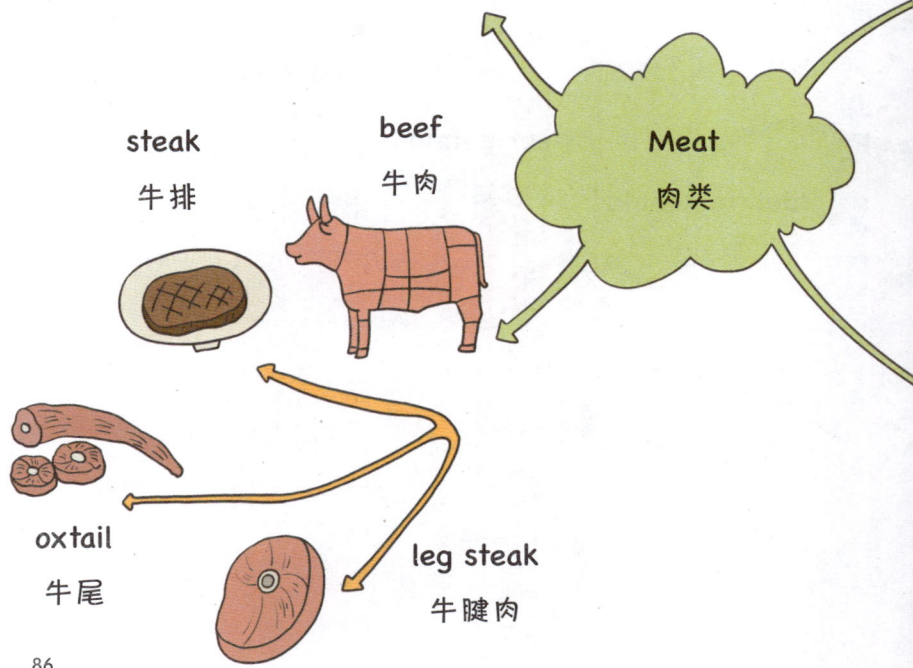

lamb
羔羊肉

roast mutton
烤羊肉

gigot
羊腿

mutton
羊肉

chicken feet
凤爪

chicken wing
鸡翅

chicken thigh
鸡腿

poultry
禽肉

巧记掌握

pork 猪肉：

❶ chop 排骨

❷ pork fillet 里脊肉

❸ pork knuckle 猪蹄

❹ streaky pork 五花肉

mutton 羊肉：

❶ lamb 羔羊肉

❷ roast mutton 烤羊肉

❸ gigot 羊腿

beef 牛肉：

❶ steak 牛排

❷ oxtail 牛尾

❸ leg steak 牛腱肉

❹ beef 牛肉

poultry 禽肉：

❶ chicken feet 凤爪

❷ chicken wing 鸡翅

❸ chicken thigh 鸡腿

3

Snacks 零食

preserved plum
话梅

hawthorn roll
果丹皮

crispy
薯片

ice-cream
冰激凌

toffee
奶糖

Snacks
零食

candyfloss
中式棉花糖

crispy rice
锅巴

marshmallow
棉花软糖

gum
口香糖

fries
炸薯条

sandwich biscuit
夹心饼干

wafer
威化饼

ladyfinger
手指饼

lollipop
棒棒糖

❶ fries 炸薯条

❷ sandwich biscuit 夹心饼干

❸ wafer 威化饼

❹ ladyfinger 手指饼

❺ lollipop 棒棒糖

❻ gum 口香糖

❼ marshmallow 棉花软糖

❽ candyfloss 中式棉花糖

❾ toffee 奶糖

❿ ice-cream 冰激凌

⓫ crispy rice 锅巴

⓬ crispy 薯片

⓭ hawthorn roll 果丹皮

⓮ preserved plum 话梅

Drinks 饮料

soya milk

豆浆

cocoa

热可可

jasmine tea

茉莉茶

chamomile tea

菊花茶

Drinks

饮料

sprite

雪碧

lemon flavor

柠檬水

Sandy sniffed sweet smelling sunflower seeds while sitting beside a swift stream.

▶ 桑迪坐在湍急的小溪边惬意地品尝着美味的葵花籽。

natural mineral water

天然矿泉水

hot water

热水

ice water

冰水

coconut water

椰子汁

巧记掌握

❶ natural mineral water 天然矿泉水

❷ hot water 热水

❸ ice water 冰水

❹ coconut water 椰子汁

❺ lemon flavor 柠檬水

❻ sprite 雪碧

❼ chamomile tea 菊花茶

❽ jasmine tea 茉莉茶

❾ soya milk 豆浆

❿ cocoa 热可可

5 Kitchenware 厨房用具

pan
平底锅

pressure cooker
高压锅

rice cooker
电饭煲

wok
炒菜锅

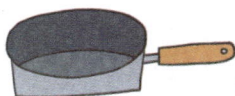

kitchen stove
厨灶

toothpick
牙签

spoon
汤勺、调羹

fork
餐叉

Kitchenware
厨房用具

chopsticks
筷子

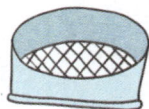

sieve
筛子

scoop
小铲

rolling pin
擀面杖

sauce

调味汁、酱汁

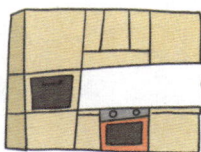

seasoning

调味品、佐料

cupboard

橱柜

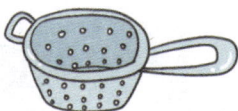

cleaver

剁肉刀、大菜刀

colander

滤勺

peeler

削皮刀

❶ cupboard 橱柜

❷ cleaver 剁肉刀、大菜刀

❸ colander 滤勺

❹ peeler 削皮刀

❺ rolling pin 擀面杖

❻ scoop 小铲

❼ sieve 筛子

❽ chopsticks 筷子

❾ fork 餐叉

❿ spoon 汤勺、调羹

⓫ toothpick 牙签

⓬ kitchen stove 厨灶

⓭ pan 平底锅

⓮ pressure cooker 高压锅

⓯ rice cooker 电饭煲

⓰ wok 炒菜锅

⓱ sauce 调味汁、酱汁

⓲ seasoning 调味品、佐料

6

Bedroom 卧室

wardrobe
衣橱

night lamp
小夜灯

alarm clock
闹钟

mattress
床垫

stool
凳子

drawer
抽屉

Bedroom
卧室

dresser
梳妆台

single bed
单人床

double bed
双人床

baby crib
婴儿床

pajama
睡衣

soft pillow
软枕头

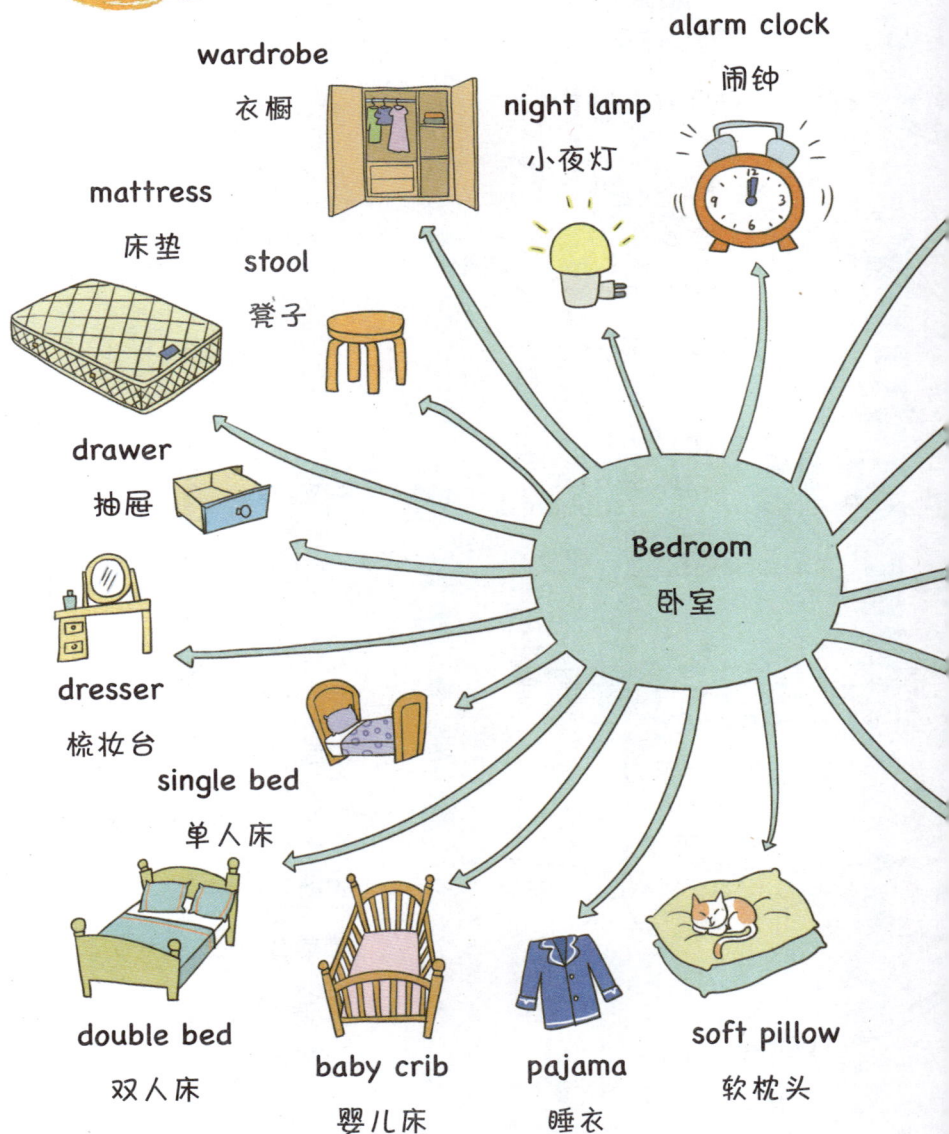

cotton quilt
棉被

feather quilt
羽绒被

quilt cover
被罩

canopy
床（座位）罩篷

curtains
窗帘

巧记掌握

1 cotton quilt 棉被

2 feather quilt 羽绒被

3 quilt cover 被罩

4 canopy 床（座位）罩篷

5 curtains 窗帘

6 soft pillow 软枕头

7 pajama 睡衣

8 baby crib 婴儿床

9 double bed 双人床

10 single bed 单人床

11 dresser 梳妆台

12 drawer 抽屉

13 mattress 床垫

14 stool 凳子

15 wardrobe 衣橱

16 night lamp 小夜灯

17 alarm clock 闹钟

7

Toilet 卫生间

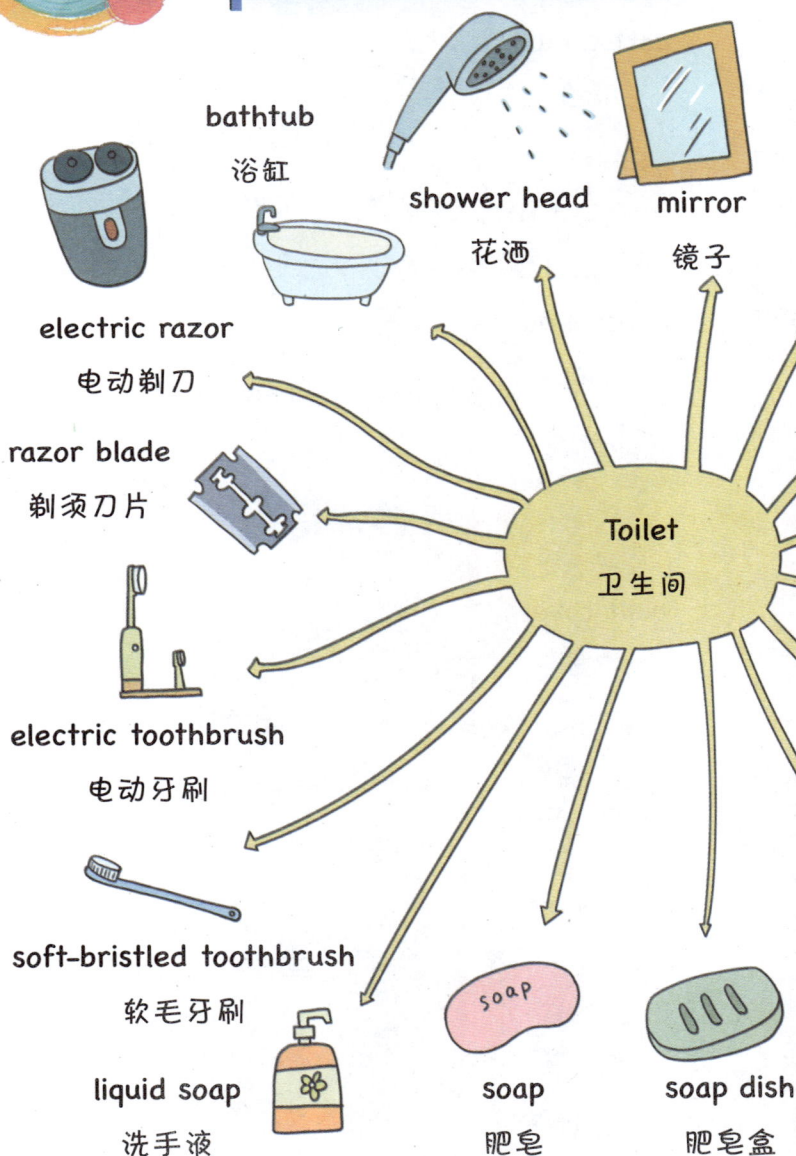

bathtub
浴缸

shower head
花洒

mirror
镜子

electric razor
电动剃刀

razor blade
剃须刀片

Toilet
卫生间

electric toothbrush
电动牙刷

soft-bristled toothbrush
软毛牙刷

liquid soap
洗手液

soap

soap
肥皂

soap dish
肥皂盒

comb
梳子

hair drier
吹风机

bath
浴巾

wet wipe
湿纸巾

towel
毛巾

toothpaste
牙膏

❶ electric razor 电动剃刀

❷ razor blade 剃须刀片

❸ electric toothbrush 电动牙刷

❹ soft-bristled toothbrush
软毛牙刷

❺ liquid soap 洗手液

❻ soap 肥皂

❼ soap dish 肥皂盒

❽ toothpaste 牙膏

❾ towel 毛巾

❿ wet wipe 湿纸巾

⓫ bath 浴巾

⓬ hair drier 吹风机

⓭ comb 梳子

⓮ mirror 镜子

⓯ shower head 花洒

⓰ bathtub 浴缸

8

Daily life 起居

shower
淋浴

wash face
洗脸

巧记掌握

❶ set the alarm clock 设闹钟

❷ arouse 唤醒

❸ yawn 打哈欠

❹ get out of bed 起床，下床

❺ make the bed 整理床铺

❻ withdraw the curtain 拉
开窗帘

❼ brush one's teeth 刷牙

❽ wash face 洗脸

❾ shower 淋浴

brush one's
teeth
刷牙

withdraw the curtain
拉开窗帘

set the alarm clock

设闹钟

arouse

唤醒

yawn

打哈欠

Daily life

起居

get out of bed

起床，下床

make the bed

整理床铺

Articles for daily use
生活用品

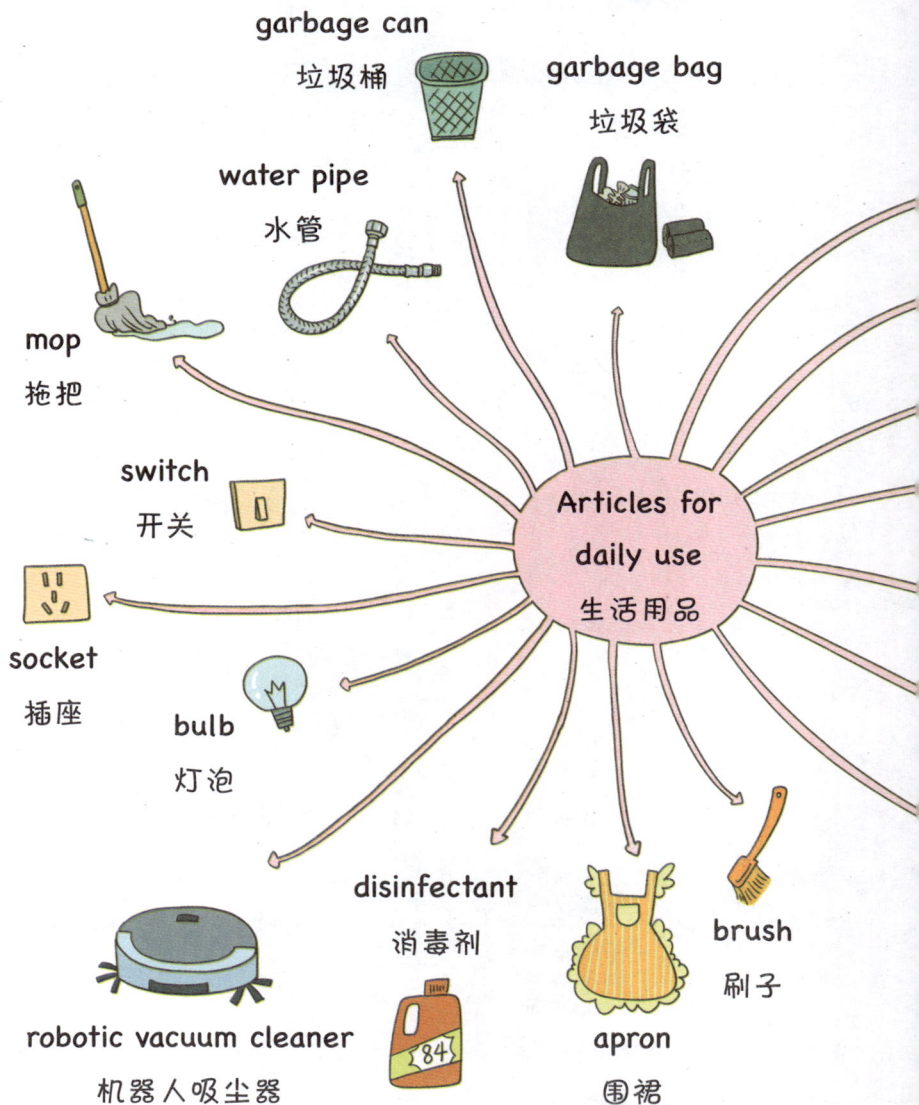

garbage can
垃圾桶

garbage bag
垃圾袋

water pipe
水管

mop
拖把

switch
开关

**Articles for daily use
生活用品**

socket
插座

bulb
灯泡

disinfectant
消毒剂

84

brush
刷子

apron
围裙

robotic vacuum cleaner
机器人吸尘器

first-aid box
家用急救箱

scissors
剪刀

nail scissors
指甲剪

tweezers
镊子

thermometer
温度计

earpick
耳挖勺

broom
扫帚

❶ first-aid box 家用急救箱

❷ scissors 剪刀

❸ nail scissors 指甲剪

❹ tweezers 镊子

❺ thermometer 温度计

❻ earpick 耳挖勺

❼ broom 扫帚

❽ brush 刷子

❾ apron 围裙

❿ disinfectant 消毒剂

⓫ robotic vacuum cleaner
机器人吸尘器

⓬ bulb 灯泡

⓭ socket 插座

⓮ switch 开关

⓯ mop 拖把

⓰ water pipe 水管

⓱ garbage can 垃圾桶

⓲ garbage bag 垃圾袋

10

Home appliance
家居用具

glass cement
玻璃胶

emulsion paint
乳胶漆

garden tool
园艺工具

cement
水泥

brick
砖

steelyard
杆秤

Home appliance
家居用具

electronic scale
电子秤

ladder
梯子

tape measure
卷尺

drain
下水管

sewer
污水管

air cleaner
空气净化器

appliance
家用电器

smart TV
智能电视

dishwasher
洗碗机

disinfection
cabinet
消毒柜

electric juicer
电动榨汁机

filter purifier
净水器

巧记掌握

❶ appliance 家用电器

❷ smart TV 智能电视

❸ dishwasher 洗碗机

❹ disinfection cabinet 消毒柜

❺ electric juicer 电动榨汁机

❻ filter purifier 净水器

❼ air cleaner 空气净化器

❽ sewer 污水管

❾ drain 下水管

❿ tape measure 卷尺

⓫ ladder 梯子

⓬ electronic scale 电子秤

⓭ steelyard 杆秤

⓮ brick 砖

⓯ cement 水泥

⓰ emulsion paint 乳胶漆

⓱ glass cement 玻璃胶

⓲ garden tool 园艺工具

Clothing 服装

11

trousers with braces
背带裤

巧记掌握

❶ outfit 全套服装

❷ children's garments 童装

❸ school wear 学生服

❹ sports wear 运动服

❺ overall 工作服

❻ shirt 衬衫

❼ vest 背心，马甲

❽ neck sweater 圆领运动衫

❾ pullover 套头毛衣

❿ frock 连衣裙

⓫ jeans 牛仔裤

⓬ shorts 短裤

⓭ trousers with braces 背带裤

⓮ sock 短袜

shorts
短裤

jeans
牛仔裤

frock
连衣裙

pullover
套头毛衣

outfit

全套服装

children's garments

童装

sock

短袜

school wear

学生服

Clothing

服装

sports wear

运动服

overall

工作服

neck sweater

圆领运动衫

vest

背心，马甲

shirt

衬衫

Shoes and hats 鞋帽

snow boot
雪地靴

over the knee boot
过膝长靴

mid-calf boot
中筒靴

ankle boot
短靴

slip-on
懒汉鞋

巧记掌握

❶ baseball cap 棒球帽

❷ beret 贝雷帽

❸ bonnet 童帽

❹ beanie 无檐小便帽

❺ cowboy hat 牛仔帽

❻ cloak 披风、斗篷

❼ lace-up 系带鞋

❽ pump 轻便帆布鞋

❾ slip-on 懒汉鞋

❿ ankle boot 短靴

⓫ mid-calf boot 中筒靴

⓬ over the knee boot 过膝长靴

⓭ snow boot 雪地靴

baseball cap
棒球帽

beret
贝雷帽

bonnet
童帽

Shoes and hats
鞋帽

beanie
无檐小便帽

cowboy hat
牛仔帽

cloak
披风、斗篷

pump
轻便帆布鞋

lace-up
系带鞋

Accessories 服饰

13

necklace
项链

巧记掌握

1 trinket 小饰物

2 jewellery box 首饰盒

3 barrette 发夹

4 belt 皮带

5 hair band 束发带

6 tie 领带

7 veil 面纱

8 wig 假发

9 bangle 手镯

10 bracelet 手链

11 brooch 胸针

12 earring 耳环

13 necklace 项链

14 ring 戒指

earring
耳环

brooch
胸针

bracelet
手链

trinket

小饰物

ring

戒指

jewellery box

首饰盒

barrette

发夹

belt

皮带

Accessories

服饰

hair band

束发带

bangle

手镯

wig

假发

veil

面纱

tie

领带

14

Body features
体态特征

巧记掌握

❶ bony 枯瘦如柴的

❷ muscular 肌肉发达

❸ heavyset 体格魁梧

❹ overweight 超重的

❺ petite 娇小的

❻ short 矮的

❼ tall 高的

❽ pretty 漂亮的

❾ handsome 英俊的

❿ lovable 可爱的

⓫ oval face 瓜子脸

⓬ goatee 山羊胡

⓭ scruffy 邋遢的

⓮ arrogant 傲慢的

bony

枯瘦如柴的

muscular

肌肉发达

pretty

漂亮的

handsome

英俊的

heavyset
体格魁梧

overweight
超重的

petite
娇小的

short
矮的

tall
高的

Body features
体态特征

lovable
可爱的

oval face
瓜子脸

goatee
山羊胡

scruffy
邋遢的

arrogant
傲慢的

15

Families 家庭成员

ancestry
世系、血统

brother
兄弟

sister
姐妹

Families
家庭成员

couple
夫妻

A big black bug bit a big black bear, made the big black bear bleed blood.

▶ 一只大黑虫咬了大黑熊，大黑熊流血了！

family tree
族（家）谱

family
家庭、家人

巧记掌握

❶ ancestry 世系、血统

❷ family tree 族（家）谱

❸ family 家庭、家人

❹ couple 夫妻

❺ sister 姐妹

❻ brother 兄弟

Emotion 情感

cross
愤怒、生气

apathy
冷淡、漠然

amazing
令人惊异的

wary
小心翼翼的

bashful
羞怯的

fret
焦急

loathe
讨厌、厌恶

despondency
失望、泄气

Emotion
情感

distress
悲伤；痛苦

envy
羡慕

aghast
吓呆的，惊惧的

deference
顺从；敬意

ashamed
惭愧地，感到难为情的

cheerful
愉快的

zealous
热情的、积极的

applaud
称赞、鼓掌

recognition
（公众的）表彰、赞扬

solace
安慰、抚慰

thrilled
兴奋的

❶ cheerful 愉快的

❷ zealous 热情的、积极的

❸ applaud 称赞、鼓掌

❹ recognition （公众的）表彰、赞扬

❺ solace 安慰、抚慰

❻ thrilled 兴奋的

❼ deference 顺从；敬意

❽ envy 羡慕

❾ distress 悲伤；痛苦

❿ ashamed 惭愧的，感到难为情的

⓫ aghast 吓呆的，惊惧的

⓬ despondency 失望、泄气

⓭ loathe 讨厌、厌恶

⓮ fret 焦急

⓯ cross 愤怒、生气

⓰ apathy 冷淡、漠然

⓱ wary 小心翼翼的

⓲ bashful 羞怯的

⓳ amazing 令人惊异的

17 Leisure activities
休闲活动

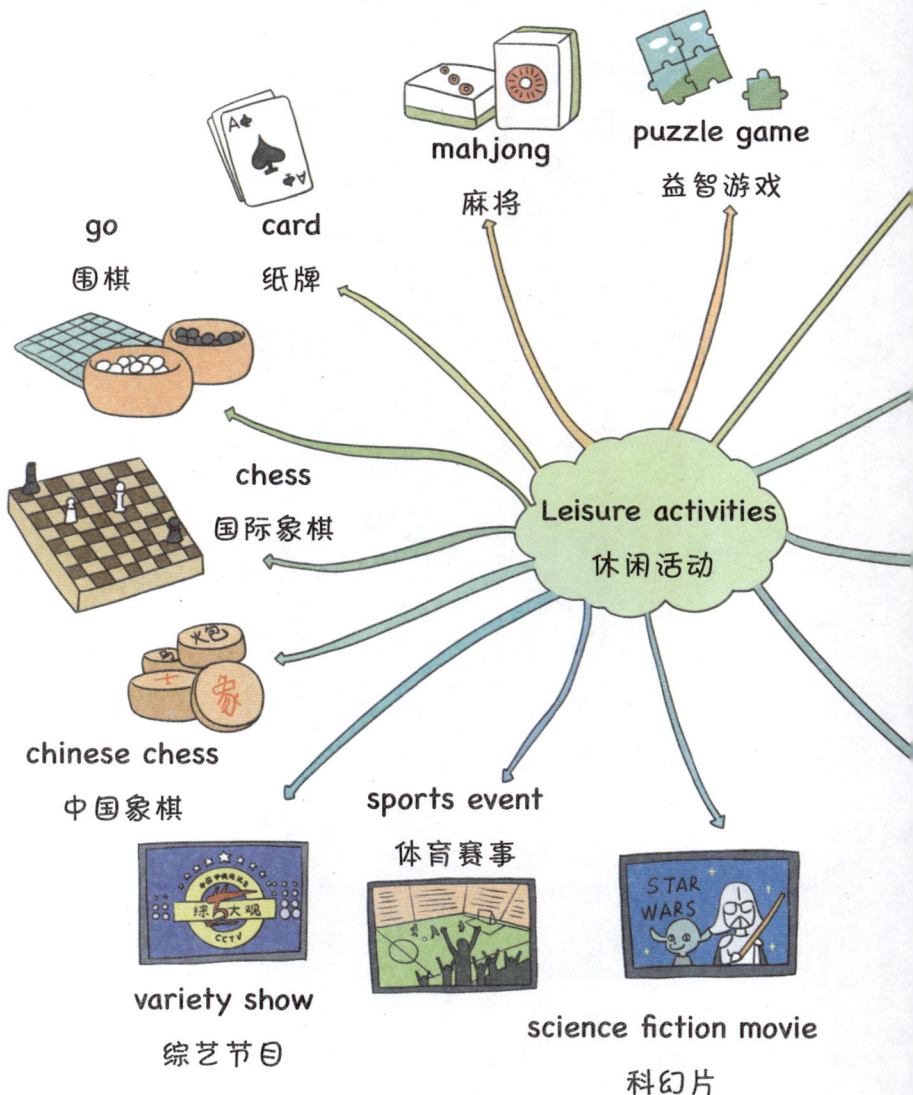

mahjong
麻将

puzzle game
益智游戏

go
围棋

card
纸牌

chess
国际象棋

Leisure activities
休闲活动

chinese chess
中国象棋

sports event
体育赛事

variety show
综艺节目

science fiction movie
科幻片

sudoku
数独游戏

IMAX image maximum
巨幕电影

home cinema
家庭影院

documentary
纪录片

巧记掌握

❶ home cinema 家庭影院

❷ IMAX Image maximum 巨幕电影

❸ documentary 纪录片

❹ science fiction movie 科幻片

❺ sports event 体育赛事

❻ variety show 综艺节目

❼ chinese chess 中国象棋

❽ chess 国际象棋

❾ go 围棋

❿ card 纸牌

⓫ mahjong 麻将

⓬ puzzle game 益智游戏

⓭ sudoku 数独游戏

18 Sports competition
体育比赛

ski resort
滑雪场

巧记掌握

❶ Olympic Games 奥林匹克运动会

❷ competition event 比赛项目

❸ athlete 运动员

❹ coach 教练

❺ referee 裁判员

❻ foul 犯规

❼ time-out （球类比赛中的）暂停

❽ court 球场

❾ stadium 体育场

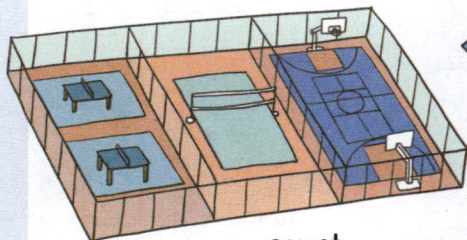

❿ ski resort 滑雪场

stadium
体育场

court
球场

time-out
（球类比赛中的）暂停

118

Olympic Games
奥林匹克运动会

competition event
比赛项目

athlete
运动员

Sports competition
体育比赛

coach
教练

referee
裁判员

foul
犯规

Amusement park
游乐园

log flume ride
激流勇进

carnival parade
狂欢节队伍

bumper car
碰碰车

Amusement park
游乐园

swinging-ship
海盗船

spring bed
弹簧床

roller-coaster
过山车

ferris wheel
摩天轮

haunted house
鬼屋

merry-go-round
旋转木马

趣味一读

A snow–white swan swam swiftly to catch a slowly-swimming snake in a lake.

▶ 湖中一只雪白的天鹅快速地游动着，追赶一条慢悠悠游动的蛇。

巧记掌握

❶ bumper car 碰碰车

❷ ferris wheel 摩天轮

❸ haunted house 鬼屋

❹ merry-go-round 旋转木马

❺ roller-coaster 过山车

❻ spring bed 弹簧床

❼ swinging-ship 海盗船

❽ log flume ride 激流勇进

❾ carnival parade 狂欢节队伍

Museum 博物馆

the Palace Museum

故宫博物院

commentator

解说员

ground map

楼层平面图

Museum

博物馆

specimen

标本

National Museum of China

中国国家博物馆

monument

纪念馆

exhibit

展览（品）

巧记掌握

❶ the Palace Museum 故宫博物院

❷ National Museum of China 中国国家博物馆

❸ monument 纪念馆

❹ exhibit 展览（品）

❺ specimen 标本

❻ ground map 楼层平面图

❼ commentator 解说员

单词不仅是代表客观世界中事物的符号，它也反映着不同的文化背景和社会经验。因此我们在记忆单词时，可联系自己所在的环境，根据实际需要，对日常生活中的事物进行分类，按照单词所表达的含义分好类来——记忆。

分类的方法因人而异，灵活多样。按其性质、用途等来分类，使之条理化、系统化，就容易巩固记忆。

比如可以按颜色、学习用品、交通工具、生活用品等种类归类，还可以按科目名称、时间、数字、季节、动植物、场所地点名称归纳分类等。采用归类的方法，在学习一个新单词时，可一并学习与之相关的同类词。

例如，有关身体各部位的：

head（头），face（脸），arm（胳膊），shoulder（肩膀），hand（手），wrist（手腕），finger（手指），knee（膝），leg（腿），foot（脚），toe（脚趾头）等。

又如，家庭成员的分类：

family（家庭），grandfather/grandpa（爷爷/姥爷），grandmother/grandma（奶奶/姥姥），father/dad（爸爸），mother /mum（妈妈），daughter（女儿），son（儿子），aunt（姨/姑/舅妈/伯母/婶），uncle（伯/叔/舅/姨父/姑父），niece（侄女/外甥女），nephew（侄子/外甥），cousin（堂/表兄妹），father-in-law（丈夫[或妻子]的父亲），mother-in-law（丈夫[或妻子]的母亲），daughter-in-law（儿媳），son-in-law（女婿）等。

思维导图
联想记忆法

1 dig/big/pig

dig
挖掘

big
（体积、程度、数量等）大的，巨大的

❶ dig 挖掘

❸ pig 猪

❷ big（体积、程度、数量等）

大的，巨大的

组成联想：挖个大坑养猪。

pig

猪

asleep
熟睡的

129

3

pear/bear/wear/tear

pear
梨子

bear
熊

wear
穿

130

A tutor who tooted a flute tried to tutor two tooters to toot. Said the two to their tutor： "Is it harder to toot or to tutor two tooters to toot?"

▶ 一位笛子老师教两个吹笛者吹笛。两个学生问老师："自己吹笛难还是教两个学吹笛的人吹笛难呢？"

巧记掌握

1 pear 梨子

2 bear 熊

3 wear 穿

4 tear 撕破

tear
撕破

组成联想：小熊上树摘梨，不小心把自己漂亮的新裤子给刮破了。

4

wood/good/food
flood/goods/blood

goods
货物

food
食物

good
好的

wood
木材，森林（woods）

132

blood

血液

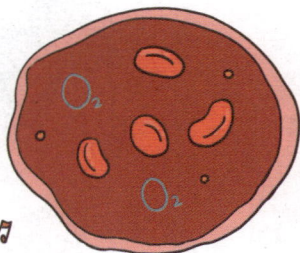

巧记掌握

❶ wood 木材，森林（woods）

❷ good 好的

❸ food 食物

❹ flood 水灾

❺ goods 货物

❻ blood 血液

组成联想： 森林被称为地球之"肺"。它不仅给生物提供食物、为血液带来氧气，让它们得以生存，还能防止水土流失，避免泥石流、水患等自然灾害，更为人类提供原料，制造出各种物品。

flood

水灾

able/comfortable
vegetable/table

comfortable
舒服的

vegetable
蔬菜

If I can't have a proper cup of coffee in a proper copper coffee pot, I'll have a cup of tea!

▶ 假如我不能要一杯用真正铜制的咖啡壶煮的正统咖啡，那我就要一杯茶吧！

able
能够的

巧记掌握

❶ able 能够的

❷ comfortable 舒服的

❸ vegetable 蔬菜

❹ table 桌子

table
桌子

组成联想: 为了大家吃得营养、舒爽(适)，妈妈做了好几种蔬菜，摆了一大桌子。

6 feed/need/food

need

需要

All I want is a proper cup of coffee made in a proper copper coffee pot, you can believe it or not, but I just want a cup of coffee in a proper coffee pot.

▶ 我只想要一杯用真正铜制的咖啡壶煮的正统咖啡。信不信由你，我只想要一杯用真正铜制的咖啡壶煮的正统咖啡。

food
食物

feed
喂食，喂养

巧记掌握

❶ feed 喂食，喂养　　❷ need 需要

❸ food 食物

组成联想：饲养小动物，需要投喂正确的食物，不能自己吃什么就喂给它们什么。

7

pour/four/hour your/tour

❶ pour 倾倒；涌流；倾泻；喷发

❷ four 四

❸ hour 小时

❹ your 你的，你们的

❺ tour 旅行

组成联想：倾盆大雨下了四个小时，你们的旅行不得不取消了，实在遗憾。

tour
旅行

138

hour

小时

pour

倾倒；涌流；倾泻；喷发

早上好

four

your

你的，你们的

139

you /young/youth

youth
年轻

young
朝气蓬勃

❶ you 你，你们

❷ young 朝气蓬勃

❸ youth 年轻

组成联想：你们这么朝气蓬勃，都是年轻有为的优秀少年！

you

你，你们

9 read/road

read

阅读

road

道路

巧记掌握

❶ read 阅读　　❷ road 道路

组成联想： 要多读有益之书，并积极向师长请教，让自己的人生之路走得更顺畅。

10

successor /necessary incessantly/access success

巧记掌握

❶ successor 继承人、后继人

❷ necessary 必要的，必需的

❸ incessantly 不间断地

❹ access 进入，接近

❺ success 成功

组成联想：我们作为接班人继承并发扬先辈的优良传统，不断进步，才能走向新的成功。

successor
继承人、后继人

144

necessary
必要的，必需的

access
进入，接近

success
成功

学生科技
一等奖

incessantly
不间断地

联想记忆法就是把单词的音、形、义联系起来，为记忆提供更多的线索。多次累积之后，记忆和背诵的速度将越来越快，记忆更轻松。但联想只是桥梁，重点还是要多读，多复习。

趣味联想记忆法

1. 读音与词形、词义的关系

英语中相当一部分词的读音决定了词形，读音决定了词义。比如人们根据炸弹的爆炸声而造出 bomb（炸弹）；咳嗽的声音造出 cough（咳嗽）；猫叫的声音造出 mew（喵）。

2. 对称图像记忆

英语单词中常常会出现一些有趣的对称现象，我们可以把这些对称性的部分作为一个整体图像进行记忆。比如，tomato 西红柿 "to…to"；cotton 棉花 "otto"；church 教堂 "ch…ch"；museum 博物馆 "mu…um"。

词形联想方法

英语词汇中存在着大量的语音或拼写相似或相同的词汇。一些新词的特征有时能使我们联想到大脑中储存的、已熟知的单词，从而帮助我们记忆更多的单词。

词义联想记忆法

指根据单词的同义词、反义词、同类词及上下义等关系综合学习词汇的方法。英语中许多词汇的构成有着特定的规律，比如一个实义动词一般有相应的名词、形容词和副词形式。一个词干能够衍生出一组派生词，用不同的前缀可以改变单词的意义，通过后缀可以决定单词的词性等。

英语单词中的常见词根

1 ab-，abs- 表示"相反，变坏，离去……"

abnormal 反常的（ab+normal 正常的）

abuse 滥用（ab+use 用→用坏→滥用）

absorb 吸收（ab+sorb 吸收→吸收掉）

absent 缺席的（ab+sent 出现→没有出现→缺席的）

abdicate 退位（ab 去掉 +dic 说，断言 +ate →失去发言权→退位）

abduct 诱拐（ab+duct 引导→引走→诱拐）

abject 可怜的（ab+ject 抛→抛掉→可怜的）

abscond 潜逃（abs+cond 藏→藏起来→潜逃）

abstinence 节制（abs+tin 拿住 +ence →不再拿住→节制；戒除）

2 ad- 表示"做……；加强……"

adapt 适应（ad+apt 能力→有适应能力）

adept 熟练的（ad+ept 能力→有做事能力→熟练的）

adopt 收养；采纳（ad+opt 选择→选出来→采纳）

adhere 坚持（ad+here 粘→粘在一起→坚持）

adjacent 邻近的（ad+jacent 躺→躺在一起→邻近的）

admonish 告诫，警告（ad+mon 警告 +ish →一再警告）

advent 来临，来到（ad+vent 来→来到）

3 anti- 表示"反对，相反"

antiwar 反战的（anti+war 战争）

antipathy 反感（anti+pathy 感情）

antithesis 对立；反论（anti+thesis 论文；观点）

antipode 相反的两极（anti+pode 脚→反放的脚→对立）

antidote 解毒药的（anti+dote 给予→给 [抗毒的] 药→解毒药）

4 bene- 表示"善，好"

benevolent 好意的（bene+vol 意愿 +ent →好意的）
benefaction 好事；恩惠（bene+fact 做 +ion →好事）
benefit 好处，利益（bene+fit 做→做事后的好处→利益）
benediction 祝福（bene+dict 说 +ion →说好话）
beneficent 仁慈的，善行的（bene+fic 做 +ent →做好事的）

5 bi- 表示"两个，俩"

biweekly 双周刊（bi+week 星期 +ly →两星期）
bilingual 双语种的（bi+lingu 语言 +al →双语的）
biennial 两年一次的（bi+enn 年 +ial →两年 [一次] 的）
biannual 一年两次的（bi+ann[年]+ual →一年两次的）
bicolor 双色的（bi+color 颜色）
biped 两足动物（bi+ped 足，脚）
bisect 切成两份（bi+sect 切→一分为二）

6 circum- 表示"环绕，周围"

circumfluence 周流，环流（circum+flu 流 +ence →周流）
circumnavigate 环航世界（circum+navigate 航行）
circumscribe 限制（circum+scribe 写→规定范围→限制）
circumspect 小心谨慎的（circum+spect 看→看周围→小心谨慎）
circumvent 回避（circum+vent 走→绕圈走→回避）
circumvolute 缠绕；迂回（circum+volute 转→绕着转→迂回）

7 com-，con- 表示"共同"

combine 联合，结合（com+bine 捆→捆在一起→结合）
compassion 同情（com+passion 感情→有共同感情→同情）
compatriot 同胞（com+patri+ot[表人]→同父→同胞）
comparison 比较（com+pari 平等 +son →一起平等→比较）
compact 紧密的；合同（com+pact 压紧→全部压紧→紧密的）
contemporary 同时代的（con+tempor 时间 +ary →同时间的）
conclude 结束；总结（con+clude 关闭→全部关闭→结束）
confirm 坚定；证实（con+firm 坚定）

condense 凝结；浓缩（con+dense 浓密的）

8 dis- 表示"不，消失掉"

dislike 不喜欢（dis+like 喜爱→不喜爱）

disorder 无秩序（dis+order 顺序→没有顺序）

dishonest 不诚实的（dis+honest 诚实的）

disappear 消失（dis+appear 出现→不出现→消失）

disproof 反证，反驳（dis+proof 证实→不证实→反证）

discourage 使失去勇气（dis+courage 勇气）

disarm 解除武装（dis+arm 武装→去掉武装）

9 ex- 表示"出，出去"

expel 赶出，逐出（ex+pel 推→推出去→逐出）

expose 暴露（ex+pose 放→放出去→暴露）

exalt 使升高（ex+alt 高→高出来→升高）

extract 抽出，拔出（ex+tract 拉→拉出→拔出）

excise 切除 (ex+cise 切→切出→切除）

exhume 掘出，挖出（ex+hume 土→出土→挖出）

expurgate 净化；删去（ex+purg 冲洗 + ate →冲洗出来→净化）

10 fabric=make，表示"制作"

fabricate 捏造；制作（fabric+ate）

fader=league，表示"联盟"

federation 联盟，联合会（feder+ation）

fend，fens=strike，表示"打击"

offend 冒犯，得罪（of 一再 +fend →一再打击 [别人]→得罪）

offensive 冒犯的（of 加强 +fens 打击 +ive 冒犯的）

11 gran=grain，表示"颗粒"

granary 粮仓，谷仓（gran+ary 表场所→放粮食颗粒的地方）

granivorous 食谷的（gran+i+vor 吃 +ous →吃粮食的）

granule 颗粒，细粒（gran+ule 表示小东西）

granulate 使成颗粒（granule 颗粒 +ate）

12 hav=possess，表示"拥有"

haven 避难所（hav+en 表示场所→有 [全部] 的场所）

behave 举动；举止（be+have → [一个人] 的动作→举动）

behavior 举止行为（behave 的名词）

headline 标题（head+line 字行→头一行字→标题）

headstrong 倔强的（head+strong 强大→头很大→倔强的）

heady 轻率的，任性的（一头往前冲→轻率的）

helio=sun，表示"太阳"

heliocentric 以太阳为中心的（helio+centric 中心的）

helicopter 直升机（helic+opt 选择螺旋上升→直升机）

helical 螺旋形的（helic+al）

13 imag，imit=imagine，likeness，表示"想象，相似性"

imaginative 富于想象的（imagin+ative）

imaginable 可想象的（imagine+able）

imitate 模仿（imit+ate →做得相像→模仿）

imitable 可模仿的（imit+able 能……的）

inimitable 无与伦比的（in +imitable）

insul=isand，表示"岛屿"

insular 岛国的；偏狭的（insul+ar）

integral 完整的（integr+al）

integrity 完整，完全（integr+ity）

integrate 使一体，使结合（integr+ate）

14 joc=joke，表示"笑话"

jocose 滑稽的，可笑的（joc+ose 表形容词）

jocular 爱开玩笑的（joc+ular）

journ=day，表示"日期"

journalist 记者（journal+ist 人）

journey 旅行，旅程（journ 日期 +ey 按规划的行程→旅行）

adjourn 延期；体会（ad 增加 +journ 增加日期→延期）

🔟 -less 表形容词，"无……的，不……的"

spineless 没有骨气的（spine 脊骨）

nerveless 无勇气的（nerve 勇气；神经）

feckless 无目标、无计划的（feck 效果）

fathomless 深不可测的（fathom 测水深的单位）

hapless 不幸的（hap 幸运）

relentless 无情的（relent 宽厚）

effortless 不费力的（effort 努力）

flawless 无瑕疵的（flaw 缺点）

colorless 无色的（color 颜色）

homeless 无家可归的（home 家）

lact=milk，表示"奶，乳"

ablactate 使……断奶（ab 离开 lactate →离开奶→断奶）

lacteal 乳汁的；乳白的

lapid=stone，表示"石头"

🔟 matron-（mart 母，-on 表示人）

matronage 主妇的身份或职责

maternal 母亲的，母性的

maternity 母性，怀孕；产科（医院）

metropolis 大城市，主要城市，大都会，首府

mend=free from fault，表示"改错"

amendment 改正，（宪法）修正

emend 校订，改正（e 出 mend →改正出错误→改正）

emendation 校订

milit=soldier，表示"兵"

military 军人的，军队的（milit+ ary）

🔟 -ness 表名词，"性质，状态"，通常加在形容词后面

forwardness 大胆，鲁莽（forward 向前的，鲁莽的）

fulsomeness 虚情假意（fulsome 虚假的）

positiveness 肯定（positive 肯定的）

promptness 敏捷，迅速（prompt 迅速的）
pretentiousness 自命不凡（pretentious 自以为是的）
kindness 仁慈（kind 仁慈的）
tiredness 疲倦（tired 疲倦的）
darkness 黑暗（dark 黑暗的）
brightness 光明（bright 光明的）

18 optim=best，表示"最好"

optimistic 乐观的（optim+ist+ic）
oss=bone，表示"骨头"
ossify 钙化，僵化（oss+ify）
fossify 变成化石（foss[=oss 骨头]+ify）
fossil 化石（foss[=oss]+il）
ot（o）=ear，表示"耳朵"
otology 耳科学（o+ology 学科）
otopathy 耳病（oto+pathy 病）
otitis 耳炎（ot+itis 炎病）

19 pseudo- 表示"假，伪"

pseudonym 假名，笔名（pseudo+nym 名字）
pseudoscience 伪科学（pseudo+science 科学）
pseudograph 冒名作品（pseudo+graph 写→写出的假东西）
pseudology 谎话（pseudo+ology 说话→学科说假话）

20 re- 表示"向后，相反，不"

retreat 后退，撤退（re+treat 拉→拉回来→撤退）
retract 缩回；收回（re+tract 拉→拉回，缩回）
reverse 反转的，颠倒的（re+verse 转→反转的）
revolt 反叛（re+volt 转→反过转→反叛）
repel 驱除，击退（re+pel 推→击退）
reappear 再出现（re+appear 出现）
rearrange 重新安排（re+arrange 安排）

㉑ se- 表示"分开，离开，区别开"

secede 正式退出（组织）（se+cede 走→走开→退出）

seclude 和别人隔离；隐居（se+clude 关闭→分开关→隐居的）

secrete 分泌；藏匿（se+crete 分辨→分辨开→分泌；藏起来）

sedition 煽动叛乱（sed=se+it 走 + ion →分开走→煽动叛乱）

seduce 勾引，诱惑（se+duce 引→引开→勾引别人）

segregate 隔离（se+greg 群 + ate →和人群分开→隔离）

㉒ troph=nutrition 表示"营养"

dystrophy 营养不良（dys 坏 +troph+y →营养坏→营养不良）

eutrophic 营养良好的（eu 好 +troph+ic →营养好）

trophology 营养学（troph 营养 +ology 学科）

trench=cut 表示"切，割"

trench 壕沟（被雨水切割出来的沟）

trenchant 一针见血的（trench+ant →像刀切进去一样）

㉓ uni- 表示"一个，单一"

uniform 一贯的，一致的（uni+form 形状）

unique 独一无二（uni+que 表形容词）

unison 和谐，协调（uni+son 声音→一个声音→和谐）

us，ut = use，表示"用"

usage 用法；惯例（us+age 状态→用的状态→用法）

usual 通常的，常用的

disuse 废弃不用（dis 不 use →不用了）

misuse 错用；虐待（mis 坏 use →用坏→错用）

utensil 用具，器皿（ut 用 ensil 表物品→用具）

㉔ vice- 表示"副"

vice-president 副总统

vice-manager 副经理

vibr=swing，表示"摇摆"

vil=base，表示"卑劣"

vilify 诽谤（vil+ify →做卑劣的事→诽谤）

villain 坏蛋，恶棍（vill[=vil]+ain 卑劣的人→坏人）

25 with- 表示"向后，相反"

withdraw 撤销，撤退（with+draw 拉→向相反拉→撤退）
withdrawn 隐退（with+drawn 被拉→被拉回去→隐退）
withhold 阻止（with+hold 拿住→拿住不让向前→阻止）

26 zoo=animal，表示"动物"

zoology 动物学（zoo+ology 学科）
zootomy 动物解剖学（zoo+tomy 解剖）
zoic 动物的（zo[=zoo]+ic）

给孩子的
思维导图

学习高手

陈　玢 主编
陈　玢 编著

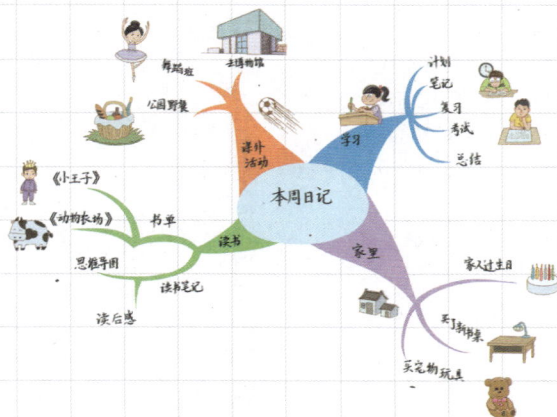

北京燕山出版社

图书在版编目（CIP）数据

给孩子的思维导图．学习高手 / 陈玢主编；陈玢编著．— 北京：北京燕山出版社，2023.2
ISBN 978-7-5402-6678-3

Ⅰ．①给… Ⅱ．①陈… Ⅲ．①中小学生—学习方法 Ⅳ．① G634

中国版本图书馆 CIP 数据核字（2022）第 180986 号

给孩子的思维导图·学习高手

作　　者　陈　玢
责任编辑　王长民
文字编辑　赵满仓
封面设计　韩　立
出版发行　北京燕山出版社有限公司
社　　址　北京市西城区椿树街道琉璃厂西街 20 号
邮　　编　100052
电话传真　86-10-65240430（总编室）
印　　刷　河北松源印刷有限公司
开　　本　880mm×1230mm　1/32
总 字 数　610 千字
总 印 张　30
版　　次　2023 年 2 月第 1 版
印　　次　2023 年 2 月第 1 次印刷
定　　价　148.00 元（全 6 册）

发 行 部　010-58815874
传　　真　010-58815857

如果发现印装质量问题，影响阅读，请与印刷厂联系调换。

思维导图系列图书一经出现，即在全球教育界刮起一场风暴。目前全世界已有超过 3 亿人在使用它，并从中受益。

思维导图最初是被设计来帮助有"学习困难"的孩子克服学习障碍的，意外的是，该学习法竟然在教育领域掀起了颠覆性革命。思维导图在思考、做笔记、做计划等方面的运用，已经帮助了成千上万的人，他们借由思维导图法激发大脑的潜能。无数事实印证了一个结论：思维导图是快速提升学习力的魔法工具。结合思维导图，记住事件、数字和文本是小菜一碟，学习复杂的语法知识、阅读长篇大论都如囊中取物，制作各种学习计划也是轻而易举！

本书对思维导图进行了深入浅出的讲解，对思维导图在学习中的每次运用都举出生动的范例，帮助孩子们使用思维导图获得优异成绩，并获得学习之外的灵感——这可能是组织一个郊游，可能是设计你梦想中的未来，也可能是策划一场联谊会……本书融科学性、实用性、系统性、可读性于一体，用简明易懂的讲解，帮助孩子们一步步掌握如何运用思维导图做好课堂笔记、如何复习备考以及制作长期学习规划，让孩子们发现蕴藏在学习中的乐趣，从而提高学习成绩，达到事半功倍的效果。

　　知识就像大海，不懂方法的人跳下去，不是很快放弃，就是花了很大力气却徒劳无功，而懂得方法的人则对这一切应对自如。通过本书，你将学会简单、快速、有效的学习方法，获得更高效的学习力！

目录

第三章 画出高效学习力

第六章　考场拿高分的思维利器

第一章

认识思维导图

让你受益一生的思维习惯

　　思维导图由世界著名的英国学者东尼·博赞发明。思维导图又叫心智图，是把我们大脑中的想法用彩色的笔画在纸上。它把传统的语言智能、数字智能和创造智能结合起来，是表达发散性思维的有效图形思维工具。

　　思维导图自一面世，即引起了巨大的轰动。

　　作为 21 世纪全球革命性思维工具、学习工具、管理工具，思维导图已经应用于生活和工作的各个方面，包括学习、写作、沟通、家庭、教育、演讲、管理、会议等。运用思维导图带来的学习能力和清晰的思维方式已经成功改变了 3 亿人的思维习惯。

英国人东尼·博赞作为"瑞士军刀"般思维工具的创始人，因为发明"思维导图"这一简单便捷的思维工具，被誉为"智力魔法师"和"世界大脑先生"，闻名世界。作为大脑和学习方面的世界超级作家，东尼·博赞出版了80多部专著和合著，系列图书销售量已达到1000万册。

　　思维导图是一种革命性的学习工具，它的核心思想就是把形象思维与抽象思维很好地结合起来，让你的左右脑同时运作，将你的思维痕迹在纸上用图画和线条形成发散性的结构，极大地提高你的智力技能和智慧水准。

　　在这里，我们不仅是介绍一个概念，更要阐述一种最有效、最神奇的学习方法。不仅如此，我们还要推广它的使用范围，让它的神奇效果惠及每一个人。

　　思维导图应用得越广泛，对人类乃至整个宇宙产生的影响就越大。而你在接触这个新东西的时候会收获一种激动和伟大发现的感觉。

　　思维导图用起来特别简单。比如，你今天一天的打算，你所要做的每一件事，我们可以用一张从图中心发散出来的每个分支代表今天需要做的不同事情（见下页图）。

　　简单地说，思维导图所要做的工作就是更加有效地将信息"放入"你的大脑，或者将信息从你的大脑中"取出来"。

　　思维导图能够按照大脑本身的规律进行工作，启发我们抛弃传统的线性思维模式，改用发散性的联想思维思考问题；帮助我们作出选择、组织自己的思想、组织别人的思想，进行创造性的思维和脑力风暴，改善记忆和想象力等；通过画图的方式，充分地开发左脑和右脑，帮助我们释放出巨大的大脑潜能。

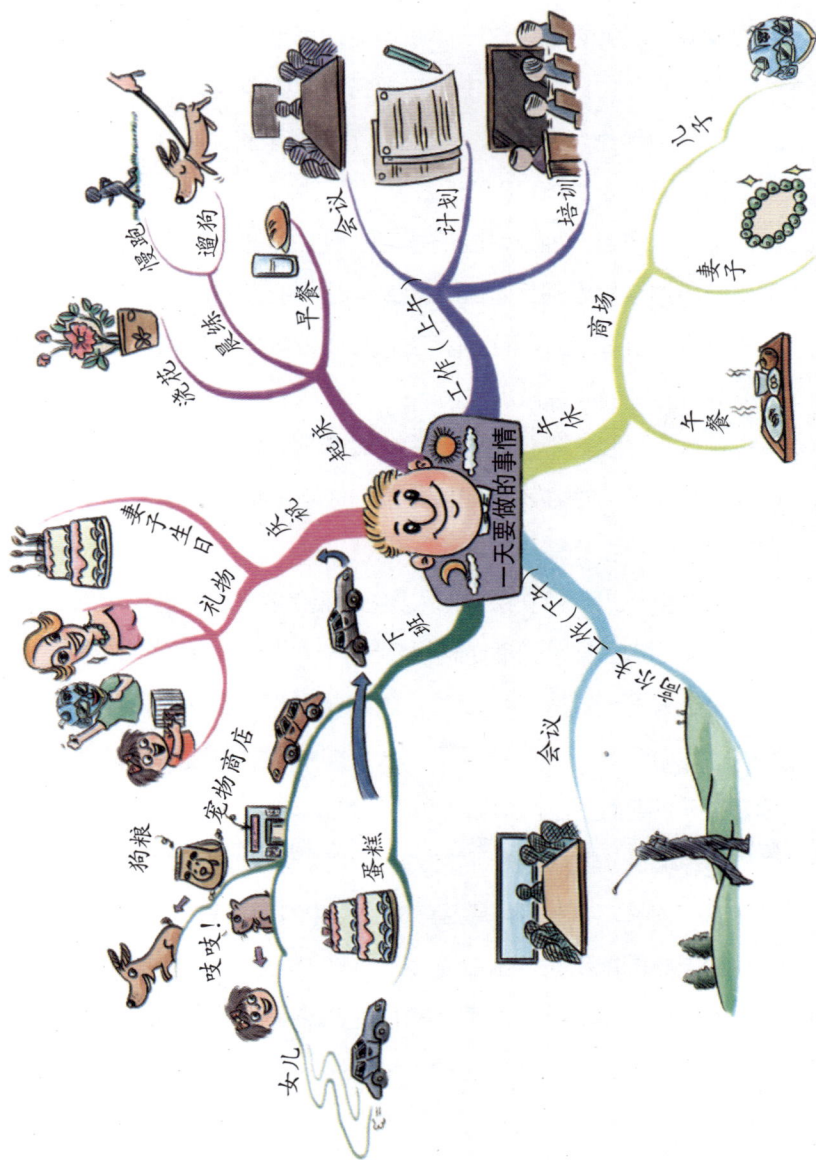

一天要做的事情

起床
- 早餐
- 洗澡
- 花花 浇花
- 遛狗
- 慢跑

工作（上午）
- 会议
- 计划
- 培训

休息
- 商场
  - 儿子
  - 妻子
- 午餐

工作（上午）
- 会议
- 喝咖啡

下班
- 礼物
  - 妻子生日
- 宠物商店
  - 狗粮
  - 汪汪！
- 蛋糕
- 女儿

4

让大脑更好更快地处理各种信息，这正是思维导图的优势所在。使用思维导图，可以把枯燥的信息变成彩色的、容易记忆的、高度组织的图，它与我们大脑处理事物的自然方式相吻合。

思维导图可以让大脑处理起信息更简单有效。

从思维导图的特点及作用来看，它可以用于工作、学习和生活中的任何一个领域里。

比如，作为个人：可以用来进行计划，项目管理、沟通、组织，分析解决问题等；作为一个学习者：可以用于记忆，笔记、写报告、写论文、做演讲、考试、思考，集中注意力等；作为职业人士：可以用于会议、培训、谈判、面试，掀起头脑风暴等。

利用思维导图来应对以上方面，都可以极大地提高你的效率，增强思考的有效性和准确性以及提升你的注意力和工作乐趣。

比如，我们谈到演讲。

起初，也许你会怀疑，演讲也适合做思维导图吗？

没错！你用不着担心思维导图无法使相关演讲信息顺利过渡。一旦思维导图完成，你所需要的全部信息就都呈现出来了。

其实，我们需要做的只是决定各种信息的最终排列顺序。一幅好的思维导图将有多种可选性。最后确定后，思维导图的每个区域将涂上不同的颜色，并标上正确的顺序号。继而将它转化为写作或口头语言形式，将是很简单的事。你只要圈出所需的主要区域，然后按各分支之间连接的逻辑关系，一点一点地进行就可以了。

按这种方式，无论多么烦琐的信息，多么艰难的问题都将被一一解决。

又如，我们在组织活动或讨论会时需用的思维导图。

也许我们这次需要处理各种信息，解决很多方面的问题。当我们没有想到思维导图的时候，往往会让人陷入这样的局面：每个人都在听别人讲话，每个人也都在等别人讲话，目的只是为等说话人讲完话后，有机会发表自己的观点。

在这种活动或讨论会上，或许会发生我们不愿看到的结果，比如，大家叽叽喳喳，没有提出我们期望的好点子，讨论来讨论去没有解决需要解决的问题，最后现场不仅没有一点秩序，而且

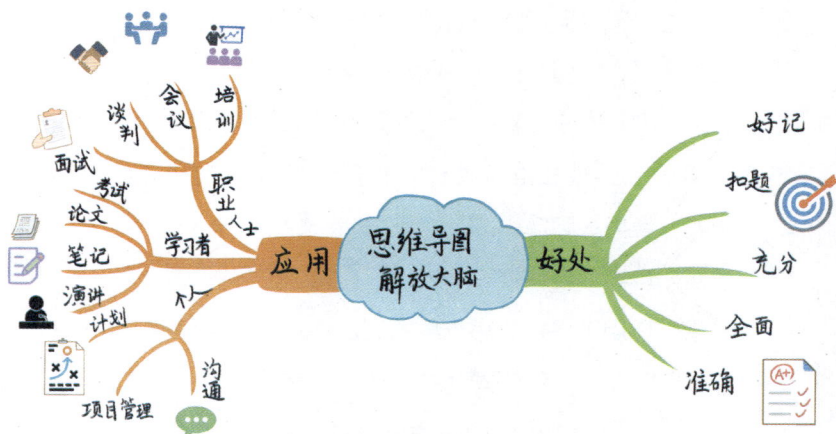

时间也白白地浪费了。

这时，如果活动组织者运用思维导图的话，所有问题将迎刃而解。活动组织者可以在会议室中心的黑板上，以思维导图的基本形式，写下讨论的中心议题及几个副主题。让与会者事先了解会议的内容，使他们有备而来。

组织者还可以在每个人陈述完他的看法之后，要求他用关键词的形式，总结一下，并指出在这个思维导图上，他的观点从何而来，与主题思维导图的关联，等等。

这种使用思维导图方式的好处显而易见：

（1）可以准确地记录每个人的发言；

（2）保证信息的全面；

（3）各种观点都可以得到充分的展现；

（4）大家容易围绕主题和发言展开，不会跑题；

（5）活动结束后，每个人都可记录下思维导图，不会马上忘记。

这正是思维导图在处理大量信息时的好处，在讨论会上，可以吸引每个人积极地参与目前的讨论，而不是仅仅关心最后的结论。

利用思维导图这种形式可以全面加强事物之间的内在联系，强化人们的记忆，使信息井然有序，为我所用。

在处理复杂信息时，思维导图是你思维相互关系的外在"写照"，它能使你的大脑更清楚地"明确自我"，因而更能全面地提高思维技能，提高解决问题的效率。

第三节
思维导图开发大脑潜力

你了解自己的大脑吗？

你认为自己大脑潜力都发挥出来了吗？

你常常认为自己很笨吗？

生活中，总有一些人认为自己很笨，没有别人聪明。但是他们不知道，自己之所以没能取得好成绩，甚至取得成功，是因为只使用了大脑潜力的一小部分，个人的能力并没有全部发挥出来。

现在社会发展速度极快，不论在学习或其他方面，如果我们想表现得更出色，那么就必须重视我们的大脑，让大脑发挥出更大的潜力。遗憾的是，很少有人重视这一点。

◀**脑半球的分工**
我们的逻辑思考和创造性活动分别由不同的脑半球控制。脑的左半球控制我们对数字、语言和技术的理解；脑的右半球控制我们对形状、运动和艺术的理解。

其实，你的大脑比你想象的要厉害得多。

近年来，对大脑的开发和研究引起了很多科学家的注意，他们做了很多有益的探索，也取得了很多新的科研成果。过去 10 年中，人类对大脑的认识比过去整个科学史上所认识的还要多得多。特别是近代科技上所取得的惊人成就，使我们能够借助它们得以一窥大脑的奥秘。

他们一致认为，世界上最复杂的东西莫过于人的大脑。人类在探索外太空极限的同时，却忽略了宇宙间最大的一片未被开采过的地方——大脑。我们对大脑的研究还远远不够，还有很多未知的领域，而且可以肯定我们对大脑的研究和开发将会极大地推动人类社会的进步。

那么，就让我们先来初步认识一下我们的头脑——这个自然界最精密、最复杂的器官。人脑由三部分组成：脑干、小脑和大脑。脑干位于头颅的底部，自脊椎延伸而出。大脑这一部分的功能是人类和较低等动物（蜥蜴、鳄鱼）所共有的，所以脑干又被称为爬虫类脑部。脑干被认为是原始的脑，它的主要功能是传递感觉信息，控制某些基本的活动，如呼吸和心跳。

脑干没有任何思维和感觉功能。它能控制其他原始直觉，如人类的地域感。在有人过度接近自己时，我们会感到愤怒、受威胁或不舒服，这些感觉都是脑干发出的。

小脑负责肌肉的整合，并有控制记忆的功能。随着年龄的增长和身体各部分结构的成熟，小脑会逐渐得到训练而提高其生理功能。对于运动，我们并没有达到完全控制的程度，这就是小脑没有得到锻炼的结果。你可以自己测试一下：在不活动其他手指

人脑的组成

大脑
左脑
- 社交
- 统计
- 方向感
- 技术

右脑
- 记忆
- 情感
- 艺术
- 空间

脑干
网状系统 意识状态
- 觉醒
- 注意
- 睡眠
- 昏迷

中脑
- 味觉
- 听觉
- 视觉

脑桥 神经冲动

延髓
- 呼吸
- 心跳
- 消化
- 体温

小脑
脊髓小脑
- 运动调节
- 肌肉

皮层小脑
- 设计
- 动作

前庭小脑
- 平衡
- 眼球

的情况下，试着弯曲小拇指以接触手掌，这种结果是很难达到的，而灵活的大拇指却能十分轻松地完成这个动作。

大脑是人类记忆、情感与思维的中心，由两个半球组成，表面覆盖着 2.5~3 毫米厚的大脑皮层。如果没有这个大脑皮层，我们只能处于一种植物状态。

大脑可分成左、右两个半球，左半球就是"左脑"，右半球就是"右脑"，尽管左脑和右脑的形状相同，但二者的功能却大相径庭。左脑主要负责语言，也就是用语言来处理信息，把我们通过五种感官（视觉、听觉、触觉、味觉和嗅觉）感受到的信息传入大脑中，再转换成语言表达出来。因此，左脑主要起处理语言、逻辑思维和判断的作用，即它具有学习的本领。右脑主要用来处理节奏、旋律、音乐、图像和幻想。它能将接收到的信息以图像方式进行处理，并且在瞬间即可处理完毕。一般大量的信息处理工作（如心算、速读等）是由右脑完成的。右脑具有创造性活动的本领。例如，我们仅凭熟悉的声音或脚步声，即可判断来人是谁。

有研究证明，我们今天已经获取的有关大脑的全部知识，可能还不到必须掌握的知识的 1%。这表明，大脑中蕴藏着无数待开发的资源。

如果把大脑比喻成一座冰山的话，那么一般人所使用的资源还不到 1%，这只不过是冰山一角；剩下 99% 的资源被白白闲置了，而这正是大脑的巨大潜能之所在。

科学也证明，我们的大脑有 2000 亿个脑细胞，能够容纳 1000 亿个信息单位，为什么我们还常常听一些人抱怨自己学得不好，记得不牢呢？

我们的思考速度大约是每小时 770 千米，快过最快的子弹头列车，为什么我们不能思考得更迅速呢？

我们的大脑能够建立 100 万亿个联结，甚至比最尖端的计算机还厉害，为什么我们不能理解得更完整更透彻呢？

而且，我们的大脑平均每 24 小时会产生 4000 种念头，为什么我们每天不能更有创造性地工作和学习呢？

其实，答案很简单。我们只使用了大脑的一部分资源，按照美国最大的研究机构斯坦福研究所的科学家们所说，我们大约只利用了大脑潜能的 10%，其余 90% 的大脑潜能尚未得到开发。

我们不妨大胆假设一下，假如我们能利用脑力的 20%，也就是把大脑潜能提高一倍的话，你的外在表现力将是多么惊人！

或许我们已经知道，我们的大脑远比以前想象的精妙得多，任何人的所谓"正常"的大脑，其能力和潜力远比以前我们所认识到的要强大得多。

现在，我们找到了问题的原因，那就是我们对自己所拥有的内在潜力一无所知，更不用说如何去充分利用了。

思维导图是发散性思维的表达，作为思维发展的新概念，发散性思维是思维导图最核心的表现。

比如下面这个事例。

在某个公司的活动中，公司老总和员工们做了一个游戏：

组织者把参加活动的人分成了若干个小组，每个小组选出一个小组长扮演"领导"的角色，不过，大家的台词只有一句，那就是要充满激情地说一句："太棒了！还有呢？"

其余的人扮演员工，台词是："如果……有多好！"游戏的主题词设定为"马桶"。

当主持人宣布游戏开始的时候，大家出现了一阵习惯性的沉默，不一会儿，突然有人开口："如果马桶不用冲水，又没有臭味有多好！"

"领导"一听，激动地一拍大腿："太棒了！还有呢？"

另外一个员工接着说："如果坐在马桶上也不影响工作和娱乐有多好！"

又一位"领导"也马上伸出大拇指："太棒了！还有呢？"

"如果小孩在床上也能上马桶有多好！"

……

讨论进行得热火朝天，每个人想法天马行空，出乎大家的意料。

这个公司的管理人员对此进行了讨论，并认为有三种马桶可以尝试生产并投入市场：一种是能够自行处理，并能把废物转化成小体积密封肥料的马桶；一种是带书架或耳机的马桶；还有一种是带多个"终端"的马桶，即小孩老人都可以在床上方便，废物可以通过"网络"传到"主"马桶里。

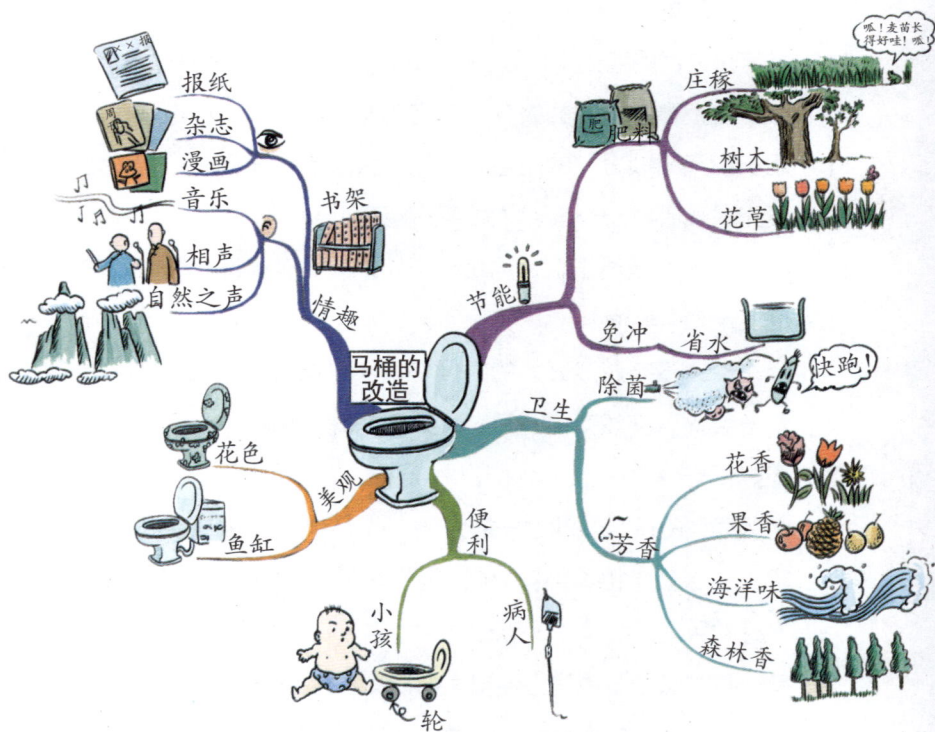

这个游戏之所以获得了巨大的成功，便是得益于发散性思维的运用。

针对这个游戏，我们同样可以利用思维导图表示出来。

大脑作为发散性思维联想机器，思维导图就是发散性思维的外部表现，因为思维导图总是从一个中心点开始向四周发散的，其中的每个词汇或者图像本身都成为一个子中心或者联想，整个合起来以一种无穷无尽的分支链的形式从中心向四周发散，或者归于一个共同的中心。

我们应该明白，发散性思维是一种自然和几乎自动的思维方式，人类所有的思维都是以这种方式发挥作用的。一个会发散性思维的大脑应该以一种发散性的形式来表达自我，它会反映自身思维过程的模式，给我们更多更大的帮助。

第五节
如何绘制思维导图

其实，绘制思维导图非常简单。思维导图就是一幅幅帮助你了解并掌握大脑工作原理的使用说明书。

思维导图就是借助文字将你的想法"画"出来，因为这样才更容易记忆。

绘制过程中，我们要用到颜色。因为思维导图在确定中央图像之后，有从中心发散出来的自然结构：它们都使用线条、符号、词汇和图像，遵循一套简单、基本、自然、易被大脑接受的规则。

颜色可以将一长串枯燥无味的信息变成丰富多彩的、便于记忆的、有高度组织性的图画，接近于大脑平时处理事物的方式。

✿ 绘制工具

（1）一张白纸；

（2）彩色水笔和铅笔数支；

（3）你的大脑；

（4）你的想象！

这些就是最基本的工具，当然在绘制过程中，你还可以拥有更适合自己习惯的绘图工具，比如成套的软芯笔、色彩明亮的涂色笔或者钢笔。

✿ 绘制步骤

　　东尼·博赞给我们提供了绘制思维导图的 7 个步骤，具体如下。

　　（1）从一张白纸的中心画图，周围留出足够的空白。从中心开始画图，可以使你的思维向各个方向自由发散，能更自由、更自然地表达你的思想。

　　（2）在白纸的中心用一幅图像或图画表达你的中心思想。因为一幅图画可以抵得上 1000 个词汇或者更多，图像不仅能刺激你

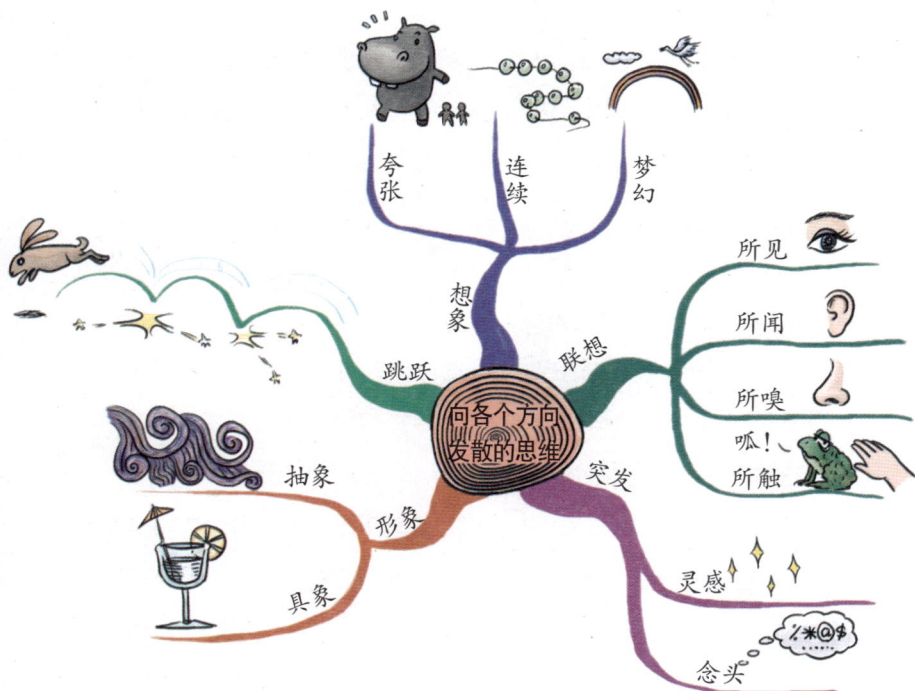

的创造性思维，帮助你运用想象力，还能强化记忆。

（3）尽可能多地使用各种颜色。因为颜色和图像一样能让你的大脑兴奋。颜色能够给你的思维导图增添跳跃感和生命力，为你的创造性思维增添巨大的能量。此外，自由地使用颜色绘画本身也非常有趣！

（4）将中心图像和主要分支连接起来，然后把主要分支和二级分支连接起来，再把三级分支和二级分支连接起来，以此类推。

我们的大脑是通过联想来思维的。如果把分支连接起来，你会更容易地理解和记住许多东西。把主要分支连接起来，同时也创建了你思维的基本结构。

其实，这和自然界中大树的形状极为相似。树枝从主干生出，向四面八方发散。假如大树的主干和主要分支、或主要分支和更小的分支以及分支末梢之间有断裂，那么它就会出现问题！

（5）让思维导图的分支自然弯曲，不要画成一条直线。曲线永远是美的，你的大脑会对直线感到厌烦。美丽的曲线和分支，就像大树的枝杈一样更能吸引你的眼球。

（6）在每条线上使用一个关键词。所谓关键词，是表达核心意思的字或词，可以是名词或动词。关键词应该是具体的、有意义的，这样才有助于回忆。

单个的词语使思维导图更具有力量和灵活性。每个关键词就像大树的主要枝杈，繁殖出更多与它自己相关的、互相联系的一系列次级枝杈。

当你使用单个关键词时，每一个词都更加自由，因此也更有助于新想法的产生。而短语和句子却容易扼杀这种火花。

（7）自始至终使用图形。思维导图上的每一个图形，就像中心图形一样，可以胜过千言万语。所以，如果你在思维导图上画出了10个图形，那么就相当于记了数万字的笔记！

✿ 绘制技巧

（1）把纸张横放，使宽度变大。在纸的中心，画出能够代表你心目中的主体形象的中心图像。

（2）再用水彩笔任意发挥你的思路。

（3）先从图形中心开始画，标出一些向四周放射出来的粗线条。每一条线都代表你的主体思想，尽量使用不同的颜色区分。

（4）在主要线条的每一个分支上，用大号字清楚地标上关键词。

（5）当你想到这个概念时，这些关键词立刻就会从大脑里跳出来。

（6）运用你的想象力，不断改进你的思维导图。

（7）在每一个关键词旁边，画一个能够代表它、解释它的图形。

（8）用联想来扩展这幅思维导图。对于每一个关键词，每一个人都会想到更多的词。比如你写下"橙子"这个词时，你可以想到颜色、果汁、维生素C，等等。

（9）根据你联想到的事物，从每一个关键词上发散出更多的连线。连线的数量根据你的想象可以有无数个。

第六节
绘制你的专属思维导图

　　思维导图就是一幅帮助你了解并掌握大脑工作原理的使用说明书，并借助文字将你的想法"画"出来，便于记忆。

　　现在，让我们来绘制一幅"如何维护保养大脑"的思维导图。

　　你可以试着按以下步骤进行：

　　（1）准备一张白纸（最好横放），在白纸的中心画出你的这张思维导图的主题或关键字。

　　（2）主题可以用关键词和图像（比如在这张纸的中心可以画上你的大脑）来表示。

　　（3）用一幅图像或图画表达你的中心思想（比如你可以把你的大脑想象成蜘蛛网）。

　　（4）使用多种颜色（比如用绿色表示营养部分，红色表示激励部分）。

　　（5）连接中心图像和主要分支，然后再连接主要分支和二级分支，接着再连二级分支和三级分支，依次类推（比如"营养"是主要分支，"维生素""蛋白质"等是二级分支，"维生素A""B族维生素""卵磷脂"等是三级分支）。

　　（6）用曲线连接。每条线上注明一个关键词（比如"滋润""创造力"等）。

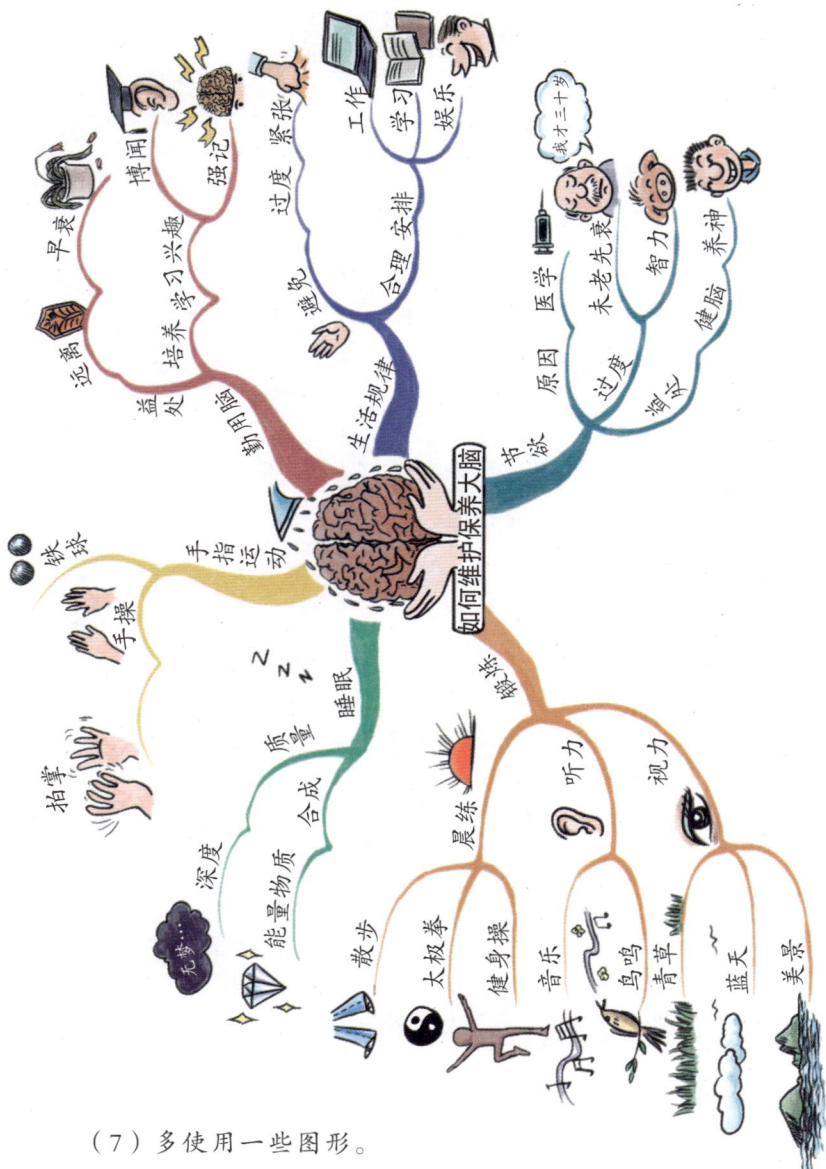

（7）多使用一些图形。

好了，按照这几个步骤，这张思维导图你画好了吗？

试着画一个思维导图吧 ————

第二章
思维导图的作用

第一节
思维导图激活思维灵活性

灵活思维的好处是，当我们遇到难题时，可以多角度思考，善于发散思维和集中思维，一旦发现按某一常规思路不能快速达到目的时，能立即调整思维角度，以期加快思维过程。

激活思维的灵活性，可以从下面 3 个方面入手：

✿ 培养迁移能力

迁移，是指一种学习对另一种学习的影响。

我们更多地要用到的是知识迁移能力，即将所学知识应用到新的情境，解决新问题时所体现出的一种素质和能力。形成知识的广泛迁移能力可以避免对知识的死记硬背，实现知识点之间的贯通理解和转换，有利于认识事件的本质和规律，构建知识结构网络，提高解决问题的灵活性和有效性。

思维的灵活性主要体现在解决问题时的迁移能力上，必须有意识地去培养自己的迁移能力，从而能够灵活地解决学习中的一些问题。

语文学习中，常常能遇到写人物笑的片段，比如《葫芦僧判断葫芦案》中的"笑"，《红楼梦》第四十四回中每一个人的"笑"，《祝福》中祥林嫂的"三笑"，各自联系起来，分析比较，各自表现了人物的什么个性，同时揭示了什么主题，等等。

通过这种训练，可以使分析作品中人物的能力和写作中刻画人物的水平大大提高。

¤ 利用"一题多解"

这种方法在数学学习中经常使用，对"一题多解"的训练，是培养思维灵活的一种良好手段，这种训练能打通知识之间的内在联系，提高我们应用所学的基础知识与基本技能解决实际问题的能力，逐步学会举一反三的本领。

学会"一题多解"的思维方式，可以训练思维的灵活性，使自己在思考问题的起点、方向上及数量关系的处理上，不拘泥于一种方式，而是根据需要和可能，随时调整和转换。

¤ 大量阅读不同体裁的文章

文章是作者进行创造性思维的成果。一篇文章的创造性，主要体现在它的构思和语言的运用上，体现在文章的思想观点和表达方式上。不同体裁的文章，也各有各的特点，就是同一体裁中的同一内容的文章，风格也是各异。

在阅读一篇优秀文章时，善于发现它们的不同，善于吸取它们各自的特点，对于训练自己的思维是有益的。

总之，多读各种不同的文章，既可以获得知识，又可以获得思维和写作的借鉴，可以从比较中学习到从不同角度观察事物、思考问题的方法，从而培养思维的灵活性。

培养思维的灵活性，要学会从不同的角度、不同的方向用多种方法来解决问题。要培养思维的灵活性，就要多动脑筋，加强学习，在实践中探索新思路、验证新方法，并及时总结、改进，就一定能增强思维的灵活性，提高思维的应变能力。

激活思维灵活性的方法用思维导图表示如下：

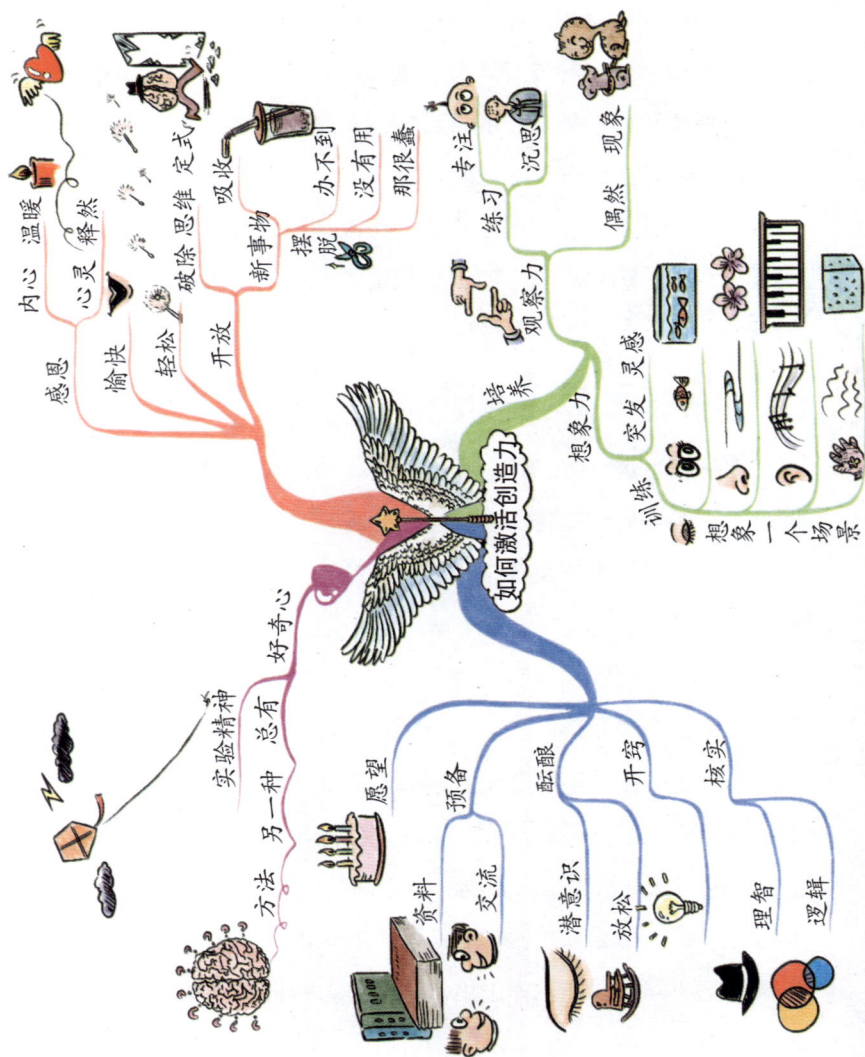

　　如果有一天，让你用一种新奇的方式去写日记，你敢于尝试吗？

　　在这里，作为一种全新的、革命性的非线性思维工具——思维导图日记应运而生，它可以让我们根据自己的需要和欲望来管理自己的时间，而不是让时间管理我们。

　　思维导图日记可以用于安排计划自己的事情，也可以是对过去思想和感觉的回顾性记录。

　　在思维导图日记身上，既能利用传统日记的优势，又能弥补传统日记的不足，并使两者得到最完美的结合。

　　思维导图日记比标准的日记更有效率和效益。

　　思维导图日记，除了会使用到传统日记中的词汇、数字、表格、顺序和系列等以外，它还能把编码、色彩、图像、符号、幽默、白日梦、联想等全部都包括进去。

　　思维导图日记可以让你全面真实地反映自己的大脑，它不仅是一个时间管理方法，而且还是一个自我管理和人生管理方法。

　　思维导图可以从大的方面显示出年度计划、每月计划。那么，每日计划就可以在思维导图日记中体现出来。如果从理想的角度来说，你应该每天制作两幅思维导图日记。

第一幅思维导图日记可以提前安排当天的活动，第二幅可以用于监视活动的进展，同时也可以用来对一天进行回顾性的总结。

你在一天中做了哪些事，都可以用思维导图清晰地表达出来。比如，散步、阅读、会见朋友、去舅舅家做客等，这几个方面同时变成思维导图的几个分支，都是为了帮助你进行思考，梳理一天。

东尼·博赞总结的思维导图日记的好处主要有：

（1）让思维导图在不断发展的时候成为一个全面的终生管理工具，它让你随时可以安排和记录自己的生活；

（2）思维导图本身非常漂亮，当使用者技术提高时会更为吸引人——使用者最终会开始创作艺术作品；

（3）每年和每月及每日方案可以使一年的回顾轻松易得，因为它使用的是长期的交叉查询及观察方法；

（4）思维导图日记把每件事情都放在你一生的背景中加以考察；

（5）思维导图日记提供了一个几近完整的、外化的人生记忆核；

（6）它让你控制住生活当中对你最为重要的一些方面；

（7）这个方法，由于其设计特点，可以鼓励你自动地进行自我开发，并让你实现最终的成功；

（8）它使用到图形、彩色代码和其他的思维导图制作原则，让你能够迅速地获取信息；

（9）因为思维导图日记在视觉上更具刺激性，更漂亮，它鼓励你不断地使用它；

（10）用思维导图日记回顾一生时，就像观看自己一生的"电影"一样。

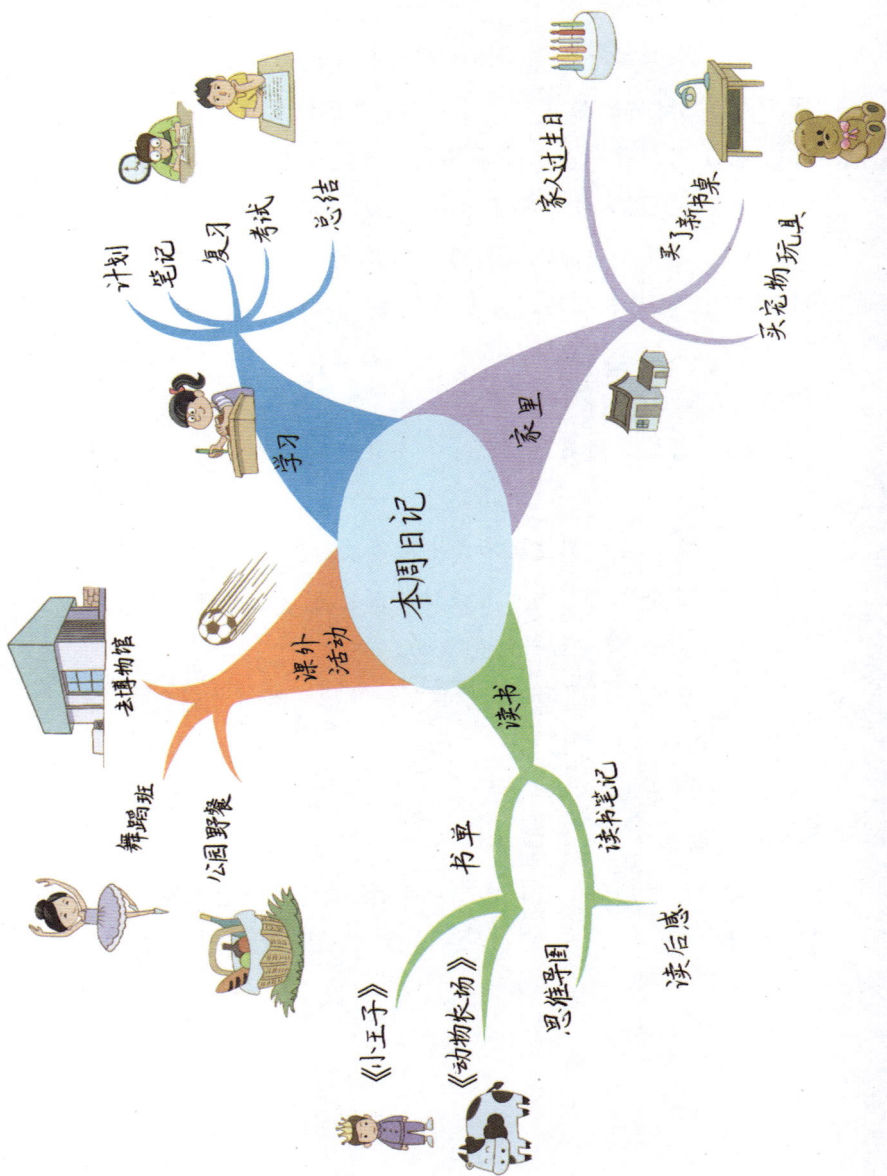

本周日记

学习
- 计划
- 笔记
- 复习
- 考试
- 总结

家里
- 家人过生日
- 买了新书桌
- 买宠物玩具

课外活动
- 去博物馆
- 舞蹈班
- 公园野餐

读书
- 书单
  - 《小王子》
  - 《动物长场》
- 思维导图
- 读书笔记
- 读后感

我们从上学第一天开始，爸爸妈妈就为我们准备好了笔记本，告诉我们上课要养成记笔记的好习惯。

但是从来没有人告诉我们，具体怎样记笔记，怎样记笔记才是最科学合理的？几乎可以说，世界上 99% 的人记笔记都是一个模式，那就是依靠文字、直线、数字和次序，如果是在课堂上，甚至会直接把老师写在黑板上的内容照搬下来。

我们也从来没有想过，这种记笔记的方式有什么不妥。

但实际上，它的缺陷就是，这种记笔记方式不是一套完整的工具，它仅仅体现了你"左脑"的功能，却没有体现"右脑"的功能，因为右脑可以让我们感受到节奏、颜色、空间，等等。

我们习惯的那种笔记，很少用到彩色，一般我们习惯了只用黑墨水、蓝墨水或者铅笔去书写。有些人很多年也只用一种颜色记笔记、写作业。现在回头看看，一种颜色的笔记真是单调极了，而且还封锁了我们大脑中无穷的创造力。

另外，这种直线型笔记仅仅是学生对老师课堂内容的机械的不完全的复制，相互之间没有关联、没有重点；而且很多学生忙于记录，没有时间真正地去思考，久而久之，就养成了记忆知识而不是思考知识的习惯，容易形成思维惰性。

也可以说，这种传统的记笔记方式，只利用了我们一半的大脑，同时，照字面意义去理解笔记内容，我们的智能被减了一半。

这种颜色单一的笔记，容易对我们的大脑产生负面影响，比如：容易走神；逃避问题；转移注意力；大脑空白；做白日梦；昏昏欲睡。

相比较传统笔记埋没了关键词、不易记忆、笔记枯燥、浪费时间、不能有效刺激大脑、阻碍大脑作出联想等诸多缺陷，思维

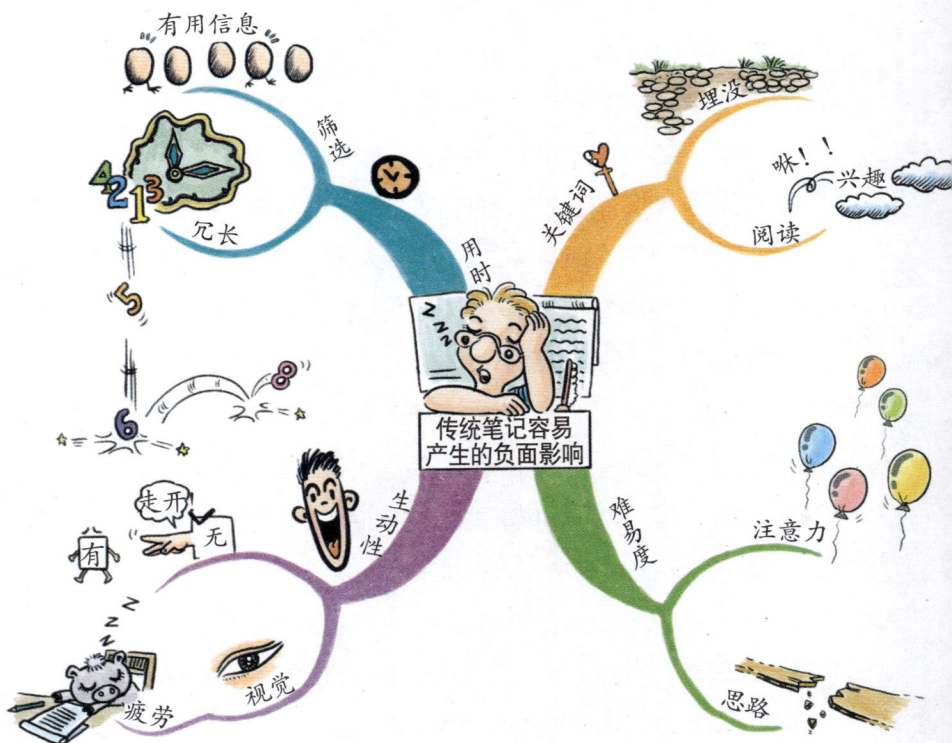

传统笔记容易产生的负面影响

导图笔记就是一种最佳的记笔记方式，它运用丰富的色彩和图像，可以充分反映出空间感、维度和联想能力，能彻底解放我们的创造力。

思维导图记笔记的方式可以对我们的记忆和学习产生巨大的影响，比如：

记忆相关的词可以节省 50% 到 95% 的时间；

读相关的词可节省 90% 左右的时间；

复习思维导图笔记可节省 90% 时间；

可集中精力于真正的问题；

让重要的关键词更为显眼；

关键词可灵活组合，改善创造力和记忆力；

易于在关键词之间产生清晰合适的联想；

画图过程中，会有更多新的发现和新的思想产生；

……

大脑不断地利用其皮层技巧，越来越清醒，越来越愿意接受新事物。

其实，做思维导图日记的步骤和上一章所讲到的如何"让一本书变成一张纸的思维导图"步骤差不多。

在记笔记的过程中，我们可以一边听讲，一边画一幅思维导图，并在听讲解的时候找出一些基本概念，做成一个大概的框架。也可以在听完讲解以后，编辑并修正自己的思维导图笔记，从而在修订的过程中，让信息产生更广泛的意义，因而也加强了自己对它的理解。

第四节
用思维导图听讲座

听讲座时使用思维导图，可以将一场讲座变成一张纸的思维导图。只是，如果你面临的是讲演者使用线性讲座或宣读的情况，将会对你绘图过程中随意使用材料造成一定影响。

为了避免这种影响，建议你在绘制思维导图之前，先尽快从总体上大概浏览一下讲座的主题，在讲座开始之前，你就可以尝试画一个与主题相关的中央图像和尽量多的主要分支。

同时，你还可以与演讲者索要与主题相关的材料，而他们通常很乐意为你提供这方面的资料。

如果当时的条件允许，你还可以抽出几分钟时间针对讲座的内容（如"如何树立自信"）做一个速射，以便让大脑做好吸纳新知识的准备。

一般情况下，准备工作如下：

首先准备一张记笔记时用的大一点的空白纸，最好是 A3 大的纸张，尽量选择大纸张的好处是，可以使你的大脑顺利地看见思维及信息的"全貌"。

在做讲座类的笔记时，最重要的是要记下关键词及所需的重要图像。

同时还要明白一点，做这样一幅思维导图或许要到最后出现完整的结构时，才会清楚要全部表达的意思。

可以说，我们在听讲座过程中，所迅速记下的任何笔记可能只是半成品，而不是最终的成品。因为在讲座主题没有完全变得明晰之前，你所记的内容是不完整的。

其次，我们应该明晰，听讲座时记笔记的重点是内容，不是为了视觉上的"美观"。

有一些表面上看起来"整洁"的笔记如果从信息角度看的话，其实是杂乱的。

其实，在那些"整洁"的笔记中，关键信息是隐蔽的，被切割开并混杂于一些不相干的词语中。

而那些看来"凌乱"的笔记从信息角度看却是整洁的。它们能即时地表明重要的概念及其间的联系。在某些情况下甚至表示出交叉及相对立的信息。

最后，当你听完讲座，并最终完成思维导图，你面前的思维导图应该是整洁的。

如果你再花一些时间，就可以在另一张新的空白纸上最终完成一个演讲笔记的思维导图。

比如，听一场有关如何树立自信的讲座，可以绘制出如下页的思维导图。

重新组织思维导图是一个很有成效的练习过程，尤其是当你在学习阶段就很合理地组织的话，那么这个重组过程可以看作是首次温习过程。

如何树立自信

我一定成功!

我聪明又帅气!

积极

接受

语言

笑脸

暗示

水平

知识

提高

传记

阅读

范围

扩大

热情

主动

交往

学习

自信者

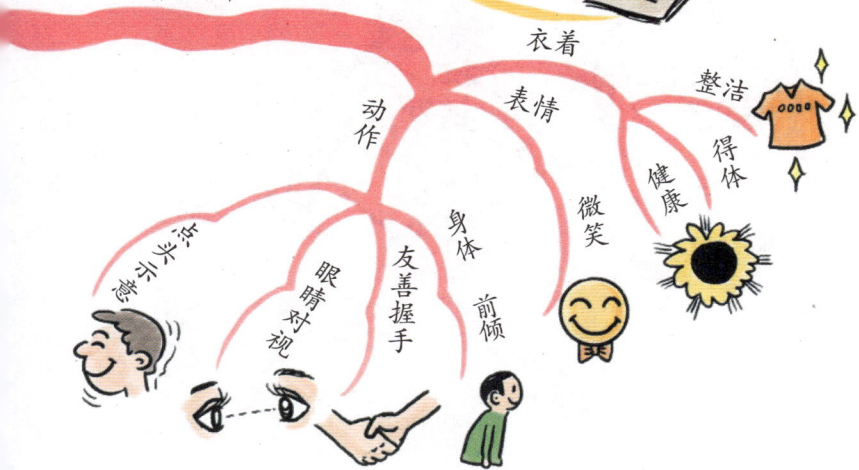

乐观
善良
耐心
优点
自卑
不足
紧张
认识自我
运动
喜好
动物

目标
合理
心理准备

总结
身体语言
衣着
动作
表情
整洁
得体
健康
身体
微笑
友善握手
前倾
眼睛对视

37

第五节
思维导图为你答疑解惑

目前，思维导图已经应用于生活的各个方面。在帮助自我分析，更深入地了解自己，包括自己的需求、欲望、中长期目标等方面具有很实际的意义。比如，你考虑报某个暑期补习班，确立自己下学期的学习目标，思维导图都可以在很大程度上帮助你理顺想法、明晰思路。

在自我分析方面，如何正确地了解和评估自己呢？

一般对自我的认识包括对生理、心理、理性、社会自我等几个部分的认识。生理方面，主要是指对自己的相貌、身体、服饰

目标能让你更加清晰全面地认清自己，从而更好地计划下一步行动。

打扮等方面的认识；心理方面，主要指对自我的性格、兴趣、气质、意志、能力等方面的优缺点的评估与判断；理性方面，主要是指通过社会教育和知识学习而形成的理性人格，如对自我的思维方式和方法、道德水平、情商等因素的评价；社会自我认识，主要指对自己在社会上所扮演的角色，在社会中的责任、权利、义务、名誉，他人对自己的态度以及自己对他人的态度等方面的评价。

这些自我认识都可以在思维导图上表现出来。

画图之前，需要你拿出一张白纸来，在白纸中心画一个中央图像代表自己，然后由这个中心图像向四周发散，并根据生理、心理、理性、社会自我四个方面，联想与自己相关的所有属性，并将你想到的属性与中心连线。比如你可以参考的属性有：性格、爱好、长处、短处、理想、兴趣、家庭背景、交际圈、朋友圈、长期或短期目标是什么、上大学最想做的事是什么、现在的苦恼是什么、自己最尊重的人、自己需要为父母做到什么，等等。

你在列出这些属性的同时，也可以给出该属性的具体表达，如在性格后面标上"开朗"等。

由于思维导图可以对你的内在自我作一个全面的综合反映，因此，当你获得了比较清晰的反映内在自我的外部形象后，你就不太可能作出一些有违自己本性和真实需求的决定，从而使你避免一些不快的结果发生。

为了避免一些自己不愿意看到的结果出现，最好的办法就是从绘制一幅能够帮助自我分析的"全景图"开始，在这幅图里要尽可能多地包括你的性格特点和其他特征。我们在做自我分析时，尽量选择一个比较舒服的环境，最好能对你的精神起到刺激作用，

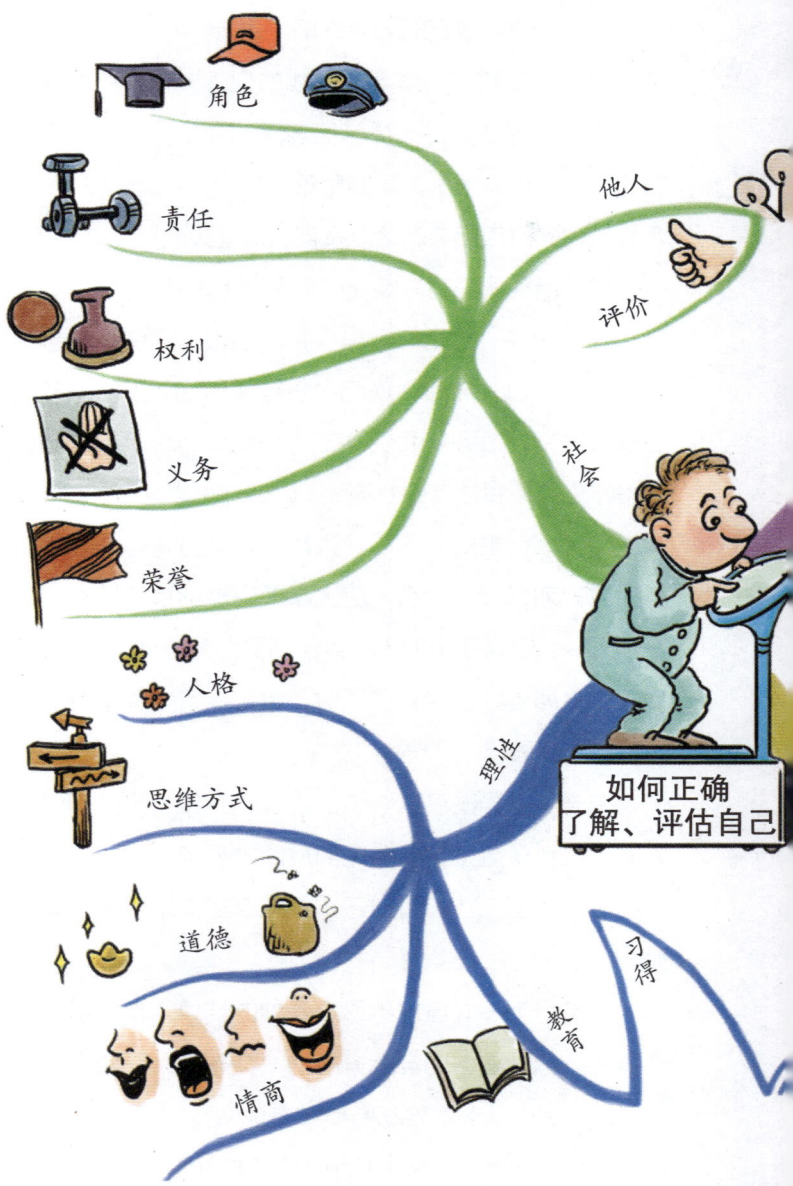

角色

责任

权利

义务

荣誉

人格

思维方式

道德

情商

他人

评价

社会

理性

如何正确
了解、评估自己

习得

教育

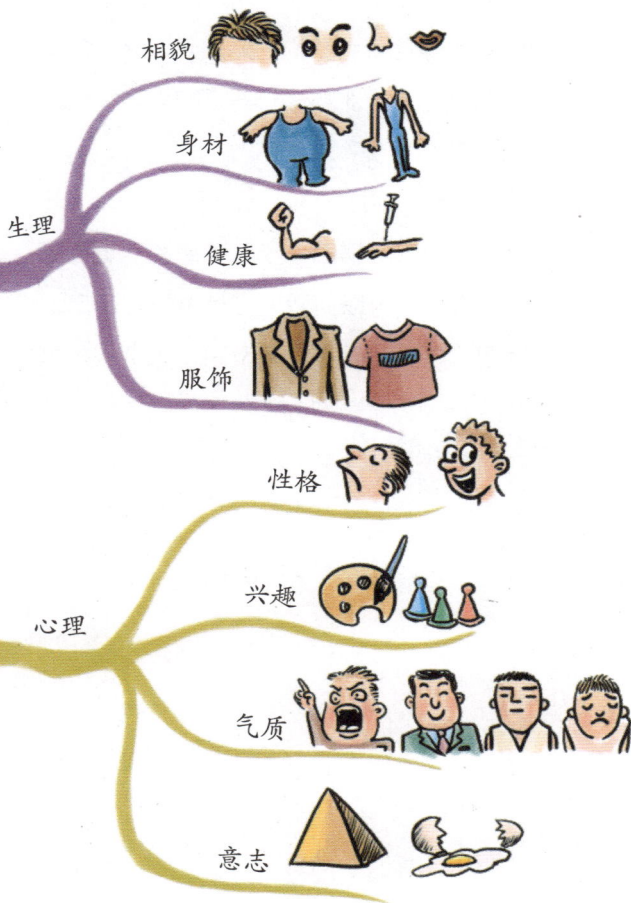

相貌

身材

健康

生理

服饰

性格

兴趣

心理

气质

意志

境界

这一点非常重要，目的是使你在做自我分析时能无所顾忌，做到完整、深刻和实用。

在画图时，不必考虑图面的整洁度，可以快速地画出思维导图，能够让事实、思想和情绪毫无保留并自由地流动起来。如果过于整洁和仔细的话，容易抑制思维导图带给我们的无拘无束感。当然，选择好主要分支之后，你应该再绘制一张更大一些、更有艺术气息、更为成熟的思维导图。

最后作出最终的决定，并计划你的下一步行动。

总之，通过绘制自我分析的思维导图，可以帮助我们更清晰地知道生活和学习的重点在哪里，可以使我们获得更多对于自己的客观看法。通过思维导图可以更全面真实地反映个人情况，解决更多的实际问题，从而为下一步决定做好准备。

　　不管你是学生，还是一个需要不断充电的上班族，思维导图都可以利用自身所具有的图像性、可联想性和易沟通性使你能够有效促进学习计划的展开，帮助你提高学习效率。

　　今天的学生，学习压力比以往任何时候都要大，很多学生每天早上一睁开眼睛，就看到张贴在床头的英文单词和突击目标；早上匆匆忙忙赶到学校后，各科老师像走马灯似的在学生们的眼前晃悠，这些老师好像生怕自己抢不到给学生上课的时间。

　　一天紧张的学习结束后，学生们还要上晚自习，晚自习结束后，回到家一般都比较晚了。于是，有不少同学抱怨，已经搞不清这大千世界的无数种色彩都藏哪里去了，怎么满本的笔记都是黑黑白白、蓝蓝白白或是蓝黑加白的世界呢！

　　无论是英语单词，还是诗词古文、公式公理……充斥了大脑的每一个角落。甚至有些学生感觉自己突然老化衰退了；有的学生说，自己刚刚想要做但还没有做的事情，现在已经想不起来了；有的一想到明天那些左一项、右一项的学习任务，头脑都要炸了，最后干脆来了个"死机"——大脑里的屏幕变成一片空白。

　　其实，不仅学生有这种状况，所有学习或工作压力大的人，都会出现这种脑力"透支"的现象。一位刚参加工作3年的小伙说："我现在对小时候的事记得很清楚，对刚刚发生的事反而记不住——上周六听完培训课，刚过了一天，周一就已经想不起来老师讲的很多内容了……"

面对这些学习和工作压力，无论学生还是上班族都有应付不来的感觉。这时，如果运用思维导图来制订学习和培训计划，也许事情就会是另一个样子。

运用思维导图可以进行学习规划，比如订立学年计划、学期计划、月计划、周计划，具体到订立每天的学习计划。它可以让学习者随时了解学习情况，跟进学习进度，灵活运用学习方法，并且可以根据实际情况需要随时做出相应调整，从而做到合理安排时间，提高学习效率。

有一个中学生接触思维导图之前，学习成绩不理想，学习目标不明确，每天虽然忙得焦头烂额，但成绩一直提升不上去。后来，经过一段时间思维导图的学习之后，发现受益很多，成绩也在稳步上升。

下面就是这位中学生利用思维导图制订的学习计划，他围绕学习中心，画出了四个学习分支，并据此进一步发散。

¤ 大致步骤如下：

（1）确定关键词：在白纸中心写出，最好用图表示；

（2）分支一：首先进行自我分析，包括学习特点、学习现状等；

（3）分支二：学习目标方面，主要考虑目标要适当、明确、具体；

学习计划

自我分析
- 特点
  - 数学 基础
  - 语文 古文
  - 英语 写作
  - 其他 不错 ★★ ★★★
- 排名
  - 班内 前 20 名
  - 年级 前 100 名
  - 全市 400 名

目标
- 期限
  - 本学期 月 日
- 科目
  - 数学 基础
  - 英语 单词
  - 语文 作文 唐诗
  - 知识

心态
- 谦虚 多问
- 独立 思考
- 毅力 坚持
- ★情绪 愉快

安排
- 时间
  - 早上 早起
  - 自习课
  - 晚上 早睡
- 精力
  - 睡眠
  - 休息
    - 球类
    - 聊天
    - 看电影

45

（4）分支三：时间安排方面，考虑科学性，突出重点，脑体结合，文理交替，有机动时间；

（5）分支四：其他方面注意事项以及必要的补充、说明等。

一个好的学习计划是实现学习目标的前期保障，一个完善的成熟的学习计划能提高学习效率，减少时间浪费，甚至直接提升自信心。

如果你在学习方面也有不满意的地方，不妨试着绘制一幅属于自己的学习计划思维导图。思维导图绘好以后，把它贴在显眼的位置，然后执行下去。

其实，用思维导图制订学习计划很灵活，你可以根据实际情况用自己的方式方法灵活调整，富有个性化，注重效果。

最后，还是那句话，制订并完善了自己的学习计划，一定要彻底执行下去，这样才能见到学习效果。

画出高效学习力

第一节
语文课积累词语有良方

　　积累词语，是学好语文的有效手段，积累更多的词语，可以多阅读，多摘抄，具体说来，我们可以从以下几方面着手，扩大自己的词汇量：

✿ 1. 从课文中积累词语

　　课文中有许多规范、优秀的词语可供我们学习、积累。我们在学习一个单元后，可把所学的词语收集整理一下，挑选最好的分门别类地收入词语卡中。这样，复习课文和积累词语两不误。

✿ 2. 从课外读物中积累词语

　　大量的课外阅读是同学们积累词语的重要来源。因此，我们不仅要搞好课外阅读活动，而且要从课外读物中摘抄词语。特别是遇到不懂的词语，千万不要放过，要真正弄明白。

　　平时多读一些经典的童话、故事、诗歌和优秀的作文集，以及报纸杂志等，边读边记录，把课外书中优美、动人、富于时代感的词语坚持不断地记录下来，天长日久便可积少成多了。

✿ 3. 利用工具书积累词语

　　《现代汉语词典》《成语词典》《新华字典》《分类成语词典》

怎样积累词语

课外读场
故事
童话
报纸
杂志
词语
弄懂
生词
摘抄

规范
优秀
课文

巩固
交流
回答
使用
日常生活
各样的人
口头语

工具书
《现代汉语词典》
《成语词典》
《新华字典》
《歇后语词典》

新鲜
别致
创造性
生活气息

等工具书是规范语词的专门书籍，都是我们参考的重要工具书。

¤ 4. 从日常生活中积累词语

　　生活是写作的来源，在日常生活中，我们会接触到各种各样的人，他们在日常生活中往往会有些新鲜、别致、富有创造性的口头语。这些语言是书本中难以觅到的。因此，多留心人们的言谈也是积累词语的一个好方法，将这样的语言应用于作文中，会使你的作文富于生活气息和创造性。

¤ 5. 在使用中积累词语

　　积累词语是为了使用，平时回答问题、与别人谈话或写作文时，要尽量运用已掌握的词语，这样才能达到巩固的目的。

第二节
背诵课文一步到位

对很多学习者来说，背诵并不是一件令人头疼的事，而是有技巧可言：

✿ 1. 尝试回忆法

即在背记过程中，试着合起书本，背完后与课文对照，使背诵一步步达到成熟。

✿ 2. 化整为零法

先把课文分成几个段落来背诵，把每个段落背诵熟练，然后合起来背诵整篇课文。

✿ 3. 眼口手并用法

背诵过程中，通过手写、眼睛集中注意力、口读的方式达到快速背诵的目的。

✿ 4. 全文重复法

当背诵一篇短文或一首古诗时，可以从头到尾、反复多遍背诵。

反复多遍　　从头到尾

全文重复

背诵课文的方法

眼口手并用

 写

 看

 读

尝试回忆　　合起书本　　背诵　　与课文对照

化整为零　　

分段背诵

整合

第三节
把握作文立意的 6 大特性

好的作文立意可以从 6 个方面体现出来：

✿ 1. 有创造性

如今的作文，对文体的限制性越来越小，我们发挥的空间也越来越大，每个人都可以充分发挥自己的创造性，以赢取作文的高分。

✿ 2. 体现人情味

正所谓以情动人，这也说明，只有真情实感才能打动别人，在作文写作中，千万不要虚构情感，只有发自内心的真实感受才是最可贵的。

✿ 3. 有新颖性

立意新颖，可以运用求异思维，从反向和侧向来思考问题，提出与普遍看法不一样的观点，达到出人意料的效果。

✿ 4. 有深刻性

即能够通过表象挖掘出本质性的东西，能在别人的观点上更进一步，发现别人没有发现的东西。

作文立意
把握6大特性

文体限制
小
发挥空间
大
创造性
集中性
主题

真情实感
求异思维
立意
人情味
新颖性

时代气息
贴近
关注
现实
变化

深刻性
通过表象
本质性

55

¤ 5. 体现时代气息

作文不是凭空想象的结果，如果能够贴近社会现实，关注时代的变化，这样的作文往往更能受老师的青睐。

¤ 6. 体现集中性

立意切忌面面俱到，分散主题。好的立意应该集中在某一点上，并可以围绕这个点展开写作。而这个点就是立意的圆心。

积累剪报是提高写作的有效手段。其实，写好作文贵在平时多积累、多练笔，不断地积累自己的财富，经常阅读思考，并把看到的东西运用到平时的日记和作文中，这样作文水平才能有很大的提高。

主要做法有以下 3 步：

¤ 1. 买一个笔记本

注意的是，笔记本的前几页空着不写，作剪辑文章的目录。

¤ 2. 积累的剪报要经常翻阅

将报纸和杂志上的精彩文章剪辑后，进行归类整理，并经常拿出来欣赏阅读，有效积累自己的素材。

¤ 3. 列一个练笔的小专栏

可以列举一些比如妙语连珠、随笔、写景等小专栏，并在旁边留一个空白，平时看到或者赏析到此，可随手写下自己的感受，或者仿照剪辑的文章自己也随手发挥一下。

总之，语文知识的学习重在积累。剪辑报纸和杂志既能积累素材，又能提高本身的文化涵养，还能为作文很好地服务，何乐而不为呢？

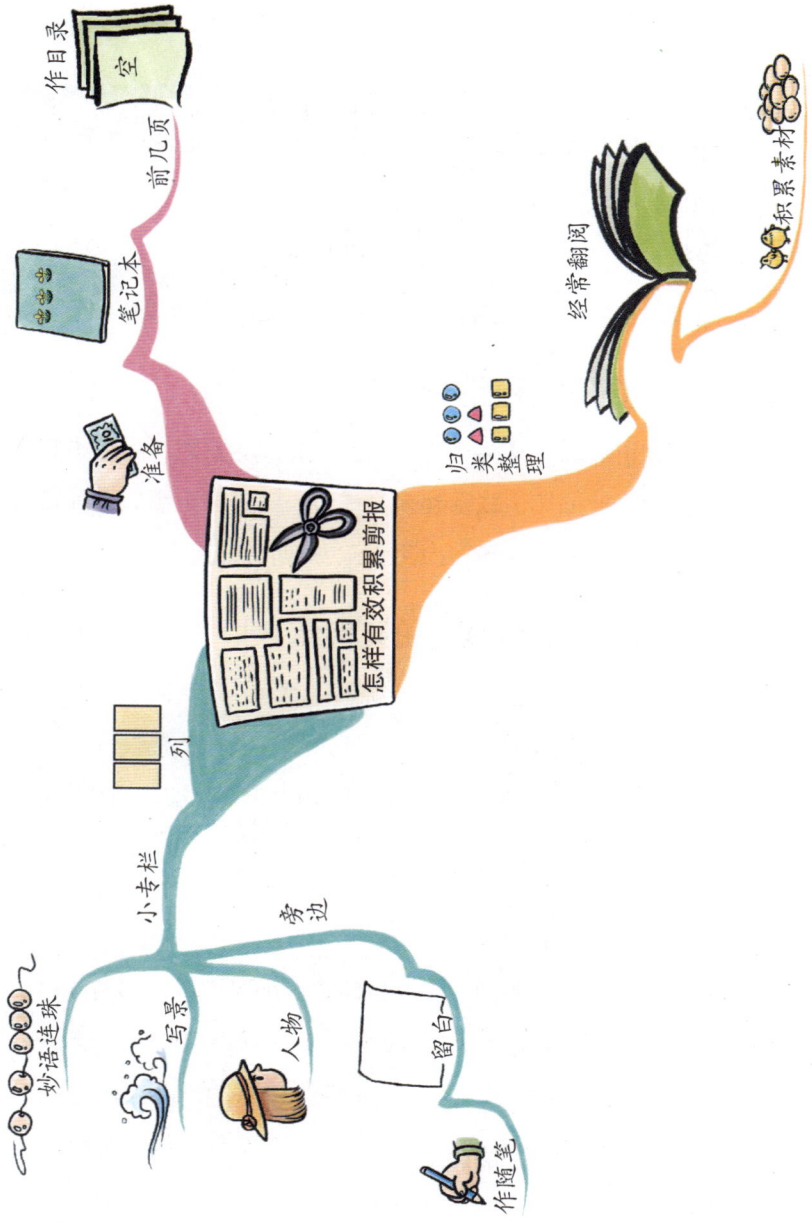

怎样有效积累剪报

准备
- 作目录（空）
- 前几页
- 笔记本

归类整理
- 经常翻阅
- 积累素材

列

小专栏
- 妙语连珠
- 写景
- 人物
- 旁边
- 留白
- 作随笔

57

第四节
有效听课的 8 个细节

高效的学习者听课都有一个特点，那就是"听课要听细节"。

¤ 1. 留意开头和结尾

老师在讲课时，开头一般是概括上节课的要点，指出本节课要讲的内容，把旧知识联系起来的环节，要仔细听清。老师在每节课结束前，一般会有一个小结，这也是听课的重点所在。

¤ 2. 留意老师讲课中的提示

我们在听课中，经常能听到老师提示大家："大家注意了""这一点很重要""这两个容易混淆""这是不常见的错误""这些内容说明""最后"等字眼，这些词句往往暗示着讲课中的要点，应该给予足够的重视。

¤ 3. 学会带着问题听课

善于学习的人几乎都有一个好习惯，即他们善于带着问题去听课。听课不是照搬老师的讲课内容，而应积极思考，学会质疑，解决困惑。带着问题去听课可以提高注意力，可以在听课的时候有所选择，大脑也不容易感到疲劳，不仅听课效率高而且会更轻松。

✿ 4. 留意教师讲解的要点

听课过程中，我们应该留意老师事先在备课中准备的纲要是什么，上课时，老师是怎样围绕这个提纲进行讲解的。我们在力求抓住它、听懂它、理解它的同时，还可以通过听讲、练习、问答、看课本、看板书等途径，边听边明确要点和纲要，弄懂知识的内在联系。

✿ 5. 留心老师分析问题的思路

各学科知识之间都有前因后果、上关下联的逻辑关系，有时可以相互推理，思路互通。

在理科中表现得比较明显，比如一个定理、一条定律、一道习题，都有具体的思维方法，我们用心留意老师分析问题的思路和方法，仔细揣摩，就能轻松获得灵活的思维能力，越学越出色。

✿ 6. 留意老师的板书归纳和反复强调的地方

不言而喻，反复强调的地方往往是重要的或难以理解的内容，板书归纳不仅重要，而且是具有提纲挈领的作用。要注意在听清讲解、看清板书的基础上思考、记忆，并且做好笔记，便于以后重点复习。

✿ 7. 留心老师如何纠错

每个人都有做错题的时候，当老师在为同学纠错的时候，不管是你做错的题还是别人做错的题，你都应该留心。如果你能对这些容易做错的题保持足够的警惕，那么以后就能有效地避免犯同样的错误，千万不要以为别人做错的题与你无关。

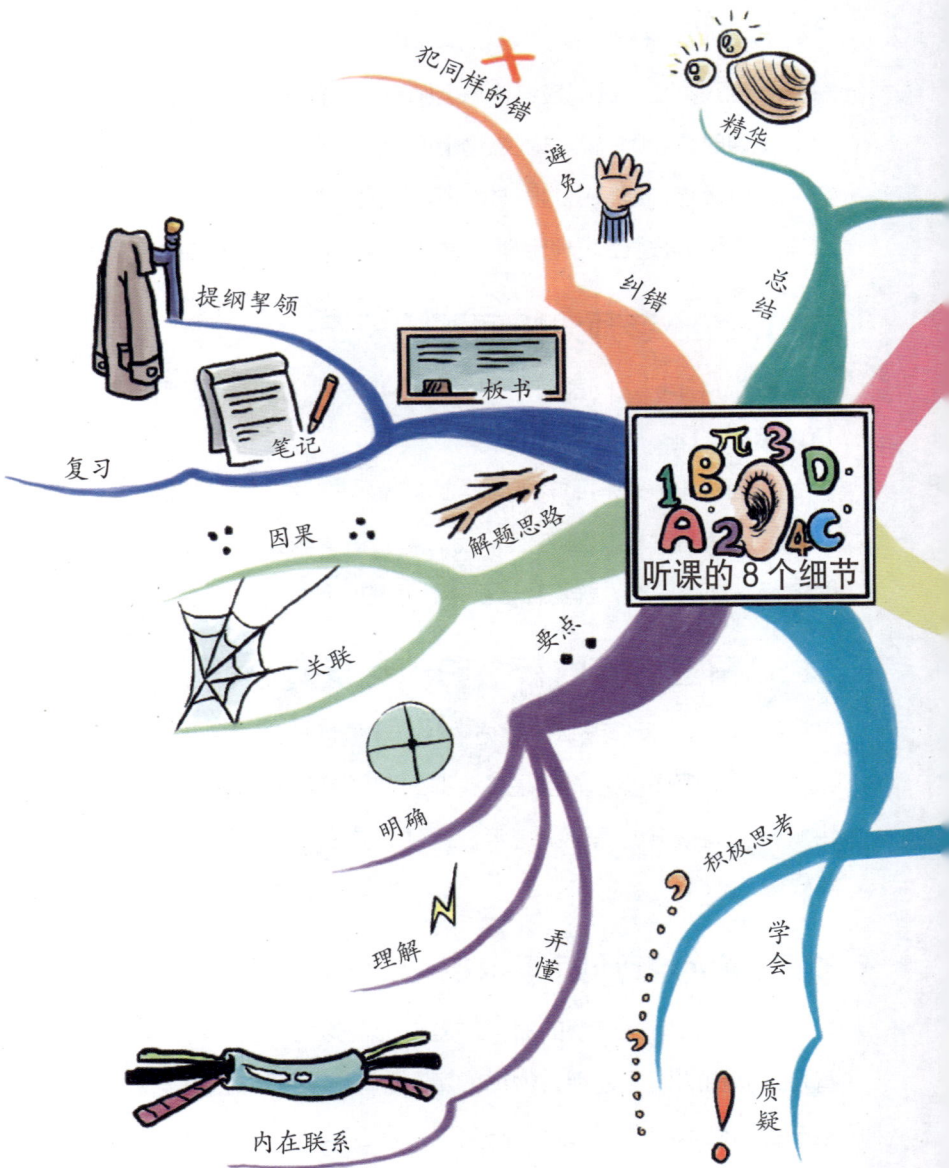

犯同样的错

精华

避免

提纲挈领

纠错

总结

板书

笔记

复习

解题思路

因果

要点

关联

听课的8个细节

明确

理解

弄懂

积极思考

学会

质疑

内在联系

重点

联系 —— 旧知识

开头结尾

巩固

新知识

提示

大家注意了！

这一点很重要

这两个容易混淆

这是不常见的错误

最后……

带着问题

提高

注意力

轻松

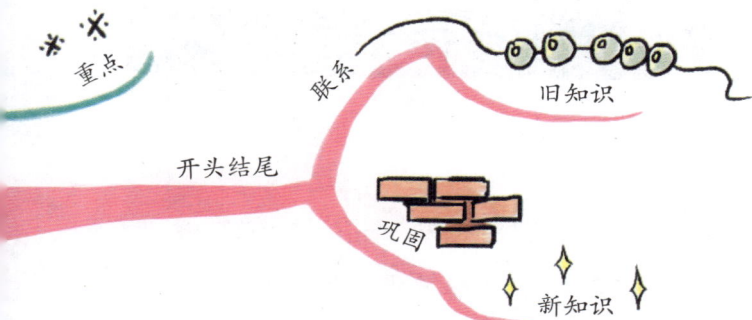

☼ 8. 留意老师对知识点的概括和总结

几乎每个老师都会在上完一堂课或讲过某些知识点之后进行概括和总结，这些总结是课堂知识的精华，也是考试的重点，应该好好理解和掌握。

我们都知道，英语听力的好坏不仅对考试的成绩有影响，也对考试的信心、考试的情绪都有很大的影响。虽然多听有益，但也应该掌握一定的方法，方可取得高分。

在这里，我们主要讲怎样利用网课练习听力：

¤ 1. 随时随地法

利用可以利用的每一分钟，无论是上学放学的路上、茶余饭后，还是睡前醒后都可以戴上耳机，随时随地地听。

¤ 2. 集中分段法

首先在某一段时间内，集中精力听一个内容，这节网课没有听懂、听熟之前，先不听别的内容。其次可以把一天的时间分成若干段，每一段听不同的内容。

¤ 3. 先慢后快法

刚开始练习听力的时候，可以先听语速慢的音频，然后再过渡到语速快的音频。

¤ 4. 先中后外法

我们可以先听中国老师录的网课，然后过渡到外国人录的网课，因为中国老师的网课我们听起来会更容易接受，可以看作一个很好的过渡。

¤ 5. 词汇过关法

听网课时，要听课文，也要听词汇。有时，听词汇比听课文更重要。如果每天都要听一遍中学课本的词汇册，时间一久，在脑子里就形成了"听觉记忆"，以后碰上听过的词，脑子里一下就能反映出来。就如同看熟了的电影，听了上句，都知道下句是什么是一个道理。

¤ 6. 自录自听法

通过这种方法可以检查自己的弱点，也可以借此增强自己的自信心。同时，还可以借此添上一点趣味性的东西。6 步快速攻克英语听力。

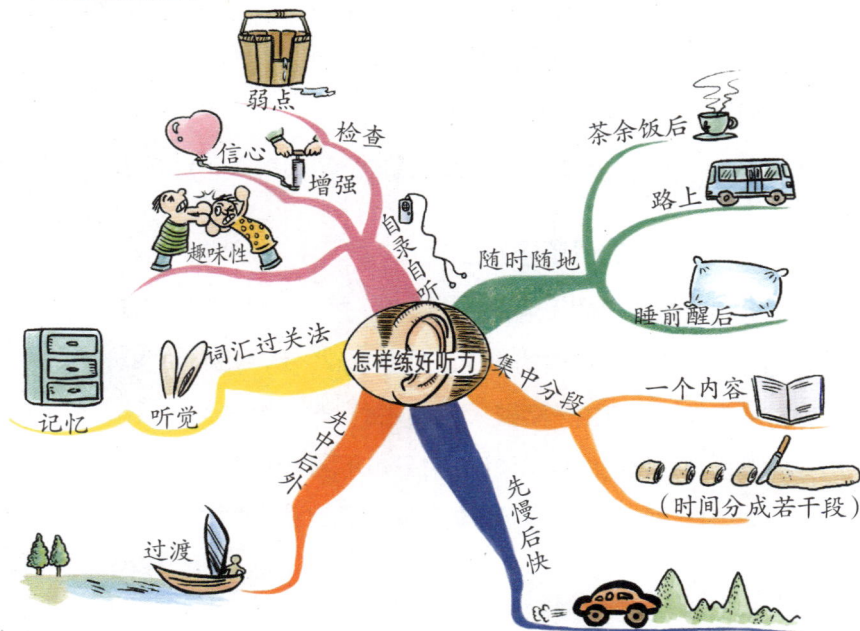

学习中有一些人不能正确对待荣誉与成绩，有的拔尖逞能，有的盲目自满，有的沾沾自喜，有的把集体的成绩看成是个人的，有的瞧不起同学，等等。

这些骄傲自大的不良习惯，最终会影响自己的不断进步，甚至使自己脱离同学、脱离集体，失去目标，成为一个自私自利的小人。而当今社会对我们的要求是，要想在学习上取得高分，成就事业，就必须首先学会做人。因此我们应从小培养谦逊的品格，使自己形成戒骄戒躁的良好习惯。

那么，怎样培养谦虚的习惯呢？

由图，我们可以看出，培养谦虚的好习惯有 5 种好方法：

✿ 1. 认识骄傲的危害

盲目骄傲自大的人就像井底之蛙，视野狭窄，自以为是，严重阻碍了自己继续前进的步伐。由于骄傲，会拒绝有益的劝告和友好的帮助。而且由于骄傲，会失掉客观的标准。

骄傲是对自己的片面认识，是盲目乐观，常会让人不思进取。应该培养自己的自信心，但不能滋长骄傲自满的情绪。

✿ 2. 全面认识自己

　　骄傲的产生往往源于自己的某方面特长和优势，应该先分析这种骄傲的基础：是学习成绩比较好、有某方面的艺术潜质，还是有运动天赋，等等。然后应认识到，自己身上的这种优势只不过限定在一个很小的范围内，放在一个更大范围就会失去；正确的态度应该是积极进取，而不是骄傲懈怠；并且优势往往是和不足并存的，同时应该努力弥补自己的不足。

　　另外，应该开阔胸怀，走出自我的狭小圈子，到更广阔的地方走走，陶冶情操，了解更多历史名人的成就和才能，以丰富的知识充实头脑，变骄傲为动力。

✿ 3. 正确面对批评建议

　　批评往往直指一个人的缺点，如果一个人能够接受批评，他就能够比较清楚地看到自己的缺点。对于我们来说，在评论自己时常会出现偏差，原因是"不识庐山真面目，只缘身在此山中"。若能经常听取别人的意见或建议，就能不断充实和完善自己。

　　谦虚不仅是一种美德，还是你无往不胜的美德。养成无论在任何时候都保持谦虚温和的良好习惯，是丰富和完善人生的一种要求。让我们永远做一个谦虚的人，一个学而不厌的人吧。

✿ 4. 从小事做起

　　戒骄戒躁、谦虚的习惯要从小事中培养，比如取得好成绩或得到别人的夸奖，都不应该骄傲，谨记"谦虚使人进步，骄傲使人落后"。

☼ 5. 多向伟人学习

古今中外许多伟人都是十分谦虚的，像马克思等。可以向老师、家长请教这方面的事迹，也可以自己读一些这方面的故事，并时时提醒自己要向这些伟人学习。

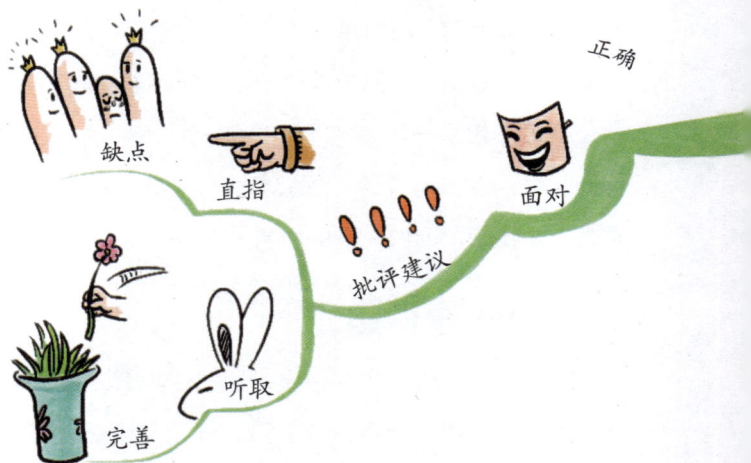

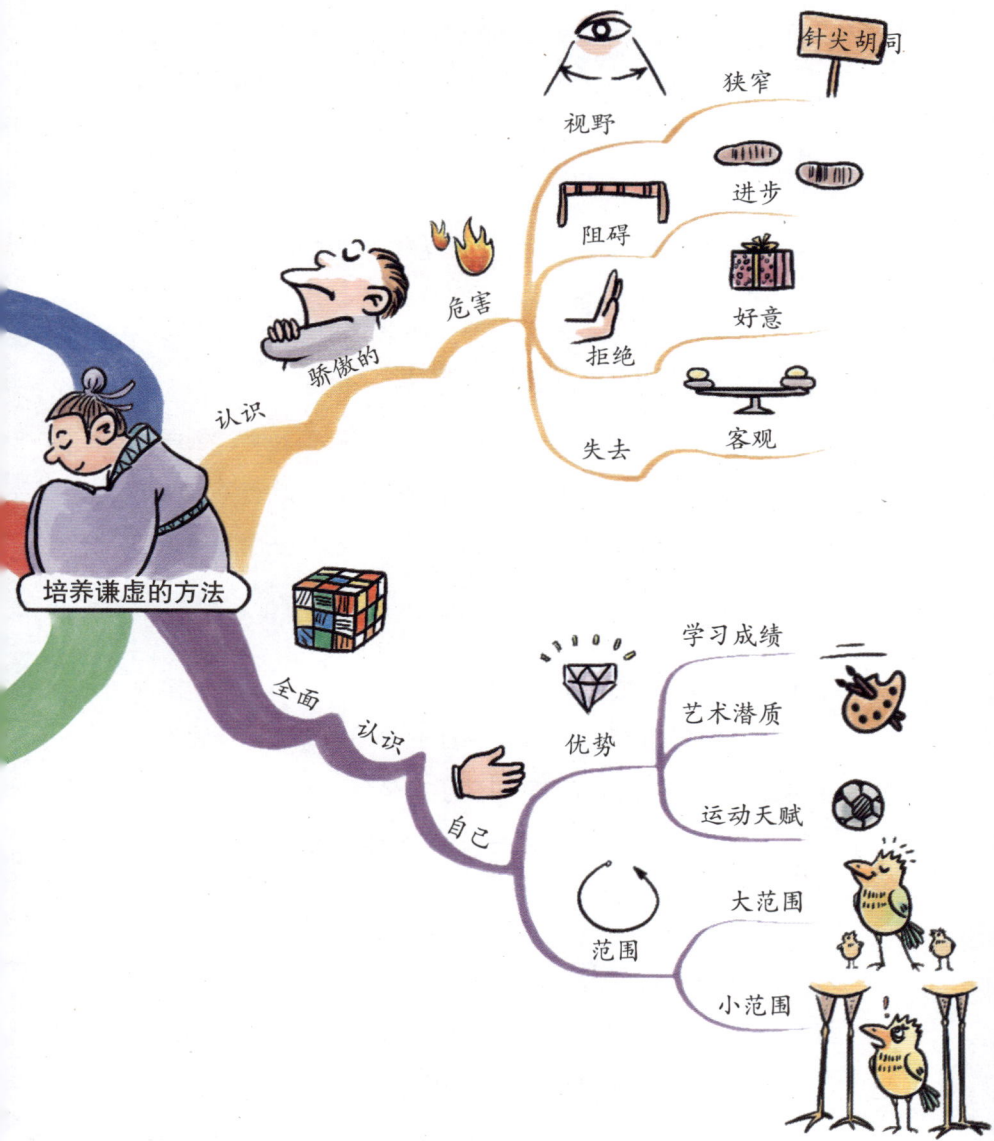

培养谦虚的方法

认识 骄傲的

危害
- 视野 → 狭窄 → 针尖胡同
- 阻碍 → 进步
- 拒绝 → 好意
- 失去 → 客观

全面 认识 自己
- 优势
  - 学习成绩
  - 艺术潜质
  - 运动天赋
- 范围
  - 大范围
  - 小范围

第七节
高效做作业的 6 大策略

每一个善于学习的人在做作业时，都有自己的心得体会，一般而言，需要注意 6 个方面：

¤ 1. 作业要工整、简明、条理清楚

平时做作业时，应当养成良好的习惯。工整、简明、条理清楚的作业可以反映一个人一丝不苟的学习态度，可以避免出现不必要的差错，有利于检查时查找；另外复习时看起来也方便，老师批阅起来可以快得多。

¤ 2. 作业要保存好

如果你能按照知识系统，定期将作业分门别类地保存起来，放进卷宗或公文袋中，到复习时可随手拿来参看。作业是学生平时辛勤劳动的成果，不注意保存好，就等于把自己的劳动果实白白丢掉了。

¤ 3. 作业要独立完成

每一个高效的善学者都会自己独立完成作业。做作业的目的是巩固、提高和扩展所学知识，培养分析问题和解决问题的能力。课堂作业和家庭作业都是学习过程中必不可少的重要环节。如果

不是自己独立完成作业，就难以发现学习中的薄弱环节和不足之处，容易养成依赖心理和投机取巧的坏毛病，当必须自己思考和解决问题时，就会不知从何下手。

✿ 4. 不拖沓作业

善学者从不会为每天大堆大堆的作业感到头疼。如果一个学生每天作业拖沓，那就糟了。整天都在应付作业，玩的时间被挤掉了，生活和学习就会变得既劳累又无乐趣。

✿ 5. 切忌模仿做题

有一些学生喜欢模仿做题，所谓模仿做题就是指在做题过程中机械地套用老师的解题方法、解题格式，或者机械地套用公式、套用自己以前的解题经验，对做题过程所想到的、所写出的每一句话或者每一步心理活动过程都不明确。总的来说，只是模仿做题对我们收获不大。

✿ 6. 不搞题海战术

事实上，很多优等生都不是通过题海战术做出来的。无论在学校还是在家里，经常见到有些同学超负荷地做练习题，漫无边际、毫无目的。大量的练习题只会让我们思维混乱，晕头转向，难以应付。做习题应当有所选择。实际上，教科书上的作业练习和老师补充的练习，加上各级教学主管部门的各种复习材料，已足够学生的习题量了，根本不需要再去到处搜寻。

对此，如何做好作业，需要注意的 6 个地方可用思维导图表示。

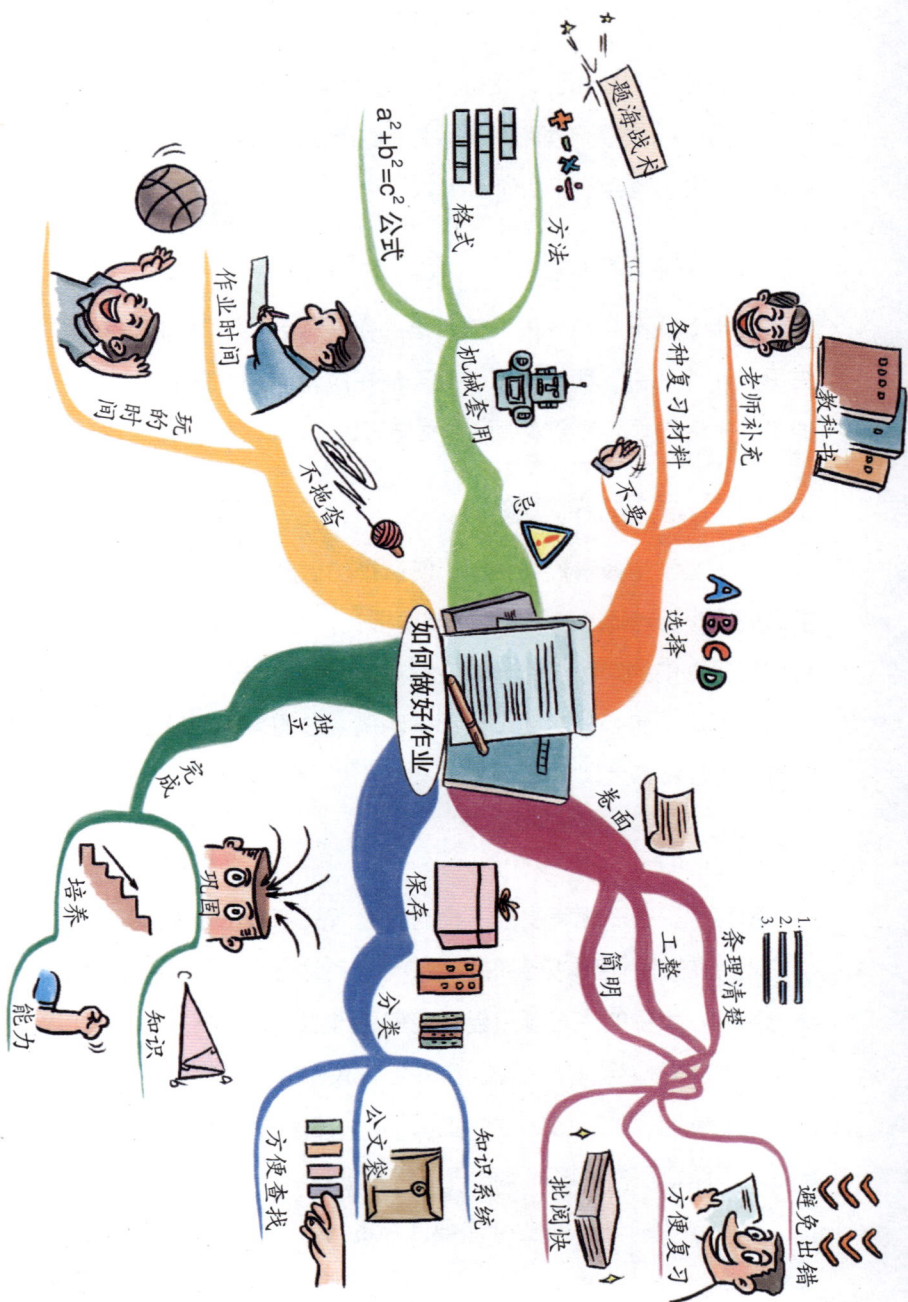

如何做好作业

题海战术
+ - × ÷
格式
$a^2+b^2=c^2$ 公式
机械套用
方法
各种复习材料
老师补充
教科书
选择
A B C D

作业时间
玩的时间

总
不熟悉

独立
完成
巩固
培养
能力
知识

分类
保存
卷面
工整
简明
条理清楚
1.
2.
3.

知识系统
公文袋
方便查找
批阅快
避免出错
方便复习

70

第八节
11 种方法科学复习

在这里，介绍 11 种正确进行课后复习的方法。

¤ 1. 及时进行第一次复习

很多人都有这样的经验，对于刚刚学习过的知识，越早复习记忆越深刻。不论是在课堂上以各种机会和形式进行复习巩固，还是课后的精读、归纳整理、总结概括、研习例题、多做练习等，都是及时复习的好做法。

当天学的知识，要当天复习好。否则，内容生疏了，知识结构散了，就要花更多的时间重新学习。要明白，修复总比重建倒塌了的房子省事很多。

¤ 2. 尝试运用回忆

在课后试着把老师所讲的内容回忆一遍，如果记得不清可以随时翻看课本，然后再回忆。如此反复几次之后，才能把提纲编写得准确、完整。

这种方法可以加强记忆和理解。

¤ 3. 多种感官参与复习

手、耳、口、脑、眼并用的情况下可以增强复习效果，不仅适用于文科类的学习与记忆，同样适合于理科。

✡ 4. 要紧紧围绕概念、公式、法则、定理、定律复习

思考它们是怎么形成与推导出来的，能应用到哪些方面，它们需要什么条件，有无其他说明或证明方法，它们与哪些知识有联系……通过追根溯源，牢固掌握知识。

✡ 5. 复习要有自己的思路

通过一课、一节、一章的复习，把自己的想法、思路写成小结，列出表来，或者用提纲摘要的方法把前后知识贯穿起来，形成一个完整的知识网。

✡ 6. 复习中遇到问题要先思考

这样有利于集中注意力、强化记忆、提高学习效率。每次复习时先把上次学习的内容回忆一下，不仅保持了学习的连贯性，引起对学过知识的回想，而且可以加深记忆的连续性和牢固性。

✡ 7. 复习中要适当做一些题

可以围绕复习的中心来选题、做题。在解题前，要先回忆一下过去做过的有关习题的解题思路，在此基础上再做题。

做题的目的是检查自己的复习效果，加深对已学知识的理解，培养解决问题的能力。

做综合题能加深对知识的完整化和系统化理解，培养综合运用知识的能力。

勤于复习，并学会科学地复习，并养成一种良好的习惯。只有这样，我们所学的知识才会更加牢固，以后的学习才会更加轻松。

¤ 8. 把知识点做成一张"知识网"

每科知识之间都有关联，如果孤立地去看所学的知识，很难理解透彻，如果能把知识点放在一张"知识网"中去看待，那样就很容易理解和记忆。

比如，初中代数重点"分式的运算"，如果联系到小学学过的"分数运算"就能容易搞清楚彼此的联系。

¤ 9. 运用"方法"和"技巧"

在复习过程中，要注意总结用过的"方法"和"技巧"，主要体现在思维方法和分析解决问题的思路上，这种方法和思路有可能出现在课本中，也可能是老师的点拨。

¤ 10. 交叉复习方法

在复习阶段，可以找一些涉及不同部分知识的综合应用题，交替学习同一科目内的不同部分，通过比较分析，可以加深自己对知识的理解和应用能力。

¤ 11. 随时自测，时刻认清自己

自我测验既是一种复习方法，也是学习主动性的表现。在学习中养成随时对自己进行自我检测的好习惯，清楚地明白自己好在哪里，差在哪里，随时有针对性地进行重点复习，以达到事半功倍的效果。

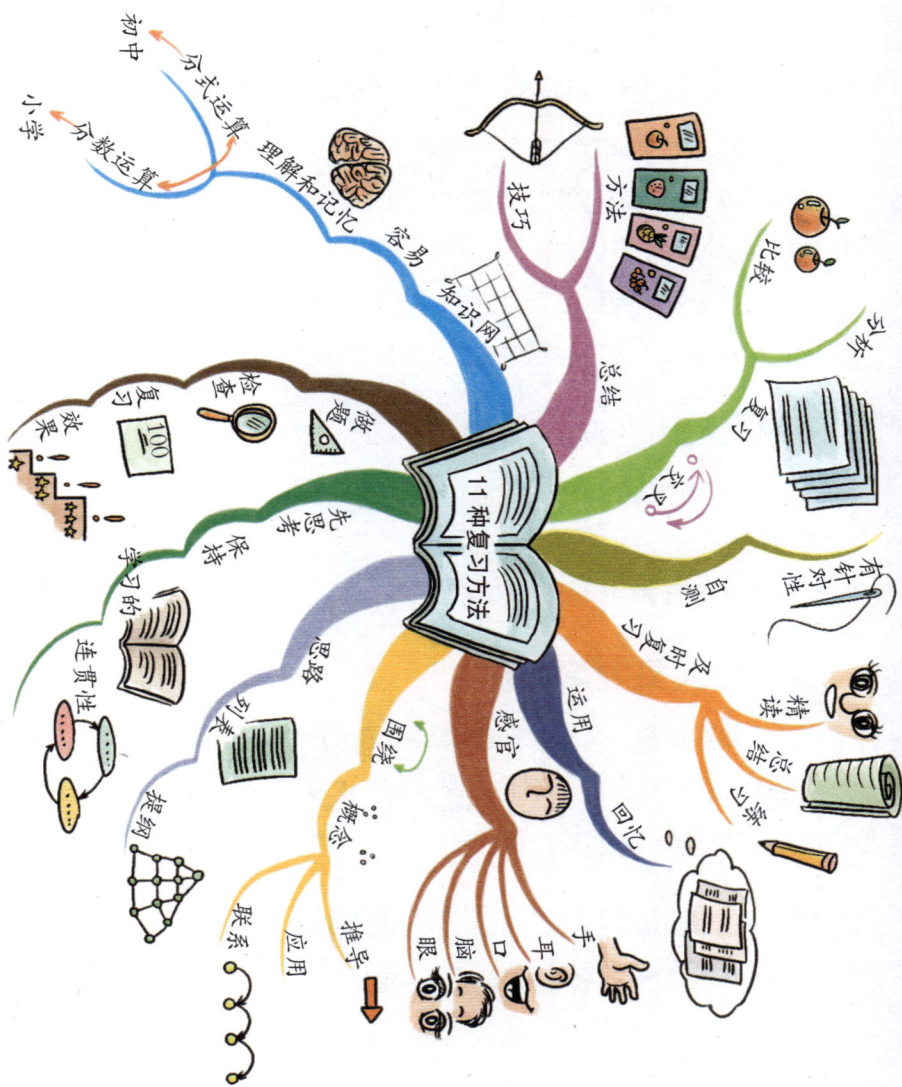

11 种复习方法

技巧

方法

总结

知识网络

借助

理解和记忆

分类运算

初中

小学

分数运算

检查

复习

效果

课题

先思考

保持

思路

学习的

连贯性

列表

提纲

联系

概念

应用

推导

围绕

感官

运用

回忆

手

口

脑

耳

眼

比较

引导

复习

有针对性

及时复习

自测

精读

勾划

第四章

思维导图
为阅读赋能

为自己的阅读把把脉

　　阅读就是从书面材料中获取信息的过程。自始至终，阅读都应该是一个主动的过程，是由阅读者根据不同的目的加以调节控制的。每个人在阅读方面都有不完美的地方，在高效学习和工作的今天，只有读得快、读得多，才能适应时代学习的要求，从而完善自己的知识结构。

　　总有一些人对自己的阅读效果不满意，他们总认为自己的阅读存在一些问题，但又不知道到底问题出在哪儿。

　　在阅读本节以下内容之前，你可以就阅读中存在的所有问题以思维导图的形式列出来，并严格要求自己，你找出的问题越多，那么，以后的改进就会越全面。

　　如果给阅读下个定义的话，它是指从书面材料中获取信息的过程。这个书面材料主要指文字，也包括符号、公式、图表等。

　　一般说来，在你学会快速阅读之前，你需要克服 3 种我们从小学以来就养成的不良阅读习惯。如果没人告诉我们，我们的阅读有什么不妥的话，我们会在每次阅读过程中不自觉地沿用这些阅读习惯。

　　正是这些阅读习惯的负面影响，导致我们的阅读事倍功半，没什么效果，同时，让人感觉到压抑和沉重。

阅读的三个不良习惯

逐字阅读
- 方式
  - 朗读
  - 头动
  - 指动
  - 句
  - 字
  - 词
- 影响
  - 注意力
  - 减慢
    - 记忆
    - 理解
  - 妨碍

默念
- 音读
  - yīn dú
  - 音动
  - 嘴动
  - 喉动
  - 舌动
- 默念
  - 说话
  - 默念

回头阅读
- 原因
  - 精力分散
  - 怀疑？
  - 小动作
  - 理解力
  - 记忆力
- 影响
  - 循环
  - 大脑
    - 功能
    - 干扰
  - 信息
    - 混乱
    - 流失
  - 恶性

77

3 种不良的阅读习惯：默念、逐字阅读、回头阅读。

这 3 种阅读习惯或多或少地存在于每个人身上，有些人虽然没听说过这三种习惯，但却一直在使用它们，也没有意识到自己有这种习惯。一旦你了解了它们，你就会意识到你的阅读一直在受它们的抑制。

¤ 第一个不良的习惯是默念

也许这是老师的错，因为他曾经在课堂上要求你默念课文，通常老师读一遍，你会在下面不出声地跟着默念一遍；这也许是你自己的错，因为你一直习惯了默念。

但不知你发现没有，这种不出声地复述词句会使你的阅读速度变得很慢，其中一个原因是，我们的大脑思考和阅读词句的速度远远快于我们说话的速度。而默念比说话更慢。

就以阅读英语单词为例，如果你平时默念单词的最快速度是每分钟 150 个单词，那么，出声阅读的最快速度为每分钟 200~300 个单词，可见差别有多么大。

¤ 第二个不良的习惯是逐字阅读

逐字阅读也是不少人存在的一个阅读习惯。逐字阅读，不仅会减慢阅读速度，还会妨碍对文章内容的理解。此外，逐字阅读还会在许多时候把意思完整的句子割裂成字、词，注意力被单个字、词所分散。容易让人在阅读中妨碍和减慢了对全句或全段的理解及记忆，无法把握文章更完整的意思。

¤ 第三个不良的习惯是回头阅读

这个习惯恐怕也比较普遍。

可以说，回头阅读是快速阅读最大的障碍。走回头路，是指我们一边阅读一边返回检查前面阅读过的部分，检验我们对某个字词或句子的理解是否正确。回头阅读是一种无意识行为，主要原因是阅读者的精力不集中、粗心马虎，或是怀疑自己的记忆与理解力有问题，总认为看得快就会看不清、记不住，所以不断地返回重读，而不是专注向前迎接新的内容。

走回头路的阅读方式，不仅不能改善我们的理解，而且事实上它还可能影响我们的理解。因为每遇到一个词语就停下来反复琢磨，就会影响我们大脑功能的发挥，使它不能从整体上把握阅读材料的含义。结果，新的内容得不到充分理解，只好又回头重读。

返回重读又造成信息的混乱、流失，影响记忆，因此，形成了恶性循环，读得越多，越需要返读。所以，读者在练习中，一是强化注意力，二是增加自信心，从心理和视觉两方面进行练习与调整。

第二节
将阅读速度提高一倍

阅读可以变得更便捷、更高效。

如果你感觉自己的阅读速度慢，现在有一种能使你的阅读能力提高一倍、两倍甚至数倍的方法，你会有什么反应呢？

生活中，不少人都有着庞大的阅读计划，但他们常常被自己的阅读计划吓倒。他们认为阅读是件苦差事。殊不知，正因为他们带着这种念头去阅读，所以才会觉得读书很困难。

他们可能因此放弃阅读，任凭阅读材料逐渐累积下来。很快，他们被远远抛在后面，看着那些堆积的材料和书籍，他们越发体会到读书的可怕，越发觉得读书是件苦差事。

其实，你之所以会感觉阅读是一件苦差事，主要是因为不知道如何更快捷地阅读，我们阅读的目的不在于读得更快，而在于读得更加简单、有效。

你不必为了提高阅读技巧而学习技巧。生活中，你可以通过加快自己阅读信件、书籍、报刊文章及其他信息的速度来提高自己。

有一个调查告诉我们，在我们读过的内容中有 90% 多属于无关紧要的部分。其中大部分文字啰唆或与我们感兴趣的主题没有关系。事实上，只有 10% 甚至更少的内容包含了我们用得着的信息。

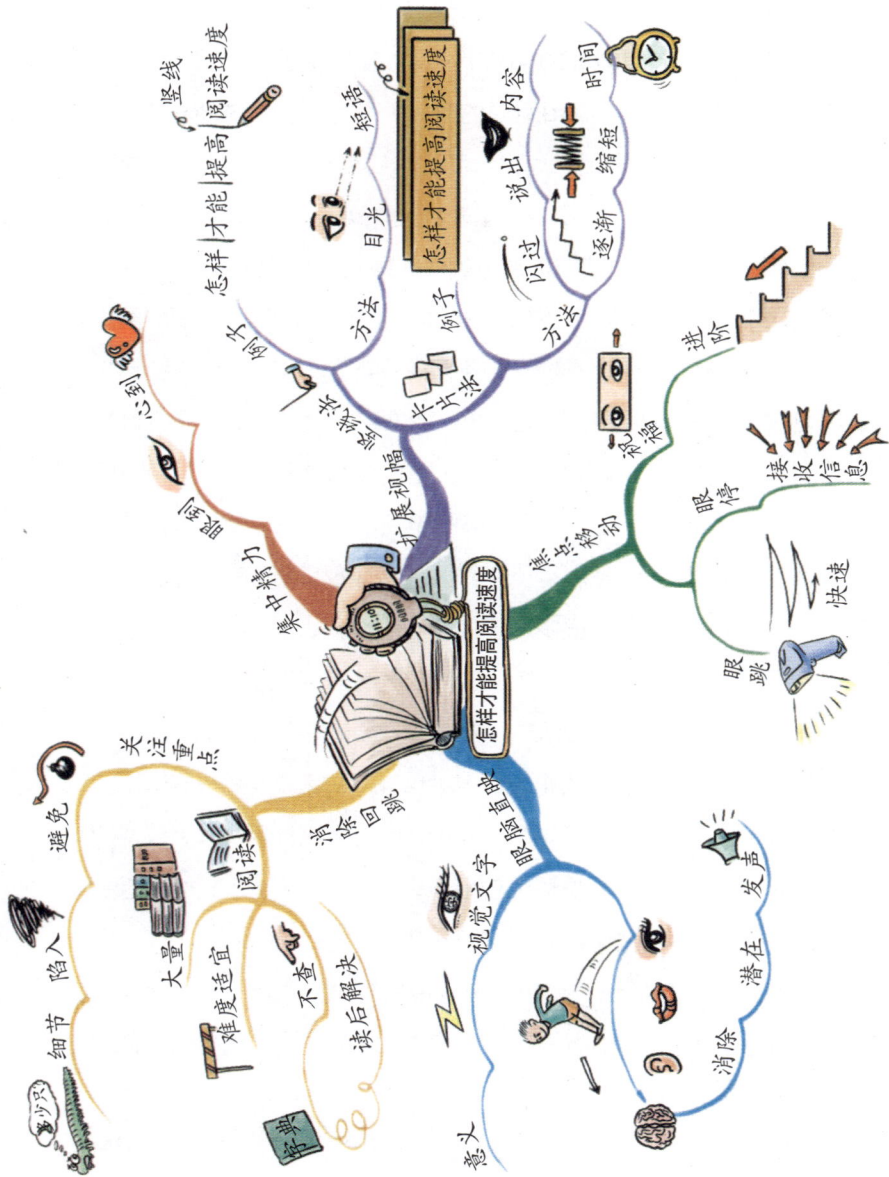

怎样才能提高阅读速度

怎样才能提高阅读速度

怎样才能提高阅读速度
- 短语
  - 竖线
- 目光
- 方法
- 例子
  - 说出
    - 内容
  - 时间
    - 缩短
    - 逐渐
- 方法
  - 闪过
- 图片
- 卡片法
- 浏览

扩展视幅
- 留白
- 集中精力

集中精力

进阶
- 泛滥
- 焦点移动
- 眼停
  - 接收信息
- 眼跳
  - 快速

关注重点
- 避免
- 陷入
- 细节
- 大量阅读
- 难度适宜
- 消除回跳
- 阅读
- 不查
- 读后解决
- 字典

视觉文字眼脑直映
- 意义
- 视觉文字
- 消除
- 潜在
- 发音

81

这一点给我们的提醒是，如果你能跳过这 90％不必要的内容，直接阅读能用得着的那 10％的内容，想想看，你可以节省多少时间和精力？如果用同样的时间，你可以多读成倍的内容。

为了提高我们的阅读速度，我们一定要避免陷入细节之中。

有时候，作者在文章中为了表达某种观点，常常添加一些细节的东西，其实，这些细节不是你关注的重点，细节的作用仅仅是作者对观点的阐释。实际上，你阅读的目的是为了找出自己需要的要点。

另外，要能分辨出哪些是你不必阅读的部分，如果与主题无关，你可以跳过去不需要对它进行阅读。比如，一篇文章里有很多材料，有时大多数材料都与你感兴趣的主题没什么联系。只有一部分直接与你关心的方面有关。不管那些无关的材料占了多大的比例，你都应该跳过它们。然后，把注意力用在发现和阅读有关的部分上。这样，自然就节省下了很多属于你自己的时间，也提高了阅读效率。

还有一点就是，只阅读作者为你指出的关键部分。因为很多作者都在各自的书籍、杂志、说明书、报告等各种阅读材料中为你指明了哪些要点比较重要，从哪部分开始转入另一个话题。

我们还可以注意到的是，几乎所有出版物都用一些加大号的黑体字做大小标题，以提醒读者接下来讨论的可能是一个新主题。通常，这些标题对随后的要点进行了高度概括。

你肯定已在报纸、书籍、报告等各种书面文字材料上见过这样的标题。所以，直接阅读这些关键部分的主题，会对你的阅读起到很大的作用。

总之，提高阅读速度是有方法和技巧可寻的，关键在于你持续不断地努力和改进。

第三节
阅读图帮你节约时间

现在，我们已经进入了一个"知识爆炸"和快速阅读的时代，我们每天都需要阅读大量的材料和信息，同时，还要从这些信息中筛选出有用信息，这时候，很多人感觉最缺少的就是时间。

生活中，人们一方面感觉自己的时间不够用，另一方面又感觉是在浪费阅读时间。其实，原因是他们不知道一个简单的秘密，即绝大多数非虚构类的杂志、文章、报告和书籍是按一种普遍的结构或模式编写而成的。

比如，就拿我们常见的地图来说，如果你能根据一张"阅读图"来阅读，它就能使你更快到达目的地，你也会知道该在何处停留，哪里有捷径，更为重要的是，"阅读图"能帮你更快地找到你所需要的信息。

随着"读图时代"的到来，各种各样的图铺天盖地呈现在人们眼前，读图已经成为风尚，读图更成了节约时间的另一种选择。

在生活中，"阅读图"是一个简单有效的形式。

在我们周围，凡是能接触到的图像，都有一个共同的优点：生动形象，信息量大，给读者带来了便捷。

从具体的阅读体验上来说，对文字的阅读需要人们动用比较多的脑力资源（对文字符号进行意义解读，以及进行逻辑思维）

阅读

读图
　形象思维
　不费力

文字阅读
　脑力
　　文字符号
　　逻辑
　体力
　　视力

阅读图
　步骤
　　快速浏览
　　　确定中央图像
　　　确定主题
　　阅读各级标题
　　　确定分支
　　兴趣
　　　重点关注
　　无关紧要
　　　忽略
　思维导图
　节约时间

和体力储备（必须将视力一次对焦在一个又一个的字母或者汉字上）。

而"读图"则较多地使用人类形象思维，书籍和杂志编辑们正在试图把图片变得越来越大，人们对图片的解读似乎根本不费什么力气。

其实，阅读图和思维导图具有异曲同工之妙。

使用"阅读图"时，根据一般的步骤，先快速浏览一遍内容，确定你关注的主题，就像确定思维导图的中央图像一样。

接着阅读各级标题，这些标题可以看作思维导图的主要分支。

根据这些，试着了解重要观点和论据。

然后找到自己最感兴趣的信息，进行重点分析。同时，忽略那些无关紧要的部分。

当发现某些标题下面内容没有价值时，立即返回，阅读其他部分。据此，进一步绘制思维导图。

于是，在这种阅读中，便节约了大量的时间。而这些时间，对你来说，将有另外的更大的用处。

现在，高效阅读已成为时代对每个人的要求，随着高效阅读时代的到来，面对大量的知识与信息，你是否考虑过，我们怎样使不断加快的阅读变得更有价值呢？

因为我们都明白这样一个道理：时间就是金钱，那么高效阅读节约的时间，就是我们的"摇钱树"。

也许有一些人会问，我还没有达到高效阅读这一步呢，谈什么使它变得更有价值呢？

在这里，有个心理学家的实验表明，我们在阅读过程中，眼球并不沿着每个字连续不断地移动，而是经常出现眼球的停顿，即抓住一些字静读一下后再移向另一些字上面。

阅读是眼球一连串快速地跳动。眼球停视时才能感知到字句，可以说，阅读过程的 90%～95% 的时间属于眼球停视，而眼动只占全部阅读时间的 5%～10%。每次眼球停视获得的文字信息的大小与视觉广度有关，视觉广度大的可见 6～7 个字，小的只有 3～4 个字，有时一个字还须经过 2～3 次的注视，有时还需要重复回视，这样，回视次数越多，那么，所占用的时间也越多。

高效阅读与低效阅读的区别不在于眼球运动的速度，而在于眼睛固定时所视知的材料。实验表明，人的智力与理解力在同等时间内，眼睛固定的总量相等，而两者所读的词汇量却相差 4 倍之多。

在这里，纵向跳跃，即无声阅读的方式，可加快眼球跳动次数，增大眼球跳动幅度，可以大量收集信息资料，同时还可以减少注视次数，使阅读更高效。

相较传统的字、词、句阅读，按行从左至右逐行阅读方式，高效阅读不是逐字阅读，而是一次凝视比较多的文字，减少注视次数，扩大视野广度，眼球停视时多抓一些文字信息，能抓住要点，用较少时间，赢得较大阅读量。

实际上，进行高效阅读的方法很多，比如逆读法、预读法、略读法、跳读法、错序读法、前后交叉读法，等等。

为了使我们的高效阅读变得更有价值，在阅读过程中，面对蜂拥而至的大量信息，我们不能只是贪图阅读的量有多大，而应保持它们的质量，具体可从以下两个方面着手：

¤ 1. 弄清楚阅读信息的真假

在阅读过程中，我们常常能够对所见所闻所读的信息的正确性迅速作出自己的判断，在这方面，你可能不需要去查找很多资料，也不必到处征求别人的意见和建议。因为这些材料，自始至终加入了你自己的判断。

比如，阅读材料中有没有含糊不清的定义或术语。真实的信息总是通过准确的词句和数据来表达。看看有没有一些含糊不清的词句，可以使人们从不同角度对它们作出各种解释。

又如，能不能确定材料中的信息来源。如果我们经常听演讲的话，我们就要留神了，因为很多演讲者所引用的信息并不一定是恰当的，在我们未亲自弄清楚之前，不要轻易相信。

再如，阅读的资料是第一手还是第二手。我们都明白，最好的最有用的信息当然是第一手的，因为这些资料来自那些非常清楚自己在说什么的人那里。如果你获取资料的渠道是在引用第二手、第三手，甚至第四手资料，这种情况下，资料中歪曲事实的可能性就在不断增大，歪曲事实的程度也会越来越严重。

✿ 2. 识别信息中隐蔽的细节

在这方面，主要是针对一些经过作者加工或隐藏了的信息，或对通过具有感情色彩的语句来误导你的结论的资料信息进行探讨，发现作者所使用的小手段。只要你了解了作者所玩的这些小伎俩，就会轻易识别那些被隐藏的信息了。

比如，作者只向你呈现对他的观点有利的资料，并故意省略那些与作者观点相违背的事实部分。他们这样做的目的就是让你接受它们，认可它们。

再如，有一些信息就是为了分散你的注意力，让你无法发现作者论断的漏洞，并让你没有机会就对方结论的逻辑问题提出疑问。

有的阅读信息中可能会使用一些带有情感色彩的论断，以此来煽动读者的情绪，争取读者的支持，甚至鼓动读者来反对别人，从而传播他的观点。如果你发现了这类带有情感倾向的论断，一定不要管它，并赶紧去其他地方寻找你需要的更有价值的信息。

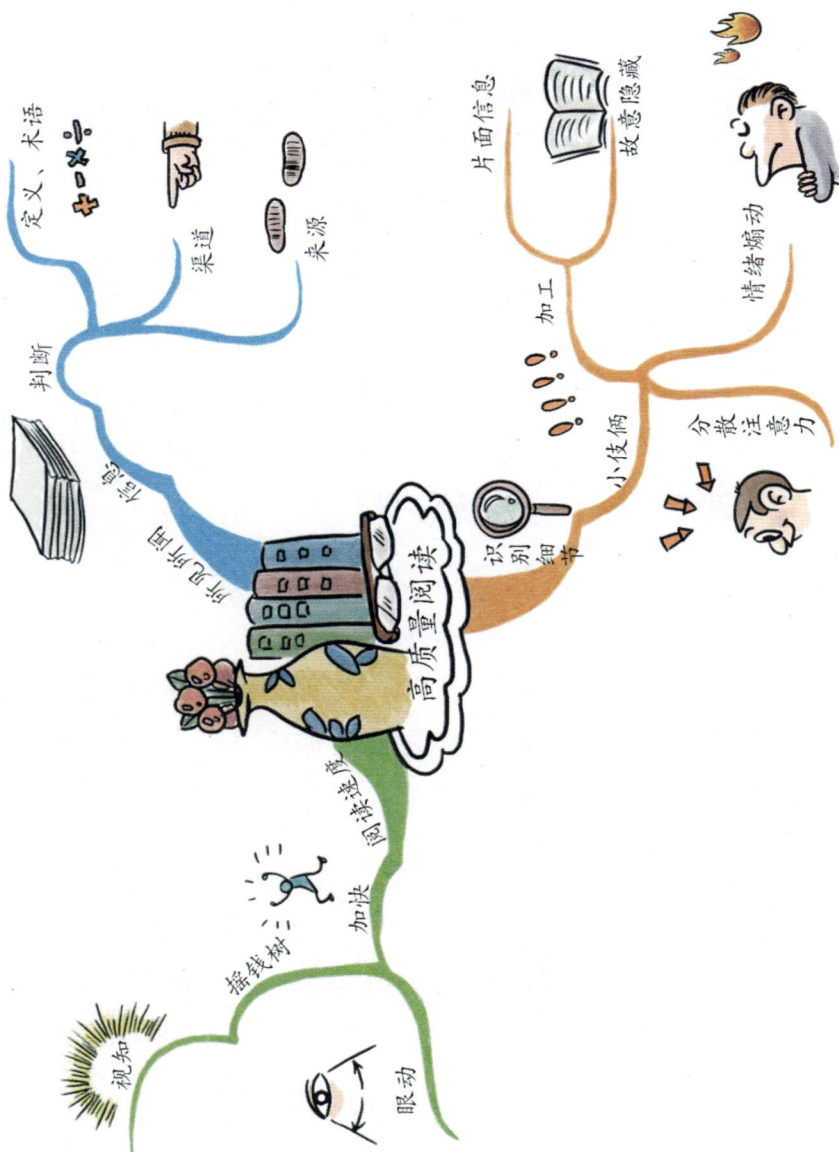

高质量阅读

判断
　定义、术语
　渠道
　来源

信息
　解读信息

识别细节
　加工
　　片面信息
　　故意隐藏
　小伙伴

情绪煽动
分散注意力

阅读速度
　加快
　　摇钱树
　　　视知
　　眼动

第五节
神奇的全脑阅读法

全脑阅读法是指在利用左脑的同时注意开发右脑的一种阅读方法。

全脑阅读法的观点是：在阅读中，共同开发左脑和右脑使之协调一致，彼此配合，以达到开发大脑潜能、提高阅读效率的目的。

全脑阅读法主要由 3 个部分组成：

✿ 1. 全脑快速阅读

此法是人们从文字中迅速有效地提取所需信息的阅读法。人们习惯于从左向右的阅读顺序，传统的音读是从左脑输入信息的，阅读速度慢。全脑快速阅读是视读法，把文字当作图，从右脑输入信息，全脑处理。由于全脑直接反应而省去了发音和听觉器官的活动，所以大大提高了阅读速度。

✿ 2. 全脑图示阅读

此法特色是以"图"析"文"。它讲究形象性、整体性、凝练性和美学性。它也是从右脑输入信息，全脑处理。图示是展示文章的"屏幕"，学习文章的"导游图"，是阅读教学的微型形象课文。

✿ 3. 全脑反刍阅读

在这里，一是抓语感训练。通过诵读领悟法、触发意会法、语境揣摩法、比较推敲法、练笔感受法等，从整体上培养对语言的敏感。二是抓形感训练。通过说文解字法、角色扮演法、想象作文法等，培养对形象的敏感。三是抓语理训练。语理是指语文理法，即语法、修辞、文章、逻辑等法则。捷克教育家夸美纽斯说过："规则可以帮助，并且强化从实践得来的知识。"

上述三种训练方法，语感训练和形感训练偏重于右脑，语理训练偏重于左脑。左右脑协调，就能提高阅读效率。

在全脑训练过程中，我们还必须重视精读法。

精读就是读文章的时候逐字逐句、逐段逐节、深入细致阅读，弄懂弄通和把握基本概念、理论、观点以及全部内容，并进行研究与探索，这样的阅读就是精读。

精读法有点像蚕吃桑叶，细嚼慢咽，便于消化吸收。那些自我进修、自学成才的人士，也多采用这种方式读书学习。

进行精读法训练时，我们应该做到"五到"：

第一，心到。集中精力，全神贯注阅读。

第二，口到。在朗读与背诵时，声音要清楚、响亮。

第三，眼到。眼睛及时聚焦，阅读仔细、认真。

第四，手到。在边读书的时候，边做笔记或者摘要。

第五，脑到。在阅读的时候，勤奋用脑，不断思考。

专业人士由于工作与职业的需要，也要阅读图书资料，他们大多是精读，阅读的目的在于学以致用，是为了分析问题、解决

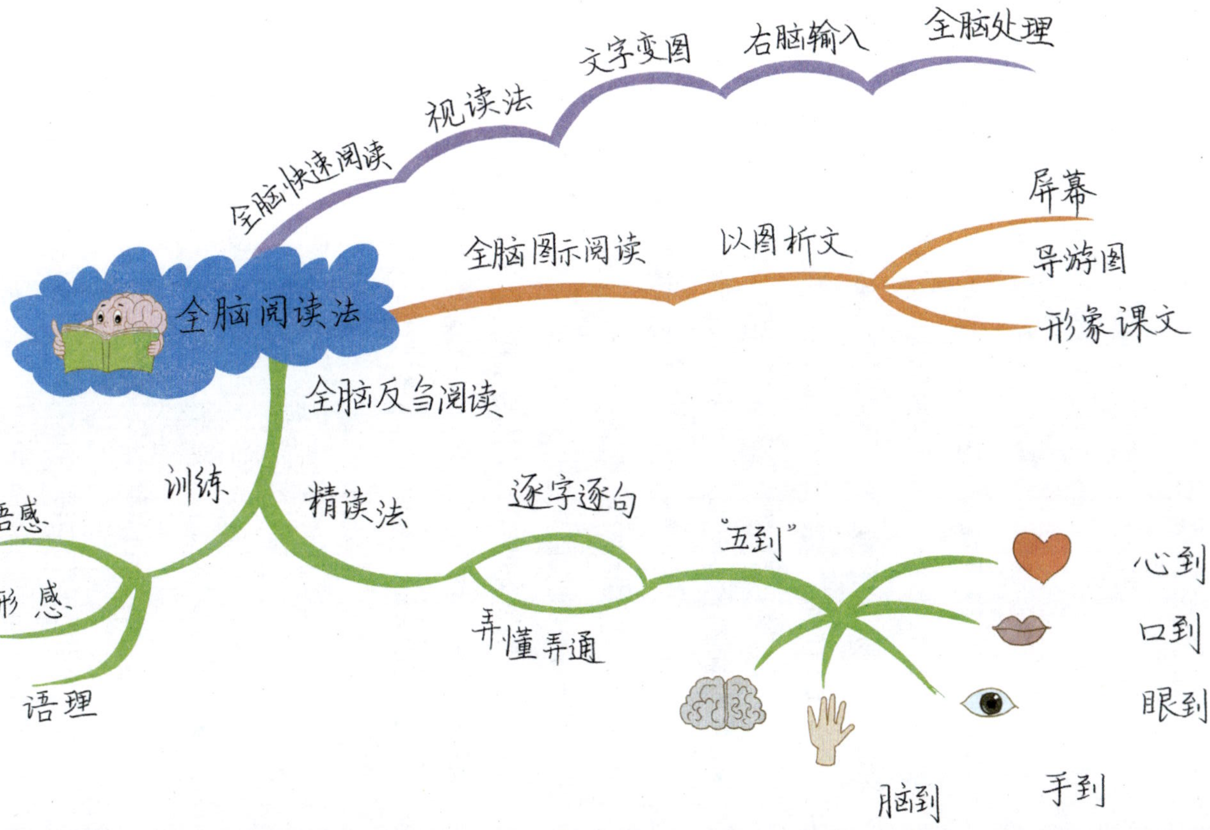

全脑阅读法

全脑快速阅读
　视读法
　　文字变图
　　右脑输入
　　全脑处理

全脑图示阅读
　以图析文
　　屏幕
　　导游图
　　形象课文

全脑反刍阅读
　精读法
　　逐字逐句
　　开蓬串通
　　　"五到"
　　　　心到
　　　　口到
　　　　眼到
　　　　手到
　　　　脑到
　训练
　　语感
　　形感
　　语理

问题而进行的阅读。

对于阅读某些自己喜欢的知识材料以及为了某些特定的目的，需要阅读与自己联系不大的资料时，就不一定要精读了，以免浪费自己的时间、精力。

全脑阅读过程中，为了赢得时间，加强效率和效果，增强驾驭知识的能力，更有效地采用相关知识解决实际问题，就要把握详略。

要是在读书时面面俱到，什么也不舍得放弃，没有选择与侧重点，不掌握轻、重、缓、急，平均使用力量，就会造成精力与时间大量浪费。因此要采用略读的方法，学会、学透知识，并且加以实际运用。

不是什么内容都要略读。切记：略读并不是省略去掉不读，是省略书中某些无关紧要的地方，选出重要或必要的内容进行阅读，千万不要误会成略读是把重要的内容省略不读。略读在下述情况下展开：某些阅读材料不需要精读；没有足够的精力与时间精读；阅读内容中某些部分同读者阅读关系不大等。

扫描速读为全新的高效的阅读方式。当人们拥有这种技术之后，可以大幅提高阅读速度，比原来的阅读速度快 8 倍以上。用这种速读进行泛读、略读或精读，比常人速度快。

扫描速读法不是指走马观花、粗枝大叶、草草了事，速读既要求快，又要求质量。对阅读材料进行快速阅读，即采用超常的阅读速度和特殊技术进行阅读，就是扫描速读。这种速读技术通常要经过专门训练与练习，才能够加以掌握与运用。

进行扫描速读应该把握以下原则：

（1）快速反应原则。这要求我们在扫描速读之前要高度集中注意力，快速反应，使眼睛与大脑灵敏自如、互相配合、协调一致。

（2）视读材料原则。可以采用不出声的泛读方式进行速读，即采用默读的方式，容易使注意力集中在关键的内容上面，对无关紧要的内容可以一扫而过。

（3）逐步提升原则。需要注意的是，这个要在把握速读思想之后，由慢到快，层层递进，不断升级，最后养成快速泛读的习惯。

（4）掌握文法原则。应该对连接词、副词等尽量熟悉，以便于在速读的时间跳过去，留出时间来抓关键的地方。

（5）注意积累原则。这要求我们在平时要做足功夫，速读起来就比较有利。

（6）广泛运用原则。即要求我们把速度在现实生活中广泛加以运用。

最后，为了达到扫描速读的目的，还可以这么着手准备：

（1）浏览那些除正文之外的所有信息。这同精读、略读大致类似。

（2）关注封面。对阅读图书的书名、作者、出版社等进行浏览，做到心中有数，看该书反映了什么主题，对个人的意义如何。

（3）关注提要。这个能帮助你判断需不需要读这本书，有没有阅读的价值。

（4）进行列表。这样做的好处可以反映全书的整体架构，让人一目了然。

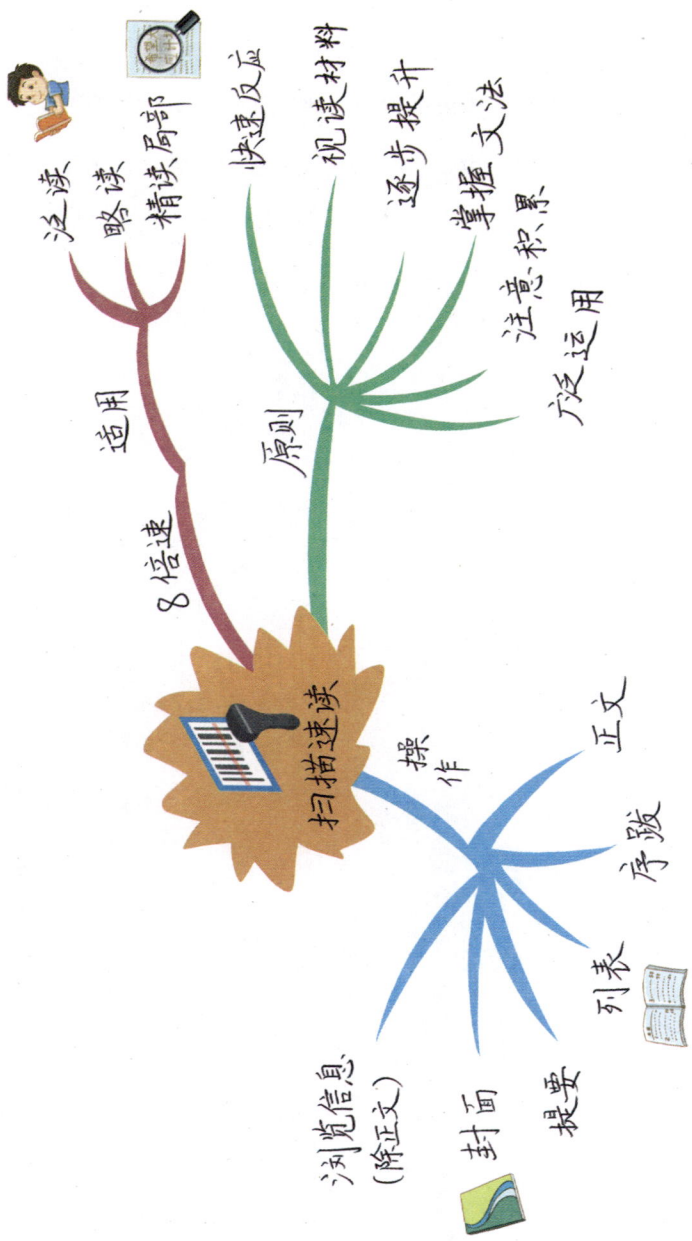

扫描速读

适用
- 泛读
- 略读
- 精读局部

8倍速

原则
- 快速反应
- 视读材料
- 逐步提升
- 掌握文法
- 注意积累
- 广泛运用

操作
- 正文
- 浏览信息(除正文)
  - 封面
  - 提要
  - 目录
  - 列表

（5）看序、跋。序、跋反映了该书作者的有关消息，如作者的书面表达意图、写作背景、作品主旨等。

（6）阅读正文。正文是扫描速读的核心部分。

总之，不管我们选择什么样的阅读方式，都应该建立在自己丰富的知识体系上，在这个基础上，进行全脑阅读法的训练，让阅读更快捷、更有效、更实用。

阅读需"因材"而读

学习是一个阅读的过程。

在我们所遇到的诸多材料中，我们应根据不同的阅读资料、不同的阅读目的来变换我们的阅读速度。唯有如此，我们才能成为一位高效阅读的学习者。

在阅读之时，我们往往会以同一种方法去阅读各种不同的阅读资料，这种阅读习惯是错误的。我们要做阅读的主人，而不是阅读的奴隶。在阅读中我们不要以一种唯一的速度，而要灵活地变换读速，并发展和培养对阅读速度的控制能力。

同时，这也是快速阅读的要诀。

阅读速度是多种多样的。为了解情节而读小说，可以读得很

阅读时可以根据不同的内容和需求调整自己的阅读速度。

快。但是，读教科书或必须记忆的参考书，就不能太快。好的读者，会根据阅读的目的、所阅材料的性质和难易程度，以及自己的阅读能力和所掌握的背景知识，不断地自由调节阅读速度。

根据材料不同，阅读速度大致有以下 3 种：

✿ 1. 精读速度

这是最慢的阅读速度，用于难读的材料，要求获得高度理解的内容或希望牢固记忆的材料。在精读时，应力求仔细钻研材料，解决疑点、难点，记住要点。这时，阅读速度每分钟大约在 250 字以下，理解率在 90% 以上。但是，即使是这种精读，也应先将材料快速阅读一遍，然后回头再来看第一遍遗漏的细节，或在重点部分画线圈点，或摘录提要，或针对思考题回答。速读与精读相结合的精读法，一般要比单纯的精读法效果更好，理解和记忆得更深刻。

✿ 2. 普通阅读速度

这是最常用的一种阅读速度，用于日常对文件、小说、报纸、杂志或浅易课本等的阅读。这种阅读速度每分钟 250~500 字，理解率在 80% 左右。

✿ 3. 速读速度

这是最快的阅读速度，用于时间紧迫、必须快速阅读时，或无须高度理解的材料。如从大量报告、刊物和众多的补充读物中迅速获取大意或信息。这是一种有用的技巧，学会这种技巧，将

阅读速度

多样化 — 不同材料

速读
- 时间紧
- 无须理解
- 500字以上/分

普通阅读
- 最常用
- 文件、小说、报刊
- 250～500字/分
- 80% 理解

精读
- 最慢
- 25字/分
- 90% 理解

字以上。

阅读时究竟采取哪种速度，要由阅读目的来决定。阅读目的是因人而异、因情况而异的。同一本书，对某人来说是为学习和研究而读，但对另一个人来说则是为了欣赏。但是，不管怎样，我们都应该做到目标明确，以便确定不同的阅读速度和理解程度。

阅读能力不强的人，往往不管读什么东西、为什么目的，读速总是一成不变，或者总以同样的理解程度来阅读所有的材料。虽然这些人中的不少人，也能把读过的东西完全理解并记住，但是对于想要成为一个快速高效阅读的人来说，你必须随阅读目的和读物内容的不同，灵活地调整阅读速度，选用不同的速读方法和技巧，做到在阅读中要快则快，要慢则慢，当精则精，当粗则粗，迅速掌握所读材料的内容。

其实，我们阅读就如同欣赏美妙的音乐一样，一听到美妙的乐曲，往往会如痴如醉，有时忍不住跟着哼唱起来。音乐的魅力在哪里呢？答案就在于音乐充满了节奏感。

阅读同样需要节奏感。当我们带着节奏感去阅读不同的材料时，阅读就变成了一种享受。

有可能的话，多读些课外读物（特别是假期）。很多人以为自己阅读能力已经相当"高深"了，常常拿名著来读，结果是读不到 10 页就在一片枯燥与茫然中放弃，因为无法理解的文字描写和手法，即使看懂了字面意思，也无法欣赏蕴藏在文字中的意蕴。

最开始可以尝试多读一些简单的读物，将最常用的也是最精华的部分在我们脑海里活化，学会慢慢地用我们熟悉的词汇去领会、把握那些掺杂其间的我们不熟悉的意境和场景，并能从情节中体会到阅读的乐趣！

✿ 快速阅读练习

计时速读练习步骤与要求：

（1）准备一只手表记下开始阅读的时间。

（2）阅读时克服回视，注意视读。

（3）阅读完毕时记下结束的时间。

（4）开始做附加练习题，不要看原文。

（5）自己核对答案，算出得分。

（6）算出阅读时间（用结束时间减去开始时间），然后对照读速表，查出每分钟的阅读字数（WPM）并记录下自己的进度。

第七节
训练一双快速扫描的魔眼

阅读速度与学习成绩之间有着直接的关系，能够快速阅读的人，往往能取得优异的成绩。

快速阅读简称速读，是指人脑从眼睛看到的文字当中迅速吸取有用信息的一种读书方法。通俗点讲，速读就是高速度、高效率的阅读。

古今中外，快速读书者不乏其人。

如我国北齐时期的高孝瑜"读书敏速，十行俱下"；现代文学巨匠郭沫若，17 岁时，竟在一夜之间读完了 100 多万字的文学名著《红楼梦》；无产阶级革命家高尔基是快速阅读的能手，他看完一页用不了一分钟；曾任过美国总统的肯尼迪一直在练习快速阅读，能以远超常人的速度阅读小说、新闻报纸和例行报告。

玛丽蒂斯是一位 15 岁的少女，出生于菲律宾马尼拉市。她在美国芝加哥西北大学选修了速读课程，经过 5 个月学习，她参加了结业的公开考试。当其他同学以每分钟 3000 字符的速度通过考试时，玛丽蒂斯惊人地在 35 秒内读完了 40 页书，计 31350 个字符，即她在一分钟内能看 53700 个字符。更使人惊讶的是，她能详细说明文中内容，并正确回答全部测试题。

40 岁的美国人霍华德·伯格一分钟内可阅读和理解 25000 个字，他用 25 分钟看完了一本 1200 页的书，然后滔滔不绝地复述了书中内容。

当今社会是信息社会，当今时代是知识爆炸的时代，每个人都有"读不完的材料，看不完的书报"。为了能适应时代的需要，更有必要掌握快速阅读的方法。

实际上，阅读速度与学习成绩之间有着直接的关系，在阅读速度快的同学中，学习成绩良好和优秀的占 53%；在阅读速度慢的同学中，成绩良好和优秀的还不到 4%。

美国已经确定了全国统一的阅读速度标准，据规定，低年级学生的读书速度每分钟为 80~158 个单词，中年级学生为 175~204 个单词，高年级学生为 214~250 个单词，大学生为 250~280 个单词，高级专家为 340~620 个单词。

怎样才能养成速读的习惯呢？最重要的是掌握速读的方法：

¤ 1. 计时阅读法

计时阅读法是速读训练的基本方法。通过计时训练，使思想高度集中，让阅读成为一种快速、高效地摄取、筛选与储存知识信息的过程。

训练前选好一段或一篇文章，记下开始阅读的时间，阅读完后，再记下自己所用的时间，然后把阅读的材料合上，凭第一遍阅读的理解与记忆，回想所读文章内容或回答有关问题。

✿ 2. 总体阅读法

总体阅读是把全文完整地、连贯地快速阅读。它是各种快速阅读方法的基础。

人的大脑有一种特性，在接收信息时具有明显的选择性，在处理信息时能够遵守严格的程序。

因此，在阅读训练中如能使自己逐渐形成一个固定的思维程序，对提高阅读速度将起到很大的作用。

根据这一"定式"理论，可给自己规定一个阅读的固定程序。每当读一篇课文依次解决四个问题：题目、文章的大意、文章最能打动自己的部分、从文中感受到什么。

这四个问题只要在头脑中形成习惯，一看课文就自然循着这些问题去理解，久而久之形成阅读的固定思维程序，阅读速度自然就会提高。

✿ 3. 意群注视法

传统的阅读法，是一个字一个字地看，眼睛要做多次不必要的跳动和停顿。

所谓意群注视法，就是在阅读时不是一个字一个字、一个词一个词地读，而是把句中相关的词联成一个较大的单位，一组一组地读，而且一边读一边理解。

我们要改变逐字阅读的习惯，注意视线的垂直移动，不左右扩大眼睛的视幅，多抓一些文字信息，争取一瞥之下能同时理解注视停顿点周围的一个字群或意群，以增加单位时间内阅读的字数，减少眼停的次数。

速读

信息社会

方法

高效

读不完
看不完

计时
选材料
计时阅读

总体
考速度
快速、连贯

意群注视
视线垂直移动
扩大眼幅
注意意群

回想内容
回答问题
思维程序
题目
大意
重点
感受

高速
高考输
周树君
读书神速
《读完〈红楼梦〉》

速读达人
育尼也
阅读速度远超常人
一页/分钟
高尔基

105

第八节

程序训练，提升速读记忆

程序阅读指的是按照一定的固定程序来进行阅读训练。大脑具有对信息选择吸收的特征，在处理这些信息时，我们的大脑同样有相应严格的程序。

大脑能否采用简单有效的方法，对获得的资讯重新编码是速读记忆的关键所在，固定程序阅读方法，正好符合这一特点。

程序阅读一般就是按照以下的两个步骤来阅读：

¤ 1. 浏览内容

内容一般分为 7 个部分：

（1）文章或书的题目；

（2）文章或书的作者；

（3）出版者与出版时间；

（4）文章或书的主要内容；

（5）文章或书反映的重要事实；

（6）写作特点或者具有争议之处；

（7）新的思想以及启示。

✿ 2. 速读正文

这一部分是核心内容。

（1）速读内容，抓住大意，注意力高度集中，选择哪些地方详读，哪些地方略读。详读的地方也要快速，但这种读千万不要以损害质来取量。

（2）速读和快速思考紧密结合，不能只读不理解，也不能只理解，放慢了速度，既要有量又要有质。

（3）让速读、记忆和思考三位一体，读有所得，读有所记，最好是把阅读内容和自己的知识结构组合起来，产生共鸣，这是速读的理想境界。

（4）总结。

对速读的内容进行总结、整理、加工、记忆、存储，把零散知识变成自己知识体系的一部分，可以从中得到心得体会和成果，还可以把它们写下来，必要的时候便于查找。

良好的固定程序阅读习惯，可以极大地提高我们的阅读能力，在遇到比较艰深的内容时，也可以顺利阅读和记忆。只是在阅读过程中，应当尽量避免回读，在必须回读的时候，可以在完成之后再进行。

第九节
引导训练，通往速读大道

用手指导引阅读文字是用来训练阅读记忆速度的一种技巧，称为导引训练。

但在实际读书过程中是不能用手指导引的，因为这样做可能会减慢速度，但是用它来训练却是一种好方法，它也可以用来帮助人们纠正某些读书出声、视点回归的不好习惯，并能加强理解、记忆等。

运用这种训练方法时，用手指引导视线在文字上移动，手指移动的时候视线跟着移动，但注意头不要随着转动。具体可以按下面的方法来训练：

（1）眼睛跟着手指往下移，手指要在文字的下方，不影响视线，手指移动的速度要和眼球移动的速度同步，不要一快一慢。

（2）阅读一页结束的时候手指将要移往下页的开始部分，这时可以用左手来引导阅读，右手翻书页，也可以换只手来做，即用右手引导，左手翻书页。自己觉得怎么方便、顺手就怎么来，但要两手配合使用。

（3）眼睛随着手动，眼睛可以阅读手指左侧的文字，也可以阅读右侧的文字,也可以阅读上方的文字,但不宜阅读下方的文字。

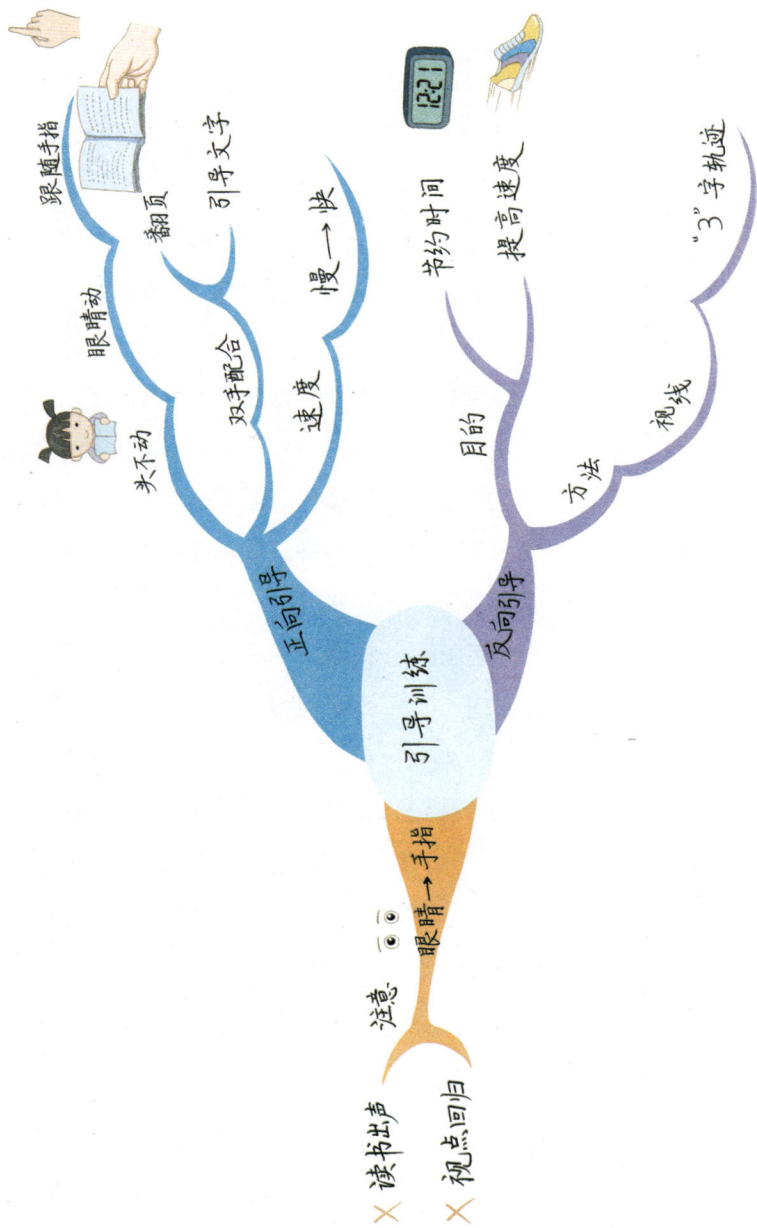

引导训练

正向引导
- 头不动
- 眼睛动
  - 跟随手指
  - 翻页
- 双手配合
- 引导文字
- 速度 慢→快

反向引导
- 目的
  - 节约时间
  - 提高速度
- 方法
  - 视线
  - "S"字轨迹

眼睛→手指
- 注意
- ✕ 读书出声
- ✕ 视点回归

（4）手指在导引阅读中碰到疑难问题时，速度可以降下来，让大脑有时间来加工处理这些问题。

（5）手指导引阅读尽可能避免漏字、漏词和漏词组等。

（6）速度由慢到快，最后可以快速导引。

反向导引是与上面正向导引对应的一种训练方法，这是一种非常特殊的训练方法，现在人们的阅读习惯是从左到右，书籍等印刷品也都是从左到右。

反向导引训练就是要打破这种阅读习惯，用手指从左向右进行导引。但也并不是说每一行都是从右到左反着来，而是在读上一行结尾时视线不要回到左侧，而是移动至下一行从右到左，到了左端之后，往下再从左到右，到右端之后，再往下从右到左，让视线在阅读材料时呈"3"状移动。

反向导引训练节约了眼睛的来回运动，每动一次都没有落空，也就大大节约了阅读时间，提高了阅读速度。

虽然人们在这样训练的时候可能会很不习惯，做起来也不方便，但是这样不仅打破了传统，又打破了文字从左到右排列顺序和从左到右展开的格局。因此青少年应该多多练习。

一旦养成了习惯之后，这种阅读并不会损害理解力，而且还能够帮助人们更加集中注意力，进一步理解和加深记忆。

第五章

思维导图
让你轻松备考

GO!

第一节
数学的 5 种备考技巧

数学一般有 5 种备考技巧，具体如下：

¤ 1. 稳扎稳打，夯实基础

数学复习过程汇总一定要夯实数学基础。

考试要想取得好成绩，不仅取决于扎实的基础知识、熟练的基本技能和过硬的解题能力，而且取决于临场的发挥。

还要注意知识的不断深化，注意知识之间的内在联系和关系，将新知识及时纳入已有知识体系，逐步形成和扩充知识结构系统，这样在解题时，就能由题目所提供的信息，从记忆系统中检索出有关信息，选出最佳组合信息，寻找解题途径、优化解题过程。

¤ 2. 注意方法

学习数学，要注意用好方法，比如多做题、多思考、多交流、多积累。

多做题可以帮助你重温学过的各种基本公式，更能帮助你接触多种题目类型，使你在考试中见到题目时不至于重新思考。多思考、多提问也是有效提高数学成绩的方法。

✿ 3. 学贵在思

遇到难题时，克服它的最好的办法就是用心思考。

善于思考的同时，还要有一颗恒心，迎难而上才是对待难题的正确态度。

✿ 4. 不放过每一个问题

有问题最正常不过，把问题一一解决，才是学习高手应该做到的。

千万不要不懂装懂，积累问题。应该边学边问，有问题就主动发问，积极解决。

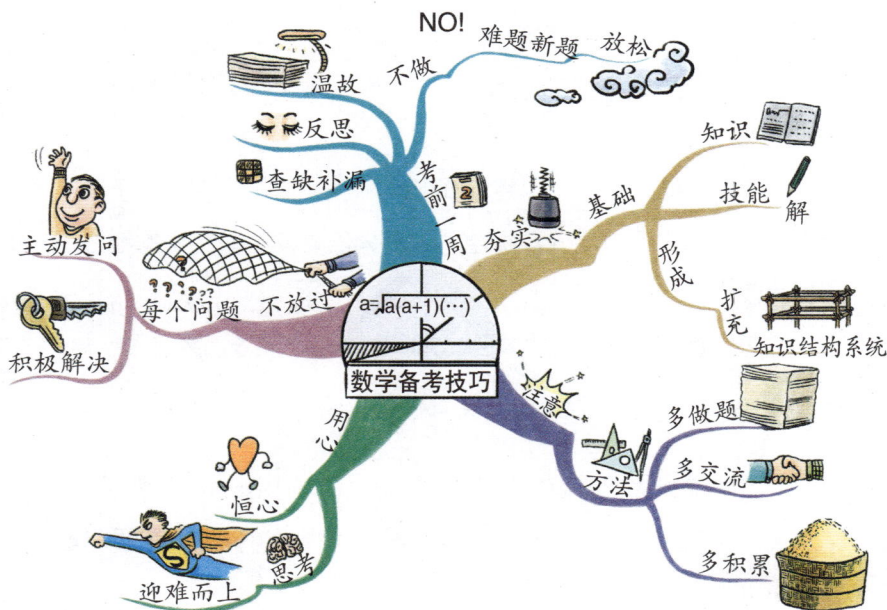

¤ 5. 利用考前一周

考试前一周，重点可以放在"反思、温故、查缺补漏"上，回顾一下以前练习过的习题，浏览一遍之前做过的试卷，尽量不要再做难题和新题，让自己放松下来。

很多人不喜欢做数学习题，其实是一种错误。

做数学练习题是为了加深对数学知识的理解，形成熟练的技能，发展思维。

做数学练习可以"四步走"：

（1）读。

读题可以针对所有类型的数学题。既可以默读，也可以朗读，计算题可以变换方法读，如"182+58"可读成"182 加上 58"，也可以读成"182 与 58 的和是多少"，或者"比 182 大 58 的数是多少"，等等。

读题的好处是，可以将计算的实际意义揭示出来，对于文字题与应用题则要分清轻重缓急，关键词语重读，易忽略的地方拉长声读。

对于有些叙述烦琐的题目，先辨出主干，以分清数量关系。

（2）说。

试着说出自己的解题思路和解题步骤，可以先说容易的，比如与例题相似的题目，然后逐步加深理解程度。同时，还可以从其他角度来思考这些问题。

（3）找。

针对不同的题型可以采取不同的方法：

对于计算题要找出计算顺序、题目特征；对于应用题要找出已知条件与要求的问题；

对于较复杂的混合运算题可在运算符号下面标出计算顺序；

简算题可在题目下面标出表示有关运算定律的字母；

应用题的已知条件与要求的问题尽量做到用图表表示出来；

分数应用题、行程问题都要逐步训练自己用线段图表示出条件与问题，不便用图表表示的题目则最好在已知条件与要求的问题下面画出不同的线条。

（4）算。

一道练习题计算结束后，可以进行比较，找出题与题之间的异同处。

同时，还可以与以前学过的知识联系起来比较，也可以结合新课的预习思考与已经掌握的知识之间的联系，以及可能对自己的帮助，等等。

怎样吃透数学练习题

读
- 默读
- 朗读 → 182+58
  - 182 与 58 的和是多少
  - 182 加上 58
  - 比 182 大 58 的数
- 揭示 意义
- 辨出 主干
- 分清 数量关系

说
- 解题思路
- 解题步骤 1、2、3、4
- 其他角度

算

找 60
- 题目特征
- 计算题
- 应用题
  - 已知条件
- 要求：?
  - 计算顺序 +-×÷
  - 混合运算题
  - 运算定律 $a^2+b^2=c^2$
  - 简算题
  - 行程问题 线段图
  - A B C

对比
- 仔细
- 已掌握
- 预习

116

对于要面临考试的同学来说，语文是重中之重，在备考过程中最重要的就是复习，一旦复习得当，在考试中就容易得高分！

在这里，语文有 5 种复习技巧：

✿ 1. 计划性

对复习而言，最宝贵的就是时间，学会计划自己的时间，让每一分钟都体现出特有的价值。

这样就必须科学地安排好时间，确立每天的学习目标，以符合自己的实际情况。

✿ 2. 复习最基本的内容

复习切忌为难自己，找那些偏、难、冷的题做，应温习那些最基本的知识点，以课本为主。

可采取边看书边做题边总结思考再看书的方式，以加深记忆印象。

✿ 3. 平时多演练

复习中可以多做一些类型题，还可以对近几年的考题进行系统的研究，掌握答题的思路和技巧，将题中涉及的知识点，作为演练的参考。

学会深入思考、摸索规律、把握方向，尽可能找到适合你自己的答题方法。

✿ 4. 抓住得分点

在复习时间有限的情况下，可以考虑有所侧重，把抓住得分点作为主要目标。

不能再追求完美、面面俱到。只有及时查缺补漏，才能增加得分点。

✿ 5. 适时心理调节

备考紧张是一种正常现象，如果过于紧张，就一定要注意心理调节。

首先要注意克服厌烦心理。不管备考多么无聊，都要坚持下去，坚持就是胜利。

其次要经受住挫折。或许你觉得已经很努力，也自我感觉良好，但在模拟考试或练习的时候却没有考好，这时你很容易迷茫，丧失信心。所以及时安慰自己很重要。

最后要有自信心。在高度紧张的复习状态下，有时你会觉得看的书、做的题越多，自己不会的东西反而越多。其实这也是正常现象，只要自己不怀疑自己，坚持下去，认真对待，找到适合自己的复习方法的同时，树立起自信心，就一定能发挥出你应有的水平，赢得语文考试的胜利。

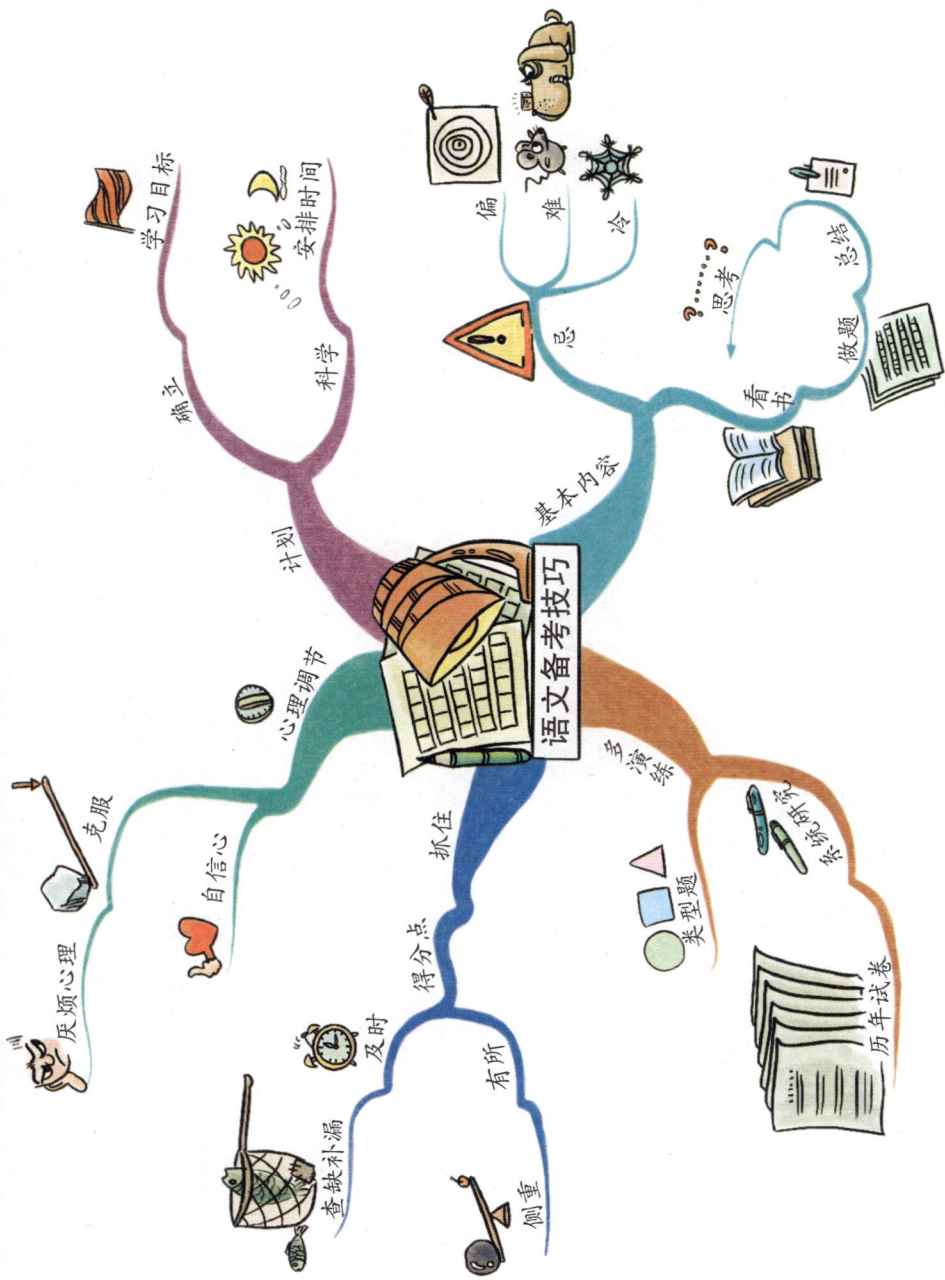

语文备考技巧

计划
- 确立——学习目标
- 科学——安排时间

基本内容
- 看书
- 做题
- 总结
- 思考

忌
- 偏
- 难
- 泛

心理调节
- 克服
  - 厌烦心理
- 自信心

抓住
- 得分点
  - 及时
    - 查缺补漏
  - 有所
    - 侧重

多演练
- 类型题
- 综合所有
- 历年试卷

第三节
英语的 5 种备考技巧

英语也有 5 种备考技巧。首先见思维导图。

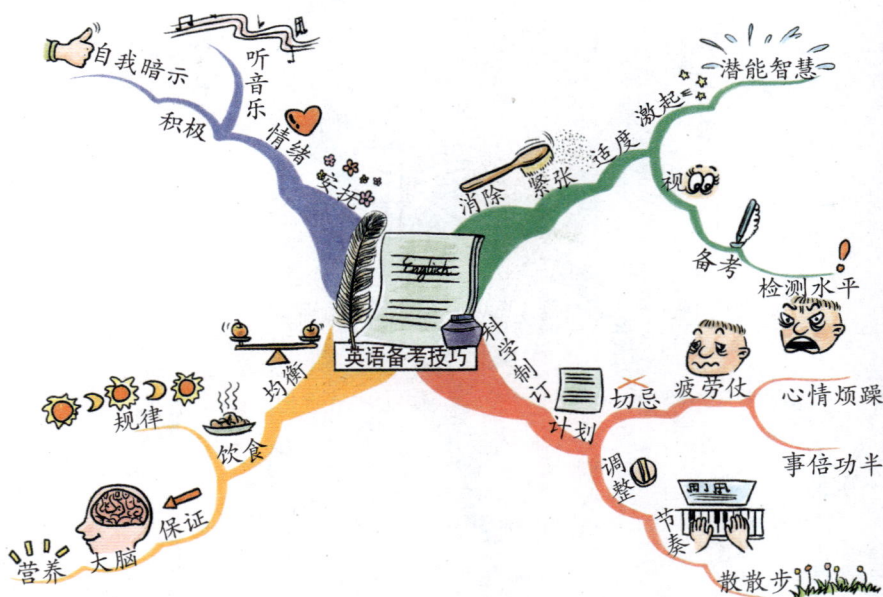

¤ 1. 先过心理关，消除紧张

其实，适度的紧张可调动人的积极性，激起自身的潜能和更多的智慧，但不宜过分紧张。

应该调整好自己的心态，把备考当作检测自己学习水平的一次机会。

¤ 2. 科学制订计划

备考英语，切忌打"疲劳仗"。

当我们感到压力大或疲劳时，应调整一下学习节奏，可听听音乐，散散步，不要一味地消磨时间，那样往往使人心情烦躁，做起事来也难取得好的效果。

¤ 3. 均衡饮食

补充营养很重要，特别是大脑的营养供给。切忌打乱正常的饮食规律，搞突击补养，增加紧张气氛。

¤ 4. 安抚情绪

保持畅快的心情，进行积极的自我暗示，增强自信心，平时多听一些振奋人心的音乐，都将有助于提高自信心，安抚情绪。

¤ 5. 考场技巧

阅读理解在英语考试中占有举足轻重的位置，而阅读理解能力是可以通过短期训练而快速提高的。

因此，在本节最后，给大家提供一些在英语考试中快速提高阅读理解的技巧。

（1）考试时首先快速扫读全文，尤其注意文章开头、结尾，以及每一段的首句和尾句，以便把握文章主题和文章结构。

（2）扫读题干以明确题干要求，确定关键词或关键信息，然后带着关键词或关键信息回原文中扫读相关信息，确定答案在文中的位置，再精读该部分。

（3）判定答案前必须仔细阅读各题提供的多个选项，比照原文出处，得出最佳答案。

（4）涉及文章中有关的人物或文章作者的观点、意图和态度的题目，一定要从文章本身提供的信息出发进行分析推理，决不能以自己的观点贸然作答。

尤其注意，观点类信息往往出现在对应信息的末尾处，需要对末尾的信息加以重视。如仍然不能解答，应根据全文大意去猜测答案，不可放弃作答。

（5）完成答卷后一定要进行检查，优先检查选项填涂与卷面答案是否一致。

须注意只有在依据确凿、把握极大的情况下才可改变原定答案。对于模棱两可的答案，尽量维持原定答案。

化学是一门独特的学科，它与我们的日常生活息息相关，平时学习我们可以从身边熟悉的现象入手，及时发现问题、展开探究，加深对化学知识在生活中应用的认识。

对于备考化学具体有 4 种技巧：

¤ 1. 回归课本

总的来说，备考重点应放在掌握基础知识上面，所以，我们在复习中不要再纠缠难题，要调整自己的状态，不打"疲劳战"。回归课本是调整状态的一个好办法，我们可以将学过的知识点归纳整理，串联起来，做到心中有数。考前一个月进行重难点内容强化训练，打牢基础知识。

¤ 2. 做好复习计划

备考过程中，可根据自己学习的实际情况，分清知识点难易程度，根据考试倒计时间，按每日、每周、每月做出复习计划，并按计划严格执行。

¤ 3. 做好考前三轮安排

第一轮：按章节复习。

即按教材的先后顺序，从头至尾理解每一课内容，然后把老师在课堂上强调的一些基本概念、基本原理、基本定律、课堂实验彻底弄懂。对以前没有掌握好的知识，要结合教材、结合笔记利用这一轮复习进行补漏。这样复习可以强化基础知识。

同时，还要记牢每单元的知识要点，对每单元小结的具体习题再次进行演练，看是否能达到快与准。

第二轮：分块复习。

分块复习能够提高系统知识解题能力。可对知识进行归纳总结，形成知识体系，为综合复习夯实基础。

第三轮：综合复习。

综合复习，可直接提高考试能力。通过前两轮的复习把知识连成网络，并有针对性地强化基础知识，掌握练习题的分析、归纳、推理、演绎过程，选择有针对性的题目练习，这样综合复习能力会不断提高。

✿ 4. 学会灵活记忆

化学考试面广、知识点多、很多东西不便记忆，如元素符号、化合价、化学式、金属活动性顺序表等。在学习中改进记忆方法，加强记忆方面的训练，可提高记忆效果。比如，元素符号有 20 多个，可以分散记忆，先记几个常见的如氢 H，氧 O，碳 C，氯 Cl，钠 Na，镁 Mg，铝 Al，氦 He，氖 Ne，硫 S 等，其余的以后学到了再背。

背的同时，还应该在应用中加深理解、在理解的基础上记忆，才能记得更牢、灵活运用。另外，还可用图表记忆、对比记忆、数字记忆、规律记忆、浓缩记忆、联想记忆等方法，把枯燥的化学知识趣味化，这样就能记得清、记得牢。

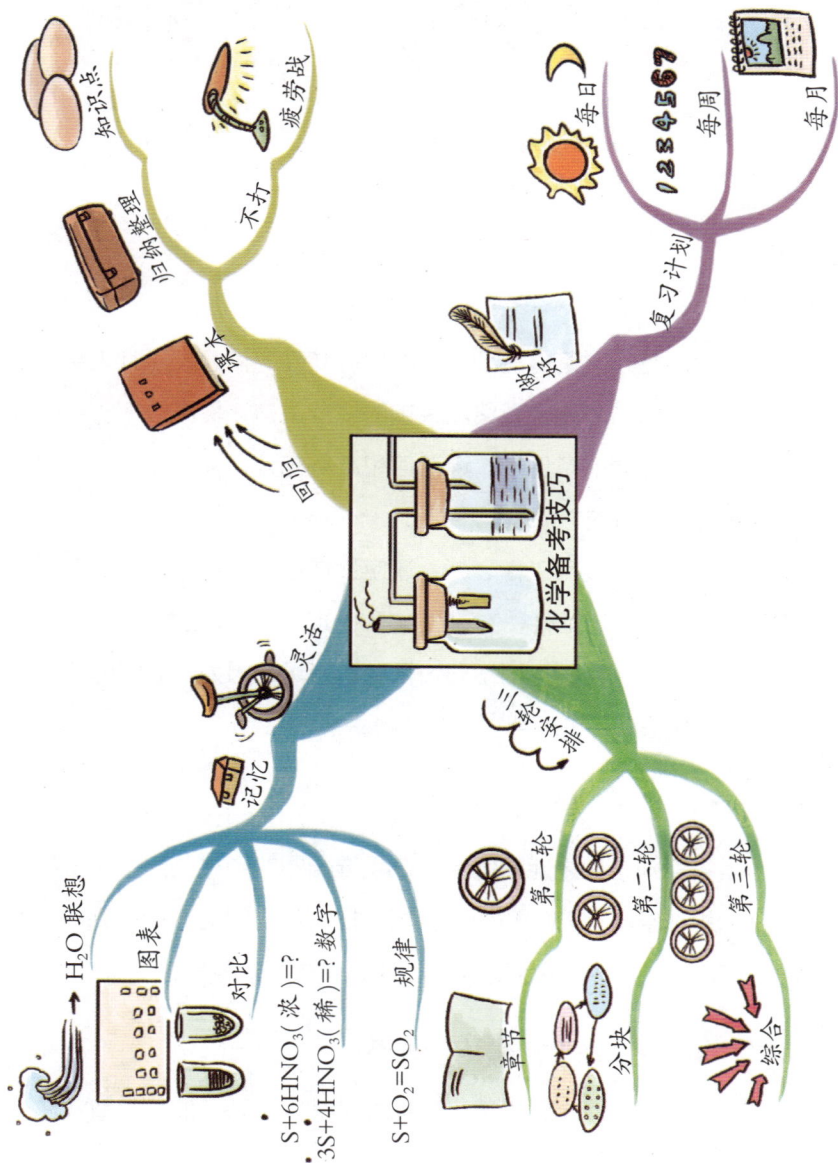

知识点

疲劳战

不打

归纳整理

课本

回归

每日

每周

每月

复习计划

做好

化学备考技巧

灵活

三轮安排

记忆

第一轮

第二轮

第三轮

联想

H$_2$O

图表

对比

S+6HNO$_3$(浓)=?
3S+4HNO$_3$(稀)=?

数字

S+O$_2$=SO$_2$

规律

章节

分块

综合

第五节
物理的 5 种备考技巧

物理有 5 种备考技巧：

¤ 1. 充分准备，保持自信

考前，越是准备得充分，越能保持必胜的信心。研究表明，自信能让人保持稳定的情绪和大脑的适度兴奋，提高效率。但在知识、能力等同的条件下，谁自信和准备充分，谁就能在考试中发挥更好，取得理想成绩。

考前除做好复习工作之外，还应该准备好考试用具、证件和水等，以免因未带证件、文具影响了考试。同时，应提前 15~20 分钟到达考场。当然，也不要过早到达考场，因为长时间的等待也会让人焦虑，影响情绪。

¤ 2. 制作知识结构图

备考期间，如果能依照课时以思维导图的形式整理出知识的网络和组成学科内容的知识结构图，把各章之间的链接找到，把考查的热点、难点、重点都整理出来，将提高备考效率。

¤ 3. 仔细审题，切勿马虎

仔细读题的一个关键因素是抓关键词。审题一般是采取读题的方式，抓住题中的关键词和数据，挖掘隐含条件，排除干扰因素，寻找突破口。对于比较复杂的题目，审题时可在题目的关键词语下边做标记、画线（注意不要太明显）；对于简单明了的题目，审题时可只看一遍即答题；一般的题目至少要看两遍，先阅读一遍，再带着问题读一至两遍。遇有文字及插图觉得很熟悉的题目，要看清题意，防止已知问题有改变。

同时，用好草稿纸，可边审题边画图思考、分析。审题时，涉及有过程、要演算且情景较复杂的问题，一定要使用草稿纸帮助分析。要边审题边在草稿纸上画图分析，这样容易建立直观的图景，从而获得灵感，有利于问题的解决。很多题目往往是在画图时，得到解题的灵感和方法的。

✿ 4. 把握热点板块

在物理学中，知识点包括力、热、声、光、电五大部分，如果我们能规划好每一章的知识点，找出考试出题的热点、连接点和间接的切入点，然后通过直击热点，就能使知识板块进一步巩固。

✿ 5. 练习准确审题

审题时，要多读题，理解清楚题意，提炼出有用的信息。解答时，要联系学过的知识，多角度思考，能做一步算一步，争取得分。先通读试卷，做到对整卷的难易题的分值有所了解，然后从简单题入手，把不会做的或一时做不出来的题放在后面，最后再回头认真研究。

物理试卷审题时，还应考虑所用的物理概念、规律、公式；

分清题目条件和隐含条件，弄清楚题目属于哪种类型。备考时只要用心学习，掌握科学的复习方法，一定会考出高分。

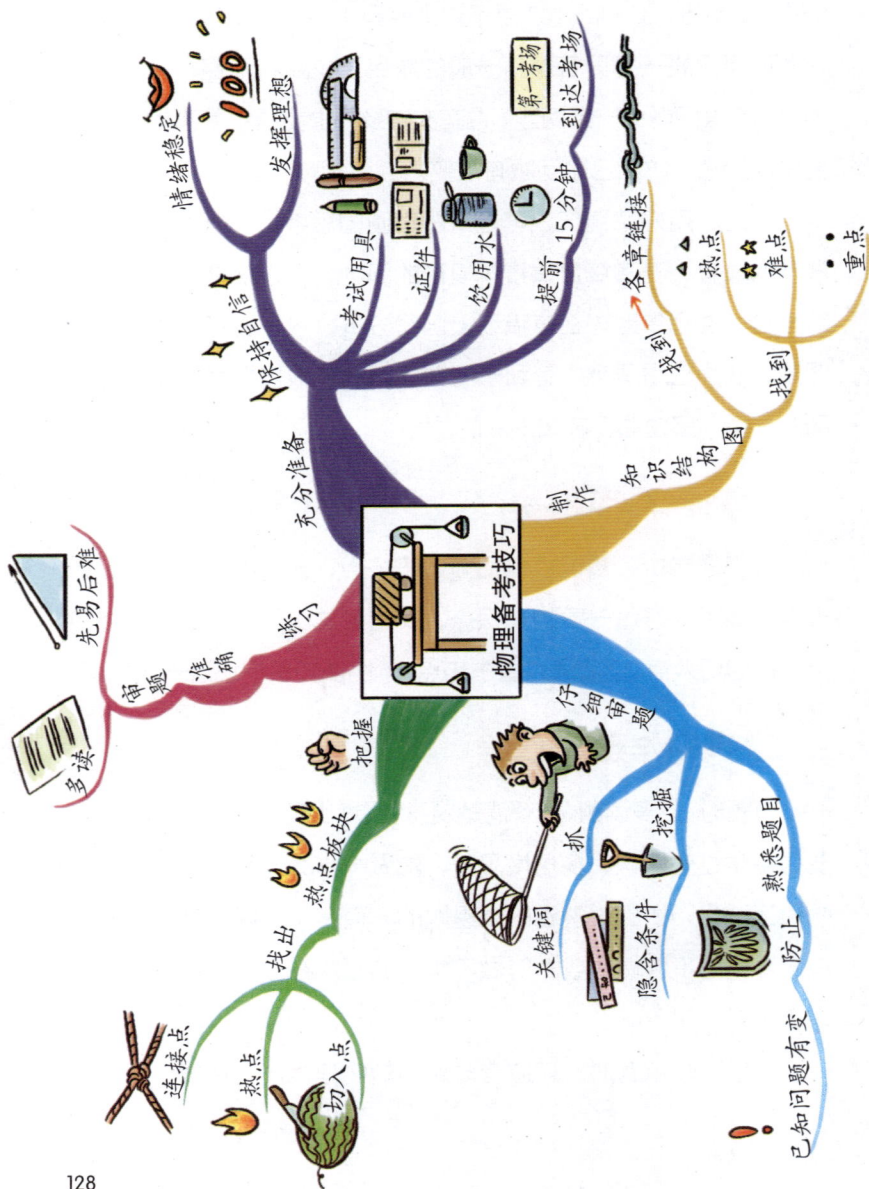

物理备考技巧

充分准备
- 保持自信
  - 情绪稳定
  - 发挥理想
- 考试用具
- 证件
- 放用水
- 提前15分钟到达考场
  - 第一考场

制作知识结构图
- 各章链接（找到）
  - 热点
  - 难点
  - 重点

审题准确
- 先易后难
- 多读

练习

把握热点板块
- 找出
  - 连接点
  - 热点
  - 切入点

仔细审题
- 抓关键词
- 挖掘隐含条件

熟悉题目
- 防止
  - 已知问题有变

第六章

考场拿高分的思维利器

第一节
考前轻松解压6大"撒手锏"

考生在考试前后面临的压力虽然很大，但可以采取有效的心理减压法加以应对。

这里有6大减压"撒手锏"：

¤1. 饮食减压法

研究表明，有些食物可直接减轻人的心理压力，如一些含维生素C的食品。

考生可多吃诸如草莓、洋葱头等富含维生素C的食品。

另外，少食多餐也有助于减轻考生的紧张与疲劳。

如经常咀嚼诸如花生、腰果等食品，对恢复体能、减轻疲劳是有一定帮助的。而过硬、过于油腻的食物，则会增加肠胃的负担，加剧考生的精神紧张。

¤2. 转移减压法

科学地安排生活，将体力劳动与脑力劳动有机结合起来。

有意识地转移注意力是减轻心理压力的有效途径。如参加各种体育活动，放学后泡泡热水澡，与家人、朋友聊天，双休日抽出一些时间出游等。

☼ 3. 环境减压法

可考虑让爸妈在家里为自己营造一个良好而宽松的生活与学习氛围，如在言行上不要天天对考生灌输努力学习或考名牌学校等思想。

☼ 4. 运动减压法

科学地安排生活，体力劳动与脑力劳动有机结合有助于减轻压力，及时消除疲劳。

如在星期日，可与爸爸妈妈一起运动，也可在学习间隙伸伸腰、踢踢腿等。

☼ 5. 睡眠减压法

充足的睡眠是保证考生精力充沛、心理宽舒与平衡的前提，多时段的休息是调节过度紧张的有效方法。

☼ 6. 过渡减压法

从现在起，考生就应该慢慢降低学习强度，减少学习时间，采取过渡调节方式。

只有在适当的压力下，才有助于更好地提高学习效率，轻松取得高分。

请根据个人情况，仔细绘制一幅如何减压的思维导图。

学习强度

学习时间

降低

过渡

充沛

精力

降低

宽舒

心理

多时段

充足

睡眠

休息

运动

考前怎样

爸爸妈妈

和

学习间隙

伸腰

踢腿

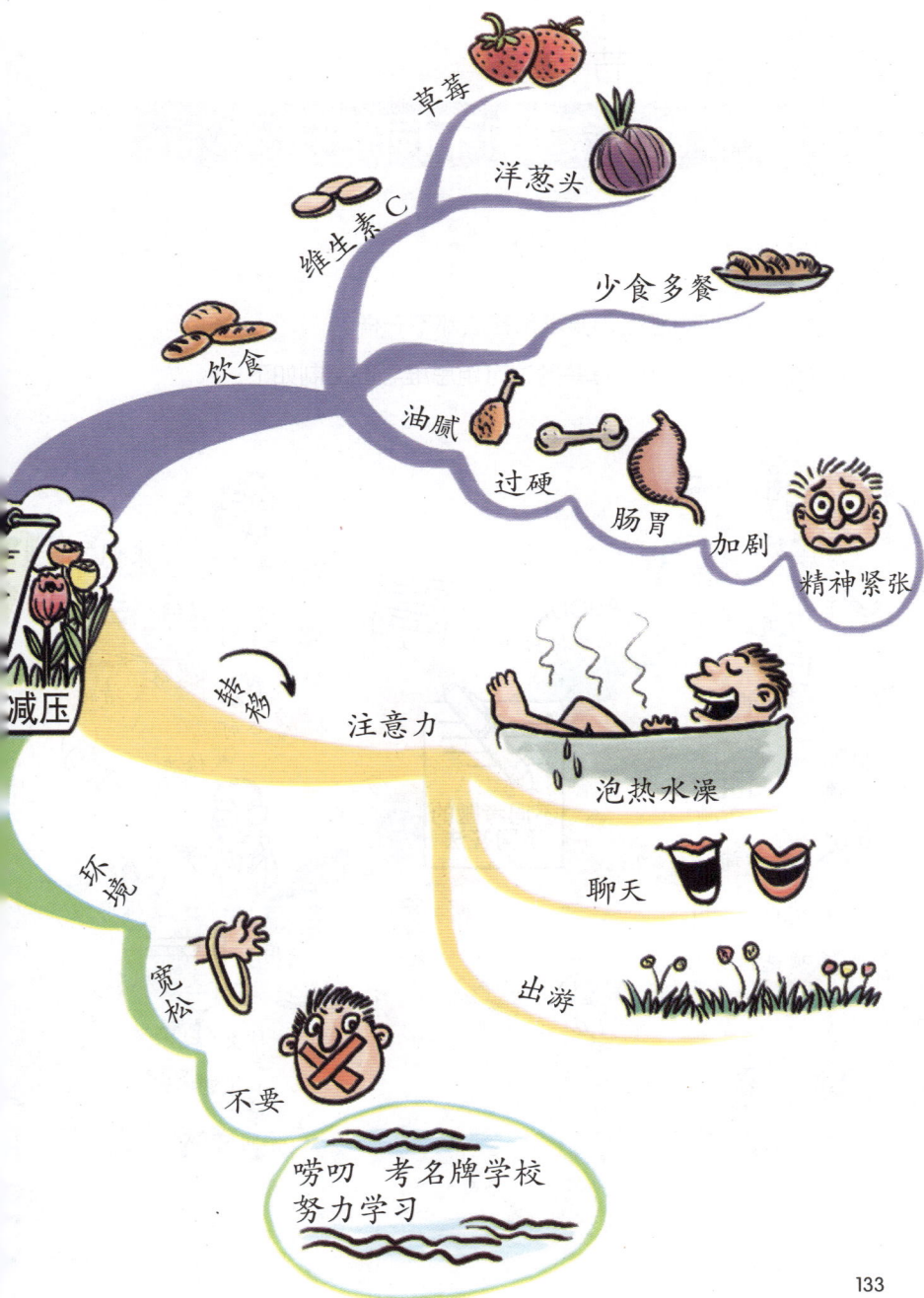

草莓

洋葱头

维生素C

少食多餐

饮食

油腻

过硬

肠胃

加剧

精神紧张

减压

转移

注意力

泡热水澡

聊天

环境

出游

宽松

不要

唠叨 考名牌学校
努力学习

考试中的不同题型，要求和答法都不一样。

这里有 5 种考题，其答题法可用思维导图绘制如下：

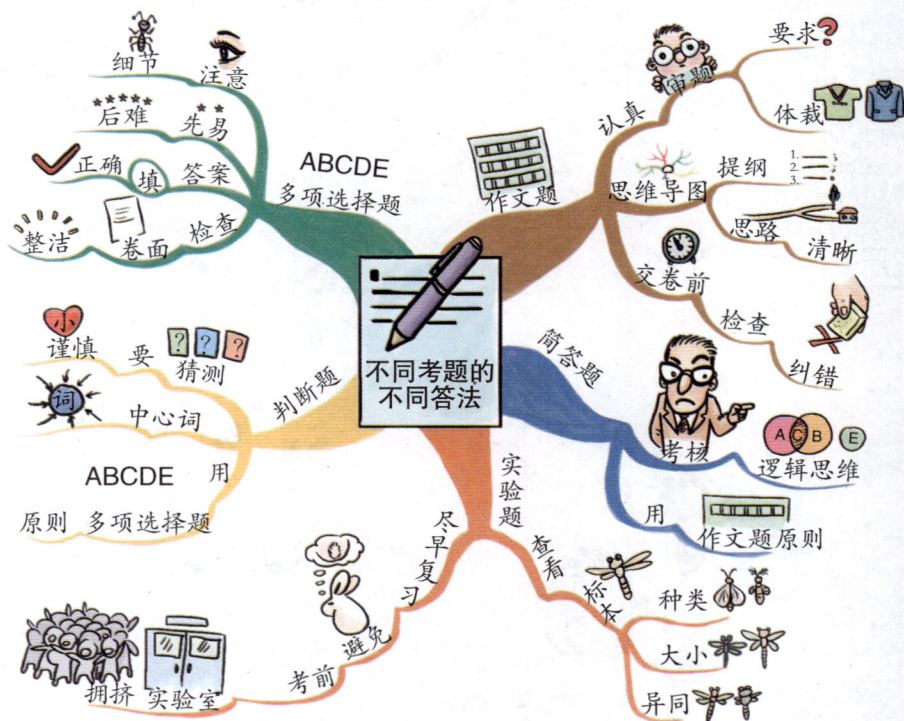

细节　注意
后难　先易
正确　填　答案
整洁　卷面　检查
ABCDE
多项选择题

要求
体裁
审题　认真
思维导图　提纲
思路　清晰
交卷前　检查
纠错
考核　逻辑思维
作文题原则

作文题

谨慎　要　猜测
中心词
ABCDE　用
原则　多项选择题
判断题

简答题

实验题

尽早复习
避免
考前
拥挤　实验室

查看
种类
大小
异同

不同考题的
不同答法

134

✿ 1. 作文题

对于作文题，应注意以下几个方面：

（1）认真审题，理解题目要求，看清体裁范围；

（2）轻微地在重要词语底下画线，让思维更清晰；

（3）用思维导图法迅速记下自己的想法，记得越多越好；

（4）用思维导图法列出较为详细的分段式提纲；

（5）写作时，注意文章思路的清晰度和文笔的流畅性；

（6）使用承上启下的过渡性短语，使阅卷老师明白文章的脉络和发展；

（7）交卷前，检查作文以纠正错、漏字与句法错误。

✿ 2. 简短问答题

对于简短问答，应注意以下两个方面：

（1）知道此类题考核的是逻辑思维能力；

（2）可以把第一种作文题的各项原则应用于简短问答考试。

✿ 3. 实验室型考题

对于实验室型考题，应注意以下两个方面：

（1）认真查看实验室内所有标本，熟悉其种类、大小及其不同的方面；

（2）尽早开始复习，避免临近考试实验室拥挤及其他方面的不便。

✿ 4. 是非判断题

对于是非判断题，应注意以下几个方面：

（1）在一些是非题中会对猜测施以处罚，故此猜测答案要格外谨慎，在试题的中心词底下画线；

（2）将以下多项选择题中的有关原则应用于是非题作答中。

✿ 5. 多项选择题

对于多项选择题，应注意以下几个方面：

（1）复习要充分、全面，注意细节；

（2）先做比较容易的试题，再答较难的试题；

（3）如果感觉最初的答案错了，就马上改变答案；

（4）把答案都填入正确的空格之中，包括计算机填涂卡；

（5）交卷前，检查一遍答卷，擦去可能与答案混淆的零星记号。

第三节

客观题的 6 大技巧

客观题答题有 6 大技巧，首先在一幅思维导图上表现出来：

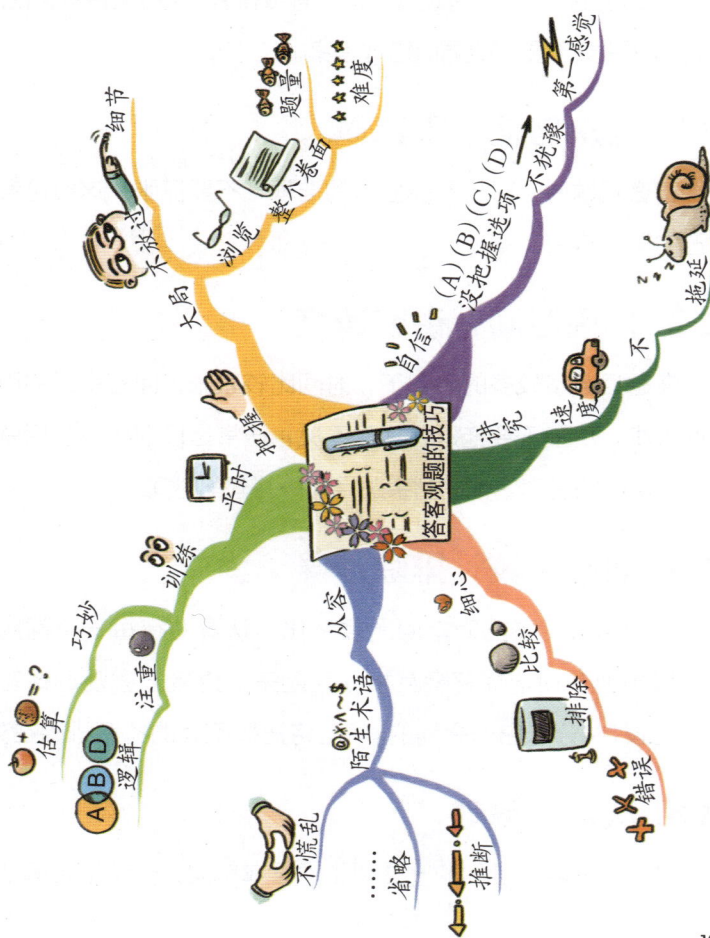

137

¤ 1. 把握大局，不放过细节

对于客观题，我们在正式答题之前，应当先浏览一下整个卷面，对全部试题的量和难度有一个大概的了解，以确定自己答题的速度和重点。认真研究每一个选择题的每一个选项，考虑之后认真选择一项最为合适的答案，不被假象所迷惑。

同时，认真对待重点词语，如"全部""至少""某些""经常""有时"等要格外注意，稍有疏忽，便会导致误答。对于相关的概念，审题也需注意不要因疏漏而错选答案。

¤ 2. 坚决自信，不犹豫

答客观题时，对于不能把握的选项，不要慌张，这时可考虑自己的第一感觉。

¤ 3. 把握时间，讲究速度

在题目数量较多的情况下，时间比较紧张，回答每题的思考时间很少，尽量不要拖延、犹豫不决，通常是仔细读完题后就要有一个明确的答案。根据剩余题目计算并分配时间。

¤ 4. 细心比较，排除错误

时刻小心，不把简单问题复杂化，认真对待每一个问题。可以考虑把多项选择答案互相联系起来，直接把客观选择答案加以比较，并分析它们之间的异同，将把握不大的答案排除在外。

¤ 5. 从容，镇静

对于客观题中碰到的一些陌生术语或单词，一定不要慌乱，可先阅读全文。如果要求翻译一句话，有时可省略一个单词，意思仍然通顺。如果陌生单词非译不可时，可根据该单词和整篇文章的关系来推断。

✿ 6. 巧妙估算，注重逻辑

理科考试中的计算性选择题，如果采用常规的计算也可以求解，但浪费时间，这类题多半可以采用简便的估算法求解，平时可以注意训练。

同时为了训练自己的逻辑做题法，可以从其他相关的题目中去寻求答案。

第四节
主观题的 4 大诀窍

主观题是最普遍的一种考核方式。

这类题目不仅能更好地要求回忆所学的内容，还要求组织某些材料，常被称为"发挥性题目"。

这类考题使考生有机会表现自己准备的程度和对某项知识理解的深度和广度，同时老师也能在评卷时做出更多独立的思考和判断，因此这类考题没有严格规定的统一答案。

¤ 1. 仔细审题，把握中心

一些论文式的主观试题，题目的文字叙述较多，或者是应答知识的容量较大。

主观题的题分一般都较高，答题时一定要注意认真审题，准确理解题意，一定要把答案限定在试题所要求的范围之内，切忌答题时笼统地概括和胡乱地"填塞"。

¤ 2. 草拟一个答题提纲

草拟一个答题提纲至少有两点好处：

一是合理地组织材料，使自己对问题的论述能够层次分明，条理清楚；

二是避免漏答某些重要的内容和观点。

提纲一般包括两个方面的内容：

①本题打算回答几个问题或观点；

②按怎样的顺序回答。然后就可以准确而迅速地答题了。

✿ 3. 回答论述题要言简意赅

回答论述题一定要直截了当，不要用引言段开头，也不要开头把问题重新写一遍。

评卷老师一般喜欢思路清晰、言简意赅的答案。

答题的时间分配应根据题分来确定，审题时拟出答题提纲以后，可以对自己列出的每一个要点都提出个"为什么"，在心里反问一下该点是否重要。

这样做能鉴别出哪些内容有价值，哪些内容没有意义。对于没有意义的议题或论点，应当毫不犹豫地删除，这样在你的答案中就可以少说废话和空话了。

✿ 4. 提高组织答题材料的能力

要想组织好材料，提高自己的答题能力，一方面要掌握论文式题目的应答技巧，另一方面要提高自己的语言表达水平和思维能力。

在平常考试时应该培养自己的这些能力。

思维和语言有着密切的联系，如果一个人的语言水平很低，其思维发展水平也就不可能很高；

如果对某一问题思考越深刻，他的语言表达能力也就越明确、清楚，答题自然能得高分。

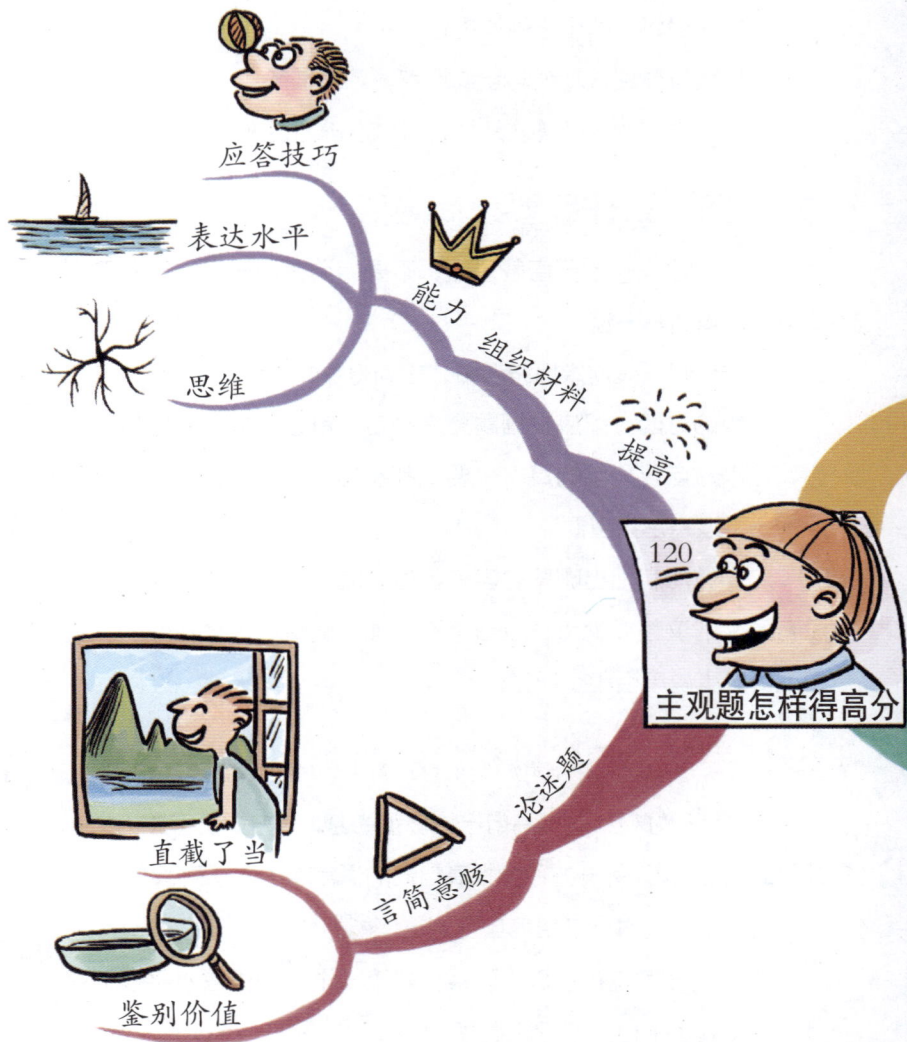

应答技巧

表达水平

思维

能力

组织材料

提高

120

主观题怎样得高分

直截了当

言简意赅

论述题

鉴别价值

仔细　审题　把握　中心

答题

忌

笼统概括

胡乱填塞

草拟　答题提纲

好处

合理

避免

漏答

组织材料

内容

需答几个问题或观点？

按怎样的顺序回答？

143

第五节
高分答题的 6 个关键点

无论针对什么样的题型，若想高分答题应该注意这 6 个关键点：

✿ 1. 有效利用 10 分钟，稳定自己的情绪

考生进入考场，开考前需要等待 10 分钟左右的时间。

这时，可以进行几次深呼吸，尽快使自己的情绪稳定下来，同时，及时检查试卷是否有缺页、破损、漏印或模糊等现象。如有，可以及时更换。

接着浏览一下整套试卷，对题型、题量有个了解。

✿ 2. 尽量不留空白

对于没有把握的客观题，要相信自己的第一感觉。

对于主观题，可以采用"分步""分点"得分的方法。

会多少写多少，即使写上一些相关的公式也可能会有一定的分数，以达到在能得分的地方绝不失分，不得分处争取得分的目的。

✿ 3. 科学分配时间

可根据题量的多少，合理分配时间。

比如一个只有 1 分的选择题花去了你 8 分钟的时间，这样绝

对不划算，这时应考虑攻克容易的题目，最后再分配时间主攻较难的题。

¤ 4. 做题先易后难

拿到考卷后，要先做容易题，后做难题。

先做容易题可以增加自信心，使心情逐渐稳定下来，而且做的题越多，拿到的分数也就越多，心里就越有底，更利于做剩下的难题。

¤ 5. 难题要果断弃置

如果一道题花费你太多的时间而没有任何进展，这时应该考虑果断放弃，待其他会做的题完成后，再回过头来攻克它。

¤ 6. 提高解题速度

答题尽量做到准确、思路清晰，写清每一步的推导、演算，格式要规范。

会做的题争取一遍做对，提高效率。

这就要求平时应打好基础,养成周密思考、严谨解题的好习惯,把该拿的分都拿下。

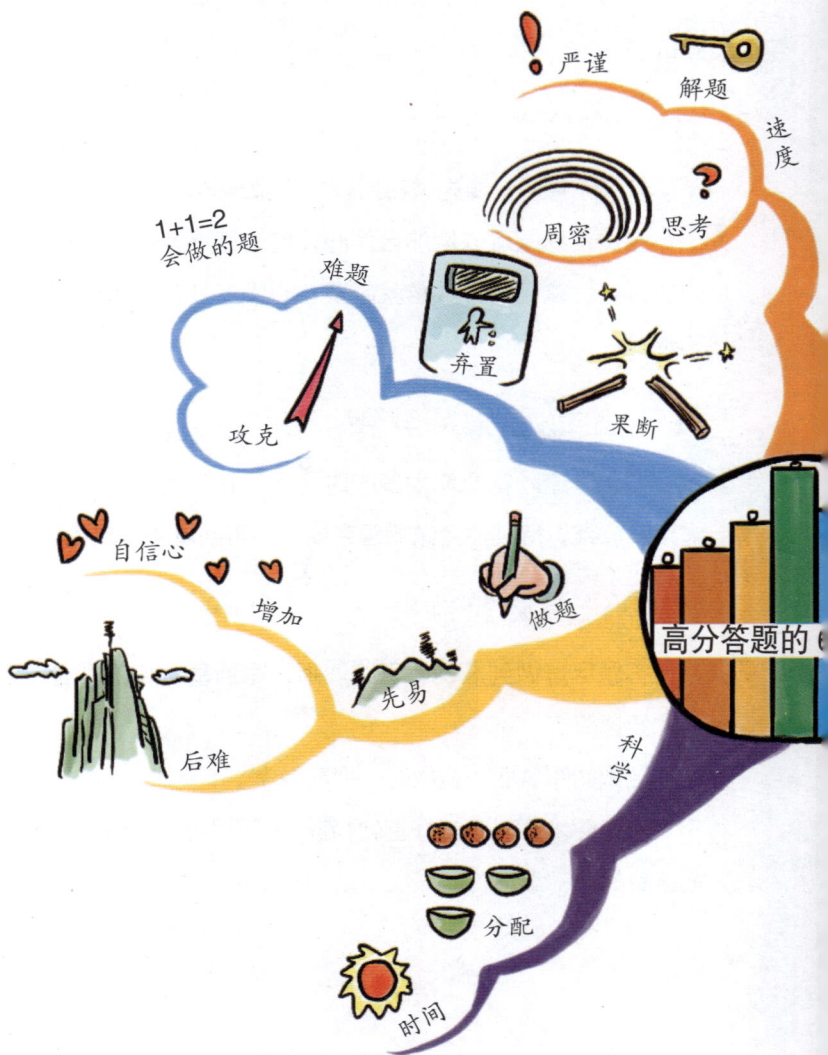

严谨

解题

速度

周密 思考

1+1=2
会做的题

难题

弃置

果断

攻克

自信心

增加

做题

先易

高分答题的

后难

科学

分配

时间

关键点

提高

考前

10分钟

稳定情绪

深呼吸

检查试卷

有无

缺页

破损

漏页

模糊

浏览

整个试卷

了解

题型

题量

不留

空白

不会的

争取得分

会的

绝不失分

第六节
5 轮备考的复习技巧

学生在复习的时候要把握好课本的知识，对课本上的知识进行总结归纳，建立知识网络，从而理解和消化每个知识点，掌握不同题型的解题思路和解题方法。此外，复习的时候要针对课本的重点知识进行强化，达到提高的目的。

考试的成败在于备考，学习高手也不例外。实践证明，在备考复习中采取 5 轮备考复习的技巧具有良好的效果：

第一轮 查漏补缺，夯实基础知识

这一轮要把以前在学习过程中的作业本、练习册、考卷、教科书等相关资料找出来，把原来做错的题、含糊不清的题、教科书中理解不透的知识点都统计出来，以便采取办法予以纠正，完善知识体系，夯实基础知识。

在纠错过程中，绝不能在本上或卷子上一改了之，要先把它们按知识点的网络进行归类，让错题与相关知识点挂钩，并认真分析其错误原因，然后将错题与相关的知识点集中在一起，认真理解练习，直到攻下为止。

还可以对以上改正过程中出现的错题、含糊不清的题、做得不熟的题，连同相关的知识点，把它们按学科的章节，按知识体系分门别类，设专用纠错本，然后装订成册，形成错题集，以备系统复习用。

第二轮 打好基础，强化基础知识理解能力

学习有"三基"，即基本知识、基本方法和基本技能。

理科要对基本概念、公式、定理、定律、实验原理等要点内容掌握得准、记得住、用得活，同时还要对书中的例题、练习题、复习题进行强化训练，并发现问题，解决问题。

文科则要全面理解、记忆基础知识和基本理论，并联系课后思考题，进行引申思考扩展。

第三轮 抓好专题归类，提高系统知识解题能力

这一轮专题复习，总体要在老师安排下进行。通过老师精讲，自己多练，来提高自己的系统知识解题能力。

这种专题复习，涉及的知识往往要联系好几本书，甚至是曾经所学的知识内容。不过，这种新旧知识的衔接，对知识系统会起到很好的促进作用。

这类专题选择要准、要精，否则复习就会走弯路，多费时间。

第四轮 抓好综合训练，备战考试能力

综合训练量大，难度也大。但可按照考试大纲，梳理出教材中的相关知识点，按课本顺序把该学科的知识连接起来，做到全面、系统、深刻地掌握知识体系；在练习运用知识方面，要认真、全面、系统地整理过去所做过的题，力求找出解题规律。

比如对以前做过的所有题，要学会分门别类，做到综合归纳并学会与知识点挂钩。

也可以在自己情况允许的条件下，去挑选一些与考试大纲相关的配套难题训练。

通过做难题、攻难关的训练，既培养了自己对复杂问题的分析、解决的能力，也为升学考试攻克难关打下良好的心理基础，进一步开发自己大脑的思维能力与想象能力。

第五轮 做好知识梳理，回归教材，强化记忆

最后一轮复习是与考场考试能力相接轨的复习，应该安排在考前一个月进行。

在这段时间里，应该注重知识梳理，将自己在前四轮完成的所有训练题和以前学习过的作业题，分科、分章、分单元及按知识体系整理出来，并有序地按学科摆放在书房内。

同时将自己本年级学习的教材备齐，有些科教材内容要延伸到上个年级，认真理解书中知识点的内涵与外延。

这一轮复习，是备考的总攻阶段，任务艰巨，一定要注意科学用脑，提高备考效率，减轻学习压力。

要做到劳逸结合，该学的时候，集中精力去学；该玩的时候就去玩，保证身体健康。

同时膳食结构要合理，做到学习轻松自如，心情愉快，保证有个好身体，做到高高兴兴地学习，快快乐乐地备考，扎扎实实地迎考。

最后，抓好考前 20 天的实战"演习"。这 20 天要做到"五

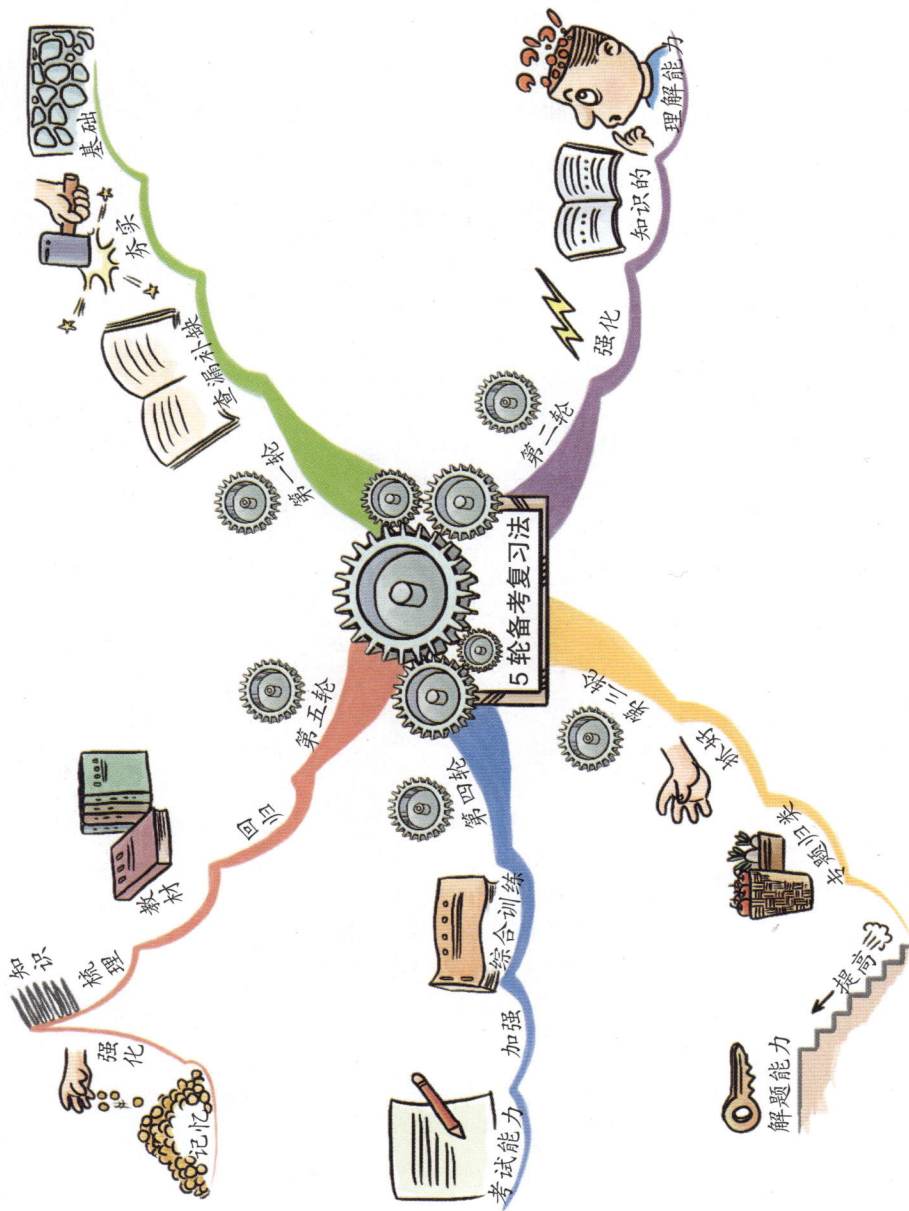

5轮备考复习法

基础

巩固

查漏补缺

第一轮

第二轮

强化

知识的

理解能力

教材

回归

知识梳理

强化

记忆

考试能力

加强

综合训练

第四轮

第三轮

作业

巩固

查缺补漏

解题能力

提高

第五轮

接轨"，即考试心态接轨、做题方法接轨、考试技巧接轨、做题的准确率接轨和做题的速度接轨。

这期间，各科要按照正式考试的时间安排做题，每科隔一天做一套模拟题及本科目在复习中查出的不熟练的题。此外，不要加额外题量，以保证备考质量和效果。

给孩子的
思维导图

学霸笔记

陈　玢 主编
静　日 编著

思考帽

北京燕山出版社

图书在版编目（CIP）数据

给孩子的思维导图.学霸笔记/陈玢主编；静日编
著.— 北京：北京燕山出版社，2023.2
ISBN 978-7-5402-6678-3

Ⅰ.①给… Ⅱ.①陈… ②静… Ⅲ.①中小学生—学
习方法 Ⅳ.① G634

中国版本图书馆 CIP 数据核字（2022）第 182547 号

给孩子的思维导图·学霸笔记

作　　者　陈　玢　静　日
责任编辑　王长民
文字编辑　赵满仓
封面设计　韩　立
出版发行　北京燕山出版社有限公司
社　　址　北京市西城区椿树街道琉璃厂西街 20 号
邮　　编　100052
电话传真　86-10-65240430（总编室）
印　　刷　河北松源印刷有限公司
开　　本　880mm×1230mm　1/32
总 字 数　610 千字
总 印 张　30
版　　次　2023 年 2 月第 1 版
印　　次　2023 年 2 月第 1 次印刷
定　　价　148.00 元（全 6 册）

发 行 部　010-58815874
传　　真　010-58815857

如果发现印装质量问题，影响阅读，请与印刷厂联系调换。

前言

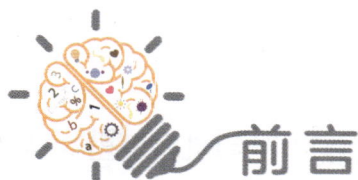

做笔记是我们学习过程中必不可少的一个环节，它为我们提供了一个不同于大脑记忆的有形的记忆库房。那么，这个库房里存放的内容是否能在我们需要时被快速找到，被找到的内容能否与我们脑中记忆的内容产生联系呢？

多数人从筹建这座库房开始，都会按着老传统、老样子、老格局来设计、搭建。虽然尊重传统是个好习惯，不过学习本身就是个有创造性的工作，大脑需要不断地革新、突破，才能举一反三，最终学以致用。既然如此，我们是不是也可以找到更有效的方式来建设学习记忆库房呢？答案自不必说，而且也不会只有一种！

所以，我们应该在学习的过程中时时想着如何去创新，从而寻找更好、更有效的记笔记的方法，而不只是承袭旧习。如果一个人可以经常找到便捷的记笔记方法，那么相信他将来也必会在其工作领域中有所建树。因为他在寻找合适的方法记笔记的过程中已然开始用"时时创新"的思维了，当这种创新思维经过如此一步一步积累后，便会成为一个令我们终生难弃的行为习惯。

　　本册介绍的思维导图笔记整理术就是一种非常有意思的笔记术，无论是笔记的呈现形式还是笔记的记录方式都与传统笔记有着截然不同的风格。如果你是个愿意尝试、喜欢探索、敢于冒险的人，相信你一定会对这种笔记术大为动心，关于它的好，你尽可以去书中发现。这里只想说，创新精神与创新意识真的可以从一本笔记开始！

目录

第一章　重新发现笔记的神奇力量

第二章　为思维导图做准备

重新发现笔记的
神奇力量

告别无效的
照搬照抄式笔记法

✿ 你真的会做笔记吗

√ 你是否听到了全班同学的集体抱怨声?

√ 你是不是因为历史老师讲得太快而翻白眼?

√ 你是否每次试图重新翻阅笔记时,却发现自己写下的笔记原来是本"文字堆积起来的天书"?

嗯,我们的课业笔记几乎都是——照抄板书、课本的"克隆"版"文字堆"式的笔记。

而你,则是不折不扣的"抄录机"。

看看下页各课业笔记中的行行排列式,是否与你的笔记形神皆似?

语文笔记

数学笔记

生物笔记

英语笔记

☒ 为什么你的笔记很无效

　　研究表明，"传统的行行排列的笔记形式更倾向于逐字逐句地记录讲课内容，信息并没有经过自我过滤与处理，这对学习有害且是最无效的学习方法！"所以，如果再继续运用这种学习效率不高的笔记方式，你永远都挤不出玩的时间。因为——

1. 单调，易疲劳

　　单一的纯文字书写、固定的行数、没有变化

的展现形式、单调的笔迹颜色，每每阅读都仿佛在自我"催眠"，这样的笔记形式也说明你的表现与创新能力还有待提高。

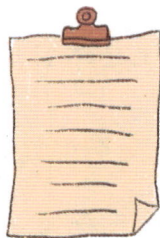

2. 有用信息少

真正有用的关键信息只占"文字堆"的 20%，这意味着你必须要读完80% 的无用文字后才能找到"精华"。

3. 不易修改

满满一页文字，基本没有余地再补充新知识，如果有了新的相关内容，写在哪里呢？多数学生只能被迫将其夹在字里行间，或者把它加在带有星号的页面底部。

4. 不易总结归纳

传统笔记形式无法让人一目了然地获得对整体课业知识的印象。一本书都学完了，你能通过笔记快

速总结自己都学了些什么吗?

5. 增加大脑工作量

手写文字不易识别,而边识别边记忆,也会增加大脑工作量。

传统笔记点评:

✿ 上页图中笔记的三点不足

1. 两个对页中同时放了两节课的内容，需要仔细辨别才能区分出两节课的内容，而且重点与非重点也没有突出。

游戏时间

你能第一时间找到"天净沙"的中心内容吗？

2. 行行有字，全部页面空间都占满了。

游戏时间

如果想给"天净沙"的作者马致远再补充一些其他内容，写在哪里呢？

3. 笔迹颜色只有一种黑色，不易一眼看到重点内容。

像科学家一样做笔记

　　科学家们最懂得如何从海量信息中浓缩、归纳最有价值的知识点，也最懂得如何有效利用有限的时间创造出最无限的事情。他们各种创造力就是从笔记开始的——

❀ 科学家达·芬奇的笔记

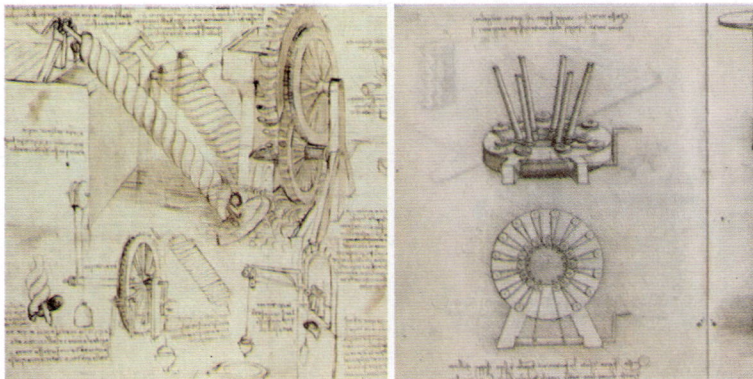

　　■　这些笔记都是达·芬奇没来得及整理的笔记，据说整理之后可以加快当时 30 年的科技发展。达·芬奇记笔记需要去巩固以及延伸出新的知识，而使知识体系更加完善、壮大。

¤ 物理学家牛顿的笔记

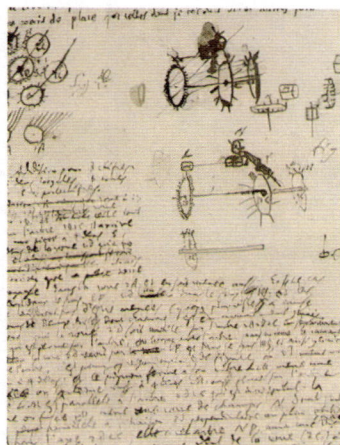

¤ 植物学家林奈的笔记

¤ 生物学家达尔文的笔记

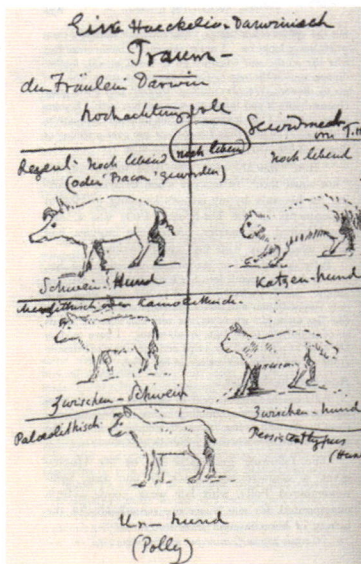

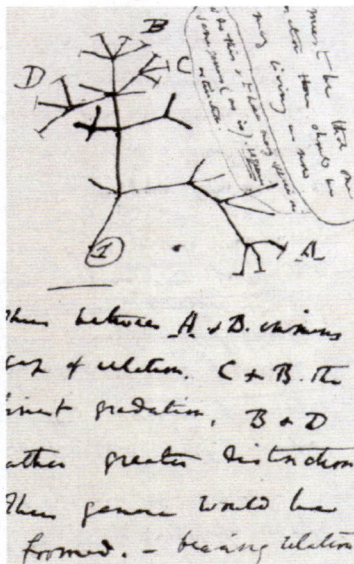

视觉图像穿过我们，就像云彩划过天空一样。

　　看过科学家们的笔记后，我们发现即使笔记本上的文字完全不认识，但是通过那些图画，依然能够猜测出笔记的内容，这即是图像的力量——不仅易于识别，更利于理解与记忆。

　　文字与图画同时描述一个人时，大脑肯定最先记住有图画描述的这个人。因为——

★　大脑处理视觉图形信息的速度比文本快 6 万倍。

★　教室里的视觉教具能提高高达 400% 的学习效

果。（这个你一定深有体会！）

★ 与声音刺激记忆相比，图像记忆的效率要高出 3-10 倍。

★ 与没有图片的内容相比，带有图片或信息图的内容的浏览量增加了 94%。此外，彩色的视觉效果还会让人们阅读内容的意愿提高 80%。

★ 图像记忆是目前世界上最先进、最有效的记忆方法。

而且，图像如果简约、夸张、有趣、违反常理的话，就更容易印象深刻。比如你看了电影《爱丽丝梦游仙境》后，一定对红桃皇后过目难忘，因为她的大脑袋造型太独特了！

当信息以图像形式呈现时，它就会使你：

> 使你长期记忆变得更好

> 能够更快地传输消息

> 更容易理解

> 更容易触发情感

所以说，如果讲到记忆效果，图像记忆的效果远远高于文字。即使你曾动用过一些记忆技巧，其实也是将其想象成图片或场景才记住的。例如，记忆技能训练中最常用的一个办法——每天为 0-10 赋予自己准备做的各种事物。

- ·0= 鸡蛋

- ·1= 墩布

- ·2= 出门要带的两件必需品：手机和钥匙；

- ·3= 今天要去拜访三位老师；

......

于是，当你开始回忆 0-10 上面附加的事物时，就会立刻先想到要去买鸡蛋做早餐，然后去学校要轮做卫生值日……

瞧，只是一个简单的数字，但是它后缀的一系列场景画面就都呈现在眼前了。因此，图像就如同一把房门钥匙，通过它可以打开你通往记忆库房的大门。

另外，还有一个不好的消息也迫使我们必须增加图像的使用率——

2015 年，美国国家生物技术信息中心 (National Center for Biotechnology Information) 发现了一个令人遗憾的现象——我们的平均注意力持续时间从 2000 年的 12 秒降至 8.5 秒。这比一条金鱼的注意力持续时间还短。所以，在如此短的时间内，想要快速记住些什么，也就只能依靠图像内容了。

麻省理工学院（MIT）脑与认知科学教授玛丽·波特（Mary Potter）与她的同事们还做过一项大脑解读图像的测试，他们发现大脑可以在 13 毫秒内处理完整的图像。这就是前文提到的"大脑处理视觉图形信息的速度比文本快 6 万倍"的证明。

下图可以很好地说明这个事实——

这是一个有着四条等边和四个直角的平面黑体

左图一眼即知那是个黑色正方形，右图需要点时间读完文字才能知道是什么。

不仅如此，玛丽·波特还说："眼睛看到这些信息之后，大脑会立刻进行思考，从而知道下一步该做什么……"

图像的力量虽一目了然，不过一个完整的笔记中，必须图文兼备！

文字的力量也同样强大！因为文字的长处在于能使你成为一个思想深邃、逻辑性更强、更理智的人。它还为联想与再创造提供了广阔空间——

文字是"一千个读者就有一千个哈姆雷特"；

图像则是"一千个读者只有一个哈姆雷特"。

因此，图文结合
才能帮你轻松高效地
搞定每一科的课业。

任何人都可以努力训练自己成为一个不错的视觉记忆高手！你可以尝试从下面的游戏开始——

游戏时间

请用 15 秒时间记住下列图片中的物品。

图 1

16

15 秒计时开始……

（请说出图 1 中的内容）

请用 15 秒时间记住下列图片中的物品。

图 2

15 秒计时开始……

（请说出图 2 中的内容）

请用 15 秒时间记住下列图片中的物品。

图3

15 秒计时开始……

（请说出图 3 中的内容）

请用 15 秒时间记住下列图片中的物品。

图 4

15 秒计时开始……

（请说出图 4 中的内容）

用 "一张纸" 就可解决大问题

生活中当你遇到任何要处理的事情时，最常动用的是什么？大脑，对不对。多数情况下你可能只是将要做的事在脑子里过一遍，当然，我们每个人几乎都如此。但是也有人会记在本子上，这个习惯特别好，有助于理清思路。

但是，如果一句一句将要做的事情全部写出来可不是件容易的事。因为写的时候，你会发现需要补充各种旁枝细节，逐一写下来的话，你可能就失去了做这件事的勇气。

不过，能有一个大致的思路框架总是好的，它能成为你做事的向导。就如同每一位成功的演讲人在演讲之前都会为自己列一个大纲。然后，他根据大纲中的关键词提醒自己接下去要讲什么。承载这个大纲的其实也就只有一张纸。但，它却极大地支持了演讲者的整场演讲。

其实，我们生活中的每件事都可以有这样一张纸，它能使我们的生活更顺畅，让自己变得更有能力：

✿ 一张纸就可以提升规划能力

我平时总是丢三落四，所以经常会遇到一些需要临时抱佛脚的窘况。尤其是在外出旅行时，由于临行前只根据脑中想到的物品做准备，所以到了目的地后经常发现自己缺东少西，很不方便。有一次到了晚上要睡觉时才发现没带睡衣，而且还是夏天，除了外衣没有可替代的衣物，只好临时出去买，但因为无法提前清洗掉新衣服上的化学物质，以致第二天皮肤过敏了。所以从那时起，我开始练习着写清单。

第一次写清单时，没什么经验，只是简单地将自己能想到的物品一一列出来。所以，它们最初的样子特别普通，是这样的———

旅行准备清单

衣服
充电器
食品
药
伞
身份证
护肤品
牙具
拖鞋
外出小包
银行卡
充电宝

列完之后，我整体看了一下感觉清单列得很杂乱，没个头绪。于是，将它们归了归类———

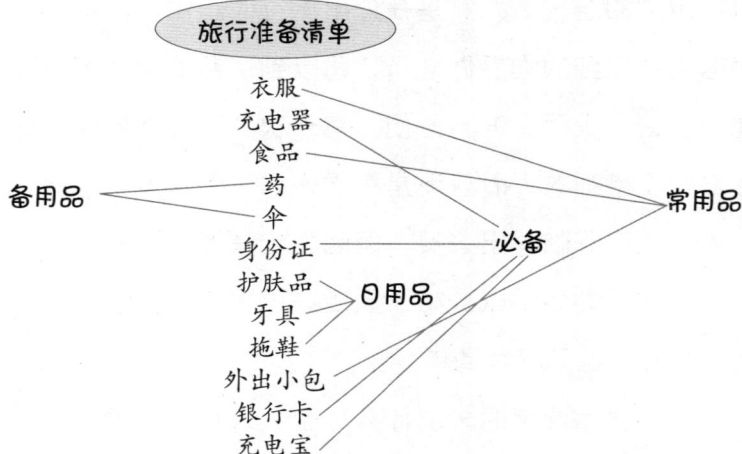

类别确实分了出来，但是页面也由此变得更乱了。
于是我重新做了一张清单——

药
伞   **备用**   **常用品**   衣服
                                                食品
                                                外出小包

                    旅行准备清单

护肤品   身份证
牙具   银行卡
拖鞋   **日用品**   **必备**   充电器
                                                充电宝

一下子感觉条理清晰了很多。不过，单一颜色感觉
很沉闷，一点也不能配合我即将要去旅行的好心情，因
此又为其添加了一些颜色以及画了一些有趣的小插图，
虽然画功有限，但只要画出来就觉得很喜欢、很生动——

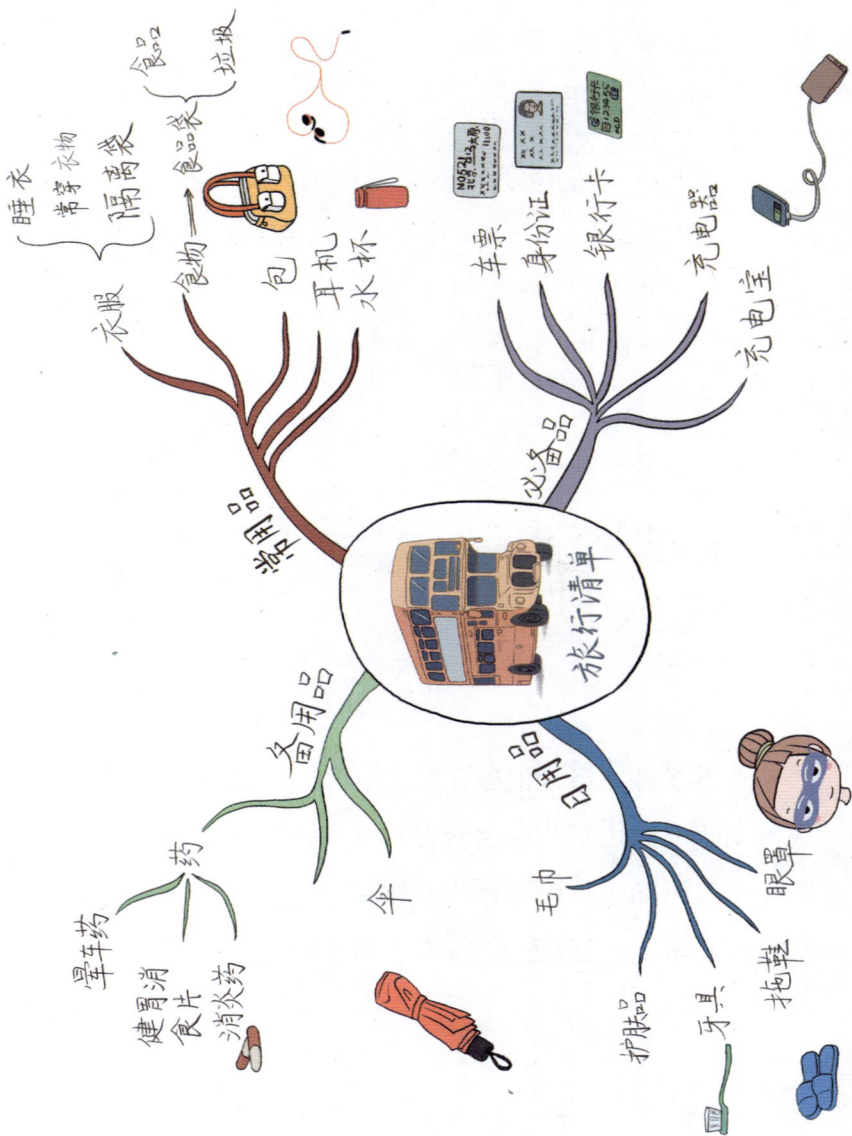

旅行清单

常用品
- 衣服
  - 睡衣
  - 常等衣物
  - 隔离袋
- 食物 → 食品袋
  - 食品1
  - 食品2
  - 垃圾
- 包
- 耳机
- 水杯

必备品
- 车票
- 身份证
- 银行卡
- 充电器
- 充电宝

家用品
- 药
  - 晕车药
  - 健胃消食片
  - 消炎药
- 伞

日用品
- 毛巾
- 护肤品
- 牙具
- 拖鞋
- 眼罩

并且，这些清单在制作时经过了页画的布置与设计，所以闭上眼睛都能数得清楚自己需要些什么。这样做之后一下子就觉得思路特别有条理了，想到以后做任何事都这样的话，我的规划能力会越来越强大的！

　　另外，在纸张上布置、写画这些清单时，因为用心地涂色与绘画，这个小小的创作过程也使我烦躁不安的心逐渐平静了下来。

　　现在你已经看到，我的这张旅行清单图其实就是如今被大家广泛应用的"思维导图"，当我实际用过之后，发现它真的很神奇，可以让复杂的事情变简单，使难以理清的思路变顺畅，将堆积在一起的知识清清爽爽地呈现……

　　英国管理学作家 Dr. Tony Turrill 对它的总结是："思维导图可以让复杂的问题变得非常简单，简单到可以在一张纸上画出来，让你一下看到问题的全部。它的另一个巨大优势是随着问题的发展，你可以几乎不费吹灰之力地在原有基础上对问题加以延伸。"

思维导图到底是个啥

如果将思维导图看作我们大脑的地图，可能更容易理解。因为它看起来确实和大脑的神经构图较为相似。

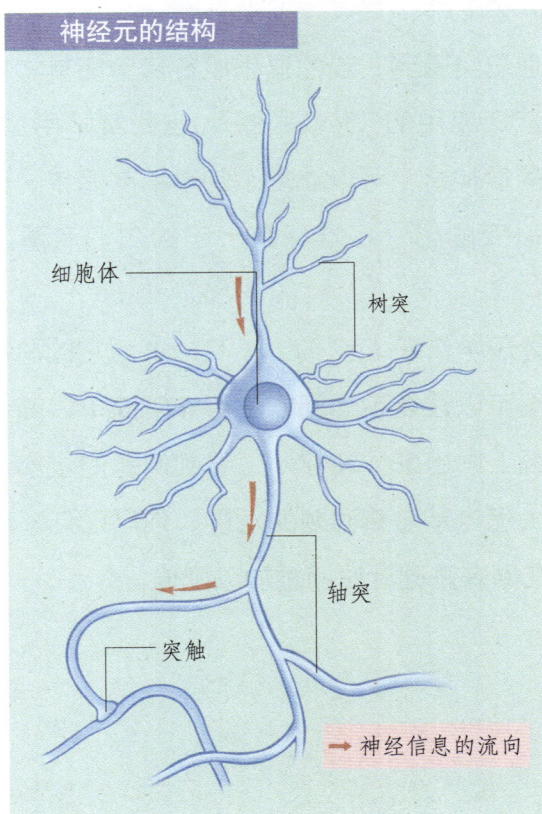

神经元的结构

细胞体

树突

轴突

突触

→ 神经信息的流向

思维导图

　　这张图主要用来将大脑中的想法和概念以图形的形式呈现出来。它呈现的结构以及呈现的过程更接近于大脑的实际工作方式，也就是会动用组织、分析、理解、综合、记忆以及产生新想法等能力来共同完成一件事。

¤ 思维导图的一些很受懒人们喜欢的优点

　　★ 思维导图不需要你一字不落地抄下老师说的每一句话。相反地，它将迫使你必须全神贯注地听完老师所讲的内容，然后再从中总结、提炼，写下你认为重要的信息。当你绘制思维导图时，你的大脑会积极地处理信息，而不是不假思索地抄写。这样一来，你就节省了上课和课后复习的时间。

★ 它通过使用关键词来浓缩你的想法，这些关键词会像多米诺骨牌一样在大脑中引发出一层层的联想波澜，避免了单调的线性思维。

★ 它们如同一个个浓缩了大量知识与信息的胶囊，使 1000 个词汇 = 一幅图，一本书 = 几幅图。简洁而一目了然，使人能以最快速度看到重点。

★ 它能快速提高记忆效果及扩展思维。

★ 让你有机会磨炼创造力。因为为了让笔记变得更有趣，我们会有意无意地让自己变得更有创意。

★ 长期坚持使用思维导图做笔记的话，它会奖励你一个额外的超能力——做事善于抓重点！

看看下面的图片，左边和右边的图像提供了相同的信息。但是你认为哪一个更容易记住，复习起来更快呢？

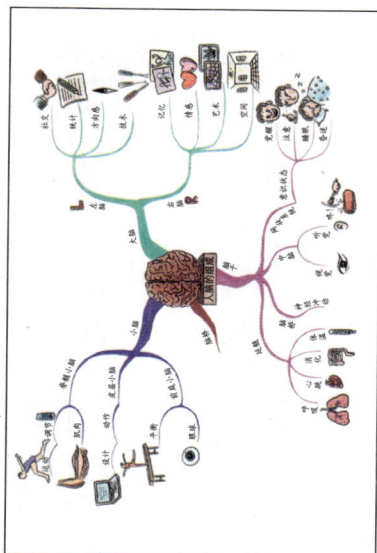

人脑由三部分组成：脑干、小脑和大脑。

脑干位于头颅的底部，自脊椎延伸而出。大脑这一部分的功能是人类和较低等动物（蜥蜴、鳄鱼）所共有的，所以脑干被称为爬虫类脑部。脑干被认为是原始的脑，它的主要功能是传递感觉信息，控制某些基本的活动，如呼吸和心跳。

脑干没有任何思维和感觉功能。它能控制其他原始直觉，如人类的地域感。在有人过度接近自己时，我们会感到愤怒、受威胁或不舒服，这些感觉都是脑干发出的。

小脑负责肌肉的整合，并有控制记忆的功能。随着年龄的增长和身体各部分结构的成熟，小脑会逐渐得到训练而提高其生理功能。对于运动，我们并没有达到完全控制的程度，这就是小脑没有得到锻炼的结果。你可以自己测试一下：在不活动其他手指的情况下，试着弯曲小拇指以接触手掌，这种结果是很难达到的，而灵活的大拇指却能十分轻松地完成这个动作。

大脑是人类记忆、情感与思维的中心，由两个半球组成，表面覆盖着 2.5 ~ 3 毫米厚的大脑皮层。如果没有这个大脑皮层，我们只能处于一种植物状态。

所以，思维导图为自己做的广告语是：

人类的大脑只能记住 5 到 9 个想法而不会忘记它们。一旦超出了这个限度，我们就要开始忘记一些事情 ——这通常会让人陷入麻烦。

所以，如果有什么办法可以让你从繁重的课业中多挤出一点休闲时间，比如一个月的课业量只用一周就能学完；半年才能完成的课程只需一个月就可以搞定！那一定就是——思维导图式笔记！

关于水的知识点，利用下面的思维导图，是不是就很容易记忆了。

根据 2000 年国家阅读小组 (NRP) 的研究，视觉组织工具的使用是提高学生记忆力的 7 个最有效的方法之一。思维导图是将理想和概念形象化的最佳方法之一，它能帮助学生提高思维、记忆和学习能力。

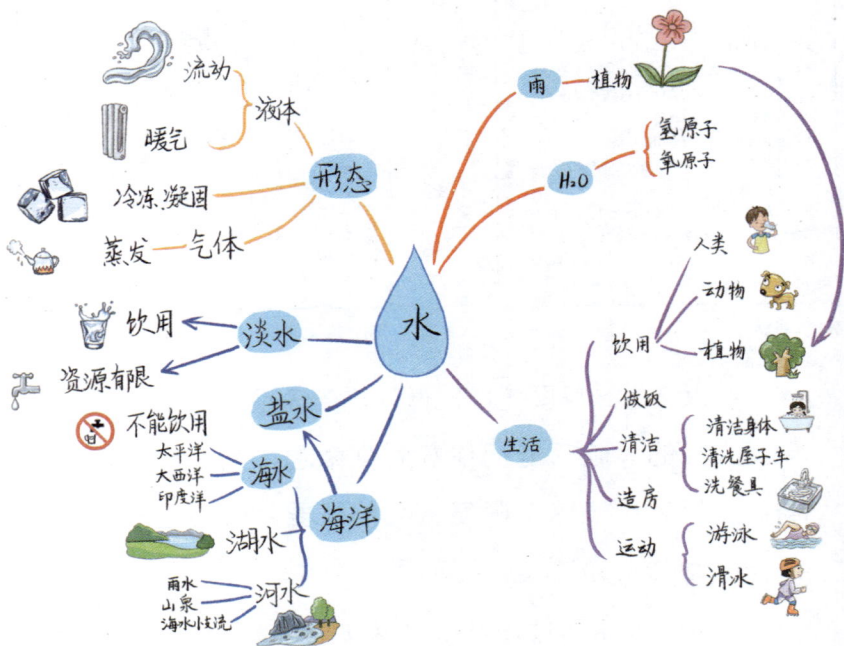

第六节　思维导图 让你有机会发现更广阔的世界

通常，我们的思维习惯是以一条线向前延伸的形式去推想事情，但这只是一种思维方式。

有很多时候，我们常常会感叹有些人想法非同一般，比如马云，当别人都在线下开商店时，他就想着，为什么不利用互联网进行商品交易呢？于是，他建立了淘宝网。

这就是跳出了线性思维最好的例子之一。

但是，我们如何也能让自己摆脱线性思维的束缚呢？我觉得你完全可以从创建思维导图笔记开始锻炼自己。

要知道，我们阅读和思考的速度是飞速的，当我们在阅读中产生了某个想法时，要想用文字将其完整地记录下来，基本是徒劳的。

当灵感来临时，你需要一种快速而全面地捕捉想法的方法。

而思维导图正是一个帮你捕捉想法与灵感，并将其以视觉形式带入生活的好工具。所以，从另一个角度讲，除了记笔记，思维导图还能帮助你变得更有创造力，因为它能够令几个看似不相关的点产生联系，并由此引出一种新的想法。

比如我在阅读有关季节与水果的文章时，为了能直观地看到每个季节的主要水果，我决定画一张简单的季节性水果的呈现图。

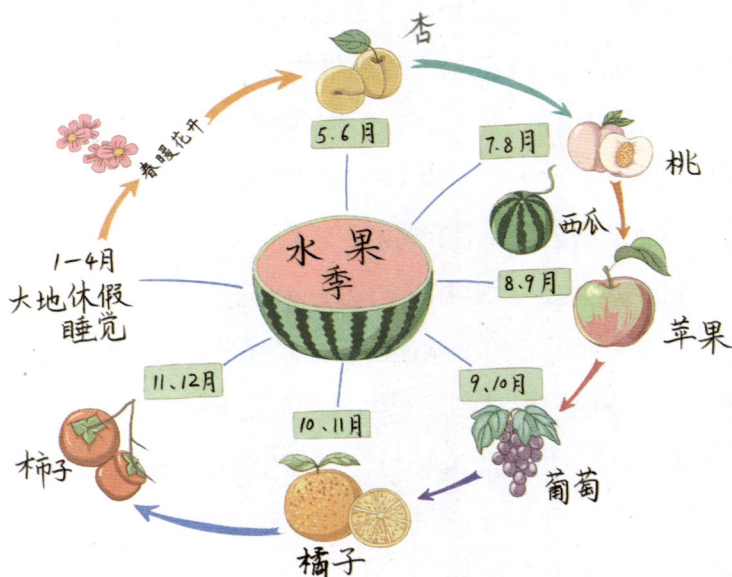

但是，看到图中春天开出小花时，我忽然想到水果花都是需要蜜蜂传粉之后才能结果的，于是我又画了只小蜜蜂。

杏
5、6月
7、8月
桃
西瓜
8、9月
苹果
春暖花开
1—4月
大地休假
睡觉
水果季
11、12月
9、10月
10、11月
葡萄
柿子
橘子

　　可是，当我再次审视这幅水果图时，突然想到，"如果没有了蜜蜂"会怎样？因为以前看过一篇文章说现在的蜜蜂的数量正在逐年减少……顿时发现，如果世界上没有了蜜蜂，我们人类很可能会饿肚子，这就涉及了环境保护的大问题！

　　瞧！通过绘制导图，我从一开始的水果跳转到了蜜蜂，又从蜜蜂跨到了环境保护，并就此想要找找蜜蜂减少的原因，以及如何改善的方法，这也就是创造力开始发挥作用的时候了。

　　每个人在某个时刻都会突然跳出一个想法，如果通过思维导图将其一一记录并且调用多边知识储备，你就

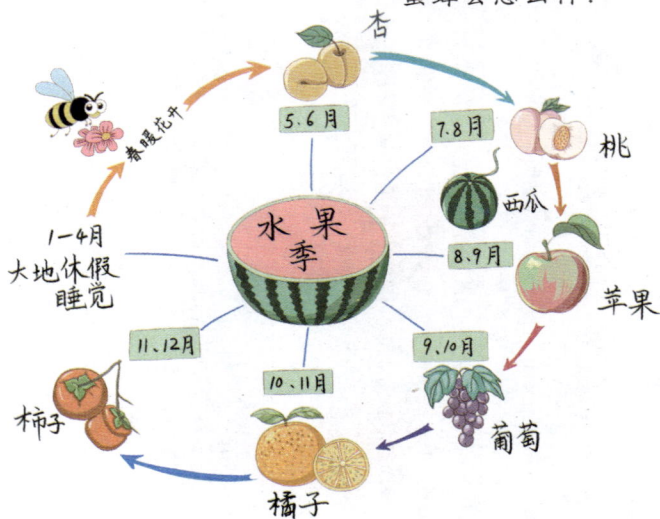

自然中如果没有了
蜜蜂会怎么样？

杏
5、6月
7、8月
桃
西瓜
水果季
8、9月
苹果
1—4月
大地休假
睡觉
9、10月
11、12月
10、11月
葡萄
柿子
橘子

能很快建立与现有思想相关联的新链接，这样也可以确保你整理出更现实、更可行的想法，比如我就准备找一找蜜蜂减少的原因，而这也是切合实际的一步。

所以，思维导图能够帮助我们增强辐射思维，并确保我们将不同的想法结合在一起，以提出一个非常独特，也便于实施的想法。

如果将思维导图应用在生活中会怎样

　　尽管我们还是学生，但是也早已走上了生活的快车道，对不对？每天除了学习之外，剩给你的休闲时间一点都不比大人们多。

　　但是，如果我们能够掌握一种简单的解决方案，就完全可以为自己赢得更多的闲暇时光——这就是思维导图。它真的可以帮助缺少时间的人停下匆忙的脚步，好好享受除了吃饭、睡觉、学习之外的另一部分美好生活。

　　所以，如果你真正懂得了思维导图的好处，你就能够知道，养成绘制思维导图的习惯，不仅意味着用它来

启发你的大创意或者是帮你理清一个科学概念，更意味着能够帮助你改善生活质量。因为，它可以为你提供以下帮助——

✿ 1. 用思维导图管理每一天

时间无价！思维导图的最大作用就是能够帮助我们将时间有效地分配好。会利用时间的孩子未来一定会是个成功者！因为这其中包含着超强的规划能力和雷厉风行的执行力！

所以，从现在开始，尝试着养成将一天中需要做的所有重要事情，都有序地用一张纸，用图表和简洁的文字呈现出来的习惯吧。你会发现自己正在慢慢成为时间

时间:＿＿＿＿＿＿
活动:＿＿＿＿＿＿

时间:＿＿＿＿＿＿
活动:＿＿＿＿＿＿

我的开学日

时间:＿＿＿＿＿＿
活动:＿＿＿＿＿＿

时间:＿＿＿＿＿＿
活动:＿＿＿＿＿＿

时间:＿＿＿＿＿＿
活动:＿＿＿＿＿＿

管理的受益者。记住，对于那些紧急任务，你可以添加特殊符号以警示自己哦。

✿ 2. 使用思维导图快速计划活动

　　为了使你的生活更加丰富多彩，你可以借助思维导图令这些活动更加顺利。比如，你可以将休息日的所有活动都写成思维导图，积少成多，它们会成为你日后的假期生活的活动宝盒！比如玩电脑思维导图，你可以将准备在电脑上都做什么简要地写下来；而山野一日游的思维导图，可以让这次山野活动成为你一生中最美好的一天；在与伙伴游戏时光的思维导图中，可以将你们最喜欢的各种游戏都罗列进去……每到休息日来临时，你就可以从你的假日思维导图宝盒里，抽出其中一张……

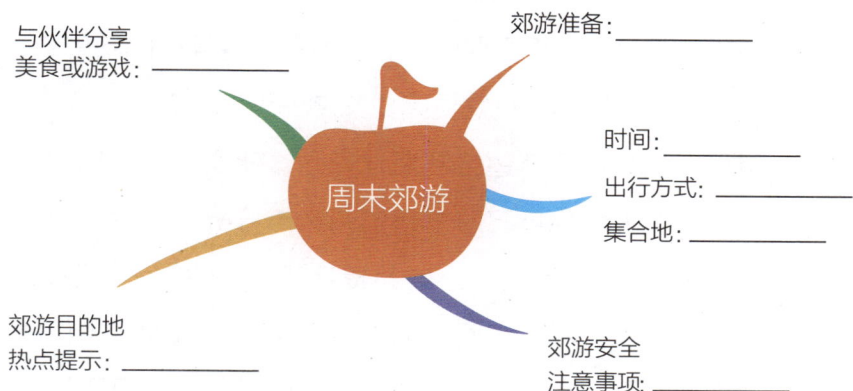

与伙伴分享
美食或游戏：_____

郊游准备：_____

周末郊游

时间：_____
出行方式：_____
集合地：_____

郊游目的地
热点提示：_____

郊游安全
注意事项：_____

✿ 3. 看过的书不用再次重复

喜欢看书的人，都会遇到一个令人头疼的问题——看过的书，经不起时间的清洗！过一段时间，你就会非常沮丧地发现，之前费力读完的一整本书，其内容基本都被遗忘殆尽，只好再重新读一遍。这是费时费力的无效阅读。

但是，如果能为每一本书都绘制阅读思维导图，那么一张一张图汇集成册后，不仅阅读成就感倍增，而且只需要翻阅这几张有图有文字的导图就能立刻回忆起书中的内容精华。更重要的是，阅读是一种静态的脑思维，大脑的任务简单，只需要完成文字的识别、理解与联想。但是，如果边阅读边绘制思维导图，就能在阅读理解的基础上多一层你自己对书籍的判断与分析。也就是说你参与了作者的写作过程，并且提出了自己的想法与意见。所以，为每一本正在阅读的书籍绘制思维导图，不仅能使你避免重复阅读的麻烦，更重要的是能让其真正地成为你知识体系中的一部分。

✿ 4. 集思广益的头脑风暴

和小伙伴们一起准备完成某项任务时，每个人的想法都很重要。可是，如何将这些建议统一在一起，并相互和谐地都能各自发挥作用呢？这也是生活中我们经常会遇到的问题——主意太多，却又"七零八落"，最终不知听谁的而使计划无法顺利推行。

比如大家准备为班级建设一个蔬菜种植园时，聚在一起开个头脑风暴会议是必要的。但是，如果能一边讨论一边绘制成思维导图，你们会看到有些想法是重复的，或具有潜在的相互关系。一番归类后，每个人的主意就都能被用上！因为它既能让你们释放灵感，又可以将大家的主意合理地安置好。

另外，提前准备好一个固定的思维导图格式也很重要。固定的格式可以帮助你们控制会议的时间，因为集体讨论是开放性的，如果讨论的界限不明确，就容易偏离主题。有很多研究表明，我们用来写下建议的格式直接影响着会议的质量。

所以，下次再有类似小组讨论会时，你们会发现，一边画图，一边商量问题是件特别有趣的事，每个人也

都能清晰地看到那张纸上都罗列了哪些问题，那么，就必须要想出更新的点子。这样也就避免了因为意见重复而争吵不休的闹哄哄场面了。

✿ 5. 精彩的演讲

　　一份研究报告得出的结论是："在演讲过程中，有视觉辅助的说服力比无辅助的说服力高43%。"因为人们更倾向于"眼见为实"！思维导图非常适合用来做演示，因为它们提供了井井有条的流程，让人一目了然。而且，还可以使观众的注意力保持得更长久一些。因为你的导图像极了地图，观者会不由自主地去分析"每条路"都通往哪里，那里会有怎样的内容。这个引导其思索的过程，将使他们对你的演讲内容记忆深刻。

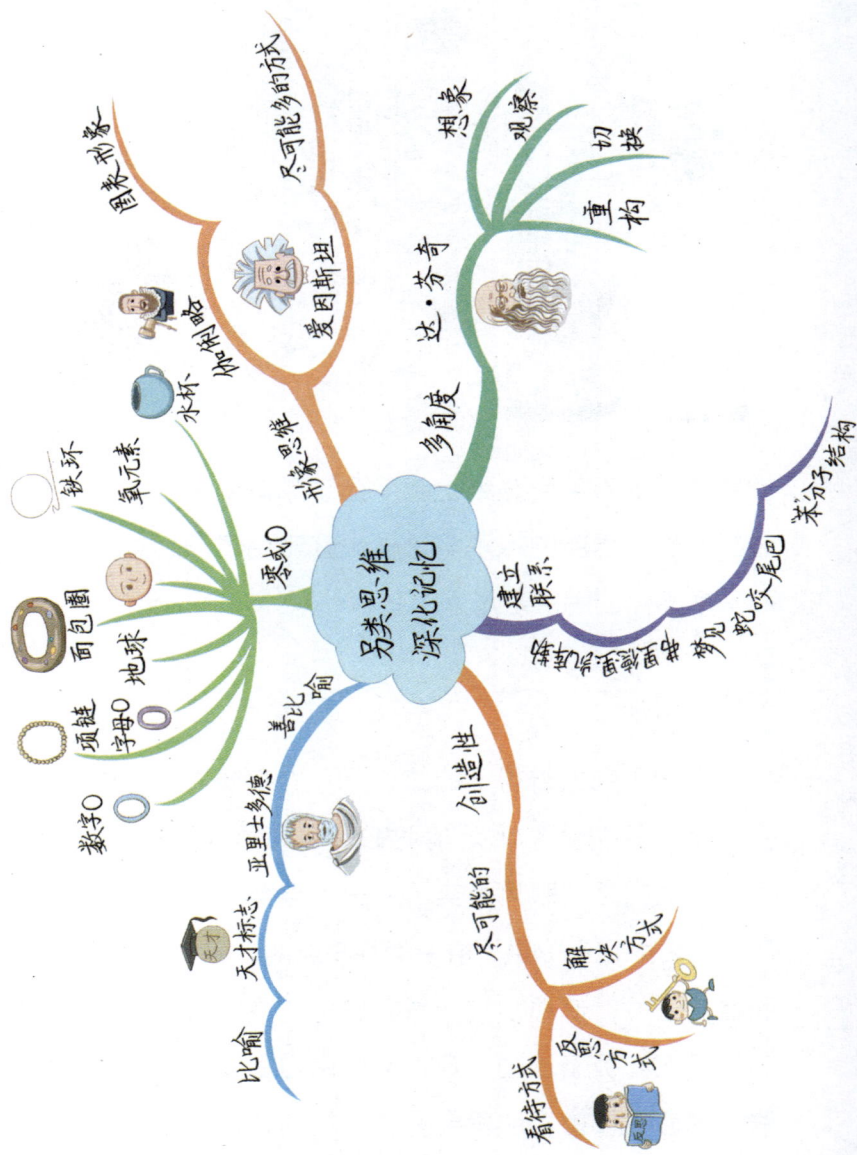

分类思维
深化记忆

形象思维
- 爱因斯坦
  - 图表形象
  - 尽可能多的方式
  - 咖啡勺
- 水杯

零式0
- 氧元素
- 铁环
- 地球
- 面包圈
- 字母0
- 项链
- 数字0

善比喻
- 亚里士多德
  - 比喻
  - 天才标志

多角度
- 达·芬奇
  - 想象
  - 观察
  - 切换
  - 重构

建立联系
- 诗歌
- 寓言
- 谜语
- 成语
- 蛇吃尾巴
- 亲子结构

创造性
- 尽可能的
  - 看待方式
  - 反应方式
  - 解决方式

第二章

为思维导图做准备

第一节 选择非同寻常的笔记本

思维导图的作用是如此强大，以至于它对笔记本的要求也显得与一般笔记不同。它那简洁的个性使它尤其偏爱——

✿ 空白的 A4 或更大一些的本子

思维导图也是一种图画，所以它也希望自己能像其他画幅一样拥有没有线条干扰、能够突出自身的空白页面，它需要这种衬托感。

而大开本的本子当然还能使创作它的人更有发挥的空间，因为只要你的小宇宙的爆发力足够强，你笔下的思维导图也会跟着不停地生长！

更实用的一点是，如果将一个问题记录在两页纸上，那么当你翻页时，大脑会自动将其分为两部分。所以，宽敞的大本子不管是记录抑或阅读，效果都会更好些。

✿ 一定是你最喜欢的本子

一个自己喜欢的笔记本，可以调动起你对学习的喜悦之情与积极性。毕竟，你最伟大的作品很有可能就在这个本子里！

一个自己喜欢的笔记本，会让你每次打开时都有一种仪式感，觉得既新奇又享受——这就是你为自己营造出来的舒适的学习小环境。

一个自己喜欢的笔记本，会让你如同身处一间整洁漂亮的房子里，并由此刻意收敛起自己随意乱扔东西的坏习惯，谁会忍心用杂乱破坏漂亮的房间呢。

相反地，如果你用随便的心态选择笔记本，其实也暗示出你的学习积极性不高。带着这样的心理去学习，课业笔记也容易潦草而随意。比如下面这几个本子，有很沉闷的感觉，不禁让人觉得拥有它的人也必定是个乏善可陈、毫无特色的人。

✿ 与横格纸告别吧

横格纸有一种让人必须写出完整句子的心理暗示能力。而且它也会用尽心机地利用它的多线条尽量破坏思维导图那喜欢整洁、清晰的好习惯。

妙用活页夹，笔记更简单

☒ 活页夹最大的优点就是"灵活"

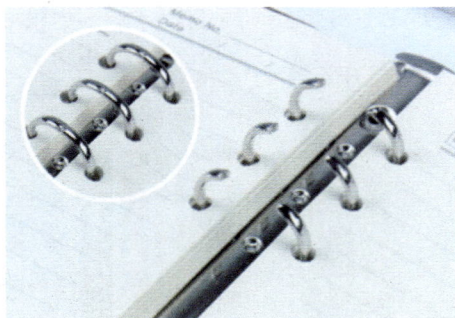

★ 因为灵活，它能够将所有的课程笔记收集成一册（你也可以准备两三个活页夹，将上、下午的课程分开），这样也免去了上学时忘带某学科笔记本的麻烦。

不过，因为一个活页夹内同时放置了好几个科目的笔记，所以，在每个文件夹的前面做一个小的目录，每个科目用不同颜色的彩纸或标签贴分隔开

等，都是很有用的巧办法。

⭐ 因为灵活，它能够让笔记自由地多次修改，随时调整、替换，因为一次性做出完美笔记是不存在的。

⭐ 因为灵活，它能够随时在某一页笔记的基础上增加新内容。

⭐ 因为灵活，它能够随意拆卸、更换、组合各色纸张，满足你的 DIY 喜好。

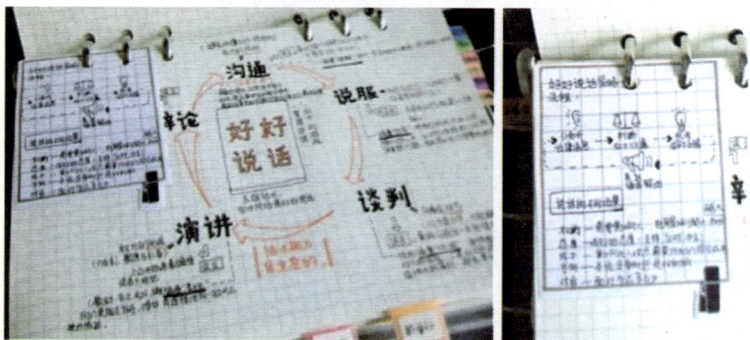

⭐ 因为灵活，它能够使你随时将某页笔记拿下来，临时放在醒目的地方便于你记背。

另外，再推荐几个小贴士给你，也是非常有用的哦！

1. 大、小本子都要有

选择一些大到可以容纳你的课业、写作和草图，小到可以藏起来的本子。大的是你思想的大本营，而小本子则是一个移动的想法收集小库房。

2. 本子的外壳也有用

这一点尤其针对小本子，当你外出时，你可能只能站着写，这就需要笔记本有一个可支撑的硬壳。

3. 拥有自己的专属封面

建议你选择一个能够自行替换封面的活页夹来创建自己的专属封面，这样你的活页夹将会独一无二，如在封面上写句励志名言、贴张愿景图片等。

4. 置办一个简便工具袋

由于思维导图笔记会涉及一些诸如：彩笔、马克笔、便签贴之类的工具，为了方便上课时一应俱全，建议你在活页夹中再夹带一个小工具袋，如右图。你可以用它来保存笔、荧光笔、便利贴和一个小计算器等。

随时记下你的灵感火花

作家达蒙·奈特 (Damon Knight) 也曾写道："随身携带一个笔记本，这样你就可以记下那些随时出现的想法。"

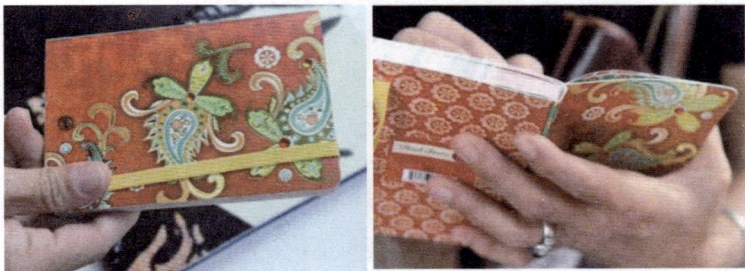

几个世纪以来，随身携带笔记本一直是学习及创作过程中必不可少的一部分。贝多芬无论走到哪里都会带个小本子，以备他那随时出现的灵感有地方盛放。马克·吐温的随身小本子里记录着他的观察以及阅读得来的种种想法。

所以，当灵感来临时，身边必须得有个笔记本。这是保证笔记大本营能够不断丰满的必要之举。当然，这可能已在你身上多次发生。当你正在户外时，突然想到一个关于课业的新想法或某个好点子，能有一个可以"随时拿出来"记上几笔的本子是多么地有必要。要知道，短期记忆只能在大脑中保留三分钟，如果没能及时记下来，这个新想法就可能永远消失。

所以，一个小到可以很容易地放进衣服口袋里的笔记本是非常实用的，它可以成为你大笔记中的一个个小补丁。小补丁越来越多时，你也会越来越有成就感。

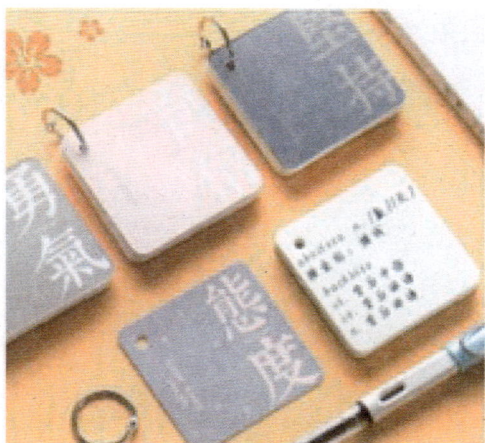

当然，你也可以使用智能手机上的笔记应用，但是相信我，手机的拼音记录方式及速度会干扰你的思维连续性。不过，你可以更有创意地使用语音记录来捕捉你的想法。

笔记们最喜欢的颜色

也许并不是每个人都能娴熟地画几笔，但对于颜色的使用却是一点挑战都没有的。所以，如果你能为笔记们添上漂亮的颜色，你的笔记依然可以很出彩，如同被赋予了生命力一般。比如下面这张导图，只是简单地用不同颜色将笔记们按类别区分，但是整体看来不仅分区清晰，而且更漂亮是不是？

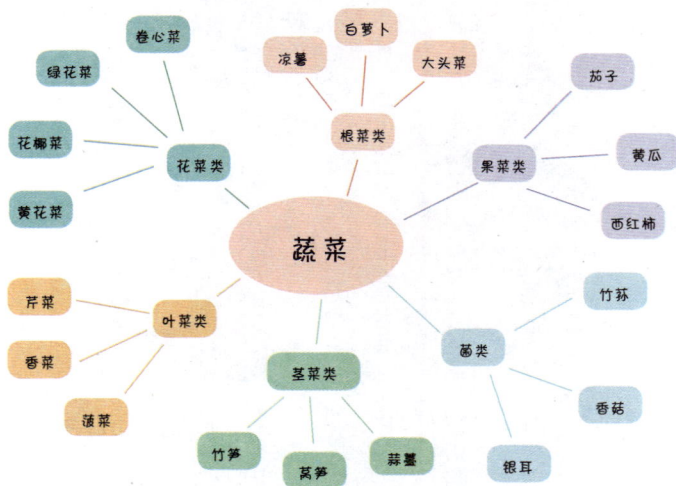

✿ 颜色们的语言与表达

明亮的颜色会吸引人的注意力，对视觉学习者尤其有刺激作用。而且，色彩不仅仅只是引人注目，你赋予每一种色调的意义也是一种思维上的速记，给你标记的材料提供背景，可以帮助你更有效地处理它。另外，用不同颜色标记笔记也能够突出重要信息，帮助你有条理地组织材料，让学习更有成效。

　　从下面的示例图中你可以发现它们的独特之处就在于使用的是彩色的纸张。谁也没有规定笔记本就必须是全白色。而且，如果你使用的是活页本，那么何不在其中夹一些彩色纸张用以记录你觉得更重要的笔记呢？不仅视觉效果突出，而且日后你也可以直接根据颜色快速找到它们。因为你会深深记得，某某内容是记录在一张橙色的纸上……

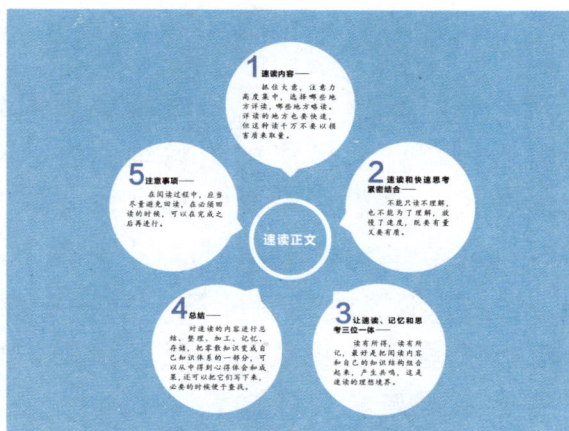

第五节　Get 几个笔记着色小技巧

技巧 1　**尝试蓝色笔迹**

　　为什么一定要让笔记本上一片黑暗呢？虽然黑色字体更易识别，但是，也许你可以尝试一下蓝色，蓝色从视觉上比黑色更轻盈干净，让字迹显得明快，而且蓝色也易让人归于平静。

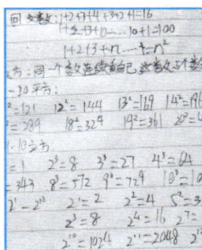

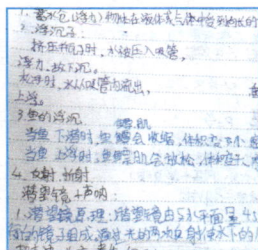

　　英国一位大学教授通过一项颜色刺激大脑活跃度的实验发现，蓝色能够更好地激发人的创造能力，促使人们产生一个又一个"好点子"；而红色则可以让我们的准确度更高，更适于决断性的内容。总之，不同颜色有着不一样的心理影响。所以，给你的笔记加些颜色，可以帮助你更有效地组织信息，提高学习效果。

技巧 2 给笔记着色，而不是直接用颜色笔记录

记笔记时如果频繁更换用笔会分散注意力，打断思考连续性。所以，可以只用一种颜色笔做笔记。然后在听课或阅读间隙，用彩笔将重点部分标记出来，这样也可以进行同步复习。

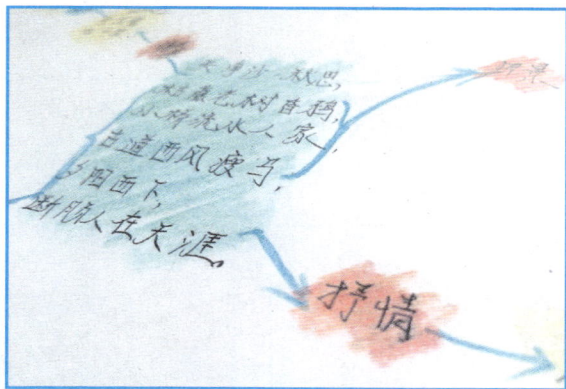

技巧 3 选择正确的彩色笔

涂色笔选择最多的一般有三种：马克笔、水彩笔、彩色铅笔。

你可以使用它们来给文字涂色、圈出重要的点、框出信息，

小贴士：

要避免使用渗透力太强的彩色笔，因为它会穿透纸页跑到背面，使整张纸看起来脏兮兮的。

55

或者在注释的各个部分之间创建边框。

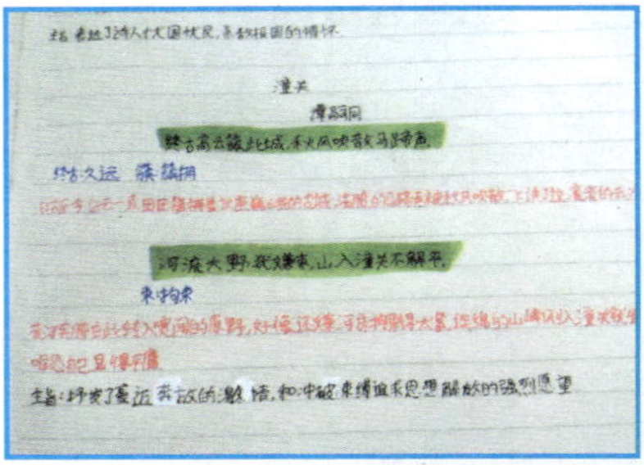

正常效果

透出效果

马克笔

彩色铅笔

技巧 4 始终如一

　　每种颜色都应该有指定的用途。所以，在记笔记时要始终使用相同颜色表示相同信息类别，这样可以避免信息层次的混淆。

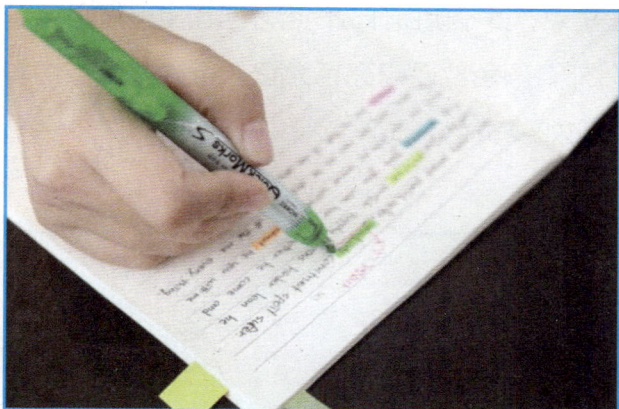

比如一旦规定好红色代表主要思想，绿色代表行动项目，蓝色代表事例和数字，那就一如既往地用下去。当你翻阅所有笔记时，颜色将指引你迅速找到自己需要的信息。

当然，为了理解并记住不同颜色标注的含义，你可能需要在笔记本的第一页给颜色们做个注解，这样即使你过了很久再翻开本子看笔记，也依然能够立刻明白各种颜色的标记等级。

技巧 5　限制你的调色板

3 种颜色就可以，颜色太多容易有混乱感。限量使用颜色是为了突出重点，而不是让它变成霓虹灯。

而且，五颜六色的笔记还说明了你的能力问题——分不清楚重点，弄不明白什么内容才应该突出强调。

另外，颜色要以高亮色为宜，可以使重点内容脱颖而出，比如浅黄色、浅蓝色等。

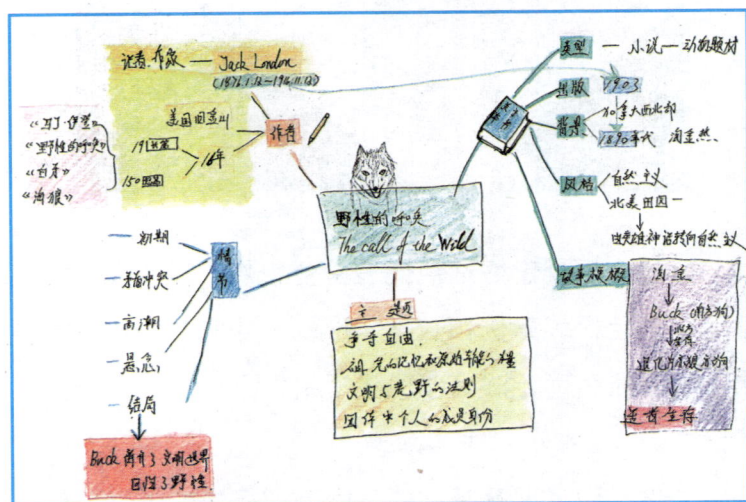

明智地使用颜色

即使是限量使用颜色，那也应该限量进行标注。只需要在最关键的信息上涂颜色即可。过多的颜色标注会分散注意力，导致信息超载。如果大部分的内容都是有颜色的，那就没有什么是重要内容了。

记住，颜色标注的目的是集中你的注意力，使你的笔记更清晰，更容易浏览。

把颜色编码想象成路标：如果有太多的路标，你就会受到太多信息的狂轰滥炸，甚至会迷路。

通过记录下那些给你深刻印象的东西，你就可以把它们从那些不断涌入你脑海的印象中分离出来，也许还可以把它们固定在你的记忆中。我们所有人都曾有过一些好主意或生动的感觉，我们以为总有一天会有用，但由于我们太懒了，没有把它们写下来，这些想法或感觉就完全从我们的脑海中消失了。

发挥便利贴在
笔记思维导图中的大作用

便利贴有各种各样的颜色可供选择，这些自粘的纸条可以用来给你现有的笔记添加额外的注释。

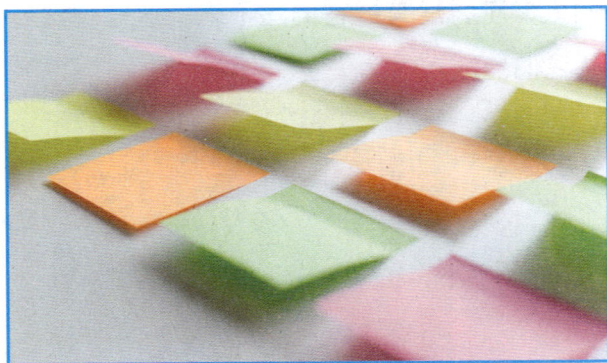

✿ 利用便利贴的好处

1 预演

上文说过，"一次性做出完美笔记是不存在的"。所以，在做笔记前，我们可以先做一个大致规划，比如准备写哪些内容，由几个关键点构成，等等。将其一一写在便利贴上，然后按照你构思的思维导图的样子先贴在空白页面上观察一下，你一定会有所补充与调整。等到你完全安排好了你的这些便利贴之后，就可以按照它的形状与内容实实在在地落笔于你的笔记本上了。所以，它的好处显而易见，可以避免你反复撕纸反复重写。

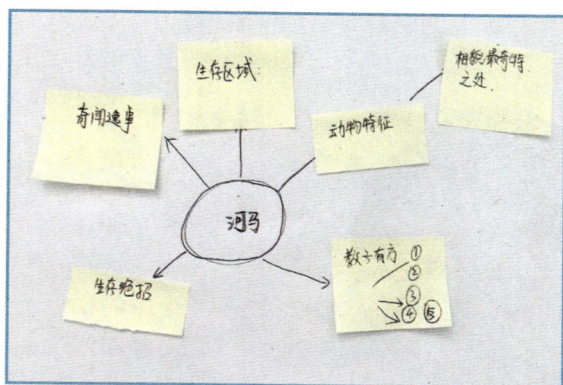

2 补充

　　每个知识点都不是一成不变的，随后几天你可能会从别处看到一些更有用的内容。于是，抄在便利贴上，然后再贴到相应位置，而且因为是醒目地存在着，便如同一个显眼的小告示一般，更利于记忆。

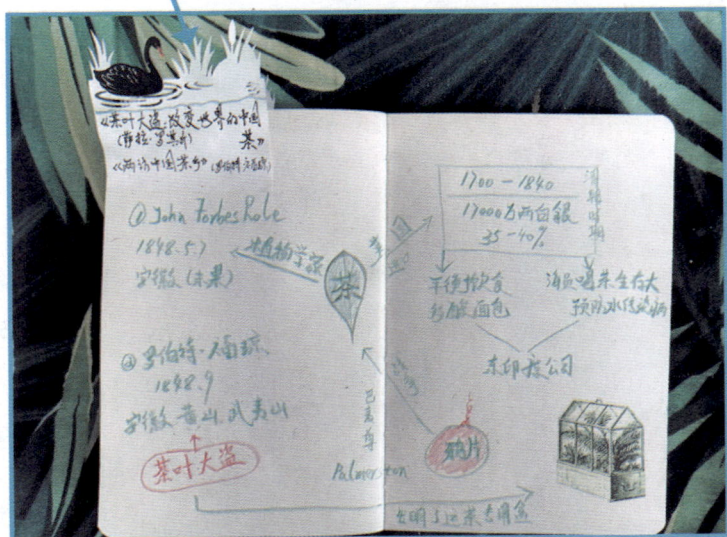

　　小小的尺寸能够迫使你必须学会用简洁的话语来表述出你的论点、策略或计划的精髓。经过一段时间之后，你可能就变成了一个惜字如金的人。

人人都能成为"涂鸦艺术家"

关于你能否在自己的笔记本上展现出一个合格"涂鸦艺术家"应有的水准，我觉得你实在是多虑了。因为——

✿ 第一，画画的目的是什么

你必须清楚笔记中的图画只是为了让人印象更加深刻，更容易记忆。所以，不用纠结画得如何。它毕竟不会挂上墙去任人评说，它只属于你一个人，你能对它记忆深刻就可以了。

另外，画作是否具有艺术性也并不以像不像为标准。绘画艺术是个特别玄妙的事，只要能体现出你个人的想法就是好艺术！

✿ 第二，不要给自己贴标签

如果你一直认为自己不会画画，那你可就真的什么也画不出来了。这是一种心理暗示。它常常发生在你试图画一些东西，而手中的笔却开始"出错"的时候。你可能会说"这看起来不像一艘船，还是放弃吧"。经过几次这样的自我否定之后，你的画功基本就是零分。

¤ 第三，人人都是艺术家

其实，涂鸦是艺术创作中最容易实现的事。只需要选择一个你喜欢的内容，比如花或小动物。不过，从书本上的画开始模仿，要比自己凭空想象着画要更容易些。瞧，下面这些小画又简单又有趣。

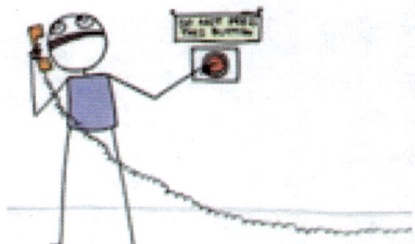

所以没事时，找些有趣的东西画一画。这样不仅能够帮助你集中注意力，更重要的是可以让你养成每天总想画点什么的习惯。然后，你会发现将这一习惯放在笔记中既实用又有效。

✿ 第四，享受画画的过程，而不是结果

　　将你的绘画关注点始终放在"开始画"和"正在画"。最终画成什么样子？管它呢！

NEVER MIND !

知道吗？如果你习惯了使用思维导图做笔记，那么很快你还会养成一个习惯——图形式思维方式。

因为不久你就会发现，当你翻开课本时，无论是看到一段总结性文字，还是看到一个事件、一个数学等式、化学或物理现象等，你都会首先想到——它们该用怎样的图画来表达！

而为了更容易地在思维导图中将其呈现出来，你应该再想一些可以偷懒的好办法，比如收藏很多与课业内容相关的图片。然后将其直接贴在你的思维导图中就可以了，这个方法能够很好地解决你对于绘画技巧力不从心的烦恼。

比如下面这两页笔记 ——

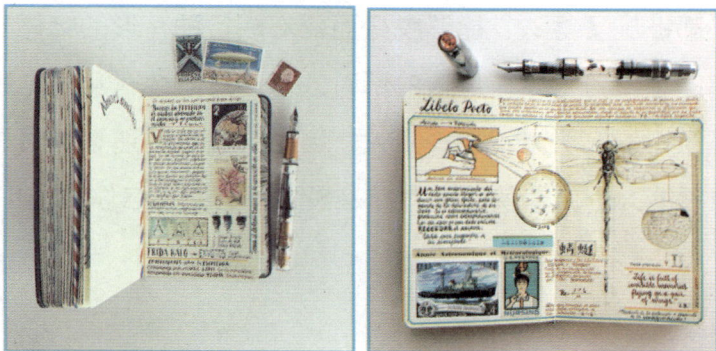

你看笔记中那四四方方的图片，都是被直接贴上去的，然后再用色彩来强调和吸引视觉，这样看起来很清晰，加之是印刷版，效果是不是非常赞？因此，当你能够将图像、符号、文字以及连线结合在一起时，你便为自己建立了一个很好的视觉信息呈现。

所以，从现在起，你不妨让自己成为一个有"收藏癖"的人。平时看到杂志或广告页时，任何一张图片都别放过，要有意识地培养自己对于图片的敏感性，看看它们有没有可能成为你的课业思维导图图片。然后，将其放入贴有数学、语文、物理、英语等不同课业标签的小盒子里。这样当你再做思维导图笔记时，你就拥有了一个课业图形百宝箱！

更妙的好处是：随着你对课业进行图形化处理的习惯越来越频繁，并为此收集了大量图片后，你会发现自己越来越能够像个艺术家那样去看待和思考问题了。你眼中看到的文字都不再只是一堆枯燥的小黑豆，它们似乎都被施了魔法，能够脱身而变幻成各种有形的物体。你的想象力将令你身边的所有人惊讶。一个有着视觉思维意识的人，可不是一般人，因为这类人的造型能力、概括能力、化繁就简能力都是最强悍的，不信你试试！

第三章

成为思维导图
笔记法的使用达人

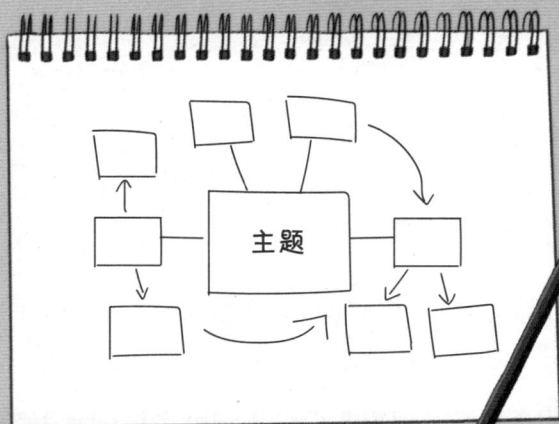

主题

你难道不希望将学习变成一件特别有趣的事情吗？
那么你有没有试着将下面这些想法应用在课业中？

"艺术"

"创意"

"灵感"

"图片"

"色彩"

如果能将这些体现着你独有灵感与智慧的词汇应用在
课业笔记中，使你的每一本课业笔记都与众不同，且极具
你的个人风格，那每一页的笔记就会让你越来越喜欢上每
一堂课。因为那将是对你创造力一次又一次的挑战。

不过，在展现你个人智慧与独特创造力之前，你还需要先掌握一点基本功——如何绘制思维导图：

✿ 1. 随心而画

前文中我们已经说过"**人人都能成为艺术家**"！而且也有很多人愿意在他们的思维导图中画上美丽的画。但是不可否认并不是谁都能画得好。所以，我们一直强调的是"**不要把精力放在画画上**"，它不是你笔记的重要部分。只需要画出你觉得能够理解自己笔记的图像即可。我不是一个艺术家，当别人取笑我笔记中那些被我画得愁眉苦脸的小人时，我会热心地加入他们的行列，一起嘲笑自己一番。最重要的是——你能够通过它们很好地展现你思维导图的内容。

¤ 2. 从哪里开始

► 创建一个中心思想

通常来讲，思维导图都是从一张白纸的中间开始，我建议你使用横向方向的页面。在那里写下或画出你想要探索的主题（如果能有一个代表思维导图主题的图像就更好了，这能吸引我们的注意力并引发联想，因为我们的大脑对视觉刺激的反应更好）。

► 围绕中心主题展开相关的子主题，用一条线将每个子主题与中心连接起来

让你的创造力流动起来的下一步就是添加分支。通过添加分支，你可以更深入地探索每个子主题或分支。

思维导图的美妙之处在于，你可以不断地添加新的分支，而不仅仅局限于几个选项。记住，当你添加更多的想法时，你的思维导图的结构会自然形成，你的大脑会从不同的概念中自由地提取新的关联。

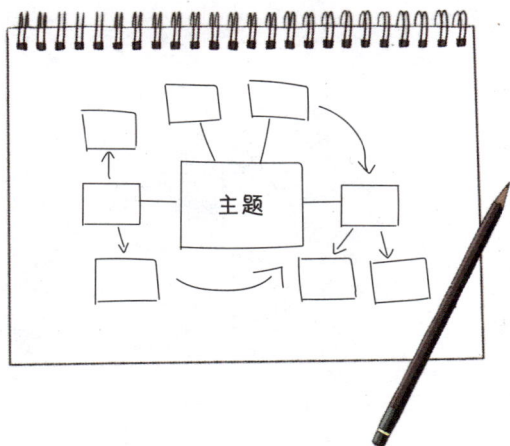

▶ 为最靠近中心的元素拟定标题——关键词

当你在思维导图中添加一个分支时，你需要让这个分支包含一个关键的想法。思维导图的一个重要原则是每个分支使用一个词。与使用多个词或短语相比，坚持使用一个词会激发更多的联想。

例如，如果你将"生日派对"作为关键词，那么你只能局限于派对的各个方面。然而，如果你只是简单地使用"生日"这个关键词，你就可以发散开来，探索这个关键词，如派对、礼物、蛋糕等各种不同的关键词。

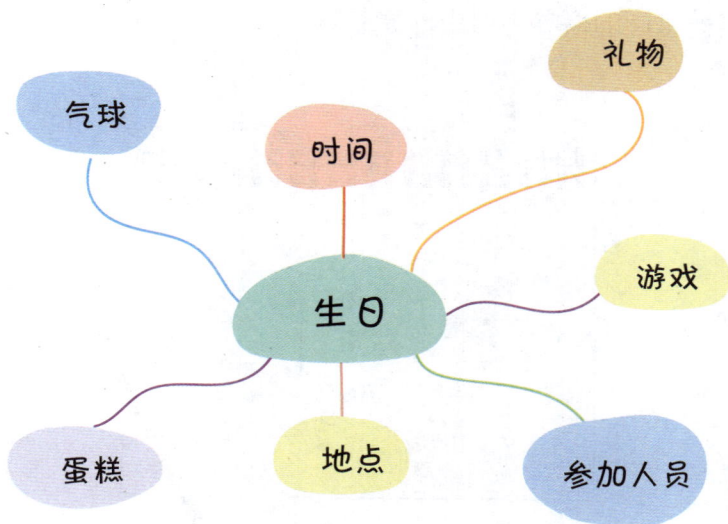

关键词的使用能够触发你大脑中的连接，让你挖掘并记住更多的信息。另外，最好用不同的颜色突出它们的位置，便于一眼看到重点。之后，再在子主题的基础上生成你认为合适的低级子主题，再将每个低级子主题链接到相应的子主题。

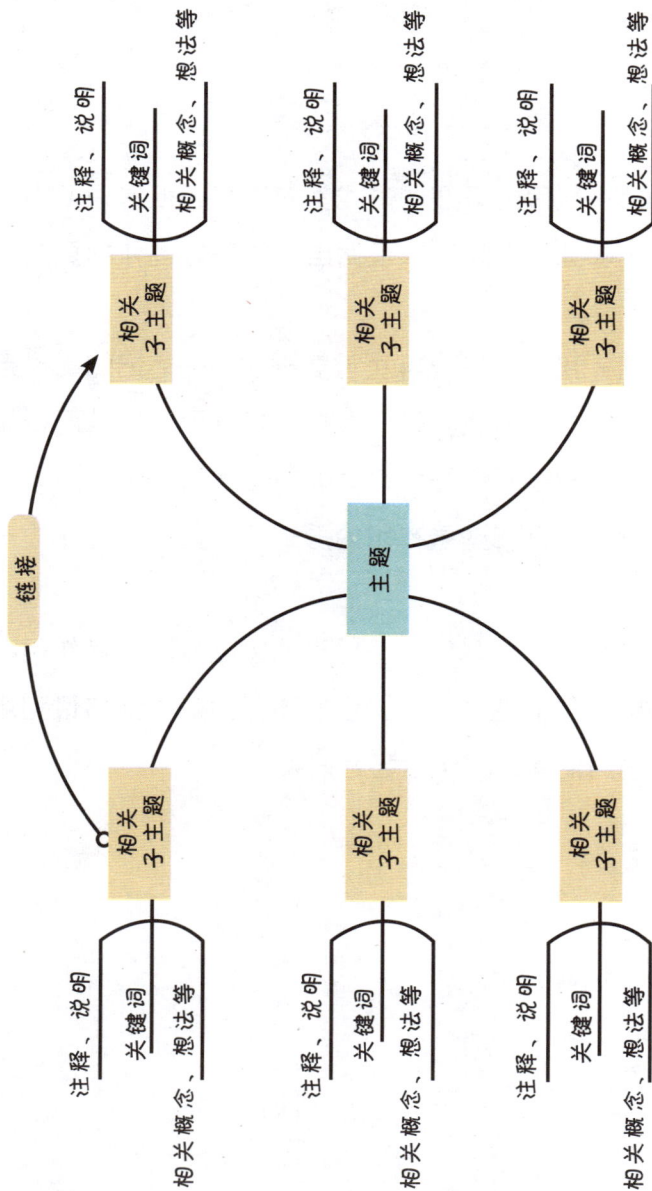

注释、说明
关键词
相关概念、想法等

相关
子主题

注释、说明
关键词
相关概念、想法等

相关
子主题

注释、说明
关键词
相关概念、想法等

相关
子主题

链接

主题

相关
子主题

注释、说明
关键词
相关概念、想法等

相关
子主题

注释、说明
关键词
相关概念、想法等

相关
子主题

注释、说明
关键词
相关概念、想法等

第二节 思维导图都长什么样儿

　　虽然多数思维导图的形式都差不多，但是只要你的创造力足够强，还是可以根据自己的喜好创作出更多的类型。

　　当然，我们还是要再次重复一遍——笔记的重点是内容，形式永远是次要的！但是，如果形式独特而极具实用性，它却能够更好地帮助你记忆某段知识。所以，一定要学会区别哪些是有用的形式，哪些仅仅是花边一样的点缀。

　　下面所展示的几种有些另类的思维导图，其作用不仅仅可以帮你记忆与理解，它们还因为形式独特且利用合理，进而使笔记的作用更为强大！

砖的用途

生活用品
- 桌椅
- 床
- 垃圾桶
- 杯子
- 鞋架
- 花盆

建筑
- 房屋
- 游泳池
- 栏圈
- 狗窝
- 石桌
- 花廊

学习用品
- 毛笔杆
- 尺子
- 笔筒
- 文具盒
- 书立

工艺品
- 印章
- 时钟
- 模型
- 雕刻材料

装饰品
- 项链
- 耳链
- 手链
- 发夹
- 摆架

健身
- 气功
- 瑜伽砖
- 实心球
- 哑铃

77

买的是糖

继续炒菜

直接倒进去

吃起来是甜的

灵光一闪

不认识"盐"字

小卖部里

付钱回家

想起来是白色的

派我去买盐

正在看电视

无奈还要去

爸爸在炒菜

童年趣事

78

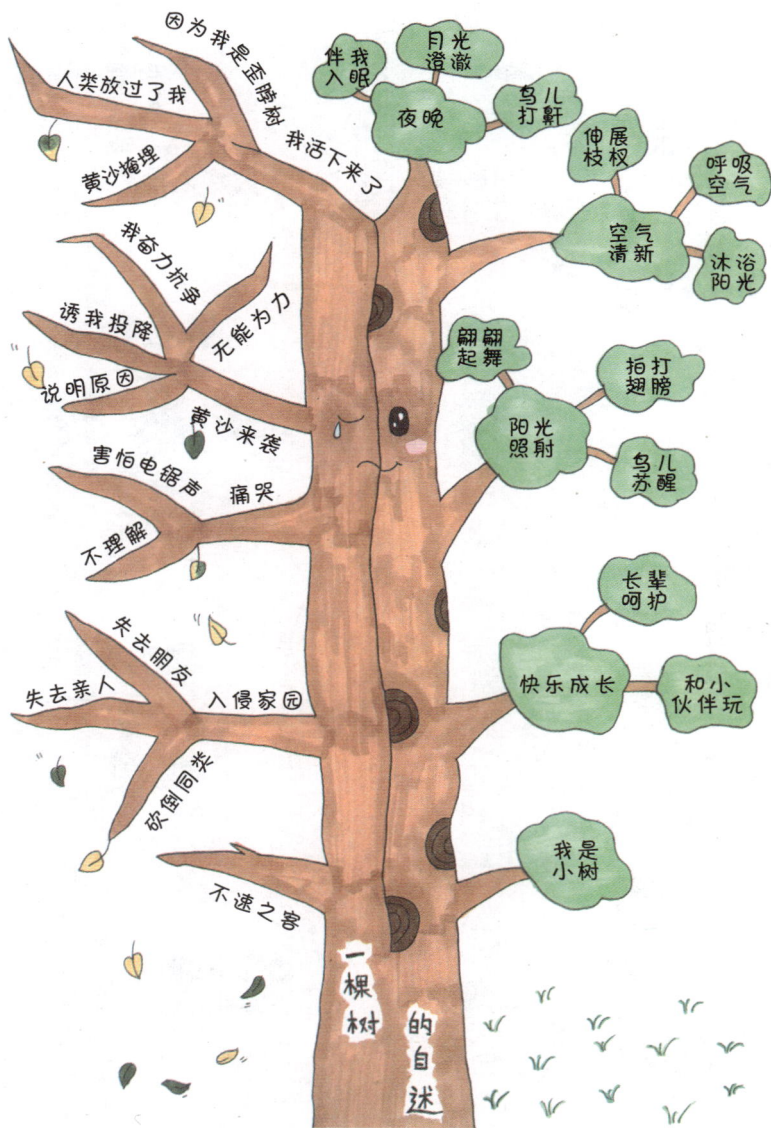

一棵树的自述

我是小树

快乐成长 —— 长辈呵护 / 和小伙伴玩

阳光照射 —— 翩翩起舞 / 拍打翅膀 / 鸟儿苏醒

空气清新 —— 伸展枝杈 / 呼吸空气 / 沐浴阳光

夜晚 —— 伴我入眠 / 月光澄澈 / 鸟儿打鼾

因为我是歪脖树 我活下来了 —— 人类放过了我

黄沙掩埋 —— 我奋力抗争 / 无能为力

诱我投降 —— 说明原因 / 黄沙来袭

害怕电锯声 痛哭 —— 不理解

入侵家园 —— 失去朋友 / 失去亲人 / 砍倒同类

不速之客

79

prime
青年；全盛时期；精华

primer
识字课本；初级读本

primed
装填；修剪树枝

prim
整洁的；
显得一本正经

primate
灵长类动物；首领

primula 报春花

primitive
原始人；简单、粗糙的

-prim-=-prem-
=-prin-=-pri-
第一

princeling
幼年王子

princess
公主；王妃；女巨头

prince 王子

priority
优先（权）

premiere
首位的；初次的；女主角

下面推荐几种笔记中能够用到的一些小标识，供你参考：

当然你也可以自行创造更为独特的小标识，它们会是什么样的呢？现在就创造几个吧！

锻炼自己成为"标题党"

我们在前文说过，现代人的平均注意力持续时间已经从 2000 年的 12 秒降至 8.5 秒。这么短的时间内，越是吸引眼球的内容越能给大脑留下印象。所以，"标题党"的存在就是为了让自己的文章能在千万篇文章中脱颖而出。比如下面的几个标题：

《怎样能考一百分》

《学生课业多的原因》

《如何做好语文作业》

看到以上题目，你还有兴趣看下去吗？但是如果改成这样呢——

《考一百分，不过就是发一次高烧的事》

《我还小，没时间很正常》

《用 365 天学语文，仅换来 3 条经验》

"广告之父"和奥美公司创始人大卫·奥格尔维（David Ogilvy）曾这样评价标题的重要性："平均来说，阅读标题的人数是阅读正文的 5 倍。"所以，一个好的标题能说服更多的人阅读你的文章，而一个糟糕的标题会让潜在的读者转向其他内容。

当然，我们的笔记是写给自己看的，似乎没有必要使用如此花哨的标题。不过，学习一点"标题党"们的写作手法的好处是——

★ 能够促使自己逐渐养成另类思维的好习惯。

★ 笔记的文风会自成一派，与众不同。

★ 你所写的每一页课业笔记，都是正在训练自己成为优秀新闻工作者的过程。

让自己变得不同凡响，从一个标题做起！

标题是如此重要，夸张地说有时一个词就能够影响一场战争。在我们的网络媒体中，一个词的改变会使点击率增加46%。在广告界，"吟安一个字，捻断数茎须"的事天天发生，就是为了"两句三年得，一吟双泪流"的广告效果。

前文我们曾说了图像的影响力，现在，你也明白了文字的举足轻重。

如何成为一名合格的"标题党"成员呢？很简单，但不容易做到，因为——

⭐ 你的标题应该是独一无二的。

⭐ 你的标题应该非常具体。

⭐ 你的标题应该传达出一种紧迫感。

⭐ 你的标题应该有用。

你很少能在一个标题中完成以上四条，但如果你至少能包含一个或两个，那么你一定会写一个标题，更有可能迫使你的潜在客户继续阅读。

✿ 一些很棒的标题写作技巧

1 承诺福利

尽可能向读者传达一种利益，让其觉得有用，以吸引他们多阅读。

比如戴尔·卡耐基的名著《如何赢得朋友和影响他人》一直都是亚马逊的畅销书籍。而书名则是它成功的原因之一，因为它承诺会带来好处。

"如何"一词是最常见的开始发福利标题的方式。不过，如果你仅仅写成：

《如何教授语文课》

会显得这个福利发得太大众化，吸引力不足，你必须要时刻想着如何撰写吸引眼球的标题。比如：

《如何教授让学生思考的语文课》

《如何做一名鼓舞人心的语文教师》

《如何通过语文教学吸引和激励学生》

2 运用故事的力量

我们每个人都喜欢故事。你可能已经知道讲故事是一种强大的表达技巧。但你也可以在你的笔记标题以及关键词中运用故事的力量。

最常用的方式是"A 怎么到 B"。通过添加形容词，使"A"和"B"尽可能成为一个迷你故事。例如：

《一所贫穷的学校如何使考零分的青少年变成语言学家》

3 在标题前面使用数字

"标题党"们很喜欢将数字添加在他们的标题中，如"3 种方法，让父母不再唠叨你"或"5 个参观迪士尼世界的理由"。

如果你的标题是：

《语文教学的关键概念》

这听起来很无聊且太过学术性，但是如果你在里面加上一个数字呢：

《语文教学的 3 个重要概念》

现在你的潜在听众至少知道他能从这篇文章中了解到语文教学有三个关键概念，那么接下来，他会好奇这三个关键概念都是什么。于是，你成功了。

4 激起好奇心

好奇心人人有，你可以利用这一自然的吸引力，即使你其实没有什么新鲜事告诉大家。比如：

《如果你是一名语文老师，你怎么能不去参加那个课程呢？》

《想找人帮忙把你的故事变成现实吗？请来 A 城和我们联系》

5 引起关注

人人都怕犯错。利用它！人们会想过来一看究竟的，因为都想确定自己没犯错。所以，这是一个强有力的策略。例如：

★ 语文教师常犯的错误

★ 当前语文教学方法的缺陷

★ 我在语文教学中所犯的错误以及吸取的教训

6 收集、替换标题

很多新闻工作者都不会从零做起。他们会收集很多

以前使用过的好标题，然后将其作为一个公式一样套用在最适合的文章前。例如，

《如何教授让学生思考的语文课》

这个标题似乎是写给老师们看的，与学生一点关系也没有。别急，我可以将这个标题替换为：

《如何找到一个能让你学会思考的语文课》

所以，今后可以多留意各类文章中的标题，并且记得将其写在你的"随身笔记本"当中。

你瞧，通过应用这些格式，我已经写出了很多不错的标题。你也可以这样做。

试着写文章标题

　　思维导图的笔记方式是对知识的深层次加工，对于信息重新进行编码，这种加工方式无疑是更有利于理解和记忆的。从线性听讲到对课堂内容的结构性把握，既记录关键知识点，又理清知识点间的逻辑，在此基础上还可对知识点进行细节的补充。但做思维导图笔记如果只求"快而全"，就会忽视笔迹落在纸上的视觉效果。虽说笔记不需要多么漂亮的字体，但一定要保证笔记干净整洁，至少过一段时间后还能看出写了些什么。

　　记录的过程并不是笔记发挥优势的最佳时机，再次回顾时它的作用才会体现出来。如果因为字迹难以辨认而成为"天书"，笔记就完全失去了存在的意义。

　　所以，做笔记时，一定要做到以下几点：

　　写出印刷体般的字迹——尽量将字写得工整易辨识，清晰的字体更便于识记。

　　主题标签越短越好，以一个词或短语为佳——我们总习惯把话说完整，因此写完整短语的诱惑是巨大的，但一定要意图分明地努力将它缩短成一个词或图形——这样你的思维导图才更有效。

比如这样子的——

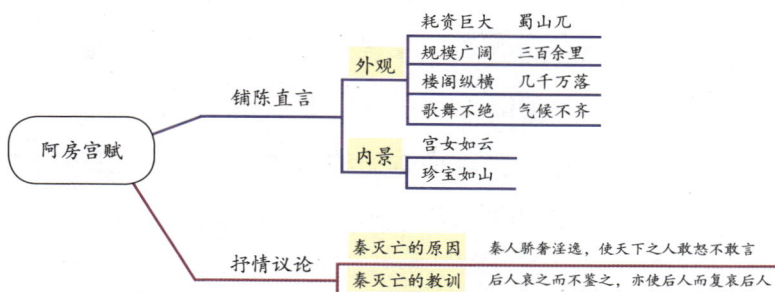

大量使用颜色、图画和符号——这是最棒的一点。制作思维导图的过程，使人感觉不像是在学习，而是在玩、在创造！所以，尽可能地将笔记做得视觉化，大脑会感谢你的。

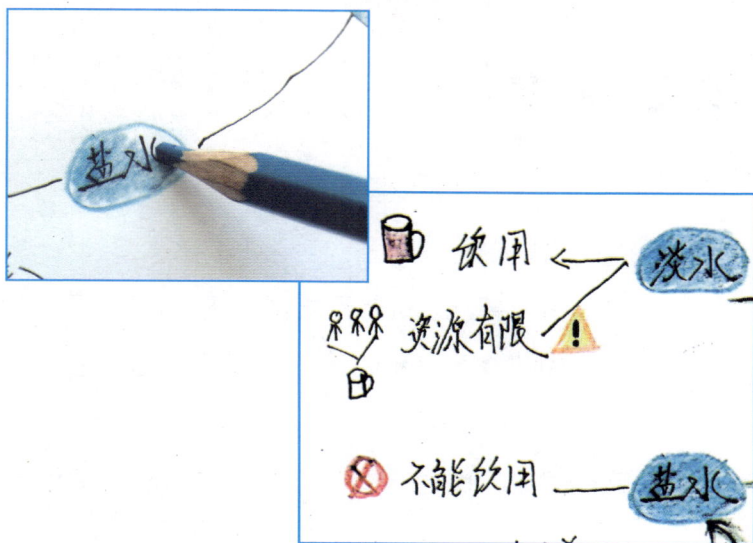

在编写思维导图时，引人注目的字体、明快的彩色和图标会使人一下子注意到重点所在。当然，一个戏剧性的字体也会使导图看起来更有趣。不过这就需要你具备一些字体设计的能力。

另外，使用一张吸引眼球的彩色纸张或彩色的局部区域，能够让笔记整体看起来更清新悦目。

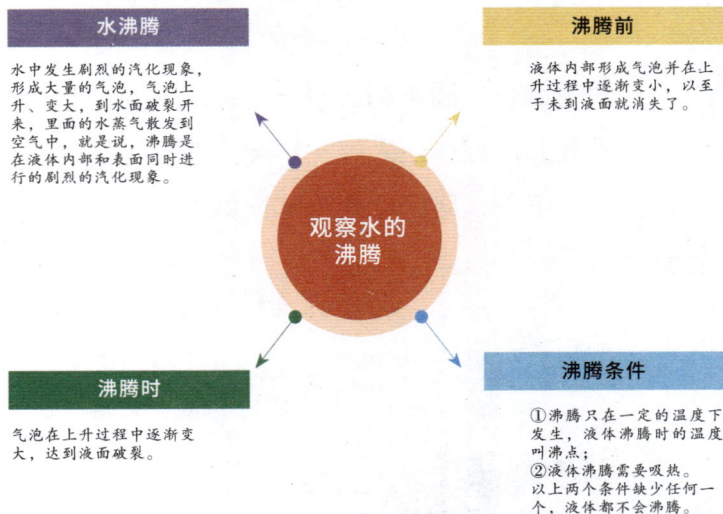

水沸腾
水中发生剧烈的汽化现象，形成大量的气泡，气泡上升、变大，到水面破裂开来，里面的水蒸气散发到空气中，就是说，沸腾是在液体内部和表面同时进行的剧烈的汽化现象。

沸腾前
液体内部形成气泡并在上升过程中逐渐变小，以至于未到液面就消失了。

观察水的沸腾

沸腾时
气泡在上升过程中逐渐变大，达到液面破裂。

沸腾条件
①沸腾只在一定的温度下发生，液体沸腾时的温度叫沸点； ②液体沸腾需要吸热。 以上两个条件缺少任何一个，液体都不会沸腾。

我见过很多人甚至连试都不曾试一下，就以自己"不是艺术家"为由放弃了。不要让这块硬石头阻止你的尝试精神！

改变文本大小、颜色、对齐方式、线条的厚度和长度——提供尽可能多的视觉线索来强调重点。每一点都有助于调动你的大脑积极地给出回应。

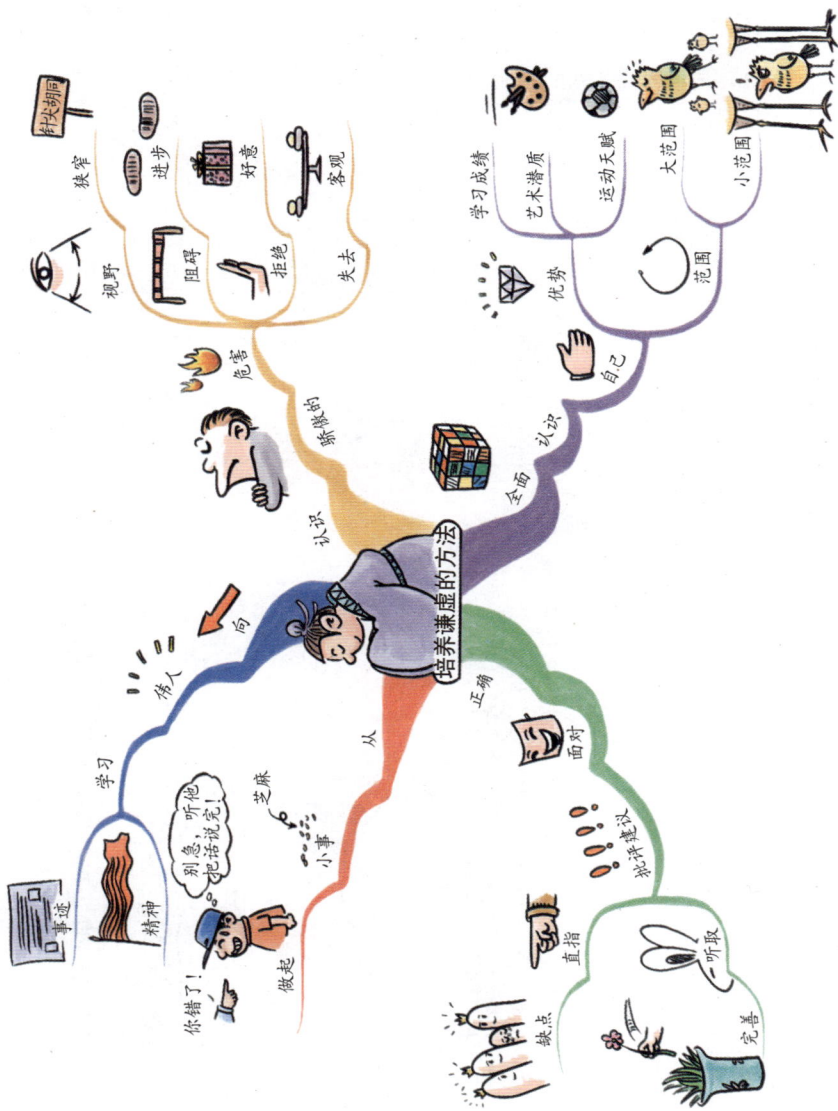

从一个思维导图索引到另一个相关的思维导图——如果在不同的思维导图中都涉及了相同的知识点，可以在旁边标出页码，这样就可以创建一个信息链，能够指引你很快地翻阅到另一个有关联的思维导图中。

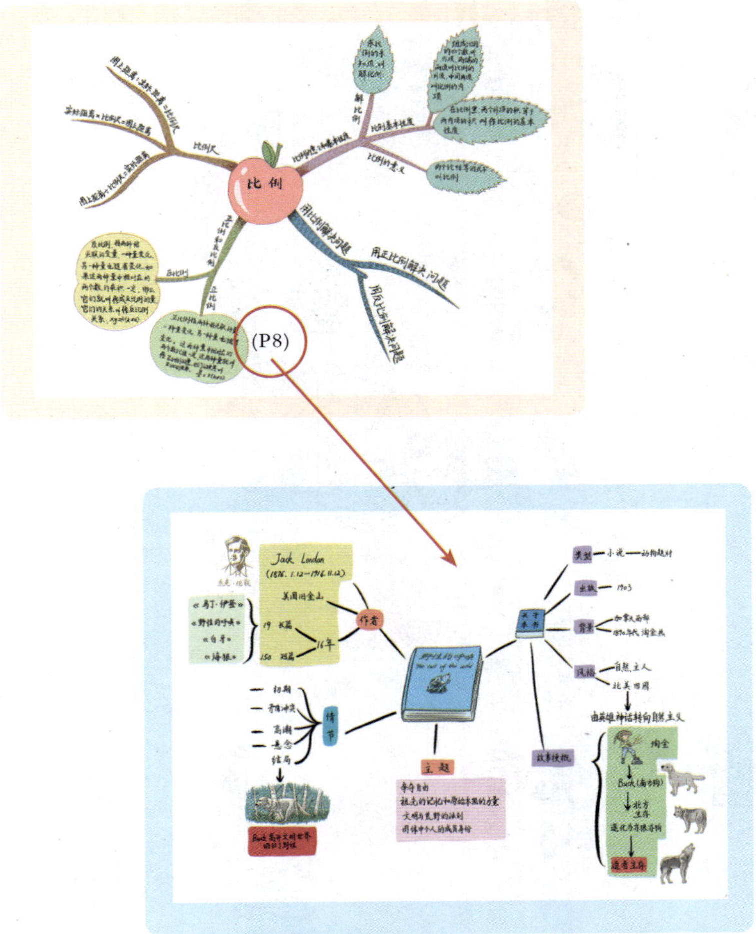

故意预留思维索引线——如果你再也延伸不出其他想法了，先别急着放弃。试着在你的思维导图上画上空白的分支。我们的大脑不喜欢未完成的工作，所以通过画未完成的分枝，我们可以欺骗大脑去寻找创造性的方法来扩展我们的思维导图。

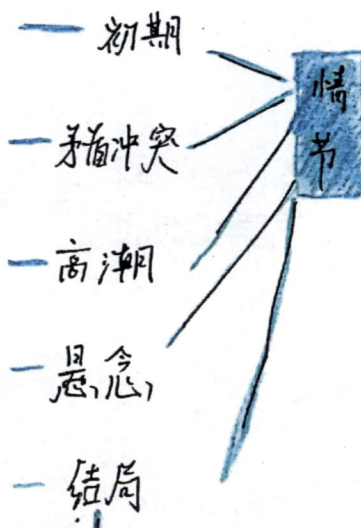

将思维导图挂起来——很多时候，为了便于回顾复习某一内容，时时翻开厚厚的笔记本是件很麻烦的事，之前我们建议使用活页夹的另一个好处就是每一页笔记都可以拿出来使用。如果你再给它设计个有趣的造型，

挂在墙上，不仅便于随时看到，而且还能成为一幅
装饰画——

总之，所有的思维导图都是从中心辐射，使用线条、符号、文字、颜色和简洁图像来呈现，这样将有利于大脑概念化记忆。

　　理解思维导图的一个简单方法是将其与城市地图进行比较。城市中心代表了中心思想，从中心开始的主要道路代表了你思维过程中的关键思想，次要的道路或分支代表次要的思想，等等。特殊的图像或形状可以代表感兴趣的地标或特别相关的想法。

　　一旦你掌握这些基本技能，你就可以开始创建你的第一个思维导图了。虽然你所需要的只是一个书写工具和一张纸——但你还可以学习一些后文中更灵活的东西再开始。

思维导图笔记的重点是从大段的文字中找到重点与概括性的词汇。

所以，不要认为将整段整段的文字分解在笔记本的各个角落就是思维导图。

关键词的提炼要点是"简洁、明确、一目了然"。

比如下面这几张关于《夏洛的网》所做的思维导图笔记。

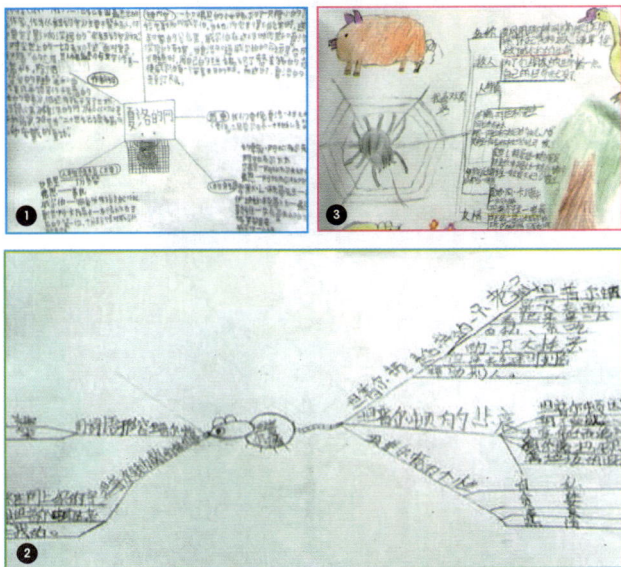

这三张图都是为《夏洛的网》所做的思维导图笔记，但是可以看到——

第一张就是大段文字摘抄式。满页的文字中，无法很快找到文章的重点。这样的笔记再次打开去看时，识记性就差很多。

第二、三张就较为简洁明晰。一眼看去，便能很快知道该章节的重点。当然，如果你的绘画技能还不错的话，能像第三张这样加饰一些相关的图例，会使笔记既显得有趣，又能让人识图知意，强化记忆理解。

从这些笔记中不难发现，科学家们都无一例外地习惯用"关键词 + 图形"来记录自己的思想和思考轨迹。所以，学会总结、归纳并将其浓缩成一个个关键词，是顺利制作思维导图的第一步。

现在我们就来做一个小练习，看看你的总结、归纳能力有多强。

✿ 请你将下面句中的关键词提炼出来：

承重墙是建筑物抗震的重要结构体。

关键词是：

答案：
提炼精确的关键词归纳：承重墙、抗震、结构体
提炼无改的关键词归纳：抗震的重要结构体

✿ 关键词的提炼方法

　　提炼关键词是一种重要的阅读概括能力。通过它可以唤起你对更多知识的记忆，所以关键词是一把知识库的 key。此外，训练提炼关键词的能力还可以让自己的规划、归类能力得到充分锻炼。一个善于提炼关键元素

的人，生活中也必然是个头脑清晰，做事不拖沓，干练、简洁的人。

　　关键词要围绕着"人、事、时、地、物"的思路去提取。当然，不同课业的关键词是不一样的。例如历史课业中，历史事件的重点应该围绕着事情发生的原因、经过、结果来提取关键词。但依然还是离不开"人、事、时、地、物"。

　　一个准确的关键词短语能够帮助你很好地引申出更多的信息和想法。

切忌华而不实的笔记思维导图

如前文所讲，在笔记思维导图中绘制一些图画可以增强笔记的视觉趣味性与记忆强度，但是一定要掌握一个度，切忌喧宾夺主！你的重点是突出知识点、突出重要信息，而不是举办个人画展！

如果过分专注于绘画，不仅耗时费力，而且也容易让你在做笔记之初对文章重点形成的灵感消散在绘画过程中。

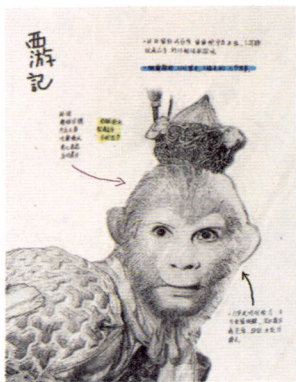

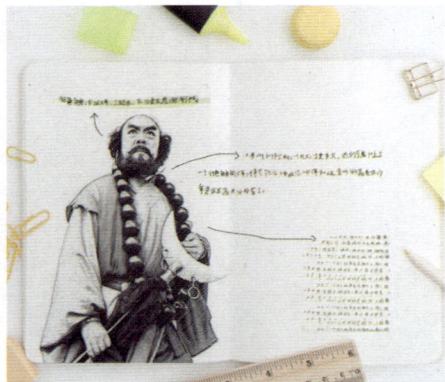

比如上面这两张关于《西游记》的笔记思维导图，虽然每一页都能通过人物肖像画看出该页介绍的人物是

谁，但其作用也就只有这一点。而且作者也表示，为了完成这一张图，他需要花费两三个小时去找图、画图，如此一来，留给做笔记的时间就所剩无几了。所以，类似这样精于绘画而疏于笔记内容的思维导图，应该尽量避免。

不过，如果你的绘画技能特别棒，那可以这样利用你的画作：

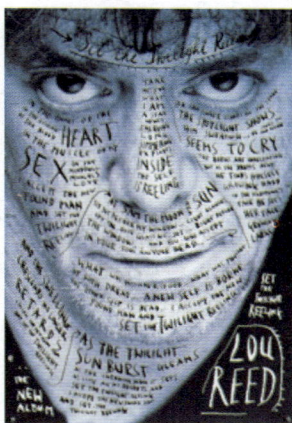

这个思维导图是不是很酷，也是利用人像来吸引眼球的。制作者很巧妙地用脸上的五官作为分区线，将笔记内容分散在脸的各处。这样做的好处就是，能够很好地回忆起自己的笔记内容。比如考试时涉及了笔记中的某个问题，你的脑海中会立刻浮现出形象的画面，并且清楚地记得当时这个问题被写在了人物的鼻子上，那个知识点是在下巴上。

学会为思维导图笔记"瘦身"

虽然思维导图能够让你非常便利地从每一个关键词无限延伸出去，但是有一点必须要注意——关键点要省着点用！否则会使你的思维导图看起来烦琐而混乱。因为有些思维导图如果内容太多、太详细，它们往往会吓到大多数人，而不是激励他们。比如下面这张关于《三国演义》的思维导图，不用去仔细看内容，单是冷眼扫过去，就会被那密密麻麻的小分枝弄得眼晕头痛！

所以，如果你正在阅读的书中包含了太多有用的信息，以至于很难在一张思维导图中全部捕捉到，那么就再创建一个由多页面的分导图组成的思维导图，比如每个章节一个导图。事实证明，这是一个非常棒的解决方案。

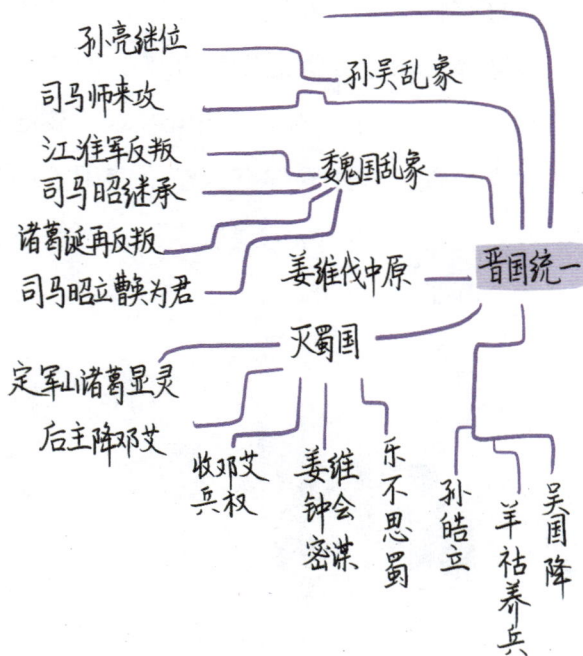

赶快行动起来，试试这种方法吧！

电子笔记 VS 纸质笔记

现在由于笔记本电脑的普及，已经有很多同学开始在课堂上用其做笔记了。与真正的纸质本子相比，这台轻薄小型的电脑打字快速，存储量大，因此很多人认为其是最好的记录载体。可是，最近发表在《心理科学》(Psychological Science) 上的一项研究发现，在记笔记方面，笔比键盘更强大！如果你在课堂上使用笔记本电脑做笔记，或者使用应用程序创建思维导图，那你以后回忆信息的能力可能会受影响。

手写的好处 1 增强学习理解与记忆力

一项研究发现，即使用电脑的学生能打出更多的信息，但用手写笔记的学生对一节课的理解能力更强，在概念问题上的得分要高得多。

在电脑上做笔记的学生基本上是在抄写讲课内容。而手写因为速度慢，所以做笔记时必须有选择性，只能选择那些最重要的信息抄下来。这使得他们必须更注意倾听，并迅速做出判断，记哪些，忽略哪些。

另外，使用电脑的学生很难在电脑上随意书写，电脑的光标每挪动一下，都必须按下很多次空格键才行，这就不如在纸上书写时更加自如与便捷。

手写的好处 2 充分利用你的大脑

写作需要你运用更多的运动技能，以及大脑中一系列被称为"阅读回路"的链接。这比打字更能激活我们大脑的各个部分。把字写在纸上的行为激活了大脑的某些区域，帮助我们提高了理解力。

手写的好处 3 释放创造力

写字比打字更能激发你的创造力。手写也有一些微妙的方面比打字更具艺术性，因为每个人的笔迹都完全是他们自己的。这给了我们自己写作的身份，就像一个艺术家拥有自己独特的媒介一样！

手写的好处 4 增强注意力

这一点很简单——在电脑上打字意味着你离无穷无尽的娱乐互联网只有几厘米远，比起写字，分心要容易得多。如果你需要控制你短暂的注意力，手写可以帮助你集中注意力。

手写的好处 5 刺激大脑

书写时，大脑调用着不同的脑区，使左、右脑都能受到刺激。

第四章

课业越记越上瘾的 N 条理由

绘制思维导图前的准备

如果你将这本书读至此处，那么相信你已经对思维导图的作用与应用有了足够的了解。因此，当你再听老师们站在讲台上滔滔不绝地释放着海量的知识点，并还要求你全部记下来的时候，你一定要拿出你的秘密武器——思维导图——记笔记！它将使你再也不会进入因为跟不上记录的进度而深感力不从心、无能为力和极度沮丧的境遇。

而且，当你只需要从老师的话语中摘录出每一个知识点的关键词时，少写了无数个字的你，将有更多的空闲时间去真正理解那些知识的含义。

所以，用思维导图记录课堂笔记将使你获得控制感和自信心，这将有助于提高你的学习效率。

接下来你可能已经跃跃欲试，想马上开辟几块笔记"试验田"了吧。不过，在你开始前，我先帮你再将前面的要点总结一下，你可以做好以下准备：

STEP1 拿到课本后用 10 分钟时间对准备学习的内容进行整体浏览与了解，然后根据课本目录做一张思维导图。这张图将成为你日后阅读其他章节的总指导图。一次做好，以备后用。

STEP2 选取书中准备学习的一章开始阅读，同时用彩色铅笔，将书中看到的关键词、概念、名词解释进行标注。看完一遍后，再顺着刚标注的关键词，进行第二次快速阅读。如有遗漏内容，及时标注。时间为 10 分钟至 30 分钟。

STEP3 根据自己标注的关键词制作思维导图，如果本章内容分节太多或内容量太大，可以分成几张思维导图来制作。时间大约 10 分钟。

SETP4 学完本章后，需要检测自己对本章知识掌握得如何。可以另换一张空白纸，合上书本，根据记忆和理解画出刚才的思维导图。之后，将其与之前做的那张思维导图进行比较。

STEP5 读至此，你就可以开始动笔为各个课业绘制蓝图了!

下面我们再将学习的几个必需步骤排列出来，以帮助你更清晰地知道自己该如何开始启动"思维导图式学习"。这是个具有创造性的事情 ——

★ 记笔记

★ 头脑风暴 (个人或小组)

★ 解决问题

★ 学习和记忆

★ 规划

★ 研究和整合不同来源的信息

★ 展示信息

★ 对复杂问题有深刻见解

★ 锻炼创造力

　　总之，思维导图可以帮助你在几乎任何情况下理清思路，比如：规划你的每一天、总结一本书、启动一个项目、规划和创作演讲、写微博等任何事。

　　　每一个伟大的想法，它的力量都在于它的简单。

　　以下部分只选取了几个有代表性的课目，并稍做注解与说明，以供你参考。

把语文课笔记变成一个创意园

　　将思维导图应用在语文课业是一件特别有趣的事，包罗万象的文章中内含着生活的方方面面——一段描述宇宙外太空的文字、一节足球比赛的描写、一页赤壁之战……都会让你的思维导图有着花样纷繁的选择。

　　但是接触思维导图之前，我做笔记的方式非常"落后"。是的，你没看错，是"落后"！当时我正值大三，每学期我们都必须读完 3 本自选书籍，并在期末的时候将读书总结交上去。于是，全班同学交了一堆笔记本，上面主要是我们读过的书的"摘录"——你知道，就是那种按照内容页的顺序一大段一大段的摘抄。显然，这样的读书笔记基本类似于书的微缩版，没多大用处，很难从中看到整本书的逻辑，尤其是它的结构。也就是说，我们摘抄下来的只是书中一个又一个知识点，很局部，根本无法在笔记的各个部分之间找到直接联系。

　　之后，一些学生还被点名要对那本书做口头陈述，而我们所讲的大部分陈述根本不是针对情节、主题进行的评论，只是单纯地"背诵"或者是情节介绍。

所以，我们的老师对这些"摘录"的图书摘要特别生气，他开始教授我们使用思维导图来做阅读笔记。因为阅读也是语文课业的重要部分，所以就用我的阅读笔记来作为语文课业的案例吧。基本步骤大致如下：

STEP1 读书

用思维导图做阅读笔记的最大好处就是——你根本无法敷衍阅读这件事！如果还是像以前那种单纯地摘录，你完全可以在不看书的情况下，随便抄下任意一段应付差事。可是如果做思维导图笔记就不行了，它的结构、逻辑发展等都需要你读完书后自行提炼总结，所以第一步必须是——全部读一遍！

STEP2 构建书的大致结构

在开始真正阅读时，我会从书的封面开始，然后一定要仔细看看它的目录，通过作者划分的章节熟悉它的结构、页面布局和风格。

我会先在纸上构建一个大致的框架，如果是小说，我总是简单地问自己几个诸如此类的问题：这部小说——

讲了一件什么事？

谁讲的？

用什么方式讲的？

这样，我的思维导图上就已经有了至少三个可以延伸的方向。当然，你也可以再多为自己设置一些问题，诸如：故事情节、主题、修辞、描写手法、场面、叙事方法……

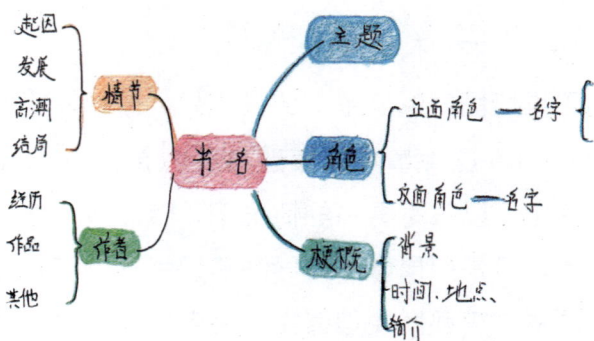

从上面的阅读模板中你会发现思维导图是有层级区分的，纸张的中间处是留给"书名"的，有了中央首领后，文章的层次就可以按照一级层、二级层、三级层……逐一划分。你完全可以将其想象成行政区划图。第一层次的知识是"省"，第二层次的知识则是"市"，第三层次的知识就是"县"。当然，你还可以根据文章内容继续划分出更细密的知识细胞……

它因为简单所以简单。只是有一点需要你注意——如何做出属于你自己的"独家版"？

另外，如果是其他内容的书籍，比如科学、地理类，我往往会从复制书的原始结构，即目录开始构建我的思维导图。这样做的好处是可以在原始的框架上逐步完善，会使导图更容易些，而且原始目录的措辞通常更加丰富而且精确。

STEP3 阅读并标注

接下来，你就可以开始你的阅读之旅了。同时，一定要将关键句子、关键词标识出来，以便整理到你搭建好的思维导图框架中。这一步很重要，不然你就只得再重复读一遍。

STEP4 整理思维导图

在第一次阅读和第一个思维导图结构做好之后，我就有了一个完整的框架。但是当我阅读完某一章节时，我就会在原有基础上将自己认为重要或非重要的内容以及自己的想法，进行增加或删减。

STEP5 调整和比较

重读你的思维导图，检查内容是否一致、易懂、平衡。另外，多数时候你会多次重复绘制你的思维导图，因为你会因为经验不足而导致预留的空间有限，或者画出的结构有误。这是你起步时必然会遇到的一个过程，坚持做下去，你就会越来越轻松！

STEP6 修饰与美化

当你有了一个思路清晰而完整的阅读思维导图后，它看起来就基本完工了。嗯，差不多。目前，思维导图是可读的，但在视觉上不是很吸引人。所以，接下来这一步就特别有趣了，你需要给你的思维导图添加一些视觉元素：颜色和图标，记得确保其适合它们要修饰的那个主题——比如我将红色定义为"最重要的内容"。以后的所有导图中它都将成为"最重要"的代言色。

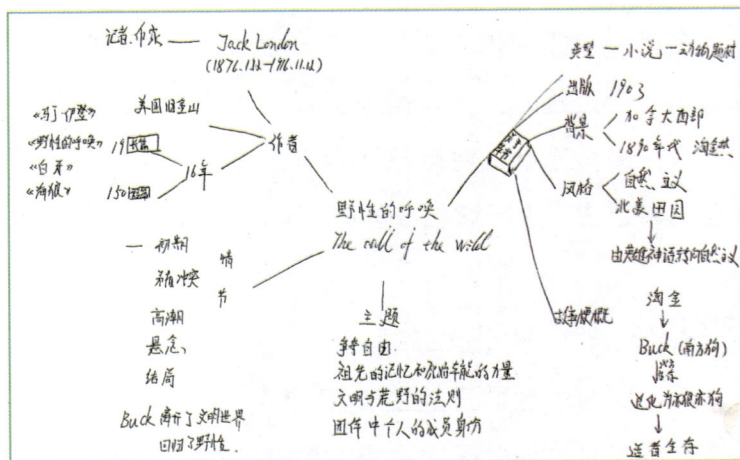

复查

再次阅读思维导图的所有内容，最后一次纠正拼写错误、错放的大写字母和其他错误，努力使内容尽可能完美。

学习也可以成为游戏

做好的思维导图如同一张藏宝图，你列在上面的全部是你的知识宝藏的线索。你可以与同学交换自己的"藏宝图"，看着对方提供的线索，试着讲出对方深藏的秘密！讲述的过程就是对课文的复述，但是这样的游戏式分享会让你们都觉得收获的不仅仅只是知识……

回顾

如果对所画的思维导图及时复习，效果会更好。我们采用晚上对其仔细复习 15 分钟，旧知识复习 5 分钟，早上再次在脑中重现该导图，来强化记忆。课业上的内容怎经得起如此强化，它们会乖乖地待在你的记忆库房里永不消失！有研究说医科学生自从采用思维导图做笔记后，他们对信息的长期记忆增加了 10%。

自从学会用思维导图来做阅读笔记之后，我更喜欢阅读了，因为一边读一边将自己当时的想法记下来，再汇总成一个完整的读书体系后，就会感觉那本书不再是别人写出来而我被动地接受了。书里有了我自己对于它的评价与判断，仿佛与作者进行了一场学术讨论似的。我从他的观点中生出了我自己的思考与认知。

当然，这个方法也使我很快就学会了如何从冗长的书籍文本中提取关键信息。这个过程也让我更专注于思考，而不是简单地摘抄，从而也能更好地理解那本书。比如我读过的《野性的呼唤》就是按照上面的方式做成的——

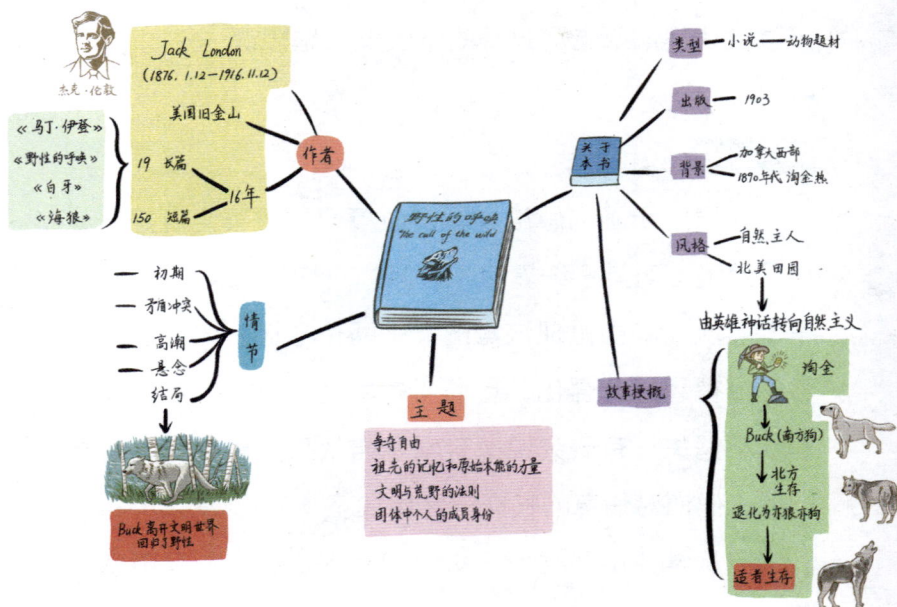

另外，在做阅读方面的思维导图笔记时，你还需要注意几个要点：

1 尽量将信息分解成更小、更容易处理的块

比如《野性的呼唤》阅读导图中，你可以看到情节部分，我按照小说的发展又划分了几个子项（初期、矛盾冲突、高潮……），并在后面都预留了一定的空间，准备全部读完之后，将每一项涉及的情节提炼浓缩成关键句放在那里。

2 抓住文章的关键概念和思想

在上面的导图中，我特意用红色将全文的中心重点标记了出来。因为我一向都用红色标识最重要的内容。当然，这只是我个人对颜色的使用习惯。你可以找一种最喜欢的颜色来作为所有笔记中最重要的内容标识色，比如蓝色。

3 列出你在阅读过程中遇到的不熟悉的词语和其他问题

4 总结一篇文章的情节并描述它的主要人物

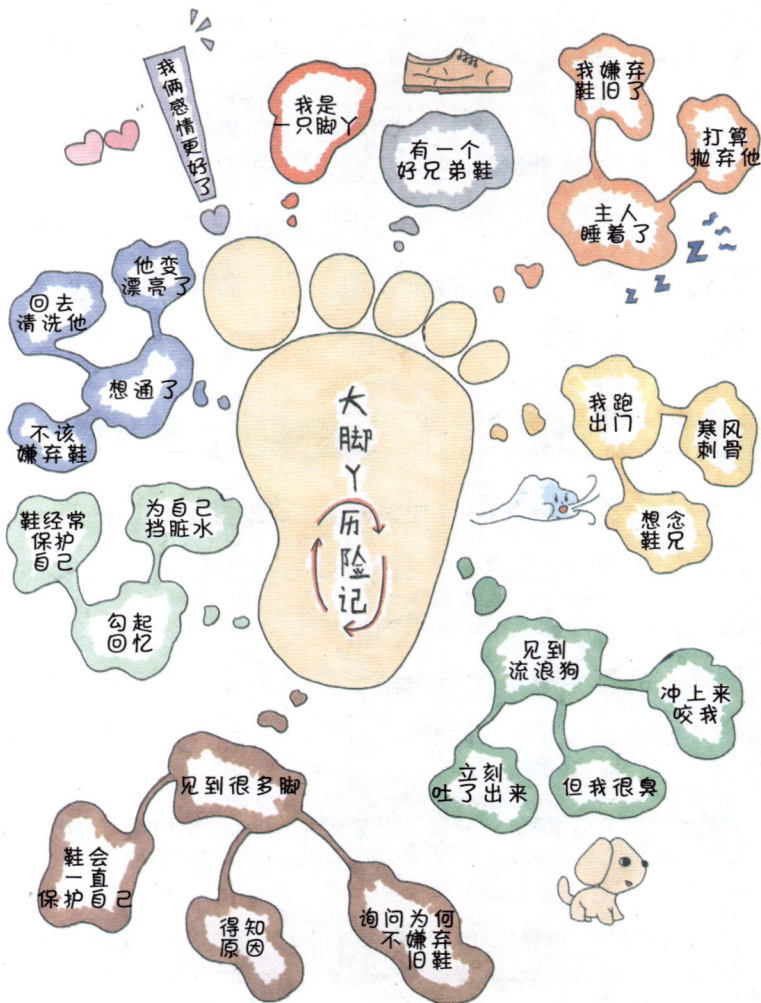

厨房一团糟

四狗协力
打开盒子
拿到骨头
开心

点点有主意
叠梯子
三狗赞同

阿黑有计策
知道骨头放哪儿
自己去拿骨头

骨头在厨房
箱子太高
爬不上去

主人给了骨头
乖巧送主人出门
三只一下吃完了骨头
晚饭没有了

四只小狗
小的叫点点
大的叫豆豆
麦迪叫小雪
斑纹叫阿黑

主人不在家

123

英语课的笔记 最容易成为艺术品

首先，我想先说说为什么英语课的笔记最容易成为艺术品这件事。

✿ 一、英文的视觉美感

这是因为英文的每个单词都是由一个个独立的字母组成，每个字母的变化都不影响整个单词的辨识与表意功能，而且每个字母都有一些独特的形状，单独看起来也是曲线分明，视觉效果比较自由活泼。例如，"akmo"

这四个字母虽然紧紧排列在一起，但是上下起伏，错落感很强。

不像汉字，视觉效果更接近于一个个规则的几何方块，整个结构是闭合的，如果拆分开后，就只剩了一条线，形状变化少。

所以，平面设计里经常喜欢用一些外文词句来增强文案的视觉艺术感，如下图。

你看，这些单词只是通过颜色、大小、形状以及组合的变化，便使得视觉感极具冲击力。所以，你也可以模仿着将这一字母修饰技法运用在你的笔记中，一定会很出彩。

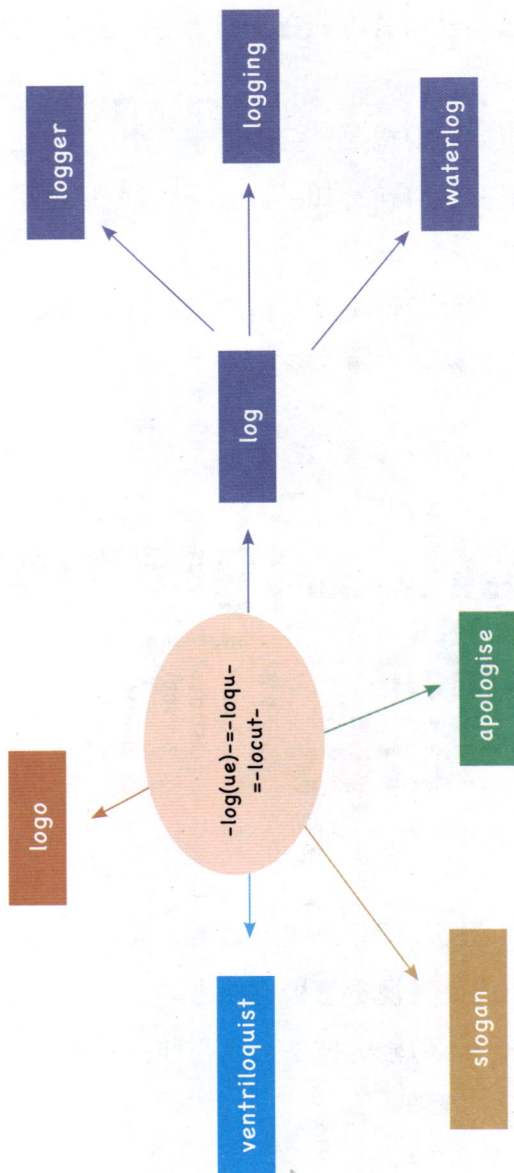

logger

logging

waterlog

log

-log(ue)-=-loqu-
=-locut-

logo

apologise

ventriloquist

slogan

126

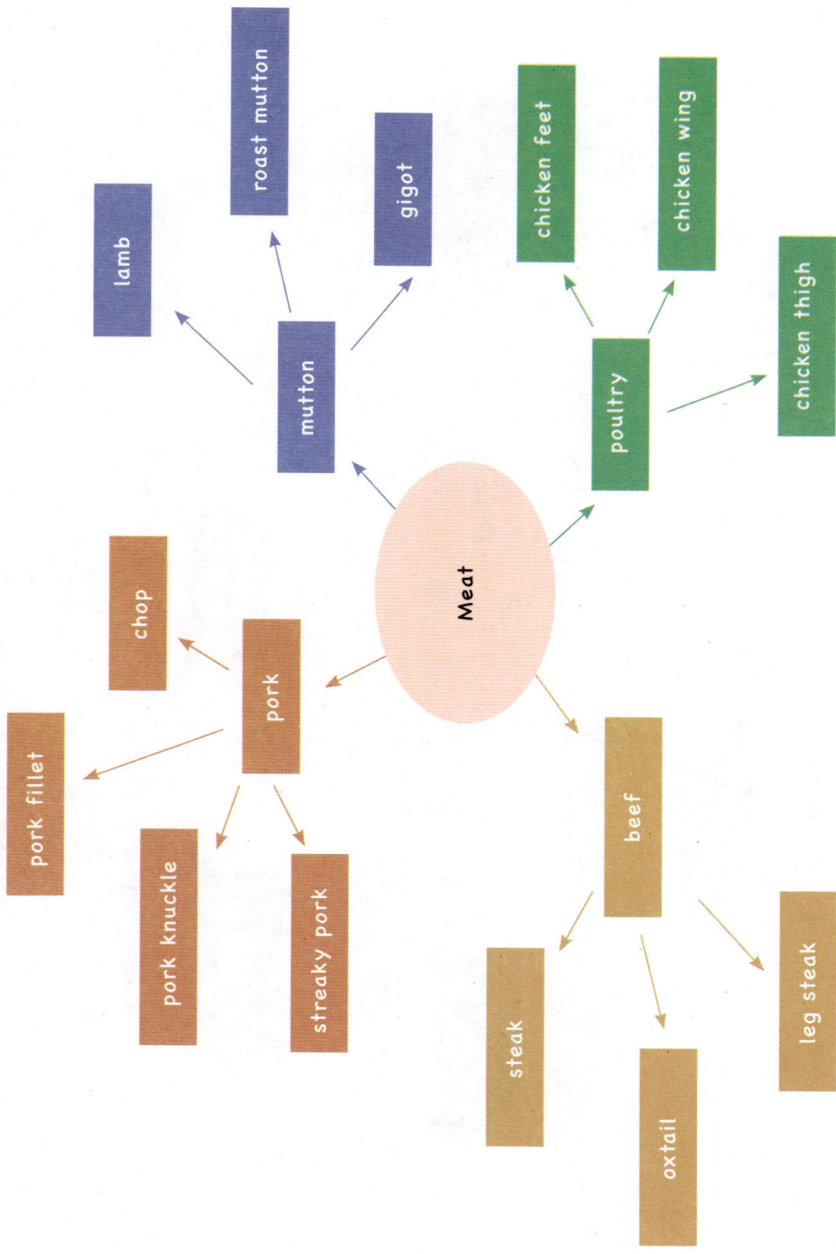

Meat

- **mutton**
  - lamb
  - roast mutton
  - gigot
- **poultry**
  - chicken feet
  - chicken wing
  - chicken thigh
- **pork**
  - chop
  - pork fillet
  - pork knuckle
  - streaky pork
- **beef**
  - steak
  - oxtail
  - leg steak

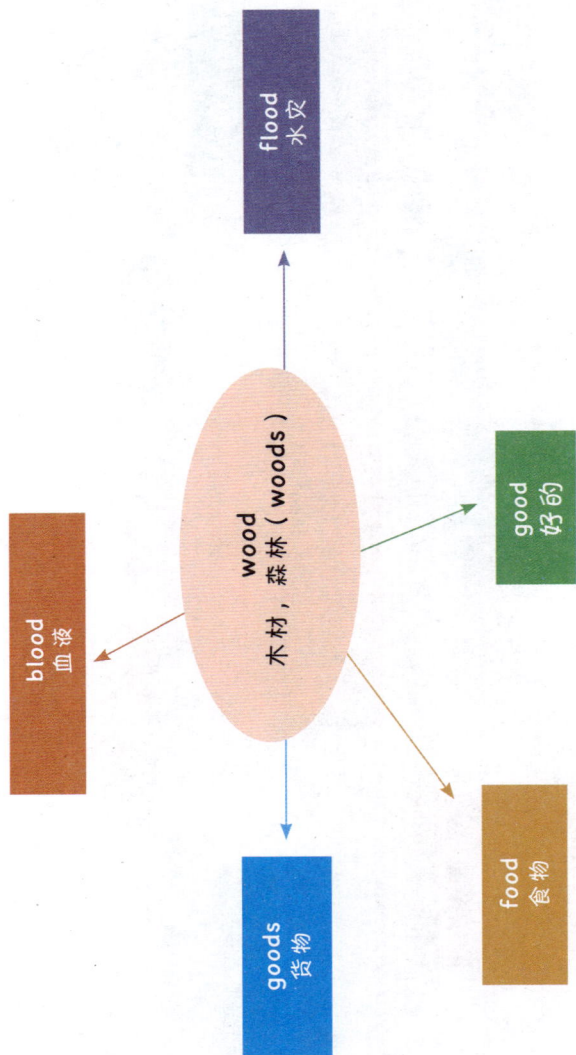

flood
水灾

good
好的

wood
木材，森林（woods）

blood
血液

goods
货物

food
食物

✿ 二、思维导图中的英文实用性

在你从未接触过思维导图这件事之前，你的英语笔记大概是这种形式的——

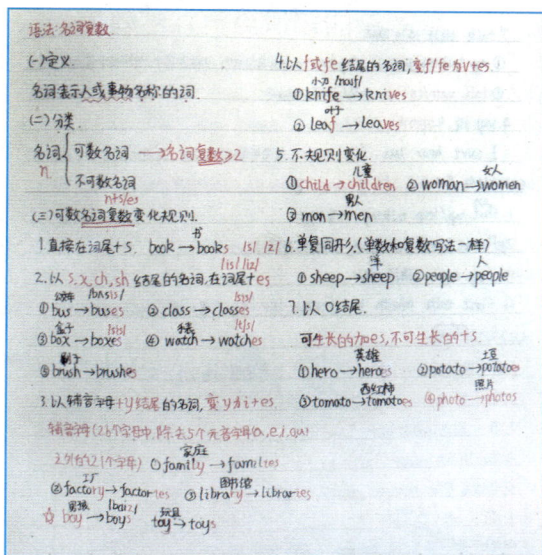

我从前也是这样记笔记的，但是说实话，记完之后我基本都不想再去看第二眼。学英语本身已经是个力气活儿了，还要应付这些干巴无趣的语法、词性之类的定义。所以，直到现在，我都坚持认为我从这样的笔记中根本没有获得半点学好英语的帮助。这也是我一定要请你将思维导图引入到你的英语课业中的原因。

因为，英语学习的关键是单词和语法，而用思维导图的最大好处是——使单词与单词之间建立联系，单词们将不再是一个一个孤岛式的知识点。而且，通过连接线以及你创意式的图画，能使枯燥无味的语法变得更生动形象，让纷繁复杂的知识点更井然有序。

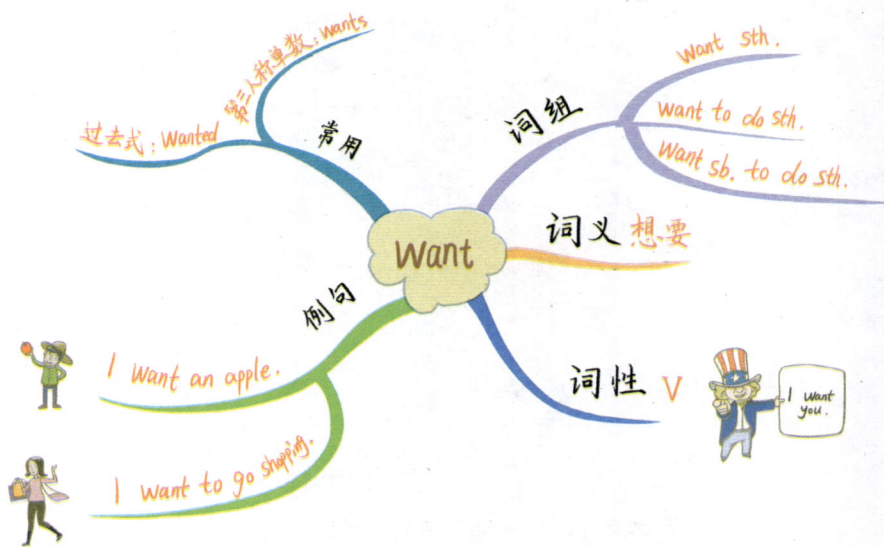

从上面这张思维导图中，你看到了"want"这个单词的丰富性。它不再是孤零零地被放在第一行，然后第二行、第三行、第四行再依次割裂式地写出它的各种特性。

相反地，你看到的是一张视觉直观、条理清晰的图像。而且你也很容易从这张图上找到主要内容。它比一本书更容易让你浏览、预览和导航。更重要的是，你可以使用醒目的颜色、形状和图标，令它比语法书更有吸引力。你也可以将其当作一幅完整的画面直接印入脑中。

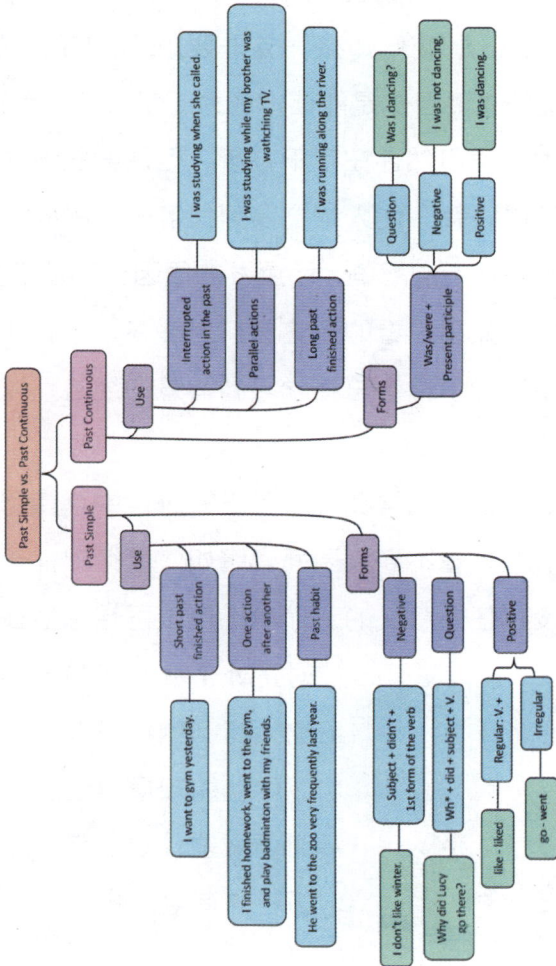

让历史笔记引导你成为"预言家"

知道学习历史的目的是什么吗？并不是让你非得记住皇帝们的生日是哪天，也不一定非要知道所有战役的名称。学习历史的主要目的是能让你成为一个大"预言家"！

因为人类虽然存在了千万年，但是一些本性永远不会变。所以，每一代人都会遇到很多一样的问题。比如从未远离过我们的战争，而爆发的原因也都差不多。

所以，如果你看的历史史料足够多，你就能从那些曾经发生过的事件中总结学习到智慧的经验，以及躲避愚蠢的技巧。

但是，很多同学在学习历史的过程中，特别容易迷失在细节中，看不到大局面。比如，单纯记住皇帝们的生日是没有任何意义的。你也许应该再想想他在争夺皇位时正处于哪个年龄段，这个年纪的人有哪些特点有助于他能成功。你就能知道自己到了那个年龄时要做些什么。瞧，这就是学习历史的有用之处。

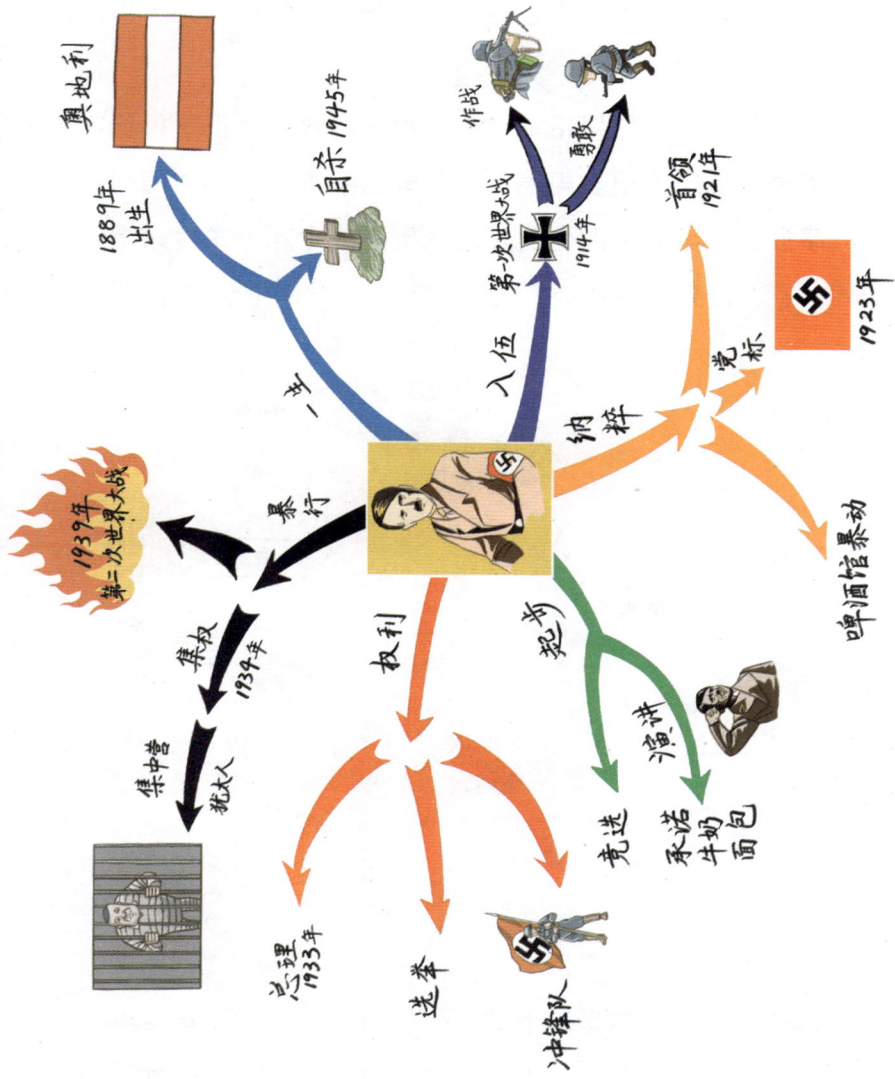

奥地利

1889年
出生

自杀 1945年

作战

勇敢

入伍 第一次世界大战

1914年

首领 1921年

1923年

纳粹

党标

啤酒馆暴动

暴行

1937年
第二次世界大战

集权 1934年

杀害犹太人

权利

起步

演讲

竞选

承诺牛奶面包

总理 1933年

选举

冲锋队

133

上面这张关于德国希特勒的思维导图，可以看到图中将希特勒置于中心点，再延伸出种种问题后，就可以非常直观地看到一个政治人物对于世界的影响力与破坏性，令人印象深刻。

所以，你如果希望自己能跳出教科书上那一行行字的局限而想得更多更高远，万能的思维导图绝对值得你掌握。它可以帮助你更好地从历史或全球的角度来看待信息，联想到所有相互关联的部分会如何相互作用。

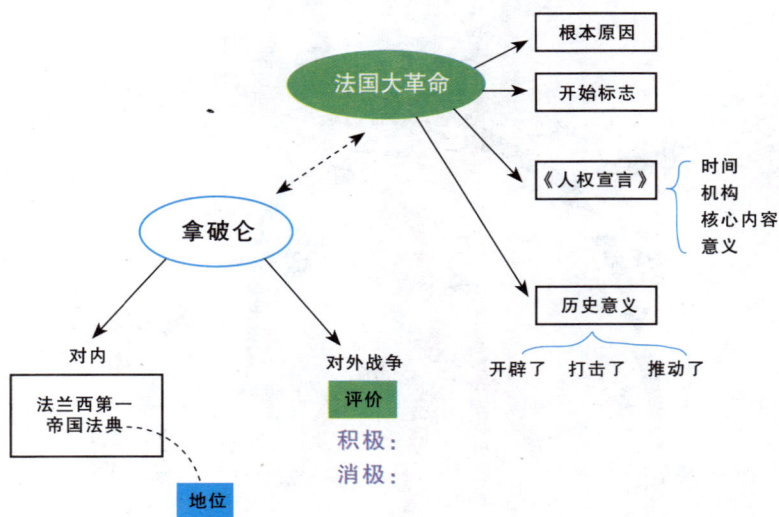

再如，当你学习中国近代史时，你一定觉得头痛，因为那个时期发生了太多太多的事，纷繁复杂，往往容

易使人看了一遍又一遍，结果还是理不清、想还乱。但是，试着将它用思维导图呈现时，你会发现其实那些年发生的事不过如此简单——

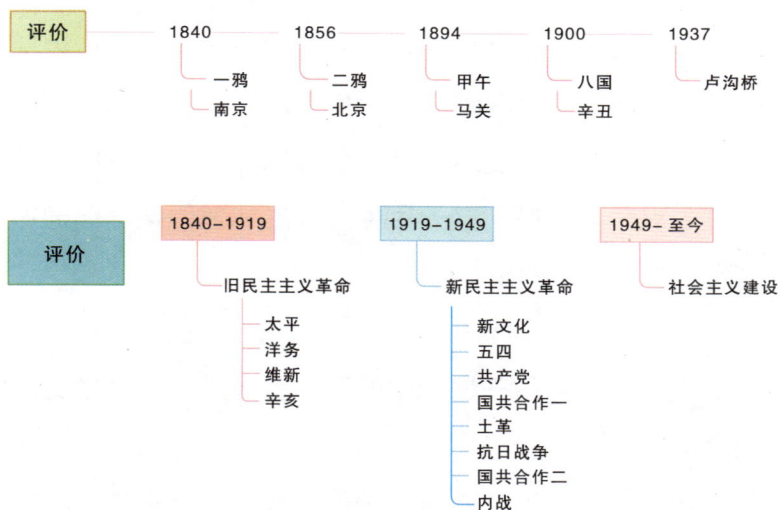

评价	1840	1856	1894	1900	1937
	一鸦	二鸦	甲午	八国	卢沟桥
	南京	北京	马关	辛丑	

评价

1840—1919	1919—1949	1949— 至今
旧民主主义革命	新民主主义革命	社会主义建设
太平	新文化	
洋务	五四	
维新	共产党	
辛亥	国共合作一	
	土革	
	抗日战争	
	国共合作二	
	内战	

　　繁杂的事件被整理得清晰明白，一目了然。虽然只是几个关键词，但是每一个词都是你的记忆引爆点。当然，这一切都建立在你要仔细地读过那段历史的基础上，才能提炼得如此精简。

　　你越能在思维导图中管理和组织你的问题，你就越有可能在看似杂乱的信息片段之间找到更多的联系。因此，通过思维导图可以使你找到你以前可能不知道的答案。

一个都不能少的地理笔记

相较于历史课业的思维导图的视觉效果而言，地理课业在构建思维导图时更容易发挥你的创造力。

因为地理所涉及的内容丰富而多元，包括地理位置、物产、气候，等等，这无形中为你的地理思维导图增加了无限的创作元素。

比如右页这张图——

但是，正是由于地理学涉及内容太过广泛，也就成为学习它的障碍。

每次翻开地理课本时，一行一行的文字总想抢着向你宣传它们都挺重要，都是必不可少的知识点，都值得你花时间去努力记忆。可是，谁又能够将一整本书都背下来呢？于是，作为普通人，你很快便陷入了丢东落西的困境。

而且更让人泄气的是，当你一行一行阅读了大量信息后，你会发现前面刚刚读过的大部分内容大脑一点都没给你收藏！因为那一行又一行的排列方式让大脑觉得无聊，它的工作积极性调动不起来。

非洲

地理位置
非洲位于东半球西部，东濒印度洋，西临大西洋，北隔地中海及直布罗陀海峡，与欧洲相望，东北角有红海与苏伊士运河，亚洲之间隔有红海与苏伊士运河，苏伊士运河为陆上分界线

人口经济
- 非洲是世界上人口增长最快的国家
- 以工业为主
- 非洲是经济一体化，塞内加尔亚
- 经济水平低，经济发展速度慢

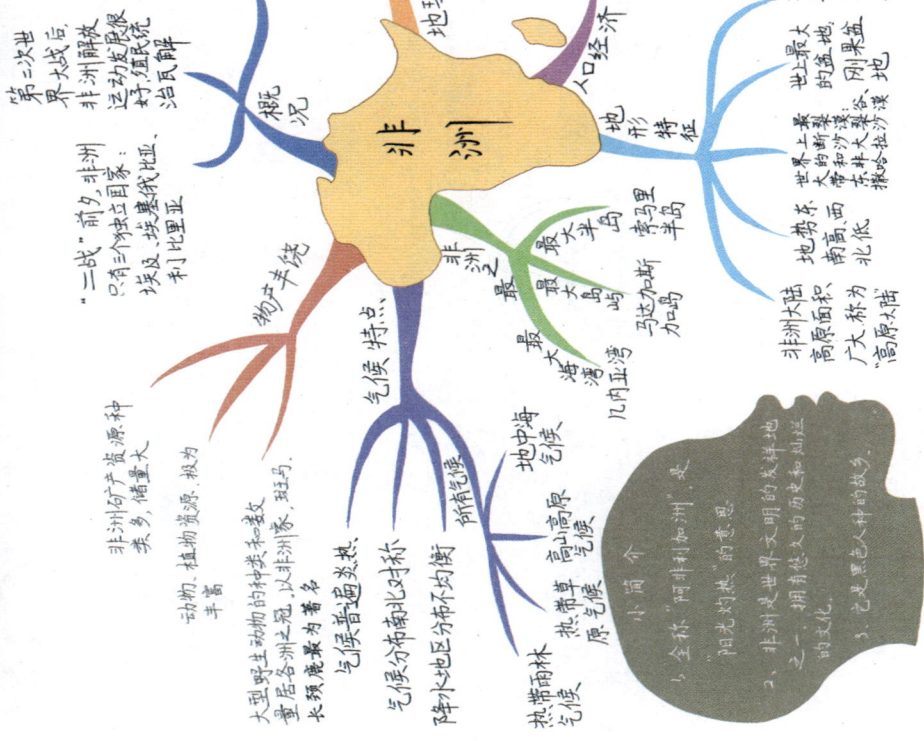

地形特征
- 地势东南高，西北低
- 非洲大陆高原面积广大，被称为"高原大陆"
- 也是最大的盆地，刚果盆地
- 世界上最大的沙漠，撒哈拉沙漠

非洲之最
- 最大半岛—索马里半岛
- 最大岛屿—马达加斯加岛
- 最大海湾—几内亚湾

气候特点
- 热带雨林气候
- 热带草原气候
- 地中海气候
- 高山高原气候
- 气候呈南北对称
- 气候纷纷沿南北对称
- 降水地区分布不均衡
- 所有气候

物产丰饶
- 非洲矿产资源种类多，储量大
- 动物、植物资源、极为丰富
- 大型野生动物的种类不变，著名各洲之冠，以非洲象、斑马、长颈鹿最为著名

概况
- 第二次世界大战后，非洲解放运动发展很好，殖民统治瓦解
- "二战"前夕，非洲只有三个独立国家：埃及、埃塞俄比亚、利比亚
- 目前，非洲有60个国家和地区，是世界上国家和地区数量最多的大洲

小简介
1、全称"阿非利加洲"，是"阳光灼热"的意思。
2、非洲是世界文明的发祥地之一，拥有悠久的历史和灿烂的文化。
3、它是黑种人种的故乡

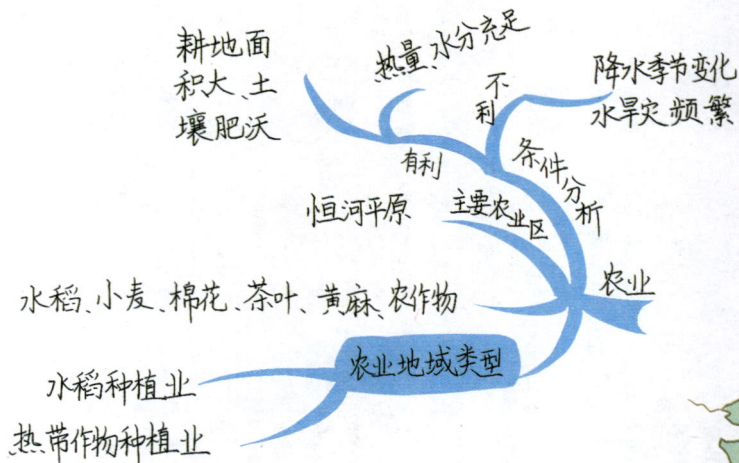

耕地面
积大、土
壤肥沃

热量水分充足

降水季节变化
水旱灾频繁

不利

有利

条件分析

恒河平原

主要农业区

农业

水稻、小麦、棉花、茶叶、黄麻 农作物

水稻种植业

农业地域类型

热带作物种植业

阿拉伯海

煤、铁、锰等丰富 矿产

资源

耕地资源
面积居世界第二、亚洲最大

工业

德干高原东北部 传统工业

工业区

班加罗尔、电子工业、软件

区位条件分析

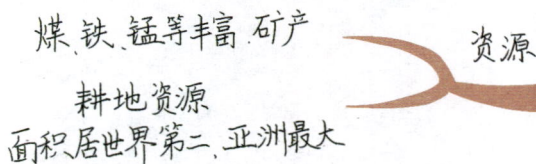

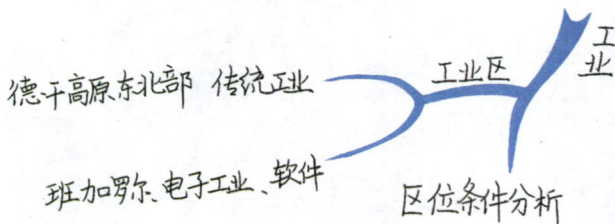

邻国关
系紧张

138

喜马拉雅山脉
恒河平原
德干高原

地形

海陆热力性质差异　成因　　特点　经年高温，分旱雨两季
气压带风带的季节移动

热带季风气候　乞拉朋齐

气候

孟加拉湾

洋

河流　主要河流　恒河
　　　　　　　布拉马普特拉河
水文特征
　　　　水量大，流量季节变化大

城市

新德里、首都

孟买——最大港口、第二大城市、棉纺织工业

加尔各答——最大城市，麻纺织工业

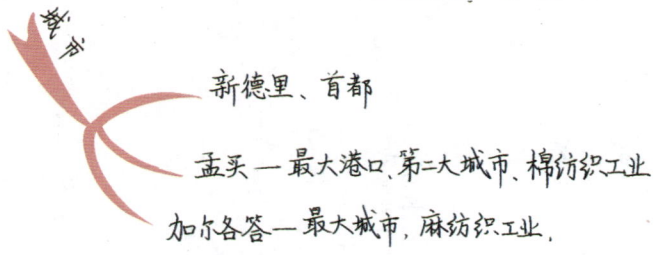

经济发展　障碍

沉重的
人口压力

民族宗
教矛盾激

生态环
境恶化

美国

工业——世界工业大国
- 完整的工业部门体系
- 三大工业区
- 高新技术产业基础
  - 硅谷

农业
- 机械化
  - 高度现代化、机械化
  - 地区生产专业化
  - 发展农业的自然条件
- 农业带的分布
  - 乳畜带
  - 玉米带
  - 小麦带
  - 棉花带
  - 亚热带作物
  - 畜牧和灌溉
  - 水果和灌溉农业区

自然地理特点
- 地理位置
  - 地处大西洋和太平洋之间
- 领土组成
  - 48个本土州、2个海外州、1个特区
- 地形
  - 西、中、东三大区
- 淡水湖群 河流
  - 五大湖、密西西比河
- 气候类型
  - 西部：温带海洋性气候
  - 中部：温带大陆性气候
  - 东部：亚热带季风性和湿润性气候
- 资源丰富

人口——民族大熔炉
- 人口
  - 3.1亿
- 人种
  - 白种人、黑种人、黄种人
- 人口分布不均

140

为此，你只能通过将地理中的每一个知识点先列出来，然后为其分类、归纳、提炼之后，再提供相互有关联的片段、漂亮的颜色、有形有款的图像以及特别的符号和文字，才能让大脑充满活力，感觉刺激。之后，它就会特别地关注这些新元素，为你记住它们。

　　而这样的笔记就是建立在你如何能有效地将看似无关的信息拼凑在一起的基础上的。当你将地理课本上的一行行文字分拆、提取成上面这些思维导图的样子时，这些地理知识就会深深刻在你的大脑中！

数学课的笔记
能挑战你的创造力

关于数学，其实你也很清楚，光靠读、听或画些图是不可能学好数学的。学习数学的关键就只有挽起袖子去解答各种数学题，越多越好。每个问题都有自己的特点，只有先解决了大量的数学问题之后，你才有可能成为数学高手。

不过即便如此，思维导图对于数学笔记来讲也还是非常有效的。

数学是一门循序渐进的学科，所以在学习其他更复杂的解决方案之前，先对数学主题中的关键概念有一个牢固的理解是很重要的。

而对于概念的理解最好的办法就是用思维导图将其中的关联性展现出来。这是思维导图对于数学的最重要的贡献。

比如下页这张思维导图中，关于三角形的知识，你可以将涉及的众多知识点及概念同时放在一起，这样可以方便大脑集中理解，一次性获知关于三角形的内容。

不过很多情况下，你的老师也许已经在黑板上为你

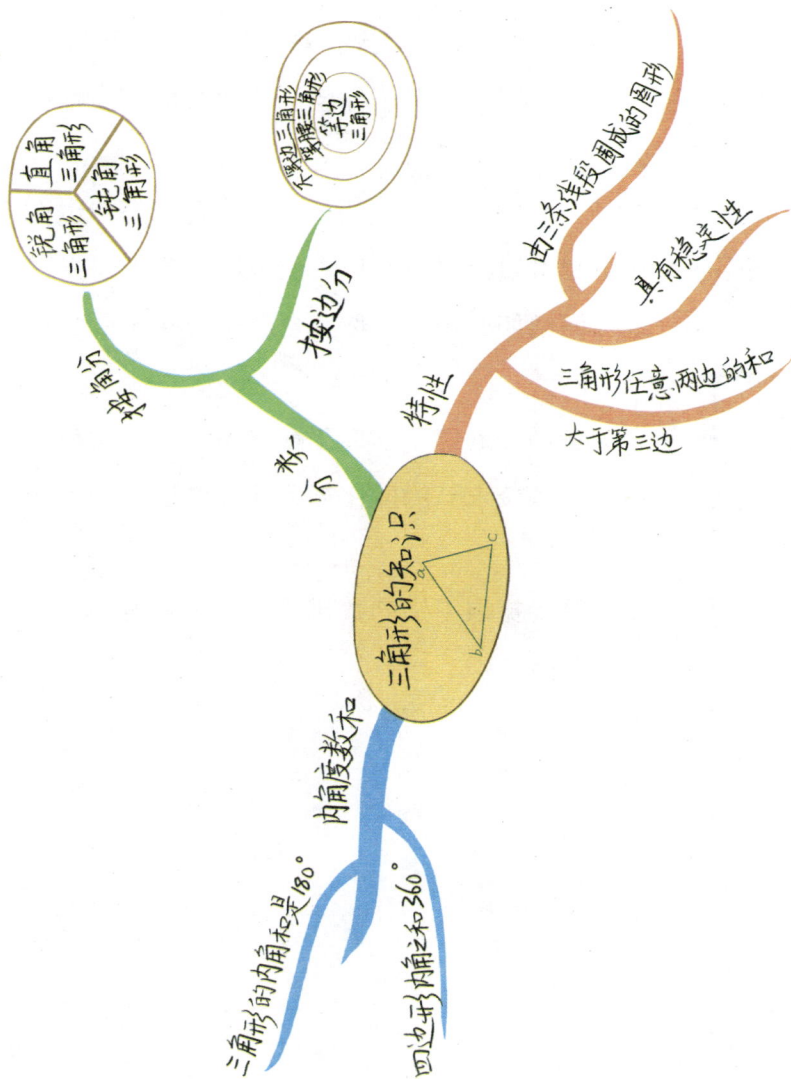

三角形的分类及R

特性
- 由三条线段围成的图形
- 具有稳定性
- 三角形任意两边的和大于第三边

按角分
- 锐角三角形
- 直角三角形
- 钝角三角形

按边分
- 不等边三角形
- 等腰三角形
- 等边三角形

内角及数和
- 三角形的内角和是180°
- 四边形内角之和360°

143

做了一张思维导图，那么你的任务是照原样画下来吗？当然不可以！

你要在其基础上增加你自己对知识点的各种新想法、新发现，只有那张图有了你自己的思维印迹，那张图才真正属于你！

比如老师只介绍了三角形的类别及使用，那你也许还想了解一下是谁发明了三角形？他发明三角形是为了什么……现在网络如此普及，你完全有可能搜索到更多的"小八卦"。

虽然，这些额外的信息与你正在学习的内容没有一点关系，但这番旁枝末节的操作却会让你对这一领域的知识了解得更深刻。

下页是一幅我觉得不错的数学课业的思维导图，推荐给你以供参考：

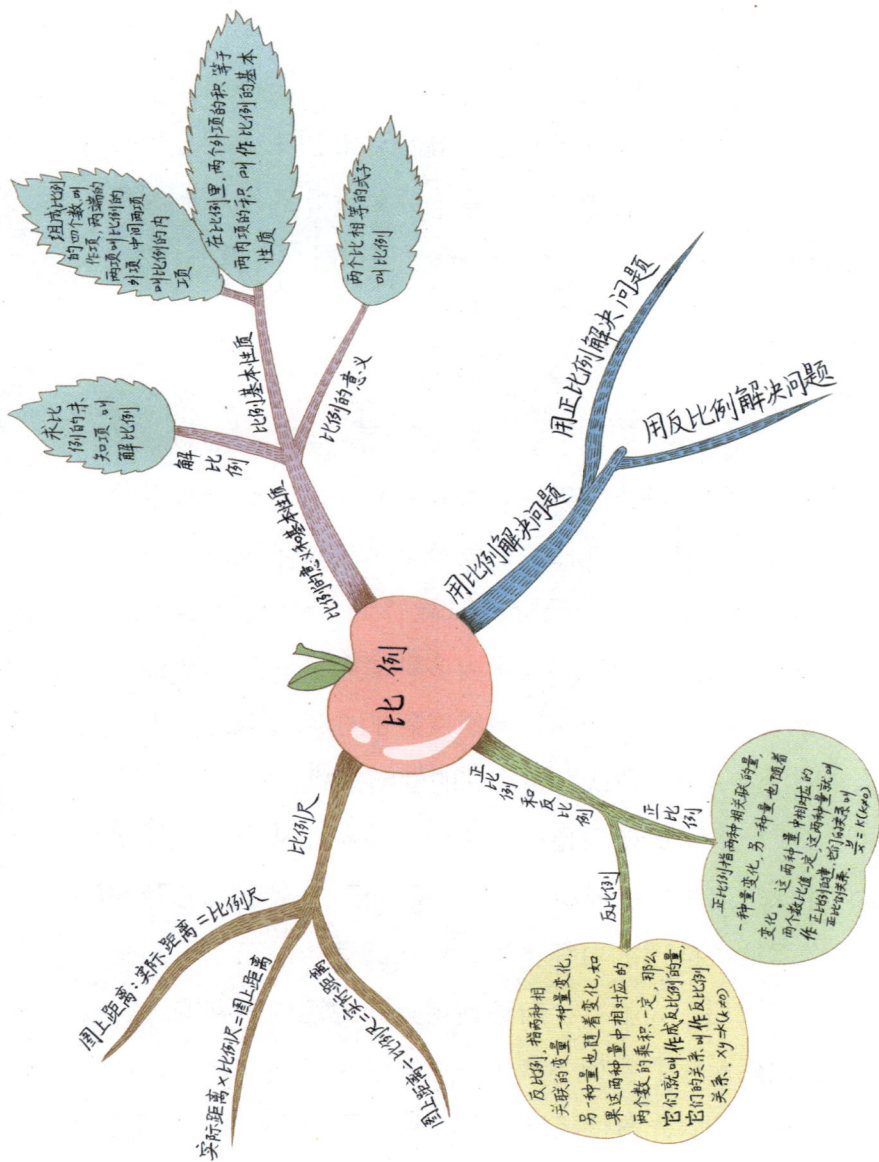

比例

比例的意义和基本性质

解比例
求比例的未知项，叫解比例

比例的基本性质
在比例里，两个外项的积等于两个内项的积，叫作比例的基本性质

比例的意义
组成比例的四个数叫作比例的项，两端的两项叫比例的外项，中间的两项叫比例的内项

两个比相等的式子叫比例

用比例解决问题

用正比例解决问题

用反比例解决问题

正比例和反比例

正比例
正比例指两种相关联的量，一种量变化，另一种量也随着变化，这两种量中相对应的两个数的比值一定，这种量叫作正比例的量，它们的关系叫作正比例关系。$\frac{y}{x}=k(k\neq0)$

反比例
反比例指两种相关联的量，一种量变化，另一种量也随着变化，如果这两种量中相对应的两个数的乘积一定，那么这两种量叫作成反比例的量，它们的关系叫作反比例关系。$xy=k(k\neq0)$

比例尺
图上距离÷实际距离＝比例尺

实际距离×比例尺＝图上距离

图上距离÷比例尺＝实际距离

附录

思维导图练一练

　　下面这篇摘自《整理大脑》一书，此处短文的结构比较简单，可以让你入门般地尝试着将其做成一张思维导图。一定要记住我们在前文所提到的几个要点：标题、关键词、导图结构、颜色……

《阅读，最 easy 的健脑操》

　　说到保持头脑年轻和大脑健康，阅读对所有年龄段的人来说都是一项伟大的消遣。从生理学来讲，阅读能将人们患上认知障碍症的风险降低 35%。斯坦福大学的学者认为，阅读因为需要多种复杂的认知功能相互协调，所以每次阅读时，特定脑区的血流量随之增大。因此阅读一向都被认为是最好的健脑方式。

　　此外，即使只是一本小说，你都能从中扩展你现有的认知范围与世界观。当然，阅读还能增加你的词汇量，增强抽象推理能力等。当我们从阅读中学习了新的概念和想法后，大脑就会自动地将其与生活中看到的这些概念联系起来。例如，读了一本关于建筑的书之后，你会以不同的眼光看待建筑，而如果读了其他内容的书籍后，大脑又是如何将其应用在生活中的呢？比如：

传记

传记可以给你一个全新的视角，你从传记中看到的不仅是某个人的生活事件，更重要的是你能不知不觉地学会如何思考，以及用怎样的方式去应对生活中的同类事件。

每看到一位名人的出现，人们多数都会羡慕他们的现有荣耀与光环，却忽略了他们其实也有恐惧、野心、希望和梦想。但是，如果当你读过他/她的传记后，你可能再也不会只关注他们的表面光鲜了。

如《贝多芬传》《假如给我三天光明》《钢铁是怎样炼成的》

历史

研究历史其实是非常吸引人的一件事，有如在读侦探小说一般。选择一个自己感兴趣的时代，投入其中。有些历史书籍追溯的是某个商品的发展或趋势，阅读它们会更为有趣。比如那些讲述了盐如何塑造国家，疾病如何终结帝国，自行车如何改变了世界等历史书。总之，阅读历史类书籍可以使你的大脑得到锻炼，如越来越擅长记住事件、人物、时间等细节。

如《全球通史》《二十五史》《中国上下五千年》

外国作家的作品

阅读外国作家的作品可以让你对其他文化和地方有一个深刻的了解。从不同的日常习惯，到诸如人生观或宗教等这样更大的差异。

如《格列佛游记》《八十天环游地球》《人性的弱点》《少年维特之烦恼》

诗歌

诗歌是最容易被低估的一种文学形式。诗歌通过象征、寓言和不明确的含义来挑战大脑。选一本诗集，每天选一首。花点时间读这首诗，大声读出来，让你的大脑围绕着诗人的文字、意思和意图进行思考，慢慢地你会变得说话做事都更精炼、简洁。

如《泰戈尔诗选》《李清照词传》《唐诗宋词元曲》《纳兰容若词传》

经典文学作品

任何一部作品能够成为经典都是有其原因的。拿起狄更斯的作品，你会得到双重享受：对英国历史的洞察和人物性格的深度了解。

　　一开始，你可能会觉得古典文学很深奥，但读了几页之后，你就会适应这样的写作形式，并且开始不自觉地模仿那个时代的说话方式。大脑会因为要适应这种较古老的语言和较长的句子而变得更警觉。

　　如《西游记》《福尔摩斯探案集》《雾都孤儿》

科学

　　科学书籍非常棒。因为很多科学内容都会讲述一个关于现象的故事。试着选择一个领域——天文学、物理学、化学——然后找一本可读性较强的书。只需要读一本，你就会觉得自己似乎已是一位专家，或者至少对那个领域不再陌生。

　　如《昆虫记》《图说时间简史》《恐龙百科》《生物的秘密武器》《不可思议的现象》《自然奥秘探索》

工具类书籍

　　学习如何造一艘船，即使你不打算造一艘；看一本你可能永远不会去照着做的烹饪书籍；了解如何在野外生存的独家新闻，即使你更喜欢待在家里……有数百种有趣的此类书籍供你选择。只要选定一本，然后读下去。你的大脑也会因此而受到挑战，它会不自觉地想象你将如何做那个项目，以及计划它所涉及的所有步骤。万一你真的实施了这项技能呢？你岂不是会得到双倍的加分！

如《超级记忆术——大脑使用书》《趣味语文》《思维风暴——打造最强大脑》《一看就想吃的中式面食》

艺术、时尚、设计

浏览这些书中的精彩图片，可以训练大脑学会用一种超脱日常生活的角度去理解不同的主题、图像，以及建筑或时尚的趋势。很快你就会看到周围的建筑物或人们穿的衣服对你的影响。

如《艺术的故事》《卢浮宫艺术课》《植物形态平面设计》《时尚简史》

旅行

旅游书籍通常既有趣且信息极为翔实，找一些你感兴趣的地方，仔细阅读。计划一次远行，计划好所有的细节——酒店、餐馆、地点，制定详细的行程和预算。你的大脑将受到日程安排、价格、文化和历史细节的挑战。

如《去旅行》系列、《带一本书去巴黎》

其实，无论你阅读什么，都会从中获益。正如认知神经学家戴维·刘易斯所说："书上的文字能够激发人们的创造力，从而带人们进入另一种状态。从心理角度来讲，阅读时人们的思绪会集中在文字上，进入文学世界，紧张的身体和大脑可以因此而得到放松。"

英国人曾进行过一项调查研究，他们先让受调查的对象通过一个测试来把他们的压力水平和心率提高到某个阶段，随后再让其参与各种活动缓解压力。结果表明，用阅读来放松身心的效果最为明显，6分钟内就能够降低压力水平的68%。而其他降压法的排名分别为：听音乐能够降低61%的压力，喝茶或咖啡降低54%的压力，散步降低42%的压力。

所以，在一天结束时与其看几个小时的电视或手机，不如试着拿起一本书。

练一练